hn

–Berka–Blankenhainer Eisen-

–Buttelstedt–Großrude-
Eisenbahn

–Großrudestedter
hn

velländische Kreisbahn

ker Kleinbahn

ntaft–Oechsener
hn

erge–Perleberger
hn

ignitzer Kreisbahn

au–Finsterwalder
hn

ewitzer Kleinbahn

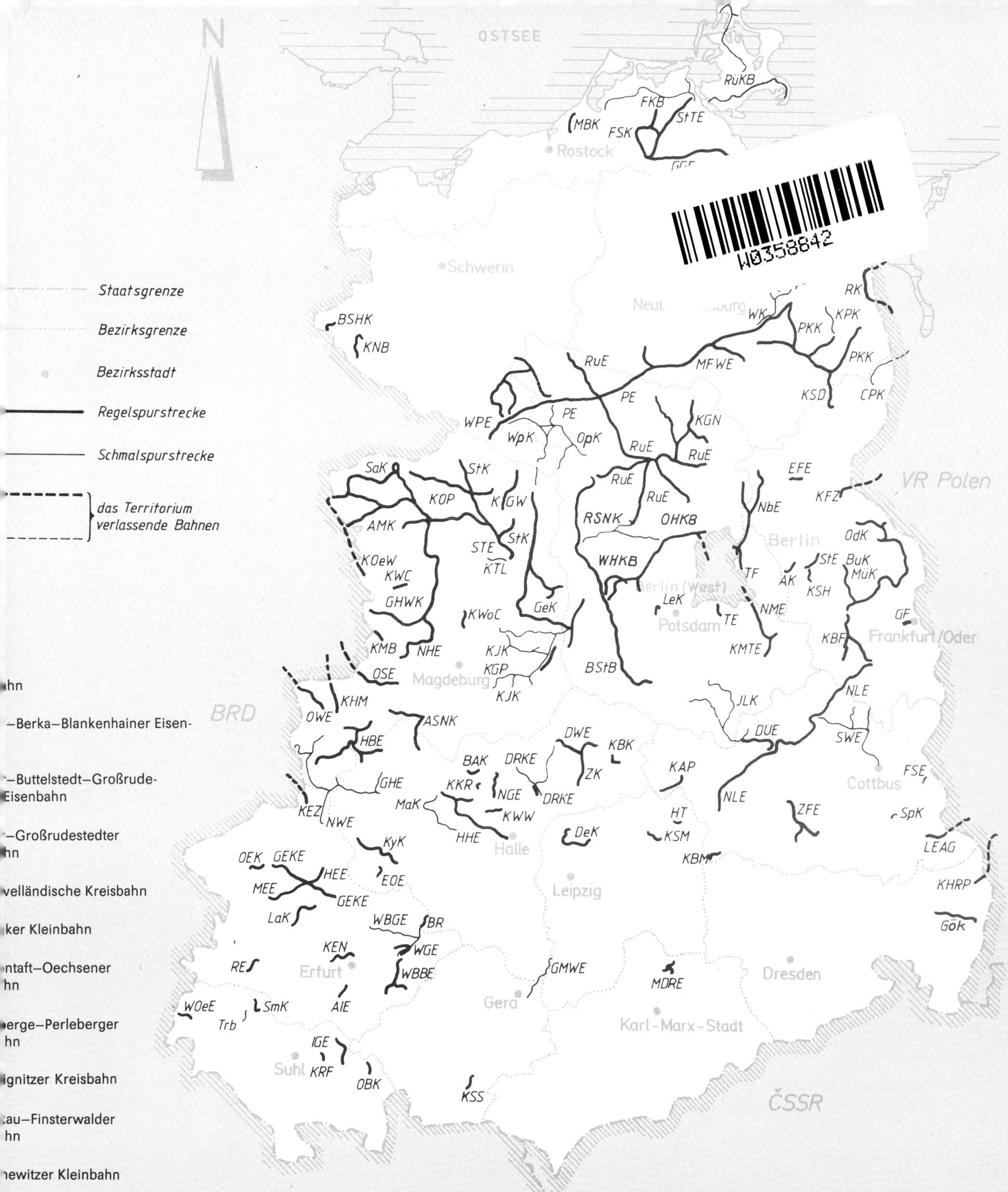

Rammelt/Fiebig/Preuß

Klein- und Privatbahn-Archiv 1

Klein- und Privatbahn-Archiv 1

Geschichte – Bau – Betrieb

Hans-Dieter Rammelt
Günther Fiebig †
Erich Preuß

R. v. Decker's Verlag, G. Schenck,
Heidelberg 1989

Titel: Kleinbahn Wegenstedt–Calvörde, Bahnhof Calvörde mit Lok 1 (später 98 6006) und einem BCPwPost.
Sammlung Dr. Rückert

Die Karte auf dem Vorsatz zeigt die Klein- und Privatbahnen, die in der Zeit von 1920 bis 1949 auf dem heutigen Gebiet der DDR existiert haben.
Zeichnung G. Fromm

Frontispiz: Weimar–Berka–Blankenhainer Eisenbahn, unterwegs mit Lok Nr. 91 im Jahre 1935.
Foto F. Haase

CIP-Kurztitelaufnahme der Deutschen Bibliothek

Rammelt, Hans-Dieter:
Klein- und Privatbahn-Archiv 1,
Geschichte – Bau – Betrieb/
Hans-Dieter Rammelt; Günther Fiebig;
Erich Preuß. –
Heidelberg: v. Decker's Verlag, 1989.
ISBN 3-7685-1588-5
NE: Fiebig, Günther; Preuß, Erich

Durchgesehene Lizenzausgabe des
R. v. Decker's Verlag,
G. Schenck GmbH, Heidelberg
für die Bundesrepublik Deutschland,
Berlin (West), Österreich und die Schweiz
© 1989 by transpress VEB Verlag für
Verkehrswesen, Französische Str. 13/14,
Berlin, DDR - 1086
Lektor: Hans-Joachim Wilhelm
Gesamtgestaltung: Hans-Jürgen Malik
Printed in the German Democratic
Republic
ISBN 3-7685-1588-5

Unser Mitautor *Günther Fiebig* starb am 29. Mai 1988. Vielen Modelleisenbahnern und Freunden der Eisenbahn war Günther Fiebig bekannt. Seit Ende der siebziger Jahre beschäftigte er sich intensiver mit den ehemaligen Klein- und Privatbahnen auf dem heutigen Gebiet der Deutschen Demokratischen Republik, so daß sich folgerichtig das Autorenkollektiv Rammelt/Fiebig/Preuß für dieses mehrbändige Klein- und Privatbahn-Archiv fand.

Mit sehr viel Fleiß und Sachkenntnis erarbeitete Günther Fiebig für diesen ersten Band das Kapitel Betriebsmittel. Darüber hinaus beabsichtigte er, sein umfangreiches Archiv auch für Streckenbeschreibungen zu nutzen. Es war ihm nicht vergönnt, diese Aufgabe zu vollenden.

Hans-Dieter Rammelt
Erich Preuß

Vorwort

Mit dem vorliegenden Grundlagenband eröffnet transpress eine neue Reihe, in der die ehemaligen regelspurigen Klein- und Privatbahnen auf dem Gebiet der DDR dargestellt werden. Sowohl umfangreiches Archivmaterial als auch die Beantwortung vieler bisher ungelöster Fragen haben das Autorenkollektiv und den Verlag veranlaßt, einen Grundlagenband sowie mehrere Einzelbeschreibungen herauszugeben.

In den letzten Jahrzehnten des 19. Jahrhunderts hatte die Eisenbahn hinsichtlich der wachsenden industriellen und landwirtschaftlichen Produktion größte Bedeutung, weil andere leistungsfähige Verkehrsmittel noch nicht entwickelt bzw. noch nicht entsprechend ausgebaut waren. Damals existierte das Netz der Hauptbahnen im wesentlichen, und nur ein „kleiner Teil des Landes" mußte noch erschlossen werden. Und zwar wollte man aus wirtschaftlichen Gründen auch die Gebiete abseits der großen Hauptstrecken zugänglich machen. Deshalb mußten wiederum herkömmliche Auffassungen über den Eisenbahnbau und die Betriebsführung korrigiert werden. Obgleich es dazu in den deutschen Ländern die unterschiedlichsten Meinungen gab, konnte dies ökonomisch wie technisch nur durch Klein- und private Nebenbahnen geschehen.

Was waren Klein- und Privatbahnen überhaupt? Wie unterschieden sie sich voneinander und wie von den Staatseisenbahnen? Diese und andere Fragen beantworteten die Autoren im Grundlagenband aus wirtschaftlicher, politischer sowie technischer Sicht. Die Darstellung dieses Themas beginnt im letzten Viertel des vergangenen Jahrhunderts und endet mit den Veränderungen nach dem zweiten Weltkrieg. Mit der Betriebsübernahme der Klein- und Privatbahnen durch die Deutsche Reichsbahn am 1. April 1949 gaben diese Bahnen ihre eigenständige Rolle innerhalb des Verkehrswesens auf. Damit wird die Geschichte der einst selbständigen Eisenbahnen abgeschlossen.

In den Folgebänden werden neben den einzelnen Streckenbeschreibungen auch die ehemaligen Provinzial- bzw. Landes-Eisenbahnbehörden dargestellt. Da die Schmalspurbahnen bereits im transpress „Schmalspurbahn-Archiv" vorgestellt wurden, berücksichtigen die o. g. Folgebände ausschließlich regelspurige Eisenbahnen. Darüber hinaus sind bereits in der transpress-Reihe „Verkehrsgeschichte" umfangreiche Beschreibungen einzelner Bahnen erschienen.

Die Autoren und der Verlag sind sich dessen bewußt, daß auch dieser Grundlagenband Fragen offenläßt und nehmen entsprechende Hinweise, Ergänzungen und Berichtigungen gern entgegen.

Gedankt sei allen, die uns bei diesem Klein- und Privatbahn-Archiv unterstützt haben: in den Staatsarchiven und Museen in der DDR, Frau John (Verkehrsmuseum Dresden), Frau Hagedorn (Zentrales Staatsarchiv Potsdam), Frau Toß (Archiv der Rbd Magdeburg), Herrn Dr. Hecht (Archiv des MfV Berlin), Herrn Hermann (Archiv der Rbd Halle), Frau Prof. Dr. Rehbein (Hochschule für Verkehrswesen „Friedrich List" Dresden), Herrn Dobbert (Fährschiffamt Saßnitz), Herrn Machel (Babelsberg), Herrn Fromm (Erfurt), Herrn Meyer (Aue), Herrn Malsch (Steinbach), Herrn Burghardt (Dresden), Herrn Umlauft (Erfurt) sowie Herrn Weinreich (Halle).

Halle (S.), Dessau, Berlin

Hans-Dieter Rammelt
Günther Fiebig
Erich Preuß

Inhalt

Eine pr. T4 der Eutin–Lübecker Eisenbahn
(s. Kapitel 1)

Titelseite der Lenz-Normalien
(s. Kapitel 2)

Die 99 587 mit einem Zug am Einfahrsignal Bergen
(s. Kapitel 3)

Ein Teil des Omnibus-Parkes der OHKB (s. Kapitel 4)

Eine der 1909 bei Borsig gebauten B-n2-Maschinen der KWC (s. Kapitel 6)

Angestellte der WBGE vor der Werkstatt Buttelstedt (s. Kapitel 5)

Abkürzungen

ADEG Allgemeine Deutsche Eisenbahn-Betriebsgesellschaft
ADKG Allgemeine Deutsche Kleinbahn-Betriebsgesellschaft
AGBB Aktiengesellschaft für Bahnbau und Betrieb
AGV Aktiengesellschaft Verkehr
AEG Allgemeine Elektrizitäts-Gesellschaft, Berlin
BHG Berliner Handels-Gesellschaft
BMAG Berliner Maschinenbau-Aktiengesellschaft
DEAG Deutsche Eisenbahn-Aktiengesellschaft
DEBG Deutsche Eisenbahn-Betriebsgesellschaft
DEGT Deutscher Eisenbahn-Güter-Tarif
DEVV Deutscher Eisenbahn-Verkehrs-Verband
DILO Dienst- und Lohnordnung
DR Deutsche Reichsbahn
DRG Deutsche Reichsbahn-Gesellschaft
DWK Deutsche Werke, Kiel
ELNA Engerer Lokomotiv-Norm-Ausschuß
EVO Eisenbahnverkehrsordnung
FVA Fahrzeug-Versuchsanstalt
GM Goldmark
K.E.B.B.G. Kolonial-Eisenbahn-Bau- und Betriebsgesellschaft
KED Königliche Eisenbahn-Direktion
KPEV Königlich Preußische Eisenbahn-Verwaltung
K.Sächs.Sts.E.B. Königlich Sächsische Staatseisenbahnen
LOWA Lokomotiv- und Waggonbau nach 1945
M/Mk Mark
RAW/Raw Reichsbahn-ausbesserungswerk
Rba Reichsbahnamt
RBD/Rbd Reichsbahndirektion
RM Reichsmark
pr. preußische
P.St.B. Preußische Staatseisenbahnen
PKP Polnische Staatsbahn
SMAD Sowjetische Militär-administration
TV Technische Vereinbarungen über den Bau und die Betriebseinrichtungen der Haupt- und Nebenbahnen
VBO Vereinfachte Eisenbahn-Bau- und Betriebsordnung
VDEV Verein Deutscher Eisenbahn-Verwaltungen
VKAG Vereinigte Kleinbahnen Aktiengesellschaft
VMEV Verein Mitteleuropäischer Eisenbahn-Verwaltungen
VVB Vereinigung Volkseigener Betriebe
WEG Westdeutsche Eisenbahn-Gesellschaft
WÜEG Württembergische Eisenbahn-Gesellschaft A.G.
WÜEN Württembergische Nebenbahn-Gesellschaft

Die Entwicklung der Klein- und Privatbahnen 1.

1.1. Privateisenbahn oder Staatseisenbahn?

Kleinbahnen sind Eisenbahnen, die auf der Grundlage des preußischen Kleinbahngesetzes von 1892 gebaut und betrieben wurden. Privateisenbahnen sind jene Eisenbahnen, die man nach dem preußischen Eisenbahngesetz von 1838 konzessionierte, die aber keine Staatseisenbahnen waren. – So könnte man kurz die Bahnen definieren, die in diesem Buch eine Rolle spielen.

Der Volksmund kümmerte sich nicht um solche juristischen Unterscheidungsmerkmale, so daß er auch heute noch alle Bahnen als Kleinbahnen bezeichnet, die eine von der Regelspurweite von 1435 mm abweichende, und zwar geringere Spurweite haben. Dabei gab es Kleinbahnen zwischen 600 mm und 1435 mm Spurweite sowie andererseits schmalspurige Staatseisenbahnen. Die Privateisenbahnen trugen die wohl unglücklichste Bezeichnung, denn sie waren meist alles andere als privat.

Auch über den Begriff Kleinbahn stritt sich die Fachwelt vor Verabschiedung des Kleinbahngesetzes von 1892 im preußischen Landtag (wir kommen darauf zurück); ein besserer Begriff wurde aber nicht gefunden.

Wie es zu solch einem Nebeneinander von Eisenbahnen verschiedener Eigentumsformen kam, soll uns der Blick in die Geschichte erhellen.

Den Ruhm, die erste deutsche Eisenbahn eröffnet zu haben, sicherte sich Bayern mit der Bahn von Nürnberg nach Fürth, die am 7. Dezember 1835 in Betrieb ging. 1838 wurde die Berlin-Potsdamer Eisenbahn und 1839 vollständig die Strecke Leipzig–Dresden eröffnet; 1840 fuhren zwischen Magdeburg und Leipzig die ersten Züge.

Preußen hatte im Jahre 1846 bereits 25 Konzessionen für neue Bahnen erteilt, darunter befanden sich fünf von Berlin ausgehende Strecken, so die Berlin-Stettiner, die Berlin-Frankfurter und die Berlin-Hamburger Eisenbahn. Im Westteil Preußens waren die Genehmigungen für die Rheinische Eisenbahn, die Düsseldorf-Elberfelder, die Bonn-Kölner, die Köln-Mindener, die Bergisch-Märkische und die Münster-Hammer Eisenbahn erteilt worden.

Bis 1846 wurden in Deutschland zahlreiche Eisenbahnen eröffnet. Diese Eisenbahngesellschaften entstanden zunächst unter regionalen Gesichtspunkten, weil ein von übergeordneten Gesichtspunkten ausgehender einheitlicher Plan fehlte. Wenngleich einige Gesellschaften wie beispielsweise die Sächsisch-Bayerische Staatseisenbahn (Leipzig–Hof) mit einer Verbindung bis Lindau am Bodensee weitreichende Ziele im Auge hatten. Oder die Oberschlesische Eisenbahn, die gemäß ihrem Statut den Anschluß an die von Wien nach Krakau (heute Kraków) führende Kaiser-Ferdinand-Nordbahn vorsah.

All diese Eisenbahnpläne zu verwirklichen, setzte Formen und Regeln voraus, wie solche Eisenbahnunternehmungen überhaupt zu gründen sind. Schließlich wurden davon sowohl staatliche als auch private Interessen berührt. Deshalb galt in allen deutschen Ländern der einhellige Grundsatz: Der dem öffentlichen Verkehr dienende Eisenbahnbau ist durch höchste staatliche Stellen zu genehmigen!

Preußen schuf die Grundlagen für Eisenbahnunternehmen zum erstenmal durch die Allerhöchste Bestätigungsurkunde vom 21. August 1837, mit der die „Rheinische Eisenbahn-Gesellschaft" genehmigt wurde. Weitere umfassende Privatbahnpläne veranlaßten Preußen, ein Eisenbahngesetz zu erlassen. Dieses Gesetz ging von bereits vorhandenen „Allgemeinen Bedingungen" aus und sah die von einer Aktiengesellschaft zu bauende und zu betreibende Bahn als Norm vor. Preußen behielt sich in diesem Gesetz das ausdrückliche Ankaufsrecht des Staates nach frühestens 30 Jahren vor. Das Gesetz regelte die Befugnisse des Staates bei der Gründung,

1.1. Die Kleinbahnen des Kreises Jerichow I hatten auf dem Streckenabschnitt Lohburg–Altengrabow ein Dreischienengleis mit 750 mm und 1435 mm Spurweite. Ein Kleinbahnzug mit der Lok Nr. 4 auf dem Bahnhof Altengrabow.
Sammlung G. Meyer

den Bau und Betrieb sowie die Verwaltung der Eisenbahnen und schuf die rechtlichen Grundlagen für die Abtretung des zum Bahnbau erforderlichen Grund und Bodens.

Das Gesetz über die Eisenbahnunternehmungen vom 3. November 1838, das noch hundert Jahre später Gültigkeit besitzen sollte, baute im wesentlichen auf den Erwägungen, die der Staat im Zusammenhang mit der Konzessionierung der Magdeburg-Leipziger Eisenbahn angestellt hatte. Zu dieser Zeit hatte Preußen nach Sonderstatuten bereits vier Eisenbahnen konzessioniert, so die Rheinische Eisenbahn (Köln–Aachen–Grenze zu Belgien), die Düsseldorf-Elberfelder Eisenbahn, die Berlin-Potsdamer Eisenbahn und die Magdeburg-Leipziger Eisenbahn.

In anderen deutschen Ländern war die landesherrliche Genehmigung ebenfalls als erforderlich erklärt worden, z. B. in Hannover mit dem Gesetz vom 8. September 1840, im Königreich Bayern am 28. September 1836 mit den „Fundamentalbestimmungen für sämtliche Eisenbahnstatuten". Uneins war man sich darüber, den Bau und den Betrieb von Eisenbahnen privaten Gesellschaften zu überlassen oder ob der Staat diese Aufgaben selbst in die Hand nehmen sollte. In den einzelnen deutschen Staaten wurde darüber unterschiedlich entschieden: Je nachdem, wie hoch man das wirtschaftliche Risiko oder die Pflicht des Staates, gemeinwirtschaftliche Aufgaben zu übernehmen, ansetzte. Deshalb bestanden bereits in der Frühzeit der Eisenbahnen in Deutschland Privateisenbahnen und Staatseisenbahnen nebeneinander.

Preußen hatte sich bei der gesetzlichen Festlegung der rechtlichen Grundlagen für Eisenbahnunternehmungen von dem Gedanken leiten lassen, daß der Bau von Eisenbahnen auf Staatskosten nicht in Frage käme. Das Gesetz von 1838 war deshalb in erster Linie auf Privateisenbahnen zugeschnitten. Was daraus ersichtlich wird, daß die Bestimmungen über die Bildung von Aktien-Gesellschaften zum Bau und Betrieb von Eisenbahnen das Gesetz einleiteten.

Braunschweig, Hannover, Oldenburg, Baden und Württemberg hingegen nahmen von Anfang an den Staatsbahnbau in die Hand, wie die erste deutsche Staatseisenbahn zeigte, die am 1. Dezember 1838 von Braunschweig nach Wolfenbüttel eröffnet worden war. Die Main-Neckar-Bahn wurde gemeinschaftliche Staatseisenbahn Badens, des Großherzogtums Hessen und der Freien Reichsstadt Frankfurt a. M.

In Bayern erklärte Ende 1845 der Minister von Abel, nie und unter keinen Umständen werde die Regierung die Leitung und Benutzung der Eisenbahnen in ihren Hauptrichtungen in Privathände geben. Dort hatten sich (abgesehen von der Strecke Nürnberg–Fürth) die ersten Privateisenbahnen nicht bewährt. Die München-Augsburger Eisenbahn mußte beispielsweise bereits 1844 vom Staat erworben werden.

Bayern blieb diesem Grundsatz nicht treu; im Jahre 1856 erhielt die Aktiengesellschaft der Bayerischen Ostbahn die Konzession. Sachsen zeigte sich dem Eisenbahnbau gegenüber sehr abwartend, erhielt

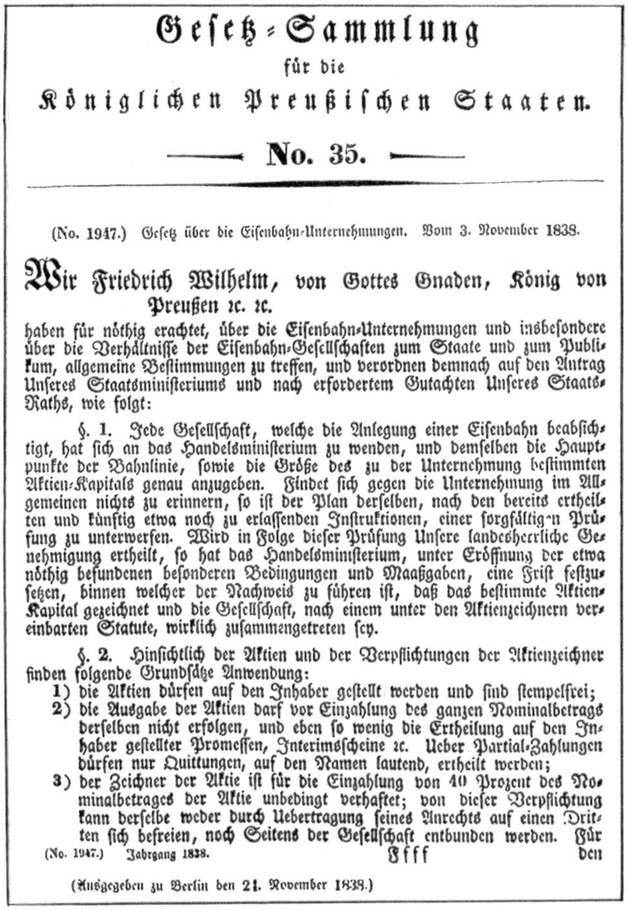

Gesetz-Sammlung
für die
Königlichen Preußischen Staaten.

No. 35.

(No. 1947.) Gesetz über die Eisenbahn-Unternehmungen. Vom 3. November 1838.

Wir Friedrich Wilhelm, von Gottes Gnaden, König von Preußen ꝛc. ꝛc.

haben für nöthig erachtet, über die Eisenbahn-Unternehmungen und insbesondere über die Verhältnisse der Eisenbahn-Gesellschaften zum Staate und zum Publikum, allgemeine Bestimmungen zu treffen, und verordnen demnach auf den Antrag Unseres Staatsministeriums und nach erfordertem Gutachten Unseres Staats-Raths, wie folgt:

§. 1. Jede Gesellschaft, welche die Anlegung einer Eisenbahn beabsichtigt, hat sich an das Handelsministerium zu wenden, und demselben die Hauptpunkte der Bahnlinie, sowie die Größe des zu der Unternehmung bestimmten Aktien-Kapitals genau anzugeben. Findet sich gegen die Unternehmung im Allgemeinen nichts zu erinnern, so ist der Plan derselben, nach den bereits ertheilten und künftig etwa noch zu erlassenden Instruktionen, einer sorgfältigen Prüfung zu unterwerfen. Wird in Folge dieser Prüfung Unsere landesherrliche Genehmigung ertheilt, so hat das Handelsministerium, unter Eröffnung der etwa nöthig befundenen besonderen Bedingungen und Maaßgaben, eine Frist festzusetzen, binnen welcher der Nachweis zu führen ist, daß das bestimmte Aktien-Kapital gezeichnet und die Gesellschaft, nach einem unter den Aktienzeichnern vereinbarten Statute, wirklich zusammengetreten sey.

§. 2. Hinsichtlich der Aktien und der Verpflichtungen der Aktienzeichner finden folgende Grundsätze Anwendung:
1) die Aktien dürfen auf den Inhaber gestellt werden und sind stempelfrei;
2) die Ausgabe der Aktien darf vor Einzahlung des ganzen Nominalbetrags derselben nicht erfolgen, und eben so wenig die Ertheilung auf den Inhaber gestellter Promessen, Interimsscheine ꝛc. Ueber Partial-Zahlungen dürfen nur Quittungen, auf den Namen lautend, ertheilt werden;
3) der Zeichner der Aktie ist für die Einzahlung von 40 Prozent des Nominalbetrages der Aktie unbedingt verhaftet; von dieser Verpflichtung kann derselbe weder durch Uebertragung seines Anrechts auf einen Dritten sich befreien, noch Seitens der Gesellschaft entbunden werden. Für den

(No. 1947.) Jahrgang 1838. Ffff

(Ausgegeben zu Berlin den 21. November 1838.)

1.2. Titelblatt des Eisenbahngesetzes vom 3. November 1838. Zentrales Staatsarchiv Merseburg
1.3. Zug der regelspurigen Altmärkischen Kleinbahn im Bahnhof Gardelegen Anschluß. Sammlung G. Meyer

aber am 1. April 1847 mit der Übernahme der ersten Privatbahn, der Sächsisch-Bayerischen Eisenbahn-Compagnie, ohne es ursprünglich zu wollen, seine erste Staatseisenbahnstrecke.

In diesen Ländern zeigte es sich mit der Zeit, daß es unmöglich war, als dringend erkannte Bahnbauten ohne staatliche Hilfe auszuführen. 1842 kam in Preußen der von Aktiengesellschaften betriebene Bau der Berlin-Anhaltischen und der Berlin-Stettiner Bahn ins Stocken. Die preußische Regierung mußte durch die Übernahme von Aktien und Obligationen unterstützend eingreifen. Bis 1842 waren von den preußisch konzessionierten Gesellschaften 587 km Privatbahnen gebaut worden. Der Staat hatte – bis auf die „zwischenstaatliche" Anhaltische Bahn – keine Finanzhilfe geleistet.

Im Oktober 1842 rief König Friedrich Wilhelm IV. die Vereinigung der ständischen Ausschüsse nach Berlin, die der Krone „über die Beförderung einer umfassenden Eisenbahnverbindung zwischen den Provinzen der Monarchie unter Beihilfe von Staatsmitteln" ihren Rat erteilen sollten. [1] Obwohl daraufhin ein Projekt eines etwa 220 Meilen langen Bahnnetzes erarbeitet wurde, war demnach keine klare Linie preußischer Eisenbahnpolitik gewonnen – wenngleich auch der Staat von 1842 bis 1848 teilweise Aktien- und Zinsgarantien übernahm.

Im Jahre 1848 kam August Freiherr von der Heydt (1801–1874), der Vorsitzende des Verwaltungsrates der Bergisch-Märkischen Eisenbahn-Gesellschaft, in das preußische Ministerium für Handel, Gewerbe und öffentliche Arbeiten. Mit ihm begann in Preußen die Abkehr vom Privatbahnsystem. Es wurde der Bau der ersten Staatseisenbahnen, der Ostbahn, der Westfälischen sowie der Saarbrücker Bahn beschlossen und an die Bedingung geknüpft, „daß der Übergang aller Bahnen in das Eigentum des Staates stets das Ziel der Regierung bleiben müsse, niemals aus den Augen verloren werden dürfe und daß auf dessen Erreichung durch jedes sich darbietende Mittel hinzustreben sei." [2] Nach diesen Richtlinien wurden dann die Nieder-

1.4. Borsig-Lokomotive BEUTH für die Berlin-Anhaltische Eisenbahn, geliefert 1844. Sammlung Rammelt

1.5. Henschel-Lokomotive für die Bergisch-Märkische Eisenbahn. Werkfoto. Sammlung Rammelt

schlesisch-Märkische Eisenbahn aufgekauft und die Bergisch-Märkische sowie die Oberschlesische Eisenbahn in staatliche Verwaltung genommen.

Es war die Periode des Ministers von der Heydt, der sich als Abgeordneter für die Anerkennung des Staatsbahnprinzips in den Sitzungen des Landtages aussprach, aber 1847 die Vorlage zum Bau der (staatlichen) Ostbahn Berlin–Danzig/Königsberg wegen des sehr beträchtlichen Anlagekapitals und der voraussichtlich geringen Erträge ablehnte. Die erste große, dem Staatsbahnprinzip gewidmete Gesetzesvorlage unterbreitete von der Heydt 1849. Dieser Staatsbahngedanke hielt sich im preußischen Parlament zehn Jahre lang. Der preußische Staat ging daran, sämtliche Privateisenbahnen in seinen Besitz, zumindest unter seinen Betrieb zu bringen. Mit Ausnahme der Rhein-Nahe-Bahn wurde keine Konzession an Privatgesellschaften erteilt.

In den fünfziger Jahren begann sich, insbesondere bei der Freihandelspartei, eine Abneigung gegen die Einmischung des Staates in wirtschaftliche Angelegenheiten zu zeigen. Selbst in Bayern erlahmte der Schwung für weitere Staatsbahnbauten. 1855 wurde hier der Bau von Privateisenbahnen nicht nur ausdrücklich wieder zugelassen, sondern 1856 mit der Bayerischen Ostbahn ein kompaktes Privateisenbahnnetz konzessioniert. Durch Gesetz vom 21. Mai 1859 wurde in Preußen bestimmt, daß der viel befehdete Erwerb von Eisenbahnaktien durch den Ertrag der Eisenbahnsteuer aufgehoben und die Steuer in die allgemeine Staatskasse abgeführt werden sollte. Zu dieser Zeit bestanden in Preußen 6 827,1 km Eisenbahnen, davon waren 2 340,6 km reine Staatseisenbahnen; von den 4 486,5 km Privateisenbahnen befanden sich 1 275,6 km unter Staatsverwaltung, und nur 3 210,9 km waren reine Privateisenbahnen. [3]

Staatspolitische Rücksichten hinderten Minister von der Heydt, seine Eisenbahnpolitik der Verstaatlichung fortzusetzen. Sein Nachfolger, Heinrich Friedrich Graf von Itzenplitz, ließ sich von dem Grundsatz leiten, möglichst viele Eisenbahnen für das Land zu erhalten, gleichviel, wer sie

1.6. Die ehemalige Lokomotive ROSITZ wurde nach Verstaatlichung der Zeitz-Altenburger Eisenbahn durch die Königlich Sächsischen Staatseisenbahnen in die Reihe II unter der Nr. 749 eingeordnet. Foto Contius. Sammlung Rammelt

1.7. Die Zittau-Oybin-Jonsdorfer Eisenbahn (ZOJE) wurde erst am 1. Juli 1906 von den Königlich Sächsischen Staatseisenbahnen übernommen. Die Lokomotive Nr. 4 HOCHWALD der Zittau-Oybin-Jonsdorfer Eisenbahn bekam danach die Nr. 52. Nach dem ersten Weltkrieg wurde sie als Kriegsverlust verbucht.
Sammlung R. Preuß

baute. So war den Privatunternehmen wieder ein weites Feld gegeben.

Auch im Königreich Sachsen wurde die Frage, nur Staatsbahnen oder nur Privateisenbahnen oder beide anzulegen, zu verschiedenen Zeiten unterschiedlich beantwortet. Die Staatsregierung teilte der Ständeversammlung 1863/64 mit: „Das bisher in Sachsen befolgte System beruht nicht, wie z. B. in Frankreich und in höherem Grade in Belgien, auch in einigen deutschen Mittelstaaten, auf einer von einem allgemeinen Gesichtspunkte ausgehenden Initiative der Regierung; nicht auf einem festen für das ganze Land entworfenen Plane …

Als Mitte der 30er Jahre die Idee der Leipzig-Dresdener Eisenbahn hervortrat und lebhaft betrieben wurde, da war das Eisenbahnwesen überhaupt auf dem Continente von Europa noch so neu …, daß man an eine direkte Betheiligung des Staates, an eine Verwendung von Staatsmitteln auf den Eisenbahnbau noch nicht zu denken wagte. Man erblickte in der damals projectierten Bahn zunächst nichts weiter, als ein Mittel zur schnelleren und besseren Verbindung zwischen Leipzig und Dresden und dachte an die Möglichkeit, daß sie nun das erste Glied eines allgemeinen Eisenbahnsystems werden könne und an die Wichtigkeit des Eisenbahnwesens so wenig, daß der Staat sich nicht einmal das Recht des Ankaufes oder Anheimfalles nach einer gewissen Reihe von Jahren vorbehielt. Indessen schon kurze Zeit nachher änderten sich die Ansichten ganz wesentlich, sehr bald wurde es klar, welchen Einfluß die Eisenbahnen auf die Entwicklung der Völker und Staaten ausüben müssen und wie dringend es notwendig werde, daß die Regierungen selbst ihren Bau begünstigen und ihre weitere Entwicklung in eine nicht bloß dem Privatinteresse der

1.8. Neben den staatlichen Vizinalbahnen existierten in Bayern viele Lokalbahnen, die der Lokalbahn A.-G. München gehörten. Das Bild zeigt einen Zug der LAG 1934 im Bahnhof Fischen; im Hintergrund die Bergkette der Allgäuer Alpen. Sammlung Rammelt

Actionäre, sondern dem allgemeinen Interesse entsprechende Richtung hinleiteten. Aus einer gewiß an sich sehr gerechtfertigten und achtungswerthen Scheu vor einer sehr bedeutenden Vermehrung der Staatsschulden, sowie aus einer Abneigung gegen eine Ueberbürdung der Staatsbehörden mit einer Masse ihrer eigentlichen Aufgabe fremder, neuer Geschäfte, konnte man sich auch damals noch nicht zum Selbstbau und zum Betriebe auf Staatsrechnung entschließen, suchte vielmehr, da ohne Staatsunterstützung aus bloßen Privatmitteln nach den damaligen Verhältnissen ein weiterer Bau von Eisenbahnen in Sachsen nicht zu ermöglichen schien, eine Vereinigung zwischen Staats- und Privatmitteln in der Art herzustellen, daß der Staat einen Theil des Baukapitals – $^1/_3$ oder $^1/_4$ – zuschoß und mit der Verzinsung desselben so lange zurücktrat, bis die Actionäre eine gewisse Verzinsung erhielten und sich zugleich durch Ernennung eines Direktorialmitgliedes und sonst einen gewissen indirekten Einfluß auf die Leitung des Baues und des Betriebes vorbehielt." [4]

Die auf diese Weise entstandenen Aktiengesellschaften waren nicht in der Lage, ihre Aufgabe zu erfüllen. Häufig mußte der Staat diese Bahnen aufkaufen. Mitte der siebziger Jahre setzte eine nach der Gründerkrise langanhaltende Depression ein, die die spätere Monopolisierung in der Wirtschaft und im Kapital einleitete. Jetzt kam es nur noch zum Bau von Eisenbahnen aus Staatsmitteln. Bestehende Privatbahngesellschaften hatten finanzielle Schwierigkeiten, so daß sie selbst den Ankauf ihrer Bahnen vom Staat wünschten. Das leitete 1876 mit dem Kauf der Leipzig-Dresdener, der Greiz-Brunner Bahn und anderer kleinerer Privateisenbahnen die letzte große Verstaatlichungswelle in Sachsen ein. Die „Umgehungsfurcht" Sachsens durch Preußen und der Druck Bismarcks nach der Reichsgründung im Jahre 1871, der auf eine Reichseisenbahn hinarbeitete, förderten die Verstaatlichung der sächsischen Eisenbahnen.

Nachdem die vom Verein Deutscher Eisenbahnverwaltungen 1869 in ihren Grundzügen aufgestellte Bahnordnung für deutsche Bahnen untergeordneter Bedeutung am 1. Juli 1878 im Deutschen Reich in Kraft trat, machte der sächsische Staat von diesen Erleichterungen Gebrauch, indem er auf unrentablen Hauptbahnen den „Sekundärbahnbetrieb" einführte, der einen geringen Aufwand an Personal und Betriebsmitteln erforderte sowie bei weiteren ohne größeren Gewinn zu erwartenden Bahnen nach vereinfachten Grundsätzen baute. Diese Sekundärbahnen (fälschlich werden sie oft mit Schmalspurbahnen gleichgesetzt) waren in Sachsen charakterisiert durch einfacheren Bau und einfachere Betriebsführung. Von 1881 an ging man noch weiter und wandte sich den Schmalspurbahnen zu. Den Begriff „Kleinbahnen" führte man in Sachsen nicht ein.

Nach der großen Verstaatlichungswelle von 1876 stellte die sächsische Staatsregierung den Grundsatz auf, private Eisenbahnen nur dort zuzulassen, wo der Staat am Bahnbau kein Interesse hatte, jedoch ein lokales Bedürfnis für eine Eisenbahn bestand. Für große Projekte fanden sich jetzt in Sachsen ohnehin keine Geldgeber mehr. So gab es 1899 folgende Privateisenbahnen:

a) Hauptbahnen
- Zittau-Reichenberger Eisenbahn, am 1. Januar 1905 verstaatlicht
- Oberhohndorf-Reinsdorfer Kohlenbahn, am 1. Januar 1940 verstaatlicht
- Brückenbergschachtkohlenbahn bei Zwickau
- Kohlenbahnen bei Zwickau und Planitz

b) Nebenbahnen
- Kohlenbahnen bei Kriebitzsch und Rositz

- Kohlenbahnen bei Ölsnitz (Erzgebirge) und Lugau
- Spreetalbahn
- Industriebahn Zwickau–Mosel, die allesamt den Charakter von Privatanschlußbahnen besaßen, und die schmalspurige Zittau-Oybin-Jonsdorfer Eisenbahn, verstaatlicht am 1. Juli 1906.

Das waren von 3103,67 km Länge der Königlich Sächsischen Staatseisenbahnen (K. Sächs. Sts. E. B.) ganze 98,14 km. Am 15. Mai 1907 kam die Privateisenbahn Mittweida–Dreiwerden (6,02 km) hinzu, am 25. Januar 1909 Mittweida Ladestelle–Ringethal (4,27 km).

Bayern ließ schon seit 1869 (Grundzüge des Vereins Deutscher Eisenbahn-Verwaltungen) die Vizinalbahnen errichten, die sämtlich vom Staat erbaut und betrieben worden sind. Die Gemeinden mußten sich dabei mit 10 Prozent am Baukapital beteiligen.

Ein besonderes Intermezzo deutscher Eisenbahngeschichte ist die Ära des Eisenbahnkönigs Bethel Henry Strousberg. 1861 trat er mit englischen Geldgebern in Verbindung, die bis dahin erfolglos mit dem Komitee der Tilsit-Insterburger Eisenbahngesellschaft über die Finanzierung und den Bau der geplanten Strecken verhandelt hatten. Strousberg versprach seine Unterstützung, verhandelte mit dem Bevollmächtigten des Komitees und kam zu einem erfolgreichen Abschluß. Als Dank wurde Strousberg zum Bevollmächtigten der englischen Baugesellschaft ernannt.

Nun zum ersten Mal mit einem Eisenbahnbau verbunden, eröffnete sich für ihn ein unaufhaltsamer Aufstieg. In ihm wurde vor allem der Kapitalbeschaffer gesehen, der Organisator, Makler, Lieferant von Eisenbahnbedarfsmaterial. Es gab fast keinen Flecken in den deutschen Bundesländern, wo nicht Strousberg in Erscheinung getreten wäre. Das „System Strousberg" wurde berüchtigt. Strousberg führte das in Deutschland ein, was sich seit den 50er Jahren in England, Frankreich und Österreich bei großen Bauvorhaben bewährt hatte:

- Der Generalunternehmer bildet mit einem Geldgeber ein Konsortium, entwirft einen Plan für den Bau der Eisenbahnstrecke und beantragt bei der Regierung die Konzession, die dem Konsortium nach Hinterlegung einer Kaution erteilt wird.

1.9. Bethel Henry Strousberg (1823–1884). Sammlung E. Preuß

- Ein Teil der Aktien wird gezeichnet und verbleibt im Besitz der Unternehmer. Sie konstituieren sich als Direktion und Verwaltungsrat, sie garantieren den Bau, führen ihn aus und überwachen ihn.
- Der Generalunternehmer schließt Verträge mit jenen Baufirmen, die das günstigste Angebot unterbreiten.
- Der Generalunternehmer beschafft den nötigen Baugrund und verkauft ihn an die Eisenbahngesellschaft.
- Die Prioritäts- und Stammprioritätsaktien werden über die Börse bzw. über die Unternehmer unter das Publikum gebracht, vom Erlös wird der Bau finanziert.
- Der Generalunternehmer übernimmt die Organisation des Bahnbetriebs.

Strousberg verblüffte die Finanzwelt mit dem System, das nach Stellung eines Startkapitals den Aktienumsatz finanzierte und große Kapitalanleihen vermied. In den Planungs-, Konstruktions- und Baubüros waren die besten Fachkräfte beschäftigt, die meisten kamen aus dem Staatsdienst. Die technischen Büros Strousbergs arbeiteten – im Gegensatz zu denen der meisten anderen privaten Eisenbahngesellschaften – immer an mehreren Projekten zugleich.

In Preußen war Strousberg von 1861 bis 1871 an folgenden Eisenbahnbauten beteiligt:

- Eisenbahn von Tilsit nach Insterburg (heute Sowjetsk–Tschernjachowsk)
- Ostpreußische Südbahn
- Berlin-Görlitzer Eisenbahn
- Rechte Oderuferbahn
- Märkisch-Posener Bahn
- Eisenbahn von Halle nach Sorau (heute Zary), Projektierung von Sorau nach Breslau (heute Wrocław) und von Leipzig nach Eilenburg
- Eisenbahn von Hannover nach Altenbeken, Projektierung der Strecke Halle–Lehrte. [5]

Trotz dieser Aktivitäten verschob sich das Verhältnis Privateisenbahn zu Staatseisenbahn zugunsten der Staatseisenbahnen durch den erheblichen Zuwachs, den das preußische Eisenbahnnetz mit den 1866 von Preußen annektierten Gebietsteilen des Königreiches Hannover, des Kurfürstentums Hessen, des Fürsten-

1.10. Von Henschel an die Rechte-Oder-Ufer-Bahn gelieferte Lokomotive Nr. 117. Werkfoto. Sammlung Verkehrsmuseum Dresden

tums Nassau und der Freien Reichsstadt Frankfurt a. M. erhielt. Der Eisenbahnbesitz verdoppelte sich von 1695 km auf 3322 km. Durch die Einverleibung Schleswig-Holsteins und Lauenburgs kamen die dortigen Privateisenbahnen ebenfalls in den Machtbereich Preußens.

Der plötzliche Aufschwung in Handel und Verkehr im Jahre 1871 nach dem Krieg mit Frankreich forderte den Ausbau des Eisenbahnnetzes geradezu heraus. Seit der Gründung des Deutschen Reiches trafen die Bestimmungen des Norddeutschen Bundes nun auch auf das Eisenbahnwesen Badens, Hessens südlich des Mains und Württembergs zu. Nur Bayern entzog sich in Eisenbahnangelegenheiten der Aufsicht und Gesetzgebung des Reiches. Artikel 47 der Reichsverfassung verpflichtete indes alle deutschen Eisenbahnverwaltungen, den Anordnungen des Reiches zum Zwecke der Verteidigung Deutschlands unweigerlich Folge zu leisten, Militär und Kriegsmaterial zu gleichen ermäßigten Sätzen zu befördern. Diesem Artikel mußte sich auch Bayern unterordnen.

Am 7. Juni 1871 wurde das für alle Bahnen geltende Haftpflichtgesetz erlassen. Dennoch: Weder gelang es Bismarck, die Eisenbahnen zu vereinigen, noch dämpfte die Reichshoheit den Gründungswillen der Eisenbahngesellschaften. Die hohen Dividenden der Privateisenbahnen reizten in Preußen zu neuen Konzessionsgesuchen, denen die Regierung sich geneigt zeigte. Noch 1872 hatte sich bei der jährlichen Sitzung des Industrie- und Handelstages nur die Minderheit für das Staatsbahnprinzip ausgesprochen. Die Prioritäts- und Stammaktien wurden weit unter dem Wert gehandelt, das Kapital der Gesellschaften mußte aufgestockt werden, einige Eisenbahnen warfen keinen Gewinn ab, andere Bahnen wiesen bei der technischen Abnahme erhebliche Mängel auf, deren Beseitigung hohe Kosten forderte und die Betriebseröffnung verzögerte.

Die Forderungen in der preußischen Presse – von 1869 an –, der Staat solle es nicht zulassen, daß sich Eisenbahnunternehmer auf Kosten der Gesellschaft bereichern, beantwortete der Eisenbahnkommissar Albert Maybach damit, der Staat habe ohne irgendwelche Belastung ein ganzes System von Eisenbahnen erhalten. Nun erhielt der Generalunternehmer Strousberg keine Aufträge mehr, man duldete aber die getarnte Umgehung des Prinzips.

Preußen war, das wurde jetzt gewahr, bei der Konzessionserteilung nicht immer vorsichtig zu Werke gegangen. Der Abgeordnete Lasker brachte die Mißbräuche im Abgeordnetenhaus am 7. Februar 1873 zur Sprache, indem er scharf gegen die Eisenbahnpolitik des Ministeriums für Handel und Gewerbe und öffentliche Arbeiten Stellung bezog und für die Zukunft den Übergang der Bahnen auf den Staat empfahl.

Die Handelsminister wechselten. Die Regierung erhielt zum Bau u. a. der Berlin-Wetzlarer Eisenbahn einen Kredit von 120 Millionen Talern. Eine Sonderkommission wurde eingesetzt, die Vorschläge zur Änderung der Gesetzgebung unterbreiten sollte und die zu dem Ergebnis kam, aus volkswirtschaftlichen Rücksichten auf die Vereinigung aller Eisenbahnen in die Hände des Staates hinzuarbeiten. Diese Vorschläge wurden im November 1876 vorgelegt und waren die Wiederholung dessen, was bereits im Jahre 1848 für Preußen als Programm aufgestellt worden war. Allerdings spielte in den Vorschlägen von 1876 das Reich keine Rolle. Vorherrschend war für Preußen nun klar der Staatsbahngedanke. Dessen Durchsetzung verfolgte Handelsminister, von 1879 an Minister der öffentlichen Arbeiten, Albert Maybach (1822–1904).

Schon im Oktober 1879 wurde dem Abgeordnetenhaus ein Gesetz betreffend den Erwerb mehrerer Pri-

1.11. Mit der Verstaatlichungswelle der großen Privatbahnen erhielt Preußen eine Reihe Lokomotiven und Wagen. Von der Berlin-Anhaltischen Eisenbahn wurde die SEDAN, gebaut von Borsig, übernommen und als Erfurt 200 eingereiht. Kurz vor der Ausmusterung (1895) kam die Maschine noch an die neu gegründete KED Halle.
Werkfoto. Sammlung Verkehrsmuseum Dresden

1.12. Die Mecklenburgische Staatsbahn betrieb auch die Strecke Rostock–Tribsees. Auf dem Unterwegsbahnhof Sanitz steht die Lokomotive 531 abfahrbereit zur Nebenbahn nach Tessin.
Sammlung Rammelt

vateisenbahnen (der Berlin-Stettiner, der Magdeburg-Halberstädter, der Hannover-Altenbekener und der Köln-Mindener) vorgelegt. Die Vorlage erhielt am 20. Dezember 1879 Gesetzeskraft. Damit war in Preußen der Grundstein einer zielbewußten Eisenbahnpolitik gelegt. Es waren die gesetzlichen Grundlagen geschaffen, zunächst rund 5 000 km Privateisenbahnen anzukaufen. [6]

Es folgten weitere Verstaatlichungen: 1880 die Rheinische Eisenbahn, die Berlin-Potsdam-Magdeburger, 1882 die Bergisch-Märkische, die Thüringische, die Berlin-Anhaltinische, die Cottbus-Großenhainer, die Berlin-Görlitzer, die Märkisch-Posener und die Rhein-Nahebahn, 1887 die Nordhausen-Erfurter Eisenbahn, 1895 die Weimar-Geraer, die Werra- und die Saalbahn. Von 1884 bis 1890 wurde der größte Teil der Privateisenbahnen verstaatlicht. Auf diese Weise hatte der preußische Staat in einem Jahrzehnt über 14 000 km Eisenbahnen erworben. Während 1870 zwei Drittel der preußischen Eisenbahnen als Privateisenbahnen betrieben wurden, war das Verhältnis Privateisenbahn zu Staatseisenbahn 1879 ausgeglichen. Im Jahre 1891 umfaßte das gesamte Streckennetz in Preußen rund 25000 km, bei Privateisenbahnen betrug es im Jahr 1895 1650 km.

Und in den anderen Bundesländern? Durch Vertrag vom 8. März 1870 hatte die Braunschweigische Staatseisenbahn mit Wirkung vom 1. Januar 1869 etwas kurzsichtig die Braunschweigische Eisenbahn-Gesellschaft erworben, hinter der die Bank für Handel und Industrie Darmstadt stand. Preußen beschaffte sich die Aktienmajorität und war 1884 im Besitz der Strecken! [7]

Am längsten hielt sich das gemischte System von Privateisenbahnen und Staatseisenbahnen im Großherzogtum Hessen-Darmstadt.

Die mecklenburgischen Hauptlinien waren anfangs als Gesellschaftsbahnen gebaut und betrieben, dann vom Landesherrn erworben und 1873 an eine Privatgesellschaft, die Mecklenburgische Friedrich-Franz-Eisenbahn, veräußert worden. Der Staat holte sie erst 1889 mit den übrigen Privateisenbahnen zurück. Zu dieser Zeit war in den südlichen Staaten das Staatsbahnnetz fast vollkommen, die bayerische Ostbahn war bereits 1875 an den Staat gekommen, und nur die bayerische Pfalzbahn blieb bis 1908 selbständig.

1.2. Das Kleinbahngesetz und seine Wirkungen

Die Privateisenbahnen fanden in Preußen weiterhin ihre Befürworter, die unter anderem auf den Anschluß verkehrsschwacher Gebiete an das bestehende Eisenbahnnetz hinwiesen. Entsprechend erwärmten sich ständig Kommunalpolitiker am Gedanken der „Lokalbahnen“, zumal sich beispielsweise solche Städte im Raum Berlin wie Teltow, Fehrbellin, Beeskow, Storkow, Strausberg, besonders aber Neuruppin, einen Eisenbahnanschluß wünschten.

Im preußischen Abgeordnetenhaus forderte man 1879 die Staatsregierung durch eine Resolution auf, Untersuchungen anzustellen, „inwieweit der Bau von lokalen Anschlußbahnen niederer Ordnung geeignet ist, die Rentabilität zu heben und den Absatz von landwirtschaftlichen Erzeugnissen und sonstigen Rohprodukten zu erleichtern“. Die hohen Anforderungen, die das Gesetz von 1838 an die Eisenbahnen stellte, entsprachen nicht den Bahnen lokaler Bedeutung. Der Minister der öffentlichen Arbeiten richtete am 31. Mai 1881 eine Rundfrage an die Regierungspräsidenten in Preußen nach der Art der Konzession und nach der Bedeutung der Bahnen unterster Ordnung. Man hatte nun erkannt, daß solche Bahnen eine andere staatliche Regelung erforderten als die großen Eisenbahnen. Am 7. August 1884 legte der damalige Referent, Geheimrat Freiherr von Zedlitz-Neukirch, dem Minister die Grundzüge für ein Gesetz über die Bahnen unterster Ordnung vor, die in zehn Absätzen jene Gedanken enthielten, die später im Kleinbahngesetz Niederschlag fanden. Bereits am 6. September 1884 veröffentlichte das „Berliner Tageblatt“ eine Notiz über den Entwurf des Gesetzes. Mitarbeiter des Referenten Freiherrn von Zedlitz war damals übrigens der „Vater des Kleinbahngesetzes“ Geheimrat Wilhelm Gleim (1833–1913).

Der damalige Minister der öffentlichen Arbeiten Maybach setzte sich lebhaft für einen solchen Gesetzentwurf ein; es dauerte aber noch sechs Jahre, bis der Minister am 2. März 1891 im Landtag dem Abgeordneten von Tiedemann antworten konnte, das Gesetz sei in der Ausarbeitung begriffen und werde in der nächsten Landtags-Session vorgelegt.

Erst jetzt begannen die Kommissionen im Ministerium energisch zu beraten, und zwar erstmals am 22. Mai 1891 im kleinen Saal, Voßstraße 35, in Berlin.

Der Geheime Finanzrat von Mühlenfels veröffentlichte am 5. September 1891 einen Aufsatz über die Bedeutung der Eisenbahn unterster Ordnung und bezeichnete von 1143 Städten Preußens mit mehr als 1000 Einwohnern noch 328 jeder Eisenbahn entbehrend. [8] Unter diesen „eisenbahnlosen“ Städten waren elf mit mehr als 5000 Einwohnern, nämlich Grabow an der Oder, Lege, Höhscheid, Merscheid, Heilsberg, Kammin, Schwerin an der Warthe, Sonderburg, Sonnenburg, Uetersen und Wollin. Sie erhielten nach Inkrafttreten des Kleinbahngesetzes sämtlich eine Eisenbahnverbindung.

Am 12. Februar 1892 legte von Thielen (1891–1901 Minister der öffentlichen Arbeiten) dem König den Gesetzentwurf mit der Bitte vor, ihn zur Vorlage im Landtag zu ermächtigen, was am 6. März 1892 genehmigt wurde. Der Entwurf enthielt in 52 Paragraphen im wesentlichen die Bestimmungen des bis 1945 geltenden Kleinbahngesetzes. Die Definition des Begriffs „Bahnen unterster Ordnung" (die Definitionsfrage dieser Bahnen war ständig akut) lautete damals: „Eisenbahnen, welche dem öffentlichen Verkehr dienen, jedoch weder auf Grund des Artikels 41 Abs. 1 der Verfassung des Deutschen Reiches angelegt und betrieben werden, noch aus dem Gesetz über die Eisenbahnunternehmungen vom 3. November 1838 unterworfen oder zu unterwerfen sind, bedürfen zur baulichen Herstellung und zum Betrieb polizeilicher Genehmigung. Bahnen, welche 1. hauptamtlich den örtlichen Verkehr innerhalb einer Gemeinde oder zwischen benachbarten Gemeinden vermitteln, oder 2. nicht mit Lokomotiven betrieben werden, sind dem Gesetz über die Eisenbahnunternehmungen vom 3. November 1838 nur dann zu unterwerfen, wenn nach Entscheidung des Staatsministeriums ihnen eine solche Bedeutung für den öffentlichen Verkehr beizumessen ist, daß sie als Teil des allgemeinen Eisenbahnnetzes zu behandeln sind. Zweifel darüber, ob für eine Bahn die Voraussetzungen zu 1. oder 2. vorliegen, entscheidet auf Anrufen Beteiligter das Staatsministerium." [9]

Diese Fassung unterschied sich wesentlich von der Fassung des Paragraphen 1 des Kleinbahngesetzes, die da lautete: „Kleinbahnen sind die dem öffentlichen Verkehre dienenden Eisenbahnen, welche wegen ihrer geringen Bedeutung für den allgemeinen Eisenbahnverkehr dem Gesetz über die Eisenbahnunternehmungen vom 3. November 1838 nicht unterliegen. Insbesondere sind Kleinbahnen der Regel nach solche Bahnen, welche hauptsächlich den örtlichen Verkehr innerhalb eines Gemeindebezirkes oder benachbarter Gemeindebezirke vermitteln sowie Bahnen, welche nicht mit Lokomotiven betrieben werden. Ob die Voraussetzung für die Anwendbarkeit des Gesetzes vom 3. November 1838 vorliegt, entscheidet auf Anrufen der Beteiligten das Staatsministerium." [9]

Im Herrenhaus fand die 1. Lesung des Entwurfs am 23. März 1892 im Beisein des Ministers Thielen statt. Der Minister begründete, warum der Staat diese Bahnen nicht bauen wolle:

„Mit vollem Bedacht hat die Preußische Staatseisenbahnverwaltung als unterste Grenze der ihr zugefallenen Aufgabe den Ausbau solcher Bahnen betrachtet, welche noch unter das Gesetz vom 3. November 1838 über die Eisenbahnunternehmungen fallen und welche, wenn auch als untergeordnete Verbindungs- und Zuführungslinien der Hauptlinien doch immer noch als Teile des Hauptnetzes anzusehen waren und daher noch mit der Normalspur ausgebaut werden müßten. Die Preußische Staatseisenbahnverwaltung war sich von Anfang an darüber klar, daß der von der Staatsbahnverwaltung nun einmal unzertrennliche Apparat von Einrichtungen und Verwaltungsvorschriften mit dem organisatorischen Storchschnabel nicht so weit reduziert werden konnte, daß daraus ein finanziell lebensfähiger und für die Bedürfnisse des Landes zweckmäßiger Organismus erwachsen wäre. Die Staatsregierung war sich aber auch fernerhin darüber klar, daß es nicht zweckmäßig sein möchte, der Selbsthilfe und der Initiative der zunächst beteiligten wirtschaftlichen und kommunalen Kreise eine Aufgabe abzunehmen, die denselben eigentlich von Natur aus zugewiesen ist. Aus diesen Gründen hat die Staatseisenbahnverwaltung sich von dem Ausbau der sogenannten Bahnen unterster Ordnung ferngehalten. Wir sind in Preußen mit dem Ausbau der Bahnen für den Nahverkehr dieser ebenso notwendigen wie nützlichen Erzeugung unseres Haupteisenbahnnetzes offenbar zurückgeblieben.

In Deutschland bestehen 1715 km Bahnen, die unter das Gesetz fallen würden, also 1 km auf 28813 Einwohner und 315 km² Flächeninhalt; in Preußen sind nur 748 km auf 40000 Einwohner und 465 km² solcher Bahnen vorhanden, dagegen haben Sachsen, Belgien, Holland und Italien günstigere Zahlen-Verhältnisse aufzuweisen." [9]

Das Herrenhausmitglied Graf von Frankenberg begrüßte zwar die Vorlage, empfahl indes Selbstverwaltung statt staatlicher Kleinbahngenehmigung, namentlich ein Ministerium sei dazu ungeeignet: „Je höher die Behörden, desto grüner die Tische. Die Provinzialverwaltungen arbeiten weit besser und schneller. Geht aus Schlesien eine Sache nach Berlin an das Eisenbahnministerium, so ist sie auf 6 Monate verschwunden, so triftig und dringend auch die Entscheidung begründet ist." [9]

Kritisiert wurde schließlich der Ausdruck „Bahnen niedrigster Ordnung". Wenn man von Vollbahnen spreche, so würden auch Halbvollbahnen und Leerbahnen da sein. Hauptbahnen führten zu enthaupteten Bahnen, Bahnen minderer oder unterster Ordnung zu Bahnen gar keiner Ordnung. Die Bezeichnung „Bahnen untergeordneter Bedeutung" hätte man in vielen Kreisen und Landstrichen übelgenommen und behauptet, es handele sich um Bahnen großer Bedeutung. Graf von Frankenberg schlug vor: Bahnen erster, zweiter, dritter und eventuell vierter Ordnung. Freiherr von Stumm-Halberg war der Auffassung, der Staat wolle den Bau von Sekundärbahnen auf private Schultern abwälzen. Doch Minister Thielen stellte klar, daß Sekundärbahnen weiter gebaut würden. Sie sollten je Kilometer 100000 RM, aber die

Kleinbahnen wie der Chausseebau nur 20 000 RM bis 30 000 RM kosten.

Der Gesetzentwurf wurde nun an eine um fünf Mitglieder verstärkte Eisenbahnkommission überwiesen. Innerhalb von fünf Wochen erschien dann am 1. April 1892 der Kommissionsbericht, der an den Formulierungen wenig änderte, aber eine Resolution zur Unterstützung der Provinzialbaupläne durch den Staat beim Bau von Bahnen niedrigster Ordnung faßte. Im Plenum des Herrenhauses, wohin der Bericht überwiesen worden war, wurde der Entwurf am 5. April 1892 verabschiedet und ging am gleichen Tage an das Abgeordnetenhaus (Tabelle 1.1.).

Die Rednerliste enthielt elf Wortmeldungen gegen das Gesetz, zehn dafür. Der Entwurf wurde an die Redaktionskommission überwiesen, diese gab nach zwölf Sitzungen ihre Beschlüsse heraus. Die Überschrift „Bahnen niedrigster Ordnung" wurde in „Lokalbahnen und Privatanschlußbahnen" geändert und der Paragraph 1 so gefaßt, wie wir ihn kennen, jedoch der Begriff „Lokalbahnen" verwendet. Die Kommission hatte ferner neu die Planfeststellung (Paragraph 17 des Gesetzes) aufgenommen. In der 2. Lesung des Abgeordnetenhauses erachtete man den Ausdruck „Lokalbahnen" als am passendsten und bezeichnendsten. Mehrere Mitglieder des Hauses verwarfen ihn als Fremdwort und beantragten, dafür „Kleinbahnen" einzusetzen. Die Mehrheit war dagegen,

1.13. Das Kleinbahngesetz wurde auch zu einem Motor für die Wirtschaft. In den Lokomotiv- und Wagenfabriken entwickelten sich spezielle Abteilungen für den Bau von Betriebsmitteln für Kleinbahnen.
Sammlung Rammelt

1.14. Titelblatt des alles verändernden preußischen Kleinbahngesetzes vom 28. Juli 1892.
Zentrales Staatsarchiv Merseburg

1.15. Mit dem Bau der Halle-Hettstedter Eisenbahn wurde kurz nach Inkrafttreten des Kleinbahngesetzes begonnen, nachdem schon zuvor verschiedene Anträge, die teilweise länger als ein Jahrzehnt zurücklagen, nicht genehmigt worden waren.
Sammlung Rammelt

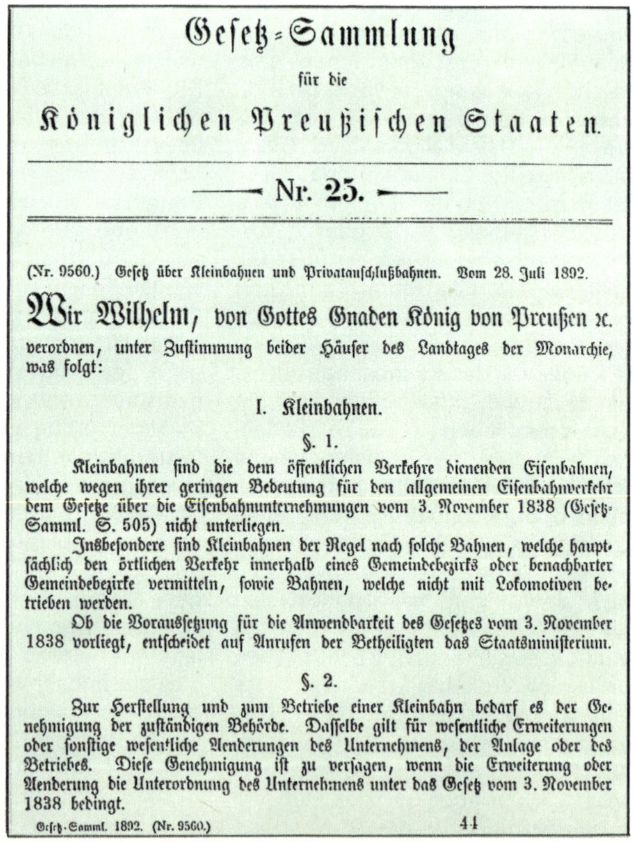

Gesetz-Sammlung

für die

Königlichen Preußischen Staaten.

Nr. 25.

(Nr. 9560.) Gesetz über Kleinbahnen und Privatanschlußbahnen. Vom 28. Juli 1892.

Wir Wilhelm, von Gottes Gnaden König von Preußen ꝛc. verordnen, unter Zustimmung beider Häuser des Landtages der Monarchie, was folgt:

I. Kleinbahnen.

§. 1.

Kleinbahnen sind die dem öffentlichen Verkehre dienenden Eisenbahnen, welche wegen ihrer geringen Bedeutung für den allgemeinen Eisenbahnverkehr dem Gesetze über die Eisenbahnunternehmungen vom 3. November 1838 (Gesetz-Samml. S. 505) nicht unterliegen.

Insbesondere sind Kleinbahnen der Regel nach solche Bahnen, welche hauptsächlich den örtlichen Verkehr innerhalb eines Gemeindebezirks oder benachbarter Gemeindebezirke vermitteln, sowie Bahnen, welche nicht mit Lokomotiven betrieben werden.

Ob die Voraussetzung für die Anwendbarkeit des Gesetzes vom 3. November 1838 vorliegt, entscheidet auf Anrufen der Betheiligten das Staatsministerium.

§. 2.

Zur Herstellung und zum Betriebe einer Kleinbahn bedarf es der Genehmigung der zuständigen Behörde. Dasselbe gilt für wesentliche Erweiterungen oder sonstige wesentliche Aenderungen des Unternehmens, der Anlage oder des Betriebes. Diese Genehmigung ist zu versagen, wenn die Erweiterung oder Aenderung die Unterordnung des Unternehmens unter das Gesetz vom 3. November 1838 bedingt.

Gesetz-Samml. 1892. (Nr. 9560.) 44

da das Wort fremdartig klinge und der Begriff „Lokalbahnen" dem Volk vertraut sei. In der Sitzung am 13. Juni 1892 stellte der Abgeordnete Jansen den Antrag, das Wort „Kleinbahnen" einzuführen und erhielt bei der Abstimmung eine Mehrheit.

Den Schlußausführungen des Grafen von Frankenberg am 17. Juni 1892 entnehmen wir: „Unbedingt ist die Kleinbahn das billigste und sicherste Verkehrsmittel, was wir jetzt für das Land haben, nicht für den ganz großen Verkehr, wo die Vollbahnen laufen, aber für die ärmeren Gebietsteile und gerade für die Gebietsteile mit sehr lebhaftem Verkehr von einem Ort zum anderen. Wir wollen durch dieses Gesetz der Staatsregierung ein mächtiges und wirksames Mittel in die Hand geben, und ich spreche hier die Erwartung und die Hoffnung aus, daß die Staatsregierung dieses Gesetz in richtiger, in weitschauender und in förderlicher Weise handhaben wird." [11]

Und sie handhabte es. Die neuen Eisenbahnen mit dem etwas abwertenden Zusatz „Kleinbahn" umfaßten das weite Zwischengebiet, die ganze Spannweite von der primitivsten Eisenbahn direkt auf der Straße oder unmittelbar neben ihr bis zu den Eisenbahnen nach dem Gesetz von 1838, alle Arten des Antriebes, des Verkehrs, alle Stufen der wirtschaftlichen Bedeutung – von der Industriebahn bis zur reich ausgestatteten Lokalbahn, die zwischen benachbarten Kreisen und Gemeinden oder zu stark besuchten Ausflugszielen eine regelmäßige Verbindung herstellte. Von einem einheitlichen Netz konnte bei den Kleinbahnen keine Rede sein. Schon gar nicht zu erwarten war eine vergleichsweise einheitliche Betriebsweise und Verwaltung bei beispielsweise in Ostpreußen und im Rheinland gelegenen Bahnen. Güter und Personen, die man auf den Kleinbahnen kaum über die Provinz- oder Kreisgrenze hinaus bewegte, bedurften solcher Einheitlichkeit nicht. Wichtig war für diese Bahnen, mit möglichst geringen Mitteln in möglichst einfacher Weise dem Verkehrsbedürfnis zu genügen.

Das preußische Kleinbahngesetz überließ es den Kreisen, Kommunen, Provinzen, Genossenschaften, Industriellen, Großgrundbesitzern oder sonstigen leistungsfähigen Unternehmern, wie sie an solchen Kleinbahnen mitwirken oder ihre Interessen anderen Unternehmungen übertragen wollten. Es galt sich zu entscheiden für die Regel- oder Schmalspur bzw. eine einheitliche Betriebs- und Verkehrsleitung in zusammenhängenden Wirtschaftsgebieten. Sollte die Verwaltung einem Privatunternehmer (unter eingeschränkter oder voller Mitwirkung der beteiligten Kommunalbehörden), einer Aktiengesellschaft, einer Genossenschaft, einer Handelsgesellschaft oder einem Einzelunternehmer übertragen werden?

Das alles ließ sich in den ersten Jahren nach Inkrafttreten des Kleinbahngesetzes von vornherein nicht in jedem Fall klären. Daß 50 Jahre später die meisten Kleinbahnen als

1.16. Die sächsische Schmalspurbahn Oschatz–Strehla wurde, wie viele andere, als Staatsbahn gebaut. Es ist also falsch, wenn man sie heute als Kleinbahn bezeichnet. In Sachsen gab es keine Kleinbahnen. Sammlung E. Preuß

überholt, unrentabel, unzeitgemäß angesehen wurden, lag u. a. an dem Grundsatz vor der Jahrhundertwende: „Es müssen daher sämmtliche, nicht allzuweit abliegende Ortschaften und selbst vereinzelt liegende landwirtschaftliche und industrielle Anlagen in das Projekt einbezogen werden, um möglichst viele Verkehrsquellen zu erschließen. Weicht auch eine solche Linie an einigen Stellen erheblich von der geraden Hauptrichtung ab, so wird sich dies durch einfache und billige Betriebsführung ... sehr bemerkbar machen; ... und zwar möglichst unter Anschmiegung an das Gelände." [12]

So entstanden vielerorts bescheiden ausgestattete Kleinbahnen, die nur den regionalen Belangen dienten. Sie kämpften stets um ihr wirtschaftliches Überleben, obwohl sie ja immerhin dem Kleinstädter, dem Bauern, dem Gutsbesitzer und anderen Interessenten Anschluß an den Verkehr mit der „großen Welt" boten. Damals waren diese Eisenbahnen die einzigen in Frage kommenden Verkehrsmittel. Es ist nur allzu verständlich, daß auch die Aktionäre dieser Kleinbahnen keine bzw. niedrige Dividenden erwarten konnten.

In den ersten 7 Geltungsmonaten des Gesetzes wurden 9 Kleinbahnen genehmigt: 3 im Regierungsbezirk Potsdam, 3 in Stettin (heute Szczecin), 2 in Münster, eine in Westfalen. 51 Anträge warteten auf Genehmigung. Nicht sämtliche Absichten wurden verwirklicht. Sehen wir uns die 23 Genehmigungen zwischen dem 1. Oktober 1892 und 31. Dezember 1893 an. Was von ihnen tatsächlich ausgeführt wurde, wenn auch mit kleinen Abweichungen, betraf folgende Genehmigungen:

- Löwenberg (Mark)–Lindow–Rheinsberg–Wittstock
- Horka–Priebus (und weiter nach Muskau)
- Görlitz–Weißenberg mit (nicht ausgeführt) Abzweigung von Dobschütz über Petershain nach Rietschen
- Marklissa nach der Landesgrenze in Richtung Friedland in Böhmen
- Rostock über Sülze nach Tribsees
- Uckro–Lübben–Beeskow
- Stralsund–Richtenberg–Franzburg–Tribsees
- Wernigerode–Blankenburg–Quedlinburg
- Greifswald–Grimmen–Tribsees. [13]

Die Straßenbahnen erschienen nicht von Anfang an im Kleinbahnwesen. Das Gesetz von 1892 erwähnt sie an keiner Stelle, sondern erst die Ausführungsanweisung vom 13. August 1898.

Sie unterschied damals erstmals Kleinbahnen nach Zweckbestimmung und Ausdehnung in zwei Klassen, und zwar 1. Klasse: Städtische Straßenbahnen und solche Unternehmungen, die trotz der Verbindung von Nachbarorten infolge ihrer hauptsächlichen Bestimmung für den Personenverkehr und ihrer baulichen und betrieblichen Einrichtungen einen den städtischen Straßenbahnen ähnlichen Charakter hatten; 2. Klasse: Kleinbahnen, welche darüber hinaus den Personen- und Güterverkehr von Ort zu Ort vermitteln und sich in ihrer Ausdehnung, Anlage und Einrichtung der Bedeutung nach dem Gesetz über die Kleinbahnunternehmungen vom 3. November 1838 konzessionierten Nebeneisenbahnen nähern (nebenbahnähnliche Kleinbahnen). In jedem Falle hatte vor Erteilung der Genehmigung seitens der Genehmigungsbehörden (und in Zweifelsfällen) der Minister zu entscheiden und in der Genehmigungsurkunde zum

1.17. Die elektrische Kleinbahn im Mansfelder Bergrevier schaffte eine günstige Verbindung zwischen Hettstedt und Eisleben; sie wurde nie als Straßenbahn geführt. Ein Triebwagen auf dem Plan in Eisleben. Sammlung G. Meyer

Ausdruck zu bringen, in welche der beiden Klassen das betreffende Unternehmen einzureihen war.

Für den Übergang der Wagen von und zur Staatseisenbahn erließ der Minister der öffentlichen Arbeiten „Allgemeine Bedingungen für den Wagenübergang auf Kleinbahnen" (vom 7. Mai 1900); bei den Personentarifen war vorgesehen, den Kleinbahnen direkte Tarife entsprechend ihrer geographischen Lage zu geben (westdeutsch, mitteldeutsch, ostdeutsch, süddeutsch). Der direkte Verkehr sollte jedoch auf das nachgewiesene Bedürfnis beschränkt bleiben. [14]

Mit dem Stichtag 31. März 1908 beschäftigten die Kleinbahnen in Preußen 5644 Beamte und 7310 ständige Arbeiter, so daß auf jede Kleinbahn durchschnittlich 52 Bedienstete kamen. Von den 234 preußischen nebenbahnähnlichen Kleinbahnen des Jahres 1908 blieben 29 ohne Reingewinn, bei 40 betrug er ein Prozent und nur bei zwei Bahnen 10 Prozent des Anlagekapitals.

Nicht jede Gemeinde war selbst in der Lage, eine solche Kleinbahn oder Privatbahn aufzubauen, die Betriebsmittel zu beschaffen und die Bahn zu betreiben. Darauf hatten sich in Preußen bestimmte Firmen spezialisiert, die in allen möglichen Formen in Erscheinung traten. Sie übernahmen den Bau mit allen Formalitäten sowie auch die Betriebsführung, traten nach einer vereinbarten Zeit die Bahn an den Konzessionierten, an die Gemeinde oder an eine Aktiengesellschaft ab oder waren insgesamt Eigentümer und Betriebsführer, in Einzelfällen – wenn auch mit veränderter Bezeichnung – bis in die Gegenwart!

Bekannte Namen sind die Firma Lenz & Co. Berlin mit den Tochtergesellschaften Ostdeutsche Eisenbahngesellschaft, Ostpreußische Kleinbahn AG und Westdeutsche Eisenbahngesellschaft; Vering & Wächter, die Allgemeine Deutsche Eisenbahn-Betriebsgesellschaft m. b. H. Berlin (ADEG), die Deutsche Eisenbahn-Gesellschaft AG und die Vereinigte Kleinbahn AG, beide in Frankfurt am Main, sowie die Württembergische Eisenbahn-Gesellschaft und die Württembergische Nebenbahnen AG, beide in Stuttgart, außerdem die Centralverwaltung für Sekundärbahnen Herrmann Bachstein. Oft ging nur aus den Briefköpfen oder aus Statistiken exakt hervor, wer Eigentümer einer solchen Klein- oder Privateisenbahn war. Nicht einmal das Amtliche Kursbuch der Deutschen Reichsbahn-Gesellschaft (DRG) nannte eindeutig den Eigentümer solcher Privateisenbahnen oder Kleinbahnen. Andere Bezeichnungen entsprachen nicht immer der amtlichen Darstellung.

Daß sich diese Eisenbahnen nicht völlig unkontrolliert, d. h. unter Vernachlässigung technischer Belange entwickelten, dafür sorgte eine angeordnete Aufsicht. Und zwar geschah dies bei Kleinbahnen durch die Staatseisenbahn über den Regierungspräsidenten und bei Privatbahnen durch die jeweilige Staatseisenbahn. In Preußen nahm die 2. Eisenbahnabteilung im Ministerium der öffentlichen Arbeiten diese Aufgabe wahr. Schon ab 1. April 1895 wurden dort Kommissare benannt, die die preußischen Privatbahnen zu beaufsichtigen hatten. Sie waren dem Präsidenten der Königlichen Eisenbahndirektion (KED) zugeteilt.

Nach 1920 oblag die Aufsicht den jeweiligen Präsidenten der einzelnen Reichsbahndirektionen. Erst im April 1935 verfügte der Reichs- und Preußische Verkehrsminister, daß zukünftig der „Reichsbevollmächtigte für Bahnaufsicht" dafür verantwortlich sei. Er unterstand nicht der

1.18. Die Deutsche Reichsbahn löste auf den von Preußen verstaatlichten Schmalspurstrecken die leistungsschwachen Lokomotiven ab und rüstete z. B. die Strecke Eisfeld–Schönbrunn mit leistungsfähigen 1'E1'h2-Lokomotiven aus. Foto Töpelmann. Sammlung Verkehrsmuseum Dresden

Reichsbahn-Hauptverwaltung, sondern dem Reichsverkehrsministerium. Neue politische wie gesellschaftliche Verhältnisse widerspiegelten sich auch hier. [15]

Die staatliche Aufsicht erstreckte sich auf die Betriebssicherheit, auf die Beschaffenheit der Bahnanlagen und Betriebsmittel und auf die Mitwirkung bei der Festsetzung von Fahrplänen und Beförderungspreisen. Das Wirken der ansonsten selbständigen Unternehmen kann nur unvollständig dargestellt werden. Deshalb wird in besonderen Abschnitten auf sie eingegangen. Wir dürfen davon ausgehen, daß in Preußen neben den Staatseisenbahnen (Haupt-, Neben- und Sekundärbahnen) die Privateisenbahnen und die Kleinbahnen recht einträchtig der Öffentlichkeit (und dem Militär) dienten, es aber bis zu Beginn des ersten Weltkrieges nicht beim „festgeschriebenen" Status blieb. Bis 1914 sind in Preußen rund 19582 km Privateisenbahnen Staatseisenbahn geworden. 1918 kamen noch 70 km der preußischen Militäreisenbahn hinzu, so daß die Preußischen Staatseisenbahnen (P.St.B.) durch Verstaatlichungsmaßnahmen insgesamt 19652 km Privateisenbahnstrecken übernommen hatte. Die Gesamtstreckenlänge der preußisch-hessischen Eisenbahngemeinschaft in der Zeit des ersten Weltkrieges betrug 40200 km. [16]

Die Verstaatlichungen beschränkten sich nicht nur auf preußisches Staatsgebiet. Auch in Thüringen wurden verschiedene Bahnen übernommen. So sind die Walterhäuser Zweigbahn (Fröttstädt–Georgenthal, Friedrichroda–Georgenthal [nach 1945 stillgelegt]) am 1. April 1889, die Kleinbahn Eisfeld–Unterschönbrunn am 27. Mai 1895, die Heldra-Hildburghausener Eisenbahn am 16. Juli 1895 (1945 abgebaut) im Zusammenhang mit der Verstaatlichung der Werrabahn (Eisenach–Sonneberg) von der Königlich Preußischen Eisenbahn-Verwaltung übernommen worden. Das 1897 erschlossene Kaligebiet rechts und links der Feldabahn (Salzungen–Kaltennordheim/Vacha) bewog die preußische Staatseisenbahn, allgemeine Vorarbeiten für mehrere Nebenbahnen in diesem Gebiet auszuführen. In diesem Zusammenhang übernahm die K. P. E. V. am 1. April 1904 die Betriebsführung der Feldabahn. Als am 7. Juli 1906 der Reiseverkehr und am 1. Dezember 1906 der Güterverkehr von Salzungen über Dorndorf nach Vacha aufgenommen war, stellte man den schmalspurigen Verkehr ein und baute die Gleise ab. Dorndorf wurde (bis 1934) Spurwechselbahnhof. [17]

Von 1902 bis 1904 sind unter dem preußischen Eisenbahnminister Budde abermals einige Privateisenbahnen von zusammen rund 1000 km Länge verstaatlicht worden, wie die Ostpreußische Südbahn, Marienburg–Mława, Dortmund–Enschede u. a.

1.3. Die Entwicklung zwischen den beiden Weltkriegen

Für die Privateisenbahnen und Kleinbahnen bedeutete der erste Weltkrieg eine Zäsur. Einerseits ging mit beträchtlich gestiegenen Betriebs- und Verkehrsleistungen eine vernachlässigte Instandhaltung einher, andererseits folgte nach Beendigung des Krieges der wirtschaftliche Niedergang. Privateisenbahnen mußten die staatlichen Verkehrsknoten entlasten, so die Mecklenburgische Friedrich-Wilhelm-Eisenbahn, die Prignitzer Eisenbahn und die Wittenberge-Perleberger Eisenbahn während des Krieges und während der Demobilmachung die Berliner Bahnhöfe. Militärzüge, Flüchtlingszüge und andere Durchgangsgüterzüge nahmen den Weg über diese Privateisenbahnen, ohne daß deren Bahnanlagen für solchen Verkehr eingerichtet waren. Diese Aufgaben sind von den Militärs, wie wir noch sehen werden, sorgsam registriert und bei der Planung des zweiten Weltkrieges nicht vergessen worden. Spätestens während des ersten Weltkrieges wurde den Ländern des Deutschen Reiches bewußt, daß das Eisenbahnwesen vereinheitlicht werden müsse. Auf die verschiedenen Bestrebungen soll hier nicht eingegangen werden. In der am 11. August 1919 verabschiedeten Verfassung des Deutschen Reiches hieß es im Artikel 89: „Aufgabe des Reichs ist es, die dem allgemeinen Verkehre dienenden Eisenbahnen in sein Eigentum zu übernehmen und als einheitliche Verkehrsanstalt zu verwalten. Die Rechte der Länder, Privateisenbahnen zu erwerben, sind auf Verlangen dem Reiche zu übertragen." Und im Artikel 171 hieß es dazu weiter „Die Staatseisenbahnen, Wasserstraßen und Seezeichen gehen spätestens am 1. April 1921 auf das Reich über." Im November 1919 beschloß die Reichsregierung, die Übernahme der Eisenbahnen durch das Reich bereits zum 1. April 1920, also ein Jahr vor dem vorgesehenen Zeitpunkt, durchzuführen. Am 31. März 1920 schlossen Preußen, Hessen, Bayern, Sachsen, Württemberg, Baden, Mecklenburg-Schwerin und Oldenburg mit der Reichsregierung einen Staatsvertrag. Nach der Geburtsstunde der Deutschen Reichsbahn am 1. April 1920 blieben außerdem bestehen:

- Eisenbahnen des allgemeinen Verkehrs
- Eisenbahnen, die diese Eigenschaften nicht besitzen. [18]

Die Entscheidung über die Verkehrsbedeutung traf nach § 14 des Staatsvertrages über den Übergang der Staatseisenbahnen auf das Reich vom 30. April 1920 der Reichsverkehrsminister.

Die Verfassung gebot, die Bahnen des allgemeinen Verkehrs in das Eigentum des Reiches zu überführen. Bis 1938 kam der Staat diesem Verfassungsauftrag nicht nach, teils um die Reparationsleistungen nach dem ersten Weltkrieg nicht auch noch auf diese Bahnen auszudehnen, teils um nicht zusätzlich deren wirtschaftliche Lasten tragen zu müssen. In den zwanziger Jahren bestanden Bestrebungen, die Einzelgesetzgebungen der Länder durch ein sogenanntes Reichs-Kleinbahngesetz zu ersetzen. Auf diese Vorschläge wird an anderer Stelle noch ausführlich eingegangen.

Alle Bahnen, die nicht zu den Eisenbahnen des allgemeinen Verkehrs gehörten, wurden weiter Kleinbahnen oder nebenbahnähnliche Kleinbahnen genannt. Es sei hier nochmals betont, daß sowohl die Bahnen des allgemeinen Verkehrs (Privateisenbahnen) als auch die Kleinbahnen sowohl regelspurig als auch schmalspurig sein konnten. Beispiele:

- Privateisenbahn regelspurig: Lübeck-Büchener Eisenbahn (sogar Hauptbahn!)
- Privateisenbahn schmalspurig: Nordhausen-Wernigeroder Eisenbahn
- Kleinbahn regelspurig: Neukölln-Mittenwalder Eisenbahn
- Kleinbahn schmalspurig: Kleinbahnen des Kreises Jerichow I.

In der Zeit vom Beginn des ersten Weltkriegs bis zum Beginn des zweiten Weltkriegs veränderten sich Anzahl und Streckenausdehnung der Privateisenbahnen und Kleinbahnen beachtlich. So verringerten sich die Privatbahnkilometer von 1913 bis 1936 um rund 200 km, die der Kleinbahnen gar um rund 1 120 km. Das ist allerdings ein saldierter Wert. Tatsächlich hatten die Privateisenbahnen 530 km Abgang, davon 100 km schmalspurig, und einen Zugang von 330 km zu verzeichnen. Bei Kleinbahnen betrug der Abgang 3 110 km, davon 800 km Schmalspur, der Zugang betrug 1 990 km, davon 230 km Schmalspur. [19] (Tabelle 1.2.) Diese Veränderungen hatten verschiedene Ursachen:

1. Der Versailler Vertrag bestimmte die Rückgabe Elsaß-Lothringens an Frankreich und Gebietsabtretungen an Polen, Belgien, Litauen, Dänemark und an die Tschechoslowakei. Die Streckenlänge der Klein- und Privatbahnen verringerte sich dabei um insgesamt 2 050 km. Das waren 13 Prozent der Gesamtstreckenlänge. Die Staatsbahn verlor unter Beachtung aller Gebietsabtretungen

*1.19. **Große Bedeutung für den Umgehungsverkehr um Berlin hatte die Brandenburgische Städtebahn: der Bahnhof der Staatsbahn und der Bahnhof der Städtebahn in Neustadt (Dosse). Sammlung Verkehrsmuseum Dresden***

ebenfalls 13,5 Prozent ihres Gesamtnetzes. Für die Klein- und Privatbahnen handelte es sich bei den abgetretenen Gebieten zum Großteil um landwirtschaftliches Nutzgebiet, wo nach dem Kleinbahngesetz von 1892 zahlreiche Kleinbahnen entstanden waren. Diese Bahngruppe verlor deshalb mit 1790 km, d. h. mit 16,3 Prozent den größten Anteil; die Privatbahnen hatten mit 260 km (5,8 Prozent) die geringsten Verluste erlitten. [20]

2. Einige Bahnen erhielten einen neuen Rechtscharakter, so daß sie zwischen den Gruppen der Kleinbahnen und der Privateisenbahnen wechselten oder als Straßenbahn aus diesen Gruppen ausschieden.

Die Eberswalde-Schöpfurther Eisenbahn (10,1 km) war 1913 als Kleinbahn genehmigt worden und wurde 1924 als Privateisenbahn konzessioniert. Auch die Kleinbahn Sallgast–Lauchhammer änderte ihren Status, indem sie als Privatbahn zu ihrer Stammstrecke, der Zschipkau-Finsterwalder Eisenbahn kam. Die schmalspurigen Bahnen Hohenstein-Ernstthal–Ölsnitz (11,5 km) und die Strandbahn Warnemünde–Markgrafenheide (4,7 km) gaben ihren Eisenbahnstatus auf und bezeichneten sich fürderhin als Straßenbahn. Es sei weiter erwähnt, daß einige Privateisenbahnen und Kleinbahnen wie die Haldenslebener Eisenbahn, die Boitzenburger Stadt- und Hafenbahn, die Fürstenwalde-Beeskower Kreisbahn und einige Bahnen in Mecklenburg sowie die Kleinbahn Strausberg–Herzfelde (allerdings nur auf einer Teilstrecke von 12,9 km) den Personenverkehr auf den Kraftverkehr verlegten.

Außerdem setzten die Nordhausen-Wernigeroder Eisenbahn und die Gernrode-Harzgeroder Eisenbahn Autobusse für den Gelegenheitsverkehr ein. Die Forster Stadteisenbahn (12,0 km) war nach der Statistik von 1913 als Straßenbahn erfaßt, ließ sich jedoch Anfang der zwanziger Jahre wieder als Kleinbahn einordnen.

3. Von 1938 an reduzierten Verstaatlichungen die Streckenlänge der Privateisenbahnen. Darauf wird noch besonders eingegangen. Schon vor 1938 führte die Deutschen Reichsbahn-Gesellschaft bzw. die Deutsche Reichsbahn den Betriebsdienst auf folgenden Bahnen aus:

a) Privateisenbahn:
- Mittweida-Dreiwerden-Ringethaler Eisenbahn

b) Kleinbahnen:
- Loitz–Toitz–Rustow (7,2 km)
- Schmalkalden–Brotterode (8,4 km)
- Neuwied–Augustental (5,2 km)
- Lohne–Dinklage (7,9 km)
- Bad Zwischenahn–Edewechterdamm (7,0 km)
- Grifte–Gudensberg (7,7 km)

Auf die Deutsche Reichsbahn

1.20. Zug der privaten schmalspurigen Nordhausen-Wernigeroder Eisenbahn in den zwanziger Jahren auf dem Brocken.
Sammlung Rammelt

1.21. Die Lübeck-Büchener Eisenbahn, eine private regelspurige Hauptbahn, setzte seit 1912 S 10 der preußischen Staatsbahn in etwas veränderter Form ein: sie erhielten einen kleineren Kessel; das Führerhaus gestaltete Henschel der $S\,10^1$ nach.
Foto Hubert. Sammlung Hochschule für Verkehrswesen

übergegangen waren bis zum gleichen Zeitpunkt folgende Bahnen:
- Schönberg–Dassow (8,4 km)
- Malchin–Dargun (24,7 km)
- Parchim–Suckow (19,7 km)
- Doberan–Arendsee (15,4 km)
- Inselbahn Wangerooge (11,4 km)
- Ohmtalbahn (9,4 km)
- Grevesmühlen–Klütz (15,3 km). [21]

4. Für die Zeit von 1913 bis 1939 sind sowohl Stillegungen als auch Eröffnungen von Privateisenbahnen und Kleinbahnen kennzeichnend.

Die Wirtschaftsstruktur hatte sich verändert. Und so kam es hauptsächlich in landwirtschaftlich genutzten Gebieten zu Stillegungen von Klein- und Privatbahnen; in Gegenden mit Industrie sowie in und in der Umgebung von Städten jedoch zu Streckeneröffnungen. Unter den Privateisenbahnen legte die Halberstadt-Blankenburger Eisenbahn 1919 rund 7 km Strecke (Derenburg–Minsleben) still, die Lausitzer Eisenbahn AG den 6,9 km langen Abschnitt Priebus–Lichtenberg (Niederschlesien); dafür verlängerten folgende Privateisenbahnen ihre Strecken:
- Dessau-Wörlitzer Eisenbahn (5,3 km)
- Mecklenburgische Friedrich-Wilhelm-Eisenbahn (10,0 km)
- Neuhaldenslebener Eisenbahn (5,6 km)
- Ruppiner Eisenbahn (13,5 km)

Unter anderen eröffneten den Betrieb:
- 1919 Zschornewitzer Kleinbahn (16,9 km)
- 1922/23 Oberweißbacher Bergbahn (4,0 km)
- 1922 Kleinbahn Schildau–Mockrehna (10,5 km)
- 1925 Mecklenburger Bäderbahn (10,3 km)
- 1926 Kleinbahn Erfurt–Nottleben (21,2 km)
- 1930 Kleinbahn Freienwalde–Zehden (17,5 km)
- 1930 Kleinbahn Gransee–Neuglobsow (31,8 km)
- 1930, 1932 Schleizer Kleinbahn (18,0 km).

1.22. Ursprünglich als Eisenbahn betrieben: die Straßenbahn Hohenstein-Ernstthal–Ölsnitz. Rathaus Ölsnitz im Sommer 1914. Sammlung E. Preuß

Insgesamt sind zwischen 1919 und 1931 18 Kleinbahnen mit 263,2 km Strecke, davon 40,5 km schmalspurig, eröffnet worden. Berücksichtigt man die vorhandenen Kleinbahnen einschließlich ihrer Erweiterungen, so kam es damals bei 33 Kleinbahnen zu einem Streckenzugang von 458,7 km, davon waren 184,9 km schmalspurig. Die größten Erweiterungen fanden bei den folgenden Eisenbahnen statt:

- der Genthiner Kleinbahn (49,3 km)
- der Delitzscher Kleinbahn (30,7 km)
- der Prenzlauer Kreisbahn (13,3 km)
- der Kleinbahn Gardelegen–Neuhaldensleben–Weferlingen (5,9 km)
- der Kleinbahn des Kreises Jerichow I (21,5 km)
- der Langensalzaer Kleinbahn (12,4 km).

Die Altmärkische Kleinbahn, die Buckower Kleinbahn und die Salzwedeler Kleinbahn stellten ihren Betrieb damals von Schmal- auf Regelspur um.

Am 1. April 1923 entstand aus der Eisenbahnabteilung des Provinzialverbandes der Provinz Mark Brandenburg die Landeseisenbahndirektion G. m. b. H. (aus ihr ging 1934 das Landesverkehrsamt hervor), die für 20 brandenburgische Kleinbahnen mit 578 km Streckenlänge die Verwaltung übernahm. Zusammengefaßte Verwaltung, gegenseitige Nutzung von Kapazitäten sollten den personellen und technischen Aufwand mindern. Die Landesbahndirektion Pommern in Stettin (heute Szczecin) umfaßte 24 Bahnen mit 1545 km. Die Vereinigungen vor-, mittel- sowie hinterpommerscher Kleinbahnen, die Kleinbahnabteilung der Provinzialverwaltung in Merseburg für die Provinz Sachsen (mit 22 Bahnen und 755 km Strecke) sowie das Landeskleinbahnamt Hannover bildeten ähnliche zusammenfassende Verwaltungen. Spricht man von Konzentration, dürfen natürlich nicht die bestehenden Gesellschaften vergessen werden wie die erwähnte Centralverwaltung für Sekundärbahnen Herrmann Bachstein (12 Bahnen), die ADEG (17 Bahnen) und Lenz & Co. (30 Bahnen). (Anzahl der Bahnen nach dem Stand von 1927.)

Im Mai 1937 tagten die Betriebsleiter der Privateisenbahnen und der Kleinbahnen in Düsseldorf. Am 24. Mai erschien Staatssekretär Kleinmann vom Reichsverkehrsministerium und erläuterte die künftige Verkehrspolitik seines Ministeriums, diese beiden Bahngruppen nicht allmählich in die Hand des Reiches zu überführen. Nur wenn es staats- und wirtschaftspolitische Interessen erforderten, sollte es vereinzelt zu Verstaatlichungen kommen. [22]

Die Betriebsleiter fuhren beruhigt nach Hause, obwohl es bei ihren Bahnen wirtschaftlich selten zum besten stand. Sie waren wie die übrige Wirtschaft den Auswirkungen der Krise ausgesetzt gewesen. Und ausgerechnet nach Inflation und Börsenkrach trat der Kraftwagen als Konkurrent in jenen Entfernungsbereichen auf, die bislang Domäne dieser Bahnen waren. Die Notverordnung vom 6. Oktober 1931 hatte ein Gesetz über den Überlandverkehr mit Kraftfahrzeugen gebracht, das eine Freizone bis 50 km für den Wettbewerb zwischen Bahn und Kraftwagen vorsah. [23]

Der Personenverkehr zeigte sich rückläufig. Die Privateisenbahnen konnten darauf nur mit Tarifermäßigungen reagieren, obgleich diese zu weiteren Einnahmeausfällen führten. Als nach dem ersten Weltkrieg die 4. Klasse eingeführt wurde, ging der Bedarf in der 2. und 3. Klasse zurück. 1928 ordnete die DRG ihre Tarife neu und legte die 3. und 4. Klasse zu einer neuen 3. Klasse, einer Holzklasse, zusammen. Das bedeutete aber eine Erhöhung der Fahrtkosten

1.23. Bahnhof Kleinschmalkalden der Schmalkaldener Kleinbahn mit einem Zug der Staatseisenbahn, geführt von einer Hagans T 13 mit Schwinghebeltriebwerk.
Foto Liebaug †

1.24. Nach der Verlängerung der Strecke bis Delitzsch wurde die „Crostitzer Kleinbahn A.-G." in „Delitzscher Kleinbahn A.-G." umbenannt. In Delitzsch entstanden ein neuer Lokschuppen mit Gleisen für Triebwagen und eine Garage für den Omnibus.
Sammlung Heinrich

für die früheren Benutzer der 4. Klasse. Soweit die Privateisenbahnen diese Klasse eingeführt hatten, führte das zur deutlichen Verminderung der Anzahl der Reisenden.

Im Güterverkehr konnten sich nach 1930 die Lübeck-Büchener Eisenbahn, die Halberstadt-Blankenburger Eisenbahn und die Mecklenburgische Friedrich-Wilhelm Eisenbahn erholen. Insgesamt aber bedeutete die Ausweitung des Kraftwagenverkehrs, daß beispielsweise die Landwirte weniger Güterwagen zur Beladung bestellten. Mitte der dreißiger Jahre erfuhren die Klein- und Privatbahnen im Gleichklang mit der Wirtschaft eine deutlich spürbare Belebung (Tabelle 1.3. und Tabelle 1.4.).

Die günstigen Ergebnisse dürfen nicht trügen; ihnen standen höhere Personal- und Unterhaltungskosten für Bahnanlagen und Fahrzeuge gegenüber. Letztere waren längere Zeit vernachlässigt worden.

Seit 1917 mußten alle Schienenbahnen Beförderungssteuer für jede Abfertigung von Personen und Gütern zahlen. [26]

Die Notverordnung vom 8. Dezember 1931 entsprach der kritischen Lage dieser Bahnen und erließ die Beförderungssteuer. Das bedeutete: Die Reisenden und Versender zahlten weiter zum Fahrpreis oder zur Fracht die Steuer, aber die Bahn führte sie nicht ab. Vor 1931 konnte lediglich auf Antrag die Beförderungssteuer zeitlich befristet ausgesetzt werden.

Hinzu kam, daß die Privateisenbahnen der DRG ständig Einnahmen aus dem Reise- und Güterverkehr schuldeten. Die Privateisenbahnen fertigten – im Unterschied zu den Kleinbahnen – nach direkten Tarifen ab und erhoben dabei jenen Anteil mit, der entsprechend der benutzten DRG-Strecke an die DRG abzuführen war. Die Schuld betrug monatlich sechs Milliarden Reichsmark. [27]

1.24. Straßenbahn oder Kleinbahn? Die Forster Stadteisenbahn. Foto ZBDR

Diese Beträge waren spätestens bis Ende des dem Rechnungsmonat folgenden zweiten Monats bei der Vereinsabrechnungsstelle des Deutschen Eisenbahn-Verkehrs-Verbandes (DEVV) zur Verfügung zu stellen. Nur vier Bahnen leisteten im Jahre 1938 Abschlagszahlungen, die jeweils am 15. des Rechnungsmonats fällig waren. Die Lokalbahn AG München und die Badischen Lokaleisenbahnen fristeten jahrelang überhaupt ihr Dasein von den kassierten, aber nicht oder nur verspätet weitergegebenen Reichsbahneinnahmen. [28]

Sicherlich war das kein Hauptgrund, mit der Verstaatlichung der Privateisenbahnen zu beginnen; vielmehr waren eine bessere Einflußnahme und eine ungehinderte Verfügbarkeit über die Privatbahnen durch den Staat beabsichtigt. Die Akten des ehemaligen Reichsverkehrsministeriums sind – bedingt durch Kriegseinwirkungen – leider nicht mehr vollständig greifbar, so daß keine aktenkundigen Aussagen dazu möglich sind. Jedenfalls traf die Nachricht vom 11. November 1937 einige Privatbahnen wie der Blitz aus heiterem Himmel: „Die Lübeck-Büchener Eisenbahn-Gesellschaft und die Braunschweigische Landeseisenbahngesellschaft werden in das Eigentum des Reiches übergeführt. Die Verstaatlichung der beiden Privatbahn-Gesellschaften wird nach § 253 des neuen Aktiengesetzes durch Übertragung ihres Gesamtvermögens auf das Deutsche Reich unter Ausschluß der Liquidation durchgeführt. Die Aktiva und Passiva gehen damit an das Deutsche Reich über. Für den restlichen Aktienbesitz 14 v. H. bei der Lübeck-Büchener Eisenbahn, 24 v. H. bei der Braunschweigischen Landeseisenbahn, erfolgt ein Umtausch der Aktien in Reichsbahnschatzanweisungen 1936 im Verhältnis 1:1 (Verzinsung von $4^1/_2$ v. H., beginnend am 1. Januar 1938). Die Gefolgschaft der Gesellschaften wird unter Vermeidung von Nachteilen und sozialen Härten in den Reichsbahndienst übernommen ..." [29]

Was der Pressedienst ausgab, druckten fast sämtliche deutsche Ta-

1.26. Die Talstation der Oberweißbacher Bergbahn mit Personenzugwagen und Drehscheibe zur Beladung der Güterbühne.
Sammlung Fromm
1.27. Betriebsszene aus dem Jahre 1923; erst später wurde die Güterbühne mit Bohlen abgedeckt und mit Holz verkleidet.
Sammlung Fromm

geszeitungen nach, wodurch wohl erstmals die Privateisenbahnen eine solche Publizität erhielten. Die „Berliner Börsen Zeitung" fügte in ihrer Ausgabe vom 12. November 1937 unter der Überschrift „Ausnahmefälle der Reichsverkehrspolitik" hinzu: „Die restlose Überführung der beiden Gesellschaften in Staatsbesitz ist nicht eher erfolgt, da früher die Reparationsgesetzgebung es als nicht wünschenswert erscheinen ließ, daß auch diese Privatgesellschaften unter die Belastung der Reparationen gebracht wurden." Eine Behauptung, die schon deshalb nicht haltbar ist, da die Reparationsleistungen 1930 beendet waren.

Die Vorstände der Gesellschaften der Lübeck-Büchener Eisenbahn und der Braunschweigischen Landeseisenbahn hatten mit dem Reich für die Überführung einen Vertrag abzuschließen. Ein Einspruch war praktisch zwecklos, „... weil das Reich für die Überführung die Wahrnehmung schutzwürdiger Belange geltend machen" konnte. [30] Mit dem 1. Januar 1938 hörten die beiden Gesellschaften auf zu bestehen. Auch Gottwaldt [31], der später die Geschichte der Lübeck-Büchener Eisenbahn dargestellt hat, schreibt keine Einzelheiten über diese Verstaatlichung.

Zum gleichen Zeitpunkt löste Staatssekretär Kleinmann sein zweites, 1937 in Düsseldorf gegebenes Versprechen ein, den bisher ablehnenden Standpunkt des Reichsverkehrsministeriums zu direkten Tarifen mit Kleinbahnen aufzugeben. Denn mit Wirkung vom 1. Januar 1938 wurde die zur Westfälischen Provinzialverwaltung gehörende Kleinbahn Weidenau–Deuz als erste deutsche Kleinbahn in die direkten Tarife der Deutschen Reichsbahn einbezogen.

Zum Verständnis dieses Vorgangs sind einige Ausführungen zu den Tarifen und Abfertigungsbefugnissen der Privateisenbahnen und Kleinbahnen nötig. Die Privateisenbahnen und die Kleinbahnen übernahmen entweder die Tarifsätze der Staatsbahn oder erhöhten die Anteilsentfernungen ihrer Strecken durch Kilometerzuschläge. Meist lagen die Fahrpreise über denen der Staatseisenbahn, dafür gewährte man verbilligte Tagesrückfahrkarten. Im Personen-, Gepäck- und Expreßgutverkehr durfte von und nach Privateisenbahnen oder über diese direkt abgefertigt werden. Beispielsweise konnte ein Reisender in Perleberg (WPE) eine Fahrkarte nach Stendal (Deutsche Reichsbahn) lösen.

Um die Tarife (also Abfertigungsbestimmungen und Entfernungszeiger) einigermaßen übersichtlich zu halten, bestanden die Tarife „Reichsbahn-Norddeutscher Privatbahnverkehr" (in ihm waren 64 Privateisenbahnen und 119 Kleinbahnen einbezogen) sowie „Reichsbahn-Süddeutscher Privatbahnverkehr" mit 61 Privateisenbahnen (Stand vom 1. Mai 1934). Hier galt auch die Eisenbahnverkehrsordnung (EVO). Die Fahrpreise, die Höhe der Gepäck- oder Expreßgutfracht waren der „Erfurter Preistafel" zu entnehmen.

Im Güterverkehr umgingen die Privateisenbahnen möglichen Verzögerungen auf den Anschlußbahnhöfen, wenn sie dem Tarifverband der Deutschen Reichsbahn beitraten. Der Betriebsmittelaustausch wurde dadurch erreicht, daß die Privateisenbahn den Wagenpark bei der Staatseisenbahn einstellte, die ihrerseits den Bedarf der Privateisen-

1.28. Für die schmalspurige Altmärkische Kleinbahn lieferte Borsig 1905 die Lokomotive Nr. 3.
Werkfoto. Sammlung Verkehrsmuseum Dresden

1.29. Die Lokomotive Nr. 23 BORNUM der Braunschweigischen Landes-Eisenbahn-Gesellschaft wurde bei der Reichsbahn als 89 7535 bezeichnet, bevor sie von der Kleinbahn Gardelegen–Neuhaldensleben–Weferlingen als 298 übernommen wurde. Die Deutsche Reichsbahn zeichnete die Lokomotive 1950 in 89 6220 um.
Foto Hubert. Sammlung Hochschule für Verkehrswesen

bahn mit Güterwagen deckte. Je nachdem, wie die Bahnhöfe der Staatseisenbahn bei der Wagenverteilung bedacht wurden. Entsprach die Zahl der von der Privateisenbahn eingestellten Wagen nicht deren Verkehrsbedürfnis, so konnte die Staatseisenbahn aller 4 Jahre eine Erhöhung oder Verringerung der eingestellten Wagen fordern. Güter durften – bislang – unmittelbar nach der Deutschen Reichsbahn nur von den Privateisenbahnen, nicht aber von den Kleinbahnen abgefertigt werden. [32]

Deshalb mußten die Kleinbahnen alle Gütersendungen gebrochen abfertigen. Sie wurden mit durchgehendem Frachtbrief aufgegeben, aber jede beteiligte Bahn berechnete die Fracht getrennt.

Daß man die Kleinbahnen in die direkten Tarife nicht einbezog, hat am umständlichen Abrechnungsverfahren über den Deutschen Eisenbahn-Verkehrsverband (DEVV) gelegen. Alle bisherigen Bedenken waren im Jahre 1938 plötzlich zerstreut. Woran es lag? Die Kleinbahnen wurden jetzt als wichtig angesehen; denn sie gehörten ins Konzept der politischen „Neuordnung". Die folgenden Ereignisse bestätigen dies.

Am 1. August 1938 folgte die Verstaatlichung der Münchener Localbahn A.-G., am 1. Januar 1939 die der Lausitzer Eisenbahn A.-G. Die technische Sanierung einiger Kleinbahnen schien aufs neue gefährdet. Der Generalbevollmächtigte für die Eisen- und Stahlbewirtschaftung teilte der Reichsverkehrsgruppe Schienenbahnen nur ein bestimmtes Eisen- und Stahlkontingent zu, um den Betrieb aufrechtzuerhalten.

Diese Reichsverkehrsgruppen waren nach der „Verordnung über den organischen Aufbau des Verkehrs" – Paragraph 2 – [33] staatlich verordnete Zusammenschlüsse der Verkehrsbetriebe. Über deren Zweckmäßigkeit ist wiederholt diskutiert worden. Die Reichsverkehrsgruppe Schienenbahnen stand unter dem Vorsitz des Generaldirektors Nitschmann von der Lübeck-Büchener Eisenbahn. Er schlug 1937 vor, diese Gruppe zu teilen und in eine für Privateisenbahnen, Kleinbahnen, Anschlußbahnen sowie eine für Straßenbahnen und Kraftverkehrsunternehmen, für die es bislang eine Reichsverkehrsgruppe Kraftwagenverbände gegeben hatte, zu zerlegen. [34]

Am 31. Januar 1938 entschied das Reichsverkehrsministerium, die Fachgruppe Straßenbahnen aus der Reichsverkehrsgruppe Schienenbahnen zu lösen und in einer neuen Reichsverkehrsgruppe Schienenbahnen, zu der die Privateisenbahnen, Kleinbahnen und Privatanschlußbahnen gehörten und die sich fortan „Reichsverkehrsgruppe Eisenbahn" nannte, zusammenzuschließen. Diese Reichsverkehrsgruppe sollte die Zusammenarbeit zwischen der Deutschen Reichsbahn und den nichtreichseigenen Eisenbahnen auf dem Gebiet des Güterkraftwagenverkehrs regeln, das Reichsverkehrsministerium bei der immer knapper werdenden Materialbereitstellung für die Privateisenbahnen und Kleinbahnen beraten und

strebte mit der Deutschen Reichsbahn eine Verkehrsgemeinschaft an. Denn Anfang 1938 wurde der Konkurrenzkampf zwischen dem Kraftwagen und der Eisenbahn – besonders im Nahbereich – härter. Das Reichsverkehrsministerium beschwichtigte den Verband, daß „... es sich zunächst in erster Linie um eine Reform der Verkehrsorganisation des Reichs-Kraftwagen-Betriebsverbandes und um die Stellung der Spedition zum Güterfernverkehr handeln wird". [35]

Außerdem gehörten dem DEVV, 1886 aus dem sogenannten Tarifverband entstanden, fast sämtliche deutsche Eisenbahnen an. Zu seinen Aufgaben gehörten die einheitlichen Abfertigungsvorschriften für die Beförderung von Personen, Reisegepäck, Leichen, lebenden Tieren, Fahrzeugen, Eil- und Frachtgütern (am 1. Januar 1893 eingeführt). Zwischen diesen, dem DEVV angehörenden Eisenbahnen fand eine durchgehende Abfertigung und Fahrpreis- sowie Frachtberechnung statt. Kleinbahnen gehörten dem DEVV nicht an. Das Reichsverkehrsministerium war der Auffassung, deren Verkehrsbedeutung läge in der Hauptsache auf ihrem Binnenverkehr; eine einheitliche Abfertigung sei nicht erforderlich.

Als die Deutsche Reichsbahn die Lübeck-Büchener Eisenbahn übernahm, übertrug der DEVV der Teutoburger Waldeisenbahn und der Bentheimer Eisenbahn-AG jene Aufgaben, die bislang die Lübeck-Büchener Eisenbahn ausgeführt hatte. In diesem Zusammenhang ist zu berücksichtigen, daß bereits seit dem 7. Oktober 1895 der „Verein deutscher Straßenbahn- und Kleinbahnverwaltungen" bestand. Im Jahre 1920 schlossen sich die in einem besonderen Verein zusammengefaßten Privateisenbahnen an. Aus ihm ging der Reichsverband Deutscher Verkehrsverwaltungen hervor, der 1935 in die erwähnte Reichsverkehrsgruppe Schienenbahnen übergeführt wurde.

Die Aufteilung der Reichsverkehrsgruppen geschah nicht nach den Aufgaben der Bahnen, sondern nach dem äußeren Merkmal des Verkehrsmittels, was zu ständigen Klagen und einigen Denkschriften von Betriebsleitern über eine zweckmäßige Struktur führte. Sie wünschten sich eine Zusammenfassung aller Bahnen, die Personenverkehr betrieben. Der Beginn des zweiten Weltkrieges verhinderte eine Neuorganisation. [36]

Der wichtigste Verein war wohl der Verein deutscher Eisenbahnverwaltungen (1846/1847 „Verband der Preußischen Eisenbahnen", seit 1. Oktober 1932 „Verein Mitteleuropäischer Eisenbahn-Verwaltungen" – VMEV). Er wurde am 10. November 1846 gegründet, als zehn preußische Privatbahn-Verwaltungen Schritte berieten, die zu einer Änderung einiger drückend empfundener Bestimmungen des Eisenbahngesetzes vom 3. November 1838 führen könnten. Dieser Verein schuf anfangs die ersten technischen und verkehrsrechtlichen Grundlagen und Vereinbarungen, die einen durchgehenden Eisenbahnverkehr zwischen den verschiedenen Netzen ermöglichten. Später gingen die Schöpfungen die-

1.30. Eine echte bayerische Lokalbahnlokomotive kam mit der Verstaatlichung der Lausitzer Eisenbahn A.-G. zum Bahnbetriebswerk Forst, wo sie 1942 aufgenommen wurde. Foto Hubert. Sammlung Rammelt

1.31. Mit der Verstaatlichung der Lübeck-Büchener Eisenbahn erhielt die Deutsche Reichsbahn einige sehr moderne Fahrzeuge, u. a. zwei Stromlinienlokomotiven, die als 60001 und 60002 eingereiht wurden, und die dazugehörigen Doppelstockzüge. Ein Doppelstockzug verläßt den Bahnhof Lübeck, 1934. Foto Hubert. Sammlung Umlauft

***1.32.* Die Lokomotive 99791 kam von der Friedländer Bezirksbahn zur Deutschen Reichsbahn und wurde auf verschiedenen Schmalspurbahnen eingesetzt, u. a. zwischen Hetzdorf und Eppendorf und bei den ehemaligen Ost- und Westprignitzer Kreiskleinbahnen.**
Sammlung Verkehrsmuseum Dresden

***1.33.* Die Lokomotive Nr. 1 der Eutin-Lübecker Eisenbahn, eine von Henschel gebaute T4 aus dem Jahre 1904, wurde nicht mehr von der Deutschen Reichsbahn übernommen, eine Schwesterlokomotive aus dem Jahre 1909 wurde als 70201 eingereiht.**
Foto Hubert. Sammlung Hochschule für Verkehrswesen

***1.34.* Mit der Verstaatlichung der Mecklenburgischen Friedrich-Wilhelm-Eisenbahn am 1. Januar 1941 erhielt die Deutsche Reichsbahn einige moderne Lokomotiven. Die 93 1602 war der Baureihe 86 überlegen.**
Foto Töpelmann. Sammlung Rammelt

ses Vereins in Staatsverträge und in die Vereinbarungen der größeren internationalen Verbände über.

Welche Privateisenbahnen und Kleinbahnen Mitglied des VMEV waren, geht aus Tabelle 1.5. hervor.

Am 1. Oktober 1938 trat die neue Eisenbahnverkehrsordnung (EVO) vom 8. September 1938 in Kraft. Sie galt für alle dem öffentlichen Verkehr dienenden Eisenbahnen Deutschlands und damit auch für die Privateisenbahnen des am 12. März 1938 okkupierten Österreichs, zugleich für die Kleinbahnen, sofern sie in die direkten Tarife für den Güter- und Tierverkehr einbezogen worden waren, was seitens der Deutschen Reichsbahn nur schrittweise geschah. So bildeten die Kleinbahnen Nauen–Ketzin, Nauen–Velten–

Spandau und Brandenburg–Röthehof (Ost- und Westhavelländische Kreisbahnen) erst am 1. Oktober 1940 eine Tarifgemeinschaft untereinander und zur Reichsbahn. Am gleichen Tage wurde die Kleinbahn Küstrin–Hammer in die Reichsbahn-Tarife aufgenommen, am 10. Januar 1940 folgte die Riesengebirgsbahn. Mit dieser Aufnahme in den Deutschen Eisenbahn-Güter-Tarif (DEGT) konnten Sendungen mit einem Frachtbrief von einer Kleinbahnstation nach allen Bahnhöfen im Deutschen Reich aufgegeben werden, ebenso umgekehrt. Als nach dem „Münchener Diktat" vom 29. September 1938 die ČSR das „Sudetenland" an das Deutsche Reich abtreten mußte, gingen laut Verordnung vom 19. Oktober 1938 folgende Privateisenbahnen, deren Betrieb von den ČSD geführt worden war und deren Aktien zum Großteil den ČSD gehörten, an die Reichsbahn über:

- Lokalbahn Troppau–Grätz
- Lokalbahn Wekelsdorf–Parschnitz
- Lokalbahn Hermsdorf–Mährisch-Altstadt
- Lokalbahn Peterdorf–Winkelsdorf
- Lokalbahn Groß Priesen–Wernstadt–Auscha
- Lokalbahn Plan–Tachau
- Hohenfurther elektrische Lokalbahn
- Friedländer Bezirksbahnen
- Lokalbahn Lundenburg–Eisgrub.

Bis 1939 unterlagen einige Kleinbahnen der Konkurrenz auf der Straße, weshalb man 237 km stilllegte.

Neben den Kraftwagen sahen die Kleinbahnen auch im Fahrrad eine zunehmende Konkurrenz. Die Langensalzaer Kleinbahn wollte sogar über die Reichsverkehrsgruppe Schienenbahnen gegen den angeblich unlauteren Wettbewerb eines Fahrradherstellers vorgehen, weil dieser seine Fahrräder zu äußerst günstigen Teilzahlungsbedingungen als billigstes und unentbehrlichstes Verkehrsmittel anpries. Die Merseburger Kleinbahnverwaltung lehnte allerdings die Eingabe ab.

Die Kleinbahnen wurden nicht erst seit Kriegsbeginn als kriegswichtig beurteilt. Bereits 1929 wurde vom Minister für Handel und Gewerbe in Abstimmung mit dem Innenminister und dem Reichsverkehrsminister festgelegt, daß bei militärischen Anlagen, die über Kleinbahnen bedient werden, nicht mehr von „Anlagen für die Wehrfähigkeit des Reiches", sondern nur noch von „Forderungen des Reiches" im Schriftverkehr die Rede sein durfte.

Später wurden die militärischen Anschlüsse mit Decknamen getarnt. So erhielt beispielsweise der Anschluß des Flughafens Halle, der über die Halle-Hettstedter Eisenbahn bedient wurde, die Bezeichnung „Dr. Sagebiel". Die Kleinbahnen trugen zu Kriegsbeginn 10 Prozent der Verkehrslast des Güterverkehrs, die durchschnittliche Transportweite war allerdings mit rund 10 km (bei der Reichsbahn 170 km) gering. Dafür glänzten sie mit dem geringen Personalaufwand, denn bei den Kleinbahnen kamen im Jahre 1939 auf den Kilometer 1,67 Arbeiter und Angestellte, bei den Privateisenbahnen 3,57 und bei der Deutschen Reichsbahn 13,38! [37]

Diese strategische Bedeutung der nichtreichseigenen Strecken veranlaßte die staatlichen Stellen, weitere Privateisenbahnen zu verstaatlichen und den Rechtscharakter der Kleinbahnen zu ändern.

Als nächste Privateisenbahnen gingen am 1. Januar 1941 die Prignitzer Eisenbahn, die Wittenberge-Perleberger Eisenbahn und die Mecklenburgische Friedrich-Wilhelm Eisenbahn an die Deutsche Reichsbahn über, die diesmal die Aktionäre über den Tageskurs abfand. Mit diesen 3 Privateisenbahnen hatte man 150 km gut ausgebaute Strekken und eine gute Ost-West-Verbindung in die Hand bekommen. Hinzu kamen im Zusammenhang mit den Plänen zum Ausbau der „Vogelfluglinie" die Kreis Oldenburger Eisenbahnen.

Am 1. Mai 1941 hörte die Eutin-Lübecker Eisenbahn als Gesellschaft auf zu bestehen. Der Ausbau der „Vogelfluglinie" wurde hier ebenfalls als Verstaatlichungsgrund vorgeschoben, obwohl daran in den Kriegsjahren nicht zu denken war. Diese Verstaatlichung stieß auf Widerspruch: wegen Unzulässigkeit des Preises. Die Aktionäre fühlten sich zu billig abgefunden. [38] Auf den Protest gab es keine Reaktion. Die Verordnung vom 7. Juli 1942 über den Bau und Betrieb von Kleinbahnen dehnte die Geltung der Eisenbahnbau- und Betriebsordnung (BO) vom 17. Juli 1928 und die Eisenbahn-Signalordnung (ESO) vom 24. Juni 1907 auf die Kleinbahnen aus. [39] Die Presse begründete diesen Schritt wie folgt: „Durch sie wird auch erreicht, daß für den Bau und Betrieb der Kleinbahnen in gleicher Weise Rechtsverordnungen gelten wie für den Bau und Betrieb von Eisenbahnen des allgemeinen Verkehrs. Das ist um so erwünschter, als sich die rechtliche Gleichstellung der Kleinbahnen mit den Bahnen des allgemeinen Verkehrs auch auf anderen Gebieten in fortschreitender Entwicklung vollzieht. Auf dem Gebiete des Betriebsrechts ist diese Angleichung besonders dringlich geworden, weil für den Betrieb der Eisenbahnen in den besetzten Gebieten in zunehmendem Maße auch Kleinbahnbedienstete herangezogen werden müssen." [40]

Zuvor, am 28. März 1940, hatte der Vorsitzende des Ministerrats für die Reichsverteidigung und der Reichsminister und Chef der Reichskanzlei die „Verordnung über die Verwal-

1.35. Bahnhof Blankenburg mit abfahrbereiten Personenzügen nach Rübeland (rechts) und nach Thale. Die abgebildeten Lokomotiven 11 und 12 (1'D1'h2) lieferte Hanomag 1927.
Sammlung Umlauft

tung und den Betrieb nichtreichseigener Eisenbahnunternehmen des öffentlichen Verkehrs durch Treuhänder" erlassen. Darin hieß es u.a.:

„Der Ministerrat für die Reichsverteidigung verordnet mit Gesetzeskraft:

§ 1

(1) Der Reichsverkehrsminister kann die Verwaltung und den Betrieb nichtreichseigener Eisenbahnunternehmen des öffentlichen Verkehrs oder einzelner Teile solcher Unternehmen einem Treuhänder übertragen, sofern und solange dies im Interesse der Landesverteidigung oder der öffentlichen Ordnung erforderlich ist …

§ 2

Der Treuhänder hat die Verwaltung und den Betrieb für Rechnung des Eigentümers zu führen. Er ist zu allen gerichtlichen und außergerichtlichen Geschäften und Rechtshandlungen befugt, welche die ihm übertragene Aufgabe mit sich bringt …" [41]

Am 10. Juni 1940 folgte das „Gesetz über die Errichtung der Körperschaft des öffentlichen Rechts ‚Pommersche Landesbahnen'":

§ 2

(1) Mit dem Inkrafttreten dieses Gesetzes geht das Vermögen der folgenden Kleinbahnunternehmen:

1. Rügensche Kleinbahnen Aktiengesellschaft
2. Aktiengesellschaft Franzburger Kreisbahnen
3. Aktiengesellschaft Franzburger Südbahn
4. Aktiengesellschaft Demminer Kleinbahnen Ost
5. Aktiengesellschaft Demminer Kleinbahnen West
6. Kleinbahngesellschaft Greifswald–Jarmen, Aktiengesellschaft
7. Kleinbahngesellschaft Greifswald–Wolgast, Aktiengesellschaft
8. Kleinbahngesellschaft Anklam–Lassan, Aktiengesellschaft
9. Randower Kleinbahn Aktiengesellschaft
10. Kleinbahn Casekow–Penkun–Oder, Aktiengesellschaft
11. Aktiengesellschaft Greifenhagener Kreisbahnen
12. Aktiengesellschaft Saatzinger Kleinbahnen
13. Greifenberger Kleinbahn Aktiengesellschaft
14. Kolberger Kleinbahnen Aktiengesellschaft
15. Regenwalder Kleinbahnen Aktiengesellschaft
16. Kleinbahnaktiengesellschaft Neustadt–Prüssau
17. Kleinbahnaktiengesellschaft Chottschow–Garzigar
18. Stolper Kreisbahnen A.-G.
19. Schlawer Kleinbahn GmbH
20. Köslin–Bublitz, Belgarder Kleinbahn Aktiengesellschaft
21. Kleinbahn-Aktiengesellschaft Virchow–Deutsch Krone Kreisgrenze

sowie das Sondervermögen der den Landkreisen Naugard, Pyritz und Deutsch Krone gehörenden Kleinbahnen auf die Körperschaft über.

(2) Mit dem Inkrafttreten dieses Gesetzes werden die im Abs. 1, Satz 1 genannten Gesellschaften unter Ausschluß der Abwicklung aufgelöst; sie sind im Handelsregister zu löschen.

§ 4

(1) Die Körperschaft hat die Aufgabe in der Provinz Pommern Kleinbahnen zu bauen und zu betreiben. Sie kann ihre Aufgabe auf den Betrieb von Nebenbahnen, Hilfs- und Nebeneinrichtungen einschließlich Kraftfahrbetrieben sowie auf angrenzende Gebiete erstrecken.

§ 7

Die Genehmigungs- und Aufsichtshoheit über die Körperschaft übt der Reichsverkehrsminister aus, der sie, soweit kommunale Fragen berührt werden, im Einvernehmen mit dem Reichsminister des Innern handhabt. Die Ausübung der Aufsicht kann anderen Behörden übertragen werden." [42]

Die letzte Verstaatlichung einer Privateisenbahn betraf damals die Schipkau-Finsterwalder Eisenbahn, zu der die Zweigstrecke Sallgast–Lauchhammer gehörte. Hier übernahm man am 1. Juli 1943 wieder ein solides Unternehmen, denn die Schipkau-Finsterwalder Eisenbahn-Gesellschaft bediente das Lausitzer Braunkohlerevier und gehörte mit $7^1/_2$ Prozent Dividende zu den rentabelsten Privateisenbahnen.

Bestehen blieben weitere Privateisenbahnen und Kleinbahnen mit Durchgangsverkehr zwischen Reichsbahn-Strecken, die – entsprechend früheren Bedürfnissen – ebenfalls zu verstaatlichen gewesen wären. Bei ihnen lagen die finanziellen Verhältnisse nicht so günstig. Investitionen wären notwendig gewesen, um die Bahnen der DR voll nutzbar zu machen; die Reichsbahn-Hauptverwaltung hatte bestimmt an ihnen den Appetit verloren. Man denke nur an die Halberstadt-Blankenburger Eisenbahn, die Halle-Hettstedter Eisenbahn, die Ost- und Westhavelländische Eisenbahn, die Niederlausitzer Eisenbahn, die Brandenburgische Städtebahn u. a.

1.4. Der zweite Weltkrieg und die Nachkriegsentwicklung

Mußten die Privat- und Kleinbahnen bereits mit Beginn des ersten Weltkrieges mit ihren Mitteln haushalten, so wurde zu Beginn des zweiten Weltkrieges infolge Materialschwierigkeiten und Personalmangels die Instandhaltung der Anlagen und Fahrzeuge vernachlässigt. Zu Investitionen kam es kaum noch, obgleich die Verkehrsleistungen wie noch nie gestiegen waren, z. B. im Personenverkehr von 1939 zu 1941 um 50 Prozent. Denn der Kraftwageneinsatz unterlag im Kriege starken Einschränkungen. Ferner hatten einige Privat- und Kleinbahnen im Zusammenhang mit der Rüstungsproduktion besondere Aufgaben wahrzunehmen. [43]

In den letzten Kriegsmonaten wurden die verstaatlichten Privateisenbahnen und die nichtreichseigenen Bahnen mit Durchgangscharakter willkommene Entlastungsstrecken für die Deutsche Reichsbahn, ein Zitat aus einer Veröffentlichung im „Das Reich" vom 21. März 1943 mag dies verdeutlichen:

„Der Krieg hat die Lage der nichtreichseigenen Bahnen grundlegend geändert. Weitgehende Ausschaltung des Kraftwagens, erhöhter Zustrom der Arbeitskräfte in die Rüstungswerke, Abwanderung des Fahrradverkehrs auf die Eisenbahn – wegen der Verdunkelung – haben zu einem starken Anstieg des Personenverkehrs geführt, der sich bereits 1941 im Durchschnitt um über 50 Prozent erhöht hatte und inzwischen weiter gewachsen ist. Auch der Güterverkehr hat merklich zugenommen. Zahlreiche Eisenbahngesellschaften haben ihre Rentabilität wiedergewonnen und schütten Dividenden aus. Wo dies nicht geschieht, dürfte die Zurückhaltung meistens aus dem Bestreben zu erklären sein, für die erhöhte Beanspruchung der Anlagen Rücklagen zu bilden."

Wurden die Klein- und Privatbahnen im zweiten Weltkrieg von Kampfhandlungen betroffen, so erlitten sie Verluste und Beschädigungen ihrer Anlagen und Fahrzeuge wie die der Deutschen Reichsbahn. So konnten die Strecke Röthehof–Brandenburg-Altstadt der Westhavelländischen Eisenbahn wegen einer zerstörten Kanalbrücke nur bis Brandenburg-Silokanalbrücke und die Strecke Nauen–Velten erst nach Behelfsmaßnahmen im Jahre 1946 wieder befahren werden. Die anglo-amerikanischen Luftangriffe im März und April 1945 hinterließen bei der Brandenburgischen Städtebahn zerstörte Gebäude und Werkstätten in Brandenburg. Bei Kriegsende waren nur noch die Streckenabschnitte Belzig–Temnitzbrücke (vor Golzow), Brandenburg-Altstadt–Fohrde und Pritzerbe–Rhinow befahrbar. Die wichtige Verbindung zwischen den beiden Brandenburger Bahnhöfen war infolge der gesprengten Havelbrücke unbefahrbar. [44]

Wegen der zerstörten Elbe-Havel-Kanalbrücke war ebenfalls die Strecke Güsen–Zerben unbefahrbar. Soweit es sich heute noch im Detail ermitteln läßt, wird bei den Einzeldarstellungen auf die Wiederaufnahme des Zugbetriebs im Jahre 1945 eingegangen. Nach dem zweiten Weltkrieg fielen einige Kleinbahnstrecken unter die Reparationsleistungen. Darunter waren u. a. mehrere Schmalspurbahnen im ehemaligen Vorpommern (gehört seit

1.36. Von der Gernrode-Harzgeroder Eisenbahn (GHE) war nach 1945 das Teilstück Strasberg–Stiege demontiert. 1984 wurde der durchgehende Betrieb von Gernrode bis Eisfelder Talmühle wieder möglich. Heute finden wir auf diesem Bahnhof rechts die Gleise der ehemaligen GHE und links die Gleise der Harzquerbahn; bei der Maschine handelt es sich um die 99 7234. Foto Rammelt

1945 zu Mecklenburg), die Strecken Templin–Fürstenwerder/Prenzlau der Prenzlauer Kreisbahn (Prenzlau-Templin seit 14. November 1953 wieder in Betrieb), Rheinsberg–Zechlin der Ruppiner Eisenbahn, Lindow/Gransee–Neuglobsow der Kleinbahn Gransee–Neuglobsow (Gransee–Groß Woltersdorf seit 1954 wieder in Betrieb), Rathenow–Paulinenaue der Kreisbahn Rathenow–Nauen, im Eichsfeld die Kleinbahn Silberhausen–Hüpstedt. Die Dessau-Radegast-Köthener Eisenbahn wurde 1946 bis auf ein Reststück, das als Anschlußgleis am Bahnhof Köthen bestand, abgetragen. Die Wenigentaft-Oechsener Eisenbahn nahm zwischen 1945 und 1947 den Zugverkehr nicht auf, ebenso nicht mehr die Ellrich-Zorge Eisenbahn AG wegen der entstandenen Grenze zwischen den Besatzungszonen. Zwischen dem Bahnhof Schöneicherplan der Neukölln-Mittenwalder Eisenbahn (NME) und dem Bahnhof Zossen an der Strecke Berlin–Dresden wurde aus strategischen Gründen während des zweiten Weltkrieges eine neue Bahnanlage in Angriff genommen. Dieses Projekt wurde überwiegend von der Firma Vering & Waechter im Auftrag der NME ausgeführt. Allerdings nahm man den Abschnitt Schöneicherplan–Dabendorf Ost erst am 15. September 1945 in Betrieb. Die selbständige, aber „herrenlose" Anlage hatte, wie die Deutsche Zentralverwaltung für Verkehr am 23. Juni 1947 feststellte, nicht als Eisenbahn des allgemeinen Verkehrs zu gelten.

Die Deutsche Reichsbahn zeigte damals kein Interesse, sie in ihr Netz einzugliedern. Die Deutsche Zentralverwaltung für Verkehr wollte sie ebensowenig in eine andere Hand geben, womöglich in das Eigentum der NME. Der Bevollmächtigte für Bahnaufsicht bei der Reichsbahndirektion (Rbd) Berlin erhielt den Rat, die Angelegenheit hinauszuzögern. Im Januar 1947 wurde diese Strecke stillgelegt und später entsprechend einem Befehl der Sowjetischen Militäradministration abgebaut.

Damit kam es zu Nachteilen in der Transportsituation auf den meist eingleisigen Strecken rund um Berlin, und Generalmajor Kwaschnin äußerte sich am 29. September 1948 gegenüber dem stellvertretenden Generaldirektor der Hauptverwaltung der Deutschen Reichsbahn (DR), Erwin Kramer, in der Deutschen Wirtschaftskommission über einen möglichen Umleitungsverkehr zwischen den Bahnhöfen östlich Berlins. Dabei schlug Erwin Kramer vor, das abgebaute Verbindungsgleis zwischen der Militärbahn bei Zossen zur Neukölln-Mittenwalder Eisenbahn wieder herzustellen und durch eine Kurve vom Bahnhof Schönefeld der NME bis zur damaligen Kreuzungsstelle des Güteraußenrings eine direkte Verbindung zwischen den östlichen Rangierbahnhöfen und Jüterbog zu schaffen. Der Vorschlag wurde gebilligt und die Bahn am 3. Januar 1949 mit der Strecke (Zossen–)Abzweigstelle Zoa–Mittenwalde und entsprechenden Verbindungskurven bei Schönefeld in Betrieb genommen. Sie spielt heute noch für den Umleitungsverkehr eine Rolle.

Der Aufbau einer schmalspurigen Strecke von Glöwen nach Havelberg anstelle der demontierten Regelspurstrecke war durch den Abbau des Abschnitts Viesecke–Kreuzweg der Ost- und Westprignitzer Kleinbahnen möglich. Diese Kleinbahn plante auch – zumindest ohne Widerspruch der Rbd Schwerin – den schmalspurigen Aufbau der Strecke Wittenberge–Lenzen für die abgetragene Regelspurstrecke Wittenberge–Dömitz. Der Bau wurde nicht ausgeführt.

Mehrere Bahnen lagen nach 1945

1.37. Die einstige Gardelegen-Haldensleben-Weferlinger Kleinbahn hat auch in unseren Tagen auf dem verbliebenen Reststück Haldensleben–Weferlingen noch Bedeutung für die DR. Während der 171029-2 im Sommer 1984 am Bahnsteig in Haldensleben auf die Abfahrt wartet, führt die 52 8071-4 einen Güterzug über die Strecke nach Weferlingen.
Foto Heym

östlich der Oder-Neiße-Grenze und wurden von den PKP betrieben oder lagen nun in den westlichen Besatzungszonen. Für die sowjetische Besatzungszone blieben 105 Bahnen mit 3970 km Strecke, dazu kamen rund 100 gewerbsmäßig betriebene Privatanschlußbahnen.

Am 30. Oktober 1945 erließ der Oberste Chef der Sowjetischen Militärverwaltung, Marschall Shukow, den Befehl Nr. 124, wonach das Eigentum des früheren faschistischen Staates, der NSDAP sowie der aktiven Nazis zu sequestieren, also vorläufig zu beschlagnahmen war. In Sachsen bekannten sich in einem Volksentscheid am 30. Juni 1946 77,62 Prozent der Bevölkerung zum „Gesetz über die Übergabe von Betrieben von Kriegs- und Naziverbrechen in das Eigentum des Volkes". Dieser Befehl traf an sich nicht für das Eigentum der Privateisenbahnen und Kleinbahnen zu, obgleich sich einige Landesregierungen bei der Übernahme der Bahnen auf diesen Befehl beriefen.

Im Jahre 1946 begannen die Provinzialverwaltungen oder die Landesregierungen, das Vermögen vieler Betriebe unter Sequester zu stellen. Das Präsidium der Provinzialverwaltung Mark Brandenburg beschloß beispielsweise am 5. August 1946 eine Verordnung und enteignete am 9. September 1946 die Königs Wusterhausen-Töpchiner Kleinbahn A.-G. Am 19. Oktober 1946 erließ dieses Präsidium die „Verordnung über Organisation, Leitung und Verwaltung der provinzialeigenen industriellen und gewerblichen Unternehmungen in der Provinz Mark Brandenburg" und faßte diese Unternehmungen zu einer selbsttätigen Wirtschaftsorganisation zusammen. Mit Wirkung vom 1. Oktober 1946 unterstand entsprechend dieser Verordnung die Osthavelländische Eisenbahn AG der Generaldirektion der Provinzbahnen in der Hauptverwaltung Provinzialbetriebe zu Potsdam. Die Neukölln-Mittenwalder Eisenbahn widersetzte sich der Unterstellung, da, wie sie an die Reichsbahndirektion Berlin schrieb, „... wir weder ein provinzialeigener Betrieb (sind), noch haben wir unseren Sitz in der Provinz Mark Brandenburg". [45]

Tatsächlich befanden sich ein kleines Streckenstück und der Sitz der Betriebsleitung im amerikanischen Sektor von Berlin. Deshalb entschied am 6. Dezember 1946 der Präsident der Deutschen Zentralverwaltung für Verkehr (sie nahm am 1. August 1945 ihre Tätigkeit auf und wurde 1948 der 1947 gebildeten Deutschen Wirtschaftskommission unterstellt), daß die von der Generaldirektion der Privatbahnen Mark Brandenburg an die Neukölln-Mittenwalder Eisenbahn gerichtete Weisung jeder Berechtigung entbehre. Die Enteignung sei noch nicht durchgeführt, die Betriebsführung liege nicht in den Händen dieser Generaldirektion.

Die Landesregierung in Thüringen sequestierte ebenfalls Privatbahnen. Bei den Bahnen Arnstadt–Ichtershausen, Ilmenau–Großbreitenbach, Hohenebra–Ebeleben führte dies zu einem Protest der Stadt Essen, des Hauptaktionärs, und zwar teilte man am 23. Oktober 1946 der – aufsichtsführenden – Reichsbahndirektion Erfurt mit, daß der Stadt Essen 66 Prozent des Stammkapitals der Süddeutschen Eisenbahn-Gesellschaft gehöre. Die Mecklenburger Bäderbahn AG fiel gleichfalls unter Sequester; zum Verwalter wurde Liebig, Direktor der Städtischen Straßenbahn Rostock, bestellt.

In Demmin nannte sich die Verwaltung „Landesbahnen Mecklenburg-Vorpommern", die Ruppiner Eisenbahn AG erhielt am 1. Januar 1947 die Weisung, die Bezeichnung „Betriebsverwaltung Neuruppin der

***1.38.** Die Lokomotiven der Ilmenau-Großbreitenbacher Eisenbahn waren in den Nummernplan der Süddeutschen Eisenbahn-Gesellschaft eingereiht. Lokomotive 381 kam noch vor 1949 zu den hessischen Nebenbahnen.*
Sammlung Rammelt

***1.39.** Betriebsführer auf der 1947 enteigneten Straßenbahn Hohenstein-Ernstthal–Oelsnitz war bis Kriegsende die A.-G. für Bahnbau und -betrieb, Eigentümer die Sächsische Überlandbahn GmbH Frankfurt a. M.*
Sammlung E. Preuß

Provinzbahnen Mark Brandenburg" zu führen. In Sachsen-Anhalt erhielten die „vorläufig noch treuhänderisch verwalteten Eisenbahnbetriebe" (sicher treuhänderisch nach der Verordnung von 1942) am 15. Dezember 1946 vom Ministerium für Wirtschaft und Verkehr ihrer Provinzialregierung folgende Mitteilung: „Durch Anordnung und Verfügung der Hauptabteilung Wirtschaft bzw. deren Abteilung ‚Sicherung der Wirtschaft' und ‚Neuordnung der Wirtschaft' wurde Ihr Betrieb in das Eigentum der Provinz Sachsen vom 30. Juli 1946 unter die unmittelbare Wirtschaftsaufsicht ... der Provinz Sachsen genommen." [46] Zum Jahreswechsel 1946/47 bildete sich hier eine Gesellschaft „Sächsische Provinzbahnen G.m.b.H.".

In Sachsen war die Lage eindeutig. Durch den erwähnten Volksentscheid war die Überlandbahn Hohenstein-Ernstthal–Oelsnitz enteignet und in das Eigentum des Landes Sachsen übergeführt worden. Die Landesregierung wollte die Bahn mit Wirkung vom 1. Januar 1947 in das Eigentum der Deutschen Reichsbahn überführen; die SMAD willigte aber nicht ein.

In den Jahren 1946/47 sah es so aus, als gelänge es den Landesregierungen, die Privateisenbahnen und Kleinbahnen zu übernehmen. Die Frage, welche Stellung die Privateisenbahnen und die Kleinbahnen in der sowjetischen Besatzungszone einnehmen sollten, ist von 1946 bis Anfang 1949 zwischen den Landesregierungen, der Zentralverwaltung für Verkehr bzw. der Hauptverwaltung der Deutschen Reichsbahn einerseits sowie der Deutschen Wirtschaftskommission und der Sowjetischen Militäradministration (SMAD) andererseits mitunter konträr erörtert worden. In Berlin gab es hierzu eine klare Haltung: Die Bahnen gehörten zur Deutschen Reichsbahn. Die SMAD hatte mit Befehl Nr. 17

1.40. 1948: Mit der Übernahme der Klein- und Privatbahnen durch die Deutsche Reichsbahn im Land Sachsen bekam die ehemalige 181 der Görlitzer Kreisbahn die DR-Nr. 92 2901; aufgenommen 1962 in Görlitz.
Foto E. Preuß

vom 27. Juli 1945 die Deutsche Zentralverwaltung für Verkehr errichtet. Deren Aufgabe war es, den gesamten Verkehr innerhalb der sowjetischen Besatzungszone einheitlich zu führen und zu lenken. Der Präsident der Zentralverwaltung regte bei der SMAD an, sämtliche Privateisenbahnen und Kleinbahnen durch Erlaß eines Befehls in den Besitz der Deutschen Reichsbahn zu überführen. Die SMAD entsprach einem solchen Antrag in seiner allgemeinen Form jedoch nicht.

Nur ein Land, Sachsen, hatte nach der Enteignung dreier privater Eisenbahnen (Görlitzer Kreisbahn, Schleizer Kleinbahn AG, Industriebahn Mittweida–Ringethal/Dreiwerden) der Zentralverwaltung angeboten, diese zu übergeben und entsprach der Auffassung sowohl der Deutschen Wirtschaftskommission als auch der Zentralverwaltung für Verkehr.

Diese o. g. Bahnen sind dann auch vom 1. Januar 1947 an als Teile der Deutschen Reichsbahn verwaltet und betrieben worden (tatsächliche Übernahme der Görlitzer Kreisbahn: 11. Mai 1948, Privatbahn Mittweida–Dreiwerden: 1. Januar 1949).

Die anderen Länder schufen sich Verwaltungsapparate (Generaldirektion u. ä.). Am 17. September 1947 ordnete der Chef der Transportabteilung der SMAD, Generalmajor Kwaschnin, an, Listen mit Begründungen für die Übernahme durch die Deutsche Reichsbahn zu übergeben. Die Deutsche Reichsbahn nannte 16 Bahnen, die als Verbindungsstrecken von Bedeutung waren. Generalmajor Kwaschnin forderte, auch jene noch in Privatbesitz befindliche Bahnen zu überführen, um auszuschließen, daß noch private Interessen auf die Führung des Verkehrs Einfluß ausüben könnten. Die Deutsche Zentralverwaltung für Verkehr hatte gedacht, bei der Hauptverwaltung der Deutschen Reichsbahn eine kleine Abteilung mit eingeschränktem Beamtenapparat zur obersten Leitung und Lenkung der Bahnen der Länderregierungen einzurichten. Bis 1. Januar 1948 sollte alles geregelt sein. Hierzu wurden sämtliche Bahnen in Gruppen eingeteilt. Die Zuordnung zu den einzelnen Gruppen ist der Tabelle 1.6. der 1949 übernommenen Bahnen zu entnehmen.

Diese Vorstellungen lösten bei den Landesregierungen unterschiedliche Reaktionen aus. So legte der Vertreter der Provinz Mark Brandenburg eine Karte auf den Tisch, nach der nur die wichtigsten Hauptstrekken zur Deutschen Reichsbahn gehört hätten, der Rest hingegen den Ländern.

Die Haltung der damaligen Regierungen – außer Sachsen – wird verständlich, wenn man die allgemeine Verkehrsnot nach 1945 berücksichtigt. Versorgungstransporte mußten zentral gelenkt werden, ebenso die Beschaffung von Material; die Landesregierungen fühlten sich von der Deutschen Zentralverwaltung für Verkehr benachteiligt und versuchten, so ihren Einfluß geltend zu machen. In der Sitzung am 24. November 1947 versuchte der stellvertretende Generaldirektor der Hauptverwaltung der DR, Erwin Kramer, die Vertreter der Landesregierungen zu überzeugen, daß die Privateisenbahnen und die Kleinbahnen die Lenkung des Verkehrs erschweren: „Wir wollen uns nicht dem Vorwurf aussetzen, die Rosinen aus dem Kuchen zu suchen. Ich bin durchaus bereit, sämtliche Privateisenbahnen und Kleinbahnen zu übernehmen, auch die ungünstigen Strecken." [47] Erwin Kramer verwies darauf, daß bei 750 km von 1200 km Strecken Zuschläge erhoben werden und nannte außerdem die technischen Vorteile, die das einheitliche Eisenbahnwesen böte. Entgegen diesen Wünschen zentralisierten die Landesregierungen die Privateisenbahnen und Kleinbahnen weiter.

Der Verwaltungsrat der VVB Verkehr Land Mecklenburg verfaßte eine Art Denkschrift (und das war nicht die einzige dieser Art) und be-

1.41. Der 1921 eingeführte Name hielt sich bis heute. An dem im August 1983 im Bahnhof Strausberg aufgenommenen Straßenbahnzug steht immer noch Strausberger Eisenbahn!
Foto Rammelt

merkte: „Unseres Erachtens würde die Einrichtung einer Generaldirektion ‚Privat- und Kleinbahnen' (oder ‚Länderbahnen') Schwierigkeiten nicht bereiten und besondere Mehrkosten kaum verursachen, wenn das für diese Generaldirektion erforderliche Personal aus den Direktoren bzw. den Belegschaftsmitgliedern der jeweiligen Ländervereinigungen entnommen wird ... Den Länderbahnen sollte ihre Selbständigkeit belassen und nach wie vor ihr eigener Tarif belassen werden." [48]

Am 20. Dezember 1948 kam es in der Deutschen Wirtschaftskommission zu einer Vorbesprechung, die die Übernahme der Privateisenbahnen und Kleinbahnen betraf. Damals äußerten die Länder den Wunsch, nicht nur die in der Liste verzeichneten, sondern alle von der Reichsbahn in Verwaltung und in Betrieb genommenen Bahnen zu übernehmen. Hier wurde erstmals der – später „berühmte" – Termin 1. April 1949 genannt. Jetzt meldeten die Reichsbahndirektionen jene Bahnen, die in der genannten Aufstellung der bis 1. Januar 1948 zu übernehmenden Bahnen nicht aufgeführt waren:

1. Arnstadt–Ichtershausen
2. Ilmenau–Großbreitenbach
3. Gera–Wuitz
4. Rennsteig–Frauenwald
5. Langensalza–Haussömmern,

die noch in Privatbesitz befindlichen Bahnen

6. Wernshausen–Herges–Auwallenburg (Trusebahn A.-G. Schmalkalden Kreishaus)
7. Obstfelderschmiede–Cursdorf (Oberweißbacher Bergbahn GmbH Lichtenhain [Kr. Rudolstadt])
8. Buttstädt–Rastenberg (Eisenbahnzweckverband Rastenberg)
9. Artern–Berga-Kelbra
10. Zschornewitzer Kleinbahn (zur Grube Golpa gehörend, zum Teil wegen fortschreitenden Tagebaus bereits stillgelegt, Reststrecke soll Werkbahn werden)
11. Mecklenburger Bäderbahn (noch nicht enteignet, bestand als A.-G. weiter, Aktionäre: Berliner Verkehrsgesellschaft, die Stadt Rostock, Gemeinde Graal-Müritz)
12. Stralsund–Tribsees
13. Greifswald-Grimmener Eisenbahn.

Daß die Deutsche Reichsbahn dann doch nicht sämtliche Bahnen in ihre Verwaltung nahm, hatte verschiedene Ursachen, die in den nachfolgenden Bänden dieses Archivs dargestellt werden. So wies der Rat der Stadt Strausberg darauf hin, daß die Strausberger Eisenbahn schon 1921 auf Straßenbahnbetrieb umgestellt wurde, eine Namensänderung damals aber unterlassen wurde. Im Januar 1947 ist in einer Beratung mit der Landesregierung zugesichert worden, daß diese Eisenbahn der Stadt Strausberg als Kommunalbetrieb überlassen werde.

Am 10. Februar 1949 stellte die Deutsche Wirtschaftskommission in einem Vermerk fest, daß sich 101 Bahnen bereits im Eigentum des Staates befinden. Es blieben noch ungefähr 18 (zum Teil demontierte) Bahnen übrig, die im Eigentum von Ländern, Gemeinden oder Aktiengesellschaft standen (z. B. Wenigentaft-Oechsener Eisenbahn im Eigentum der Heinrich Hagemeier G.m.b.H. Mansbach). Und: „Die Reichsbahn ist nicht privatrechtlicher Vertragspartner der Bahneigentümer, sondern sie ist öffentlich-rechtliches Verwaltungsorgan der Deutschen Wirtschaftskommission." [49]

In einer Kommissionssitzung am 18. Februar 1949 bestand noch keine Klarheit, ob diese Bahnen den Reichsbahndirektionen zugeteilt werden oder eine selbständige Verwaltung bei der Deutschen Reichs-

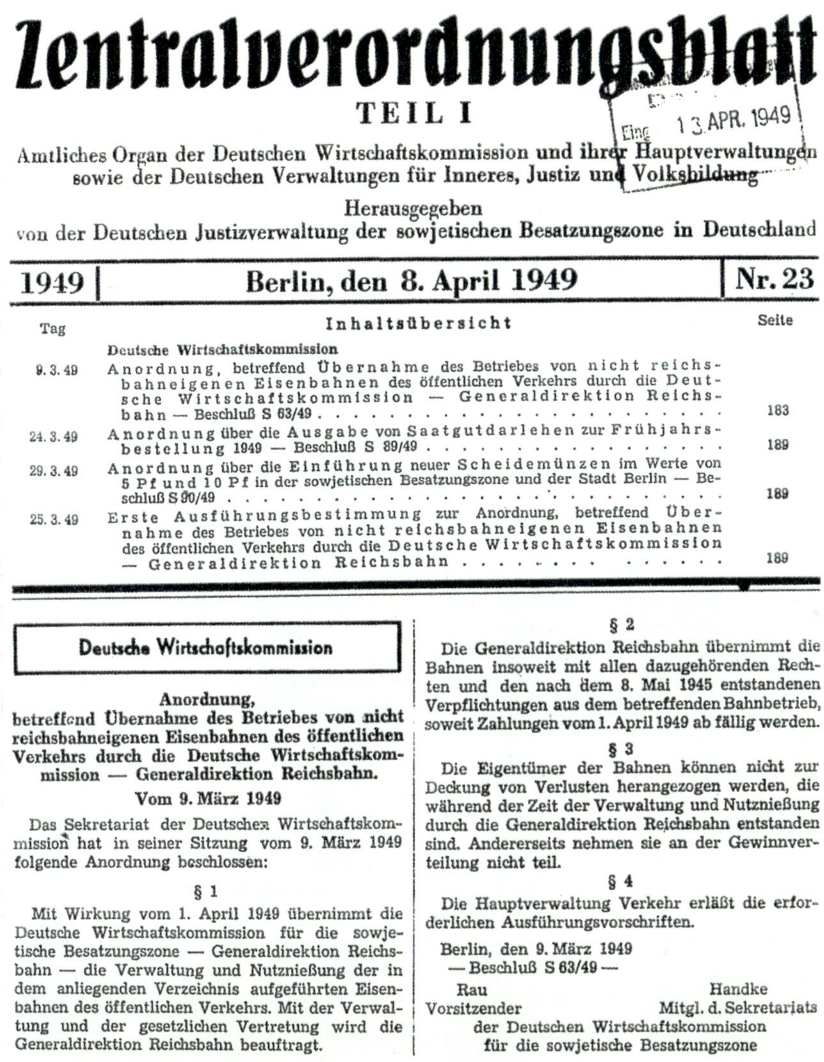

Zentralverordnungsblatt

TEIL I

Amtliches Organ der Deutschen Wirtschaftskommission und ihrer Hauptverwaltungen sowie der Deutschen Verwaltungen für Inneres, Justiz und Volksbildung

Eing. 13. APR. 1949

Herausgegeben von der Deutschen Justizverwaltung der sowjetischen Besatzungszone in Deutschland

1949	Berlin, den 8. April 1949	Nr. 23

Deutsche Wirtschaftskommission

Anordnung, betreffend Übernahme des Betriebes von nicht reichsbahneigenen Eisenbahnen des öffentlichen Verkehrs durch die Deutsche Wirtschaftskommission — Generaldirektion Reichsbahn.

Vom 9. März 1949

Das Sekretariat der Deutschen Wirtschaftskommission hat in seiner Sitzung vom 9. März 1949 folgende Anordnung beschlossen:

§ 1

Mit Wirkung vom 1. April 1949 übernimmt die Deutsche Wirtschaftskommission für die sowjetische Besatzungszone — Generaldirektion Reichsbahn — die Verwaltung und Nutznießung der in dem anliegenden Verzeichnis aufgeführten Eisenbahnen des öffentlichen Verkehrs. Mit der Verwaltung und der gesetzlichen Vertretung wird die Generaldirektion Reichsbahn beauftragt.

§ 2

Die Generaldirektion Reichsbahn übernimmt die Bahnen insoweit mit allen dazugehörenden Rechten und den nach dem 8. Mai 1945 entstandenen Verpflichtungen aus dem betreffenden Bahnbetrieb, soweit Zahlungen vom 1. April 1949 ab fällig werden.

§ 3

Die Eigentümer der Bahnen können nicht zur Deckung von Verlusten herangezogen werden, die während der Zeit der Verwaltung und Nutznießung durch die Generaldirektion Reichsbahn entstanden sind. Andererseits nehmen sie an der Gewinnverteilung nicht teil.

§ 4

Die Hauptverwaltung Verkehr erläßt die erforderlichen Ausführungsvorschriften.

Berlin, den 9. März 1949
— Beschluß S 63/49 —

Rau, Vorsitzender
Handke, Mitgl. d. Sekretariats der Deutschen Wirtschaftskommission für die sowjetische Besatzungszone

1.42. Gesetzliche Grundlage für die Übernahme der Klein- und Privatbahnen durch die Deutsche Reichsbahn im Jahr 1949: erste Ausführungsbestimmung zum Übernahmegesetz.
Sammlung Rammelt

1.43. Beschriftung an der regelspurigen Lokomotive Nr. 38 der Forster Stadteisenbahn.
Foto G. Meyer

bahn bilden sollten. Das Eigenleben der Privateisenbahnen und Kleinbahnen war in den Anschauungen so verwurzelt, daß es wiederholt zu solchen und ähnlichen Vorschlägen und Zusicherungen von Reichsbahnämtern, Gewerkschaftsleitungen, Verwaltungsräten kam.

Am 12. März 1949 faßte das Sekretariat der Deutschen Wirtschaftskommission den denkwürdigen Beschluß S 23/1949. [50]

Am 26. März 1949 benachrichtigte die Zentralverwaltung für Verkehr die Reichsbahndirektionen und teilte ihnen u. a. mit, daß zur Übernahme und Übergabe der Ländereisenbahnen eine gemischte Kommission aus Vertretern der Landesministerien und der Generaldirektion der Deutschen Reichsbahn gebildet werde, die ihre Arbeit bis zum 1. Juni 1949 abschließe. Weiter hieß es: „5. Ab 1. April 1949 sind alle Länder-Eisenbahndirektionen zu liquidieren und die zu übergebenden Bahnen in operativer und wirtschaftlicher Leitung den bestehenden Rbd'en und der DR zu unterstellen." [51]

Die Generaldirektionen der Länder wurden dem jeweils zuständigen Reichsbahnamt (Rba) bzw. der jeweiligen Reichsbahndirektion zugewiesen. Aus den früheren Listen waren herausgenommen und deshalb nicht übernommen worden:

1. Industrie- und Hafenbahn Frankfurt (Oder)
2. Forster Stadteisenbahn
3. Spremberger Stadteisenbahn
4. Schweriner Hafenbahn

1.44. Rangierbetrieb mit der Lokomotive Nr. 38 auf dem Bahnhof Forst, 1965.
Foto Laursen

5. Zschornewitzer Kleinbahn
6. Thüringerwaldbahn.

Als zur Übernahme ungeeignet ließ die Landesregierung Sachsen die Überlandbahn Hohenstein-Ernstthal streichen (obwohl deren Mitarbeiter gern Eisenbahner geworden wären, wie sie am 13. Dezember 1946 dem stellvertretenden Generaldirektor der Deutschen Reichsbahn, Schramm, mitteilten) und überführte sie in das Kommunalwirtschaftsunternehmen der Stadt Glauchau.

Die von der Deutschen Reichsbahn übernommenen Bahnen mußten sich der Struktur der Deutschen Reichsbahn anpassen, was zunächst für die Bahn selbst ohne Bedeutung war. Beispielsweise blieb die Nordhausen-Wernigeroder Eisenbahn in ihrer Gesamtheit beim Rba Halberstadt, später Rba Aschersleben, so daß der Bahnhof Nordhausen zum Rbd-Bezirk Erfurt gehörte, der unmittelbar benachbarte Bf Nordhausen Nord aber zum Rbd-Bezirk Magdeburg.

Die Eisenbahner erhielten auf der Grundlage des Kollektivvertrages der Deutschen Reichsbahn neue Arbeitsverträge, von der sie in den meisten Fällen weiterbeschäftigt wurden; die Betriebsleitungen bestanden bis etwa November 1949. Mit Wirkung vom 1. Januar 1950 mußten die Fahrzeuge umgezeichnet werden; Eigentumsmerkmal und von der Deutschen Reichsbahn abweichende Numerierung waren letzte Merkmale der Eigenständigkeit gewesen. In den öffentlichen Fahrplänen war der Hinweis auf die jeweilige Bahngesellschaft bereits zum Sommer 1949 getilgt worden. Andere Bahnen waren verwaltungsseitig zerrissen worden. Man denke an die ehemalige Ruppiner Eisenbahn A.-G. Die Strecken Kremmen–Neuruppin, Löwenberg–Rheinsberg, Herzberg–Neuruppin unterstanden dem Rba Berlin 6, die Strecken Paulinenaue–Neuruppin, Neustadt (Dosse)–Neuruppin dem Rba Berlin 5, die Strecke Neuruppin–Meyenburg der Rbd Schwerin. Dieser Zustand wurde am 1. Januar 1954 beseitigt, indem man den Rbd-Bezirk Schwerin erweiterte und diese ehemalige Privateisenbahn (außer dem Gemeinschaftsbahnhof Kremmen) in einen Rbd-Bezirk kam. [52]

Nachzutragen ist, daß die am 5. Oktober 1947 der Generaldirektion der Landesbahnen Provinz Brandenburg unterstellte Neukölln-Mittenwalder Eisenbahn ebenfalls von der Deutschen Reichsbahn über-

nommen worden ist. Ihr durchgehender Zugbetrieb endete am 25. Oktober 1948 durch Ausbau einer Schiene an der Grenze. Die Züge verkehrten zwischen Schönefeld (Krs. Teltow) und Mittenwalde (Mark) Ost. Die Betriebsleitung im amerikanischen Sektor unterhielt den Reiseverkehr von Neukölln Hermannstraße bis zur Rudower Chaussee weiter; heute werden von der Neukölln-Mittenwalder Eisenbahn nur noch Anschlußbahnen bedient. Die britische Militärregierung stellte die Osthavelländische Eisenbahn, soweit sich die Strecke im britischen Sektor befand, am 30. November 1948 gemäß Gesetz 52 unter ihre Kontrolle. Diese 4,498 km lange Bahn betreibt heute Anschlußbahnen von Spandau West bis Bürgerablage.

Bevollmächtigte der Niederbarnimer Eisenbahn A.-G. unterschrieben erst am 28. Juni 1950 einen Vertrag mit dem Generaldirektor der Deutschen Reichsbahn:

„§ 1 Die Bahnen der Niederbarnimer Eisenbahn
a) Industriebahn Tegel–Friedrichsfelde (1945 nicht mehr durchgehend befahren – die Autoren),
b) Berlin-Wilhelmsruh–Liebenwalde,
c) Basdorf–Groß Schönebeck
übernimmt die Generaldirektion Reichsbahn vom 1. Juli 1950 in Verwaltung und Nutznießung." [53]

Tags darauf wurde der Vertrag so ergänzt, daß die Generaldirektion mit Wirkung vom 15. Juli 1950 den Vororttarif bis Basdorf einführt. Die Aktiengesellschaft der Niederbarnimer Eisenbahn – Sitz in Westberlin – blieb bestehen.

1.45. Im amerikanischen Sektor von Berlin verbliebene Dampflokomotiven der Neukölln-Mittenwalder Eisenbahn, abgestellt im Bahnhof Teltow Kanal, dem Sitz der Betriebsverwaltung.
Sammlung Umlauft

Tabelle 1.1. Rechtsnormen für Schienenbahnen nach dem Kleinbahngesetz

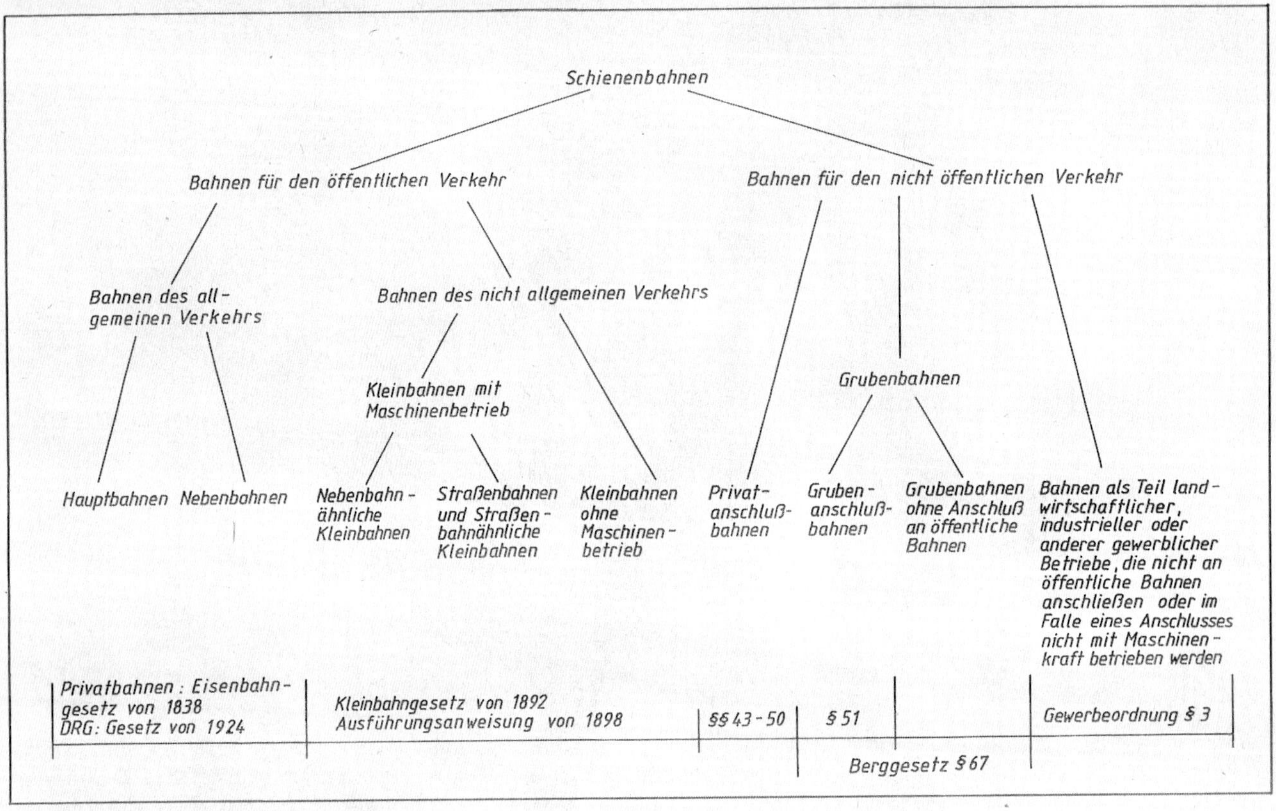

***Tabelle 1.2. Entwicklung der Privateisenbahnen und Kleinbahnen von 1913 zu 1936 in Kilometer Streckennetz** [24]*

	Privateisenbahnen		*Kleinbahnen*		*Zusammen*	
	1913	1936	1913	1936	1913	1936
Preußen – Provinzen						
Brandenburg						
und Berlin	609,4	635,7	1065,4	1108,6	1674,8	1744,3
Pommern	82,2	82,2	1659,6	1677,5	1741,8	1759,7
Sachsen (mit Anhalt)	253,1	266,8	843,7	1027,2	1096,8	1294,0
Deutsche Länder						
Preußen	2481,1	2591,0	10227,6	9020,4	12708,7	11611,4
Sachsen	10,5	10,9	12,8	2,6	23,3	13,1
Thüringen	215,3	194,1	0,2	26,7	215,5	220,8
Mecklenburg	130,4	140,4	171,9	112,3	302,3	252,7

Tabelle 1.3. Bilanz und Leistung der Eisenbahnen im Jahre 1936 in Prozent gegenüber Vorjahren

	Kleinbahnen gegenüber		*Privateisenbahnen gegenüber*		*DRG gegenüber*	
	1933	1935	1933	1935	1933	1935
Einnahmen	30,0	5,7	37,7	9,9	36,4	11,2
Ausgaben	25,0	8,0	33,6	6,5	14,7	2,3
beförderte Personen	24,7	7,4	32,0	7,2	30,0	8,3
beförderte Güter	49,3	9,0	47,7	9,7	47,0	10,9
Personen-km	–	–	37,4	7,9	44,6	10,0
tkm	58,0	9,3	54,7	11,2	48,0	11,4

***Tabelle 1.4. Verkehrsleistungen deutscher Privateisenbahnen 1935 und 1936** [25]*

Bahn	*Personenverkehr* 1000 Personen		*Einnahmen* 1000 RM		*Güterverkehr* 1000 t		*Einnahmen* 1000 RM	
	1935	1936	1935	1936	1935	1936	1935	1936
Braunschweigische Landes-Eisenbahn	634	618	291	285	1346	1339	1949	2083
Eutin-Lübecker Eisenbahn	1181	1318	818	859	369	366	461	481
Halberstadt-Blankenburger Eisenbahn	828	910	387	413	1243	1436	2534	2995
Hildesheim-Peiner Eisenbahn	159	149	57	55	89	87	189	193
Königsberg-Cranzer Eisenbahn	1067	1124	612	654	241	151	398	266
Liegnitz-Rawitscher Eisenbahn	177	174	119	113	339	316	506	553
Lübeck-Büchener Eisenbahn	5572	6230	4885	5295	2420	2842	5581	6541
Mecklenburgische								
Friedrich-Wilhelm-Eisenbahn	1069	1148	454	469	694	697	1579	1661
Niederlausitzer Eisenbahn	215	252	106	121	299	350	591	722
Nordhausen-Wernigeroder Eisenbahn	703	739	471	494	226	184	457	425
Prignitzer Eisenbahn	416	359	187	184	610	665	1142	1293
Rinteln-Stadthagener Eisenbahn	210	216	91	90	943	903	811	787
Zschipkau-Finsterwalder Eisenbahn	221	217	57	57	1373	1382	1270	1295

Tabelle 1.5. Privat- und Kleinbahnen auf dem heutigen Territorium der DDR, die Mitglieder des Vereins Mitteleuropäischer Eisenbahnverwaltungen waren (Stand 1936)

Verwaltung	*Sitz*	*Betriebslänge* km
Anhaltinische Landes-Eisenbahngemeinschaft, Direktion	Dessau	75,92
a) Dessau-Wörlitzer Eisenbahn		
b) Gernrode-Harzgeroder Eisenbahn		
Brandenburgische Städtebahn AG	LVA Brandenburg	125,58
Centralverwaltung für Secundairbahnen Herrmann Bachstein GmbH[1]	Berlin	252,91
a) Esperstedt-Oldislebener Eisenbahn		
b) Greußen-Ebeleben-Keulaer Eisenbahn		
c) Hohenebra-Ebelebener Eisenbahn		
d) Neubrandenburg-Friedländer Eisenbahn		
e) Neuhaldenslebener Eisenbahn		
f) Osterwieck-Wasserlebener Eisenbahn		
g) Ruhlaer Eisenbahn		
h) Südharz-Eisenbahn[2]		
i) Weimar-Berka-Blankenhainer Eisenbahn		
k) Weimar-Buttelstedt-Großrudestedter Eisenbahn		
l) Wenigentaft-Oechsener Eisenbahn		
Dahme-Uckroer Eisenbahn	LVA Brandenburg	12,53
Deutsche Eisenbahn-Gesellschaft AG	Frankfurt (M)	11,00
Eberswalde-Finowfurter Eisenbahn		
Gera-Meuselwitz-Wuitzer Eisenbahn-Aktiengesellschaft, Direktion	Gera	33,25
Greifswald-Grimmener Eisenbahn-Gesellschaft	Lenz & Co. Berlin	50,54
Halberstadt-Blankenburger Eisenbahn-Gesellschaft, Direktion[3]	Blankenburg (Harz)	80,01
Lausitzer Eisenbahn AG, Direktion	Sommerfeld (NL)[5]	73,97
a) Hansdorf–Priebus[4]		
b) Muskau–Teuplitz–Sommerfeld[5]		
c) Rauscha–Freiwaldau[4]		
Mecklenburgische Friedrich-Wilhelm Eisenbahn-Gesellschaft, Direktion	Neustrelitz	112,14
Mühlhausen-Ebelebener Eisenbahn-Gesellschaft	Lenz & Co. Berlin	25,33
Nauendorf-Gerlebogker Eisenbahn-Gesellschaft	Lenz & Co. Berlin	15,15
Niederbarnimer Eisenbahn-AG Direktion	Berlin	62,02
Niederlausitzer Eisenbahn-Gesellschaft	ADEG Berlin	113,30
Nordhausen-Wernigeroder Eisenbahn-Gesellschaft, Direktion	Wernigerode (Harz)	81,39
Oschersleben-Schöninger Eisenbahn-Gesellschaft (z. T. BRD)	ADEG	27,63
Prignitzer Eisenbahn AG, Direktion	Perleberg	73,83
a) Prignitzer Eisenbahn		
b) Wittenberge-Perleberger Eisenbahn		
Ruppiner Eisenbahn-Aktien-Gesellschaft, Direktion	Neuruppin	213,62
Stendal-Tangermünder Eisenbahn-Gesellschaft, Direktion	Tangermünde	13,38
Stralsund-Tribseer Eisenbahn-Gesellschaft	Lenz & Co. Berlin	36,22
Süddeutsche Eisenbahn-Gesellschaft, Direktion	Darmstadt	193,44[2]
c) Thüringische Strecken: Arnstadt–Ichtershausen Ilmenau–Großbreitenbach		
Zschipkau-Finsterwalder Eisenbahn-Gesellschaft, Direktion	Finsterwalde (NL)	33,02

[1] Mitglied im Güterverkehrsausschuß
[2] zum Teil in der BRD gelegen
[3] Mitglied im Personenverkehrsausschuß
[4] heute in der VR Polen gelegen
[5] zum Großteil heute in der VR Polen gelegen

Tabelle 1.6 Verzeichnis der nicht reichsbahneigenen Eisenbahnen des öffentlichen Verkehrs, die nach der Verfügung vom 1. April 1949 (Verordnungsblatt Nr. 23/1949) von der DR übernommen wurden.
Vorgesehene Zuordnung der Klein- und Privatbahnen nach den Vorstellungen von 1947/48
A – Bahnen, die nach dem Stand vom 1. Januar 1948 für die DR von besonderem Interesse waren
B – Bahnen, die nach dem Stand vom 1. Januar 1948 bei den Ländern verbleiben sollten.

Name der Bahn	Eigentümer	Stand 1. 1. 1948
Land Brandenburg		
Brandenburgische Städtebahn	volkseigen	A
Ruppiner Eisenbahn	volkseigen	A
Altlandsberger Kleinbahn	volkseigen	B
Buckower Kleinbahn	volkseigen	B
Königs Wusterhausen-Mittenwalde-Töpchiner Eisenbahn	volkseigen	B
Lehniner Kleinbahn	volkseigen	B
Neukölln-Mittenwalder Eisenbahn	volkseigen	
Oderbruchbahn	volkseigen	
Osthavelländische Eisenbahn (soweit außerhalb des Stadtgebietes Berlin gelegen)	volkseigen	A
Strausberg-Herzfelder Kleinbahn	volkseigen	B
Teltower Eisenbahn	volkseigen	B
Niederlausitzer Eisenbahn	volkseigen	A
Spreewaldbahn	volkseigen	B
Eberswalde-Finowfurther Eisenbahn	volkseigen	B
Kleinbahn Freienwalde–Zehden	volkseigen	B
Kleinbahn Brandenburg–Röthehof	Kreis Westhavelland	A
Kleinbahn Beeskow–Fürstenwalde (Scharmützelseebahn)	Kreis Beeskow-Storkow	B
Industrie- und Hafenbahn Frankfurt (Oder)	Stadt Frankfurt (Oder)	B
Kreiskleinbahn Rathenow–Senske–Nauen	Kreis Osthavelland Nauen	B
Kleinbahn Luckenwalde–Jüterbog	volkseigen	B
Dahme-Uckroer Eisenbahn	Land Brandenburg	B
Spremberger Stadtbahn	Stadt Spremberg	B
Prenzlauer Kreisbahn	volkseigen	B
Kleinbahn Klockow–Pasewalk	volkseigen	B
Prignitzer Kreiskleinbahn	volkseigen	B
Havelberger Eisenbahn Havelberg–Glöwen	Kreis Westprignitz	
Schönermark-Dammer Eisenbahn	Kreis Angermünde und Prenzlau	
Kleinbahn Gransee-Neuglobsow	volkseigen	

Name der Bahn	Eigentümer	Stand 1. 1. 1948
Land Mecklenburg		
Neubrandenburg-Friedländer Eisenbahn	volkseigen	B
Greifswalder Bahnen	volkseigen	
Mecklenburg-Pommersche Schmalspurbahn	volkseigen	B
Mecklenburgische Bäderbahn	volkseigen	
Boizenburger Stadt- und Hafenbahn	Stadt Boizenburg	B
Franzburger Bahnen	volkseigen	B
Demminer Bahnen	volkseigen	B
Rügensche Kleinbahnen	volkseigen	B
Kleinbahn Neuhaus-Brahlstorf	volkseigen	B
Kleinbahn Anklam-Lassan	volkseigen	B
Greifswald-Grimmener Eisenbahn		B
Stralsund-Tribseer Eisenbahn	volkseigen	
Kleinbahn Casekow–Penkun (O)–Landesgrenze	Land Mecklenburg	
Schweriner Hafenbahn	Stadt Schwerin	
Land Sachsen		
Privatbahn Mittweida–Dreiwerden–Ringethal	Hauptverwaltung volkseigener Betriebe Sachsens	
Kleinbahn Horka–Rothenburg–Priebus	Kleinbahn Horka–Rothenburg–Priebus AG., Rothenburg (Lausitz)	
Land Sachsen-Anhalt		
Dessau-Wörlitzer Eisenbahn	volkseigen	B
Halberstadt-Blankenburger Eisenbahn	volkseigen	B
Nauendorf-Gerlebogker Eisenbahn	volkseigen	B
Haldenslebener Eisenbahn	volkseigen	A
Bebitz-Alslebener Eisenbahn	volkseigen	B
Eisenbahn Bergwitz–Kemberg	volkseigen	B
Gardelegen-Haldensleben-Weferlinger Eisenbahn	volkseigen	A
Eisenbahn Heudeber–Mattierzoll	volkseigen	B

Name der Bahn	Eigentümer	Stand 1.1.1948
Könnern-Rothenburger Eisenbahn	volkseigen	B
Eisenbahn Osterburg–Pretzier	volkseigen	A
Eisenbahn Schildau–Mockrehna	volkseigen	B
Wallwitz-Wettiner Eisenbahn	volkseigen	B
Eisenbahn Wolmirstedt–Colbitz	volkseigen	B
Kyffhäuser Kleinbahn	volkseigen	B
Prettin–Annaburger Eisenbahn	volkseigen	B
Salzwedeler Eisenbahn	volkseigen	A
Stendaler Eisenbahn	volkseigen	A
Kleinbahnen des Kreises Jerichow (Kreisbahn Burg b. Magdeburg)	volkseigen	B
Kleinbahn Wegenstedt–Calvörde	volkseigen	B
Zschornewitzer Kleinbahn	volkseigen	
Dessau-Radegast-Köthener Kleinbahn	volkseigen	
Marienborn-Beendorfer Kleinbahn	Marienborn-Beendorfer Kleinbahn AG, Beendorf	
Oschersleben-Schöninger Eisenbahn	volkseigen	B
Osterwieck-Wasserlebener Eisenbahn	volkseigen	B
Stendal-Tangermünder Eisenbahn	volkseigen	B
Gernrode-Harzgeroder Eisenbahn	volkseigen	B
Nordhausen-Wernigeroder Eisenbahn	volkseigen	B
Altmärkische Eisenbahn	volkseigen	A
Aschersleben-Schneidlingen-Nienhagener Eisenbahn	volkseigen	B
Delitzscher Eisenbahn	volkseigen	B
Eisenbahn Neuburxdorf–Mühlberg	volkseigen	B
Genthiner Eisenbahn	volkseigen	A
Goldbeck-Werbener Eisenbahn	volkseigen	B
Halle-Hettstedter Eisenbahn	volkseigen	A
Ausbesserungswerk Stendal	volkseigen	
Ausbesserungswerk Blankenburg	als Ausbesserungswerk der Landesbahnen Sachsen-Anhalt	
Land Thüringen		
Esperstedt-Oldislebener Eisenbahn	volkseigen	B
Greußen-Ebeleben-Keulaer Eisenbahn	volkseigen	A
Weimar-Berka-Blankenhainer Eisenbahn	volkseigen	B
Kleinbahn Erfurt–Nottleben	volkseigen	B
Eisenbahn Hohenebra–Ebeleben	volkseigen	A
Obereichsfelder Eisenbahn	volkseigen	
Gera-Meuselwitz-Wuitzer Eisenbahn	volkseigen	
Eisenbahn Mühlhausen–Ebeleben	volkseigen	A
Wutha-Ruhlaer Eisenbahn	volkseigen	B
Weimar-Gr. Rudestedter Eisenbahn	volkseigen	B
Kleinbahn Pappenheim–Brotterode	Kreis Schmalkalden	B
Schleizer Kleinbahn	Schleizer Kleinbahn	B
Eisenbahn Arnstadt–Ichtershausen	volkseigen	
Eisenbahn Ilmenau–Großbreitenbach	volkseigen	
Thüringer Waldbahn	Thüringer ELG	

Zu den 1948 unberücksichtigten Bahnen waren in den Akten keine Aussagen vorhanden.
Die Bezeichnungen in dieser Tabelle sind von der Verfügung 23/1949 übernommen und entsprechen nicht in jedem Fall der amtlichen Bahnbezeichnung.

Finanzierung und Organisationsformen 2.

2.1. Allgemeine Finanzierungsfragen

Kaum jemand hatte nach den Verstaatlichungen der großen Privatbahnen in den siebziger und achtziger Jahren, also zu einem Zeitpunkt, als der Ausbau des Eisenbahnnetzes mit gewinnbringenden Bahnen im großen und ganzen abgeschlossen war, den Drang, Eisenbahnbauten durch Privatkapital zu finanzieren. An den Bahnen III. Ordnung bestand bei den Privatunternehmern ebenfalls wenig Interesse, da es sich gezeigt hatte, daß die nach dem Gesetz vom 12. Juni 1878 (die Eisenbahnen untergeordneter Bedeutung betreffend) errichteten Linien wegen der viel zu kostenaufwendigen Hauptbahnnormen nicht rentabel arbeiten konnten. Außerdem waren die Bahnen in ihrer Verwaltung für die bevorstehenden bescheidenen Aufgaben zu schwerfällig. Trotzdem kam es in den kleineren deutschen Ländern zum Bau von Privatbahnen, so z. B. in thüringischen und mecklenburgischen Staaten, vereinzelt auch in Preußen. Eine andere Möglichkeit, regionale Verkehrsverbindungen zu errichten, war mit der Reichsgewerbeordnung vom 21. Juni 1869 gegeben. Allerdings hatten die nach diesem Gesetz erbauten Bahnen keinen Anspruch, als Eisenbahnen anerkannt zu werden. Sie unterstanden lediglich der Aufsicht der Ortspolizei und wurden von der Staatseisenbahn nicht anerkannt.

Mit dem Inkrafttreten des Kleinbahngesetzes war für den Bau von Eisenbahnen untergeordneter Bedeutung in Preußen jedoch eine neue Rechtsgrundlage geschaffen, die auch die Finanzierungsfrage für den Bau von nebenbahnähnlichen Kleinbahnen und von Straßenbahnen neu belebte. Das preußische Ministerium der öffentlichen Arbeiten (MdöA) hoffte bei dem Ausbau des unbedingt erforderlichen Nahverkehrsnetzes auf die Bildung von Kapitalgemeinschaften, bestehend aus Zunächstbeteiligten, privaten Kapitalgebern und Kommunalverbänden. Die in den ersten Jahren gebauten Kleinbahnstrecken konnten von vornherein als rentabel eingeschätzt werden, so daß teilweise die geplante Rechnung aufging. Bei den Straßenbahnen war eine positive Verzinsung des Anlagekapitals und somit eine Gewinnausschüttung abzusehen, da sie einen bereits vorhandenen Verkehr durch verbesserte Beförderungsmöglichkeiten an sich zogen und durch die zeitliche Verkürzung der Entfernungen eine weitere Ausdehnung des Stadtgebietes ermöglichten. Dadurch war ein Verkehrszuwachs zu erwarten.

Es ist also verständlich, daß sich für diese Form der Kleinbahnen genügend finanzkräftige Geldgeber fanden. Die nebenbahnähnlichen Kleinbahnen dagegen bauten ihren Verkehr nicht auf bereits vorhandenen Strukturen auf, sondern sollten in erster Linie fördernd auf die landwirtschaftliche und gewerbliche Produktion einwirken und im Ergebnis dieser Veränderung ihren Verkehr steigern. Die Amortisationszeit dieser Kleinbahnen war über einen längeren Zeitraum anzusetzen. Die Unternehmungen benötigten deshalb in den meisten Fällen langfristige, aus den wachsenden Betriebsüberschüssen rückzahlbare Kredite oder Darlehen. Für diese Kreditformen fanden sich nur schwer private Kapitalgeber. Mit dem Eisenbahnpfandgesetz vom 19. August 1895 wurde die privatrechtliche Stellung der Kleinbahnen fixiert. Danach war die Möglichkeit geschaffen, eine Kleinbahn als eine Gesamtheit auf gesetzlicher Grundlage zu verpfänden. Die von den Banken zur Verfügung gestellten Mittel waren nicht auf längere Zeit festgelegt, sondern flossen dem das Darlehen leihenden Institut wieder zu, indem diese dem Publikum in Höhe der Obligationen gewährten Darlehen zum Kauf anbot. Die Preußische Pfandbriefbank nahm auf diese Art und Weise die Finanzierung von Kleinbahnen in ihr Geschäftsprogramm auf. Bis zum Jahr 1900 hatte die Bank bei einer Ge-

2.1. Eröffnungszug der Weimar-Rastenberger Eisenbahn im Bahnhof Rastenberg, 1887. Sammlung Rammelt

samtaufwendung von 5,6 Millionen Mark unter anderen folgende Kleinbahnen beliehen:

– Provinz Brandenburg
  Rixdorf–Mittenwalde
  mit
  830 000 Mark
– Provinz Sachsen
  Aschersleben-Schneidlingen-Nienhagener Kleinbahn
  mit
  175 000 Mark
  Clötze–Wernstädt
  mit
  480 000 Mark
  Salzwedel–Dülseberg
  mit 190 000 Mark.

Die Preußische Pfandbriefbank unterschied drei Arten zur Gewährung von Kleinbahndarlehen:

1. Ohne Verpfändung der Bahn in Höhe des Kapitals, für das durch eine Körperschaft des öffentlichen Rechts die volle Gewährleistung übernommen wurde.
2. Gegen Verpfändung der Bahn bis zur Hälfte der Herstellungskosten, die in Gegenden mit regelmäßig steigender Bevölkerungszahl und mit entwickelten Wirtschaftsverhältnissen bis zu drei Fünftel der Herstellungskosten betrug.
3. Gegen Verpfändung der Bahn bei hinzutretender Gewährleistung seitens einer deutschen Körperschaft des öffentlichen Rechts bis zur Hälfte der Herstellungskosten zuzüglich desjenigen Teilbetrages, für den die Gewährleistung durch eine solche Körperschaft übernommen wurde.

Die Kleinbahnen mußten die in dieser Form gewährten Darlehen mit Beginn einer vorher festgesetzten Amortisationszeit jährlich mit einem bestimmten Betrag zurückzahlen. Der Beginn der Amortisationszahlungen konnte sich je nach Vereinbarung bis zu 10 Jahren hinauszögern. Die Amortisation betrug 0,5 Prozent der Darlehenssumme. Natürlich hatte sich die Bank verschiedene Rechte eingeräumt, die ihr eine nach dreimonatiger Frist angekündigte Rückzahlung zusicherte. Gründe für ein derartiges Verhalten sah die Bank z. B. in einem über 3 Jahre anhaltenden Verlustgeschäft einer Kleinbahn oder im nicht eingehaltenen Baubeginn oder in der nicht ver-

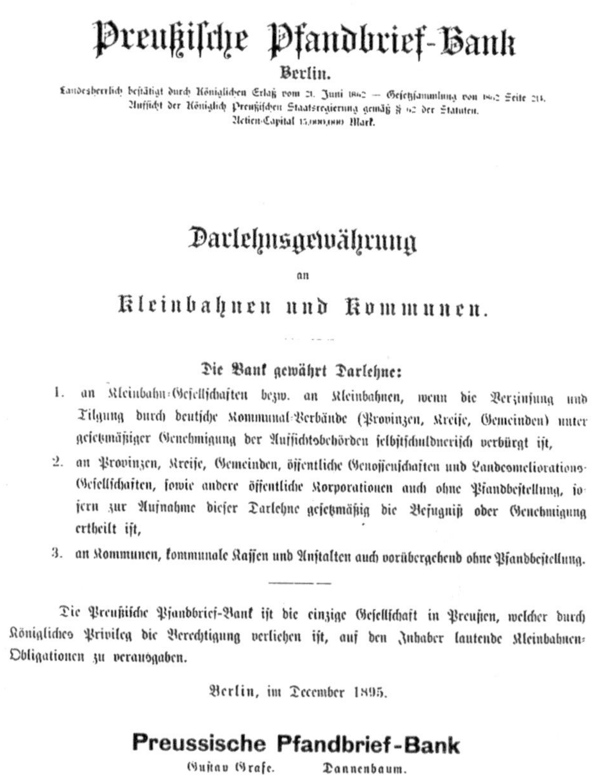

Preußische Pfandbrief-Bank

Berlin.

Landesherrlich bestätigt durch Königlichen Erlaß vom 21. Juni 1862 — Gesetzsammlung von 1862 Seite 213.
Aufsicht der Königlich Preußischen Staatsregierung gemäß § 62 der Statuten.
Actien-Capital 15,000,000 Mark.

Darlehnsgewährung

an

Kleinbahnen und Kommunen.

Die Bank gewährt Darlehne:

1. an Kleinbahn-Gesellschaften bezw. an Kleinbahnen, wenn die Verzinsung und Tilgung durch deutsche Kommunal-Verbände (Provinzen, Kreise, Gemeinden) unter gesetzmäßiger Genehmigung der Aufsichtsbehörden selbstschuldnerisch verbürgt ist,
2. an Provinzen, Kreise, Gemeinden, öffentliche Genossenschaften und Landesmeliorations-Gesellschaften, sowie andere öffentliche Korporationen auch ohne Pfandbestellung, sofern zur Aufnahme dieser Darlehne gesetzmäßig die Befugniß oder Genehmigung ertheilt ist,
3. an Kommunen, kommunale Kassen und Anstalten auch vorübergehend ohne Pfandbestellung.

Die Preußische Pfandbrief-Bank ist die einzige Gesellschaft in Preußen, welcher durch Königliches Privileg die Berechtigung verliehen ist, auf den Inhaber lautende Kleinbahnen-Obligationen zu verausgaben.

Berlin, im December 1895.

Preussische Pfandbrief-Bank

Gustav Grafe. Dannenbaum.

2.2. Stamm-Aktie der Görlitzer Kreisbahn über 1000 Mark, laut Beschluß der Generalversammlung vom 4. Dezember 1924 auf 700 Goldmark umgestellt.
Sammlung Rammelt

2.3. Anzeige der Preußischen Pfandbriefbank.
Staatsarchiv Weimar, Außenstelle Gotha

einbarten Bauausführung. Eine sofortige Rückzahlung war bei Ablauf der Genehmigung zum Betrieb einer Bahn bzw. dem Konkursgang des Schuldners fällig. Auch bei Zwangsversteigerung oder Zwangsverwaltung der Bahn zog die Bank ihr Restkapital aus dem Unternehmen zurück.

Neben der Preußischen Pfandbriefbank haben auch Gemeinden und Kreise von dem Gesetz über das Pfandrecht an Privateisenbahnen und Kleinbahnen Gebrauch gemacht. Die Provinz Hannover hatte z. B. der Kleinbahn Voldagsen–Duingen ein Darlehen in Höhe von 800 000 Mark gegen die Garantie des Kreises Hameln gewährt. [54] Bereits nach der Vorlage des ersten Entwurfes des Gesetzes wurde durch den Minister der öffentlichen Arbeiten von Thielen und den Justizminister Schönstedt eine Erweiterung dahingehend eingebracht, daß schon bei dem Bau einer Kleinbahn, also nach Anlage eines Grundbuchblattes, eine Hypothek gewährt werden konnte. Damit wurden finanzielle Schwierigkeiten in der Bauphase überwunden. [55]

Die Abgeordneten entsprachen diesen Wünschen und begrüßten die Aufbringung der erforderlichen Gelder in Form von Hypotheken für solche Bahnen. Das Gesetz wurde am 19. August 1895 von den beiden Häusern des Landtags verabschiedet und trat am 1. Oktober 1895 in Kraft.

In der Folgezeit unterschied die Kleinbahnstatistik bei der Finanzierung einer Bahn nach folgenden Gruppen: Staat, Provinz, Kreis, Zunächstbeteiligte und in sonstiger Weise. Im unterschiedlichen Zusammenwirken dieser Gruppen bildeten sich Kapitalgemeinschaften in Form von Aktiengesellschaften (A.-G.), Gesellschaften mit beschränkter Haftung (GmbH) oder, bei reinen Gemeindeunternehmungen, Kreisbahnen.

Die ersten drei Gruppen waren für den nicht eingeweihten Betrachter durchschaubar. Unklarheiten traten bei den Gruppen „Zunächstbeteiligte“ und „in sonstiger Weise“ auf. Bei den „Zunächstbeteiligten“ waren neben dem privaten Kapital der anliegenden, vom Bahnbau unmittelbar profitierenden Grundbesitzer und Industriellen auch gesellschaftliche Einlagen der Städte und Gemeinden sowie staatliche Gelder aus dem Forst- und Domänenfiskus enthalten. Diese Kapitalien konnten als Aktien-

2.4. Das Kapital der Kleinbahn des Kreises Jerichow I setzte sich 1920 wie folgt zusammen: Staat 629 000 Mark und 178 739 Mark verlorene Zuschüsse; Provinz 683 666 Mark; Kreis 1 180 966 Mark; in sonstiger Weise 2 559 Mark. Lokomotiven Nr. 16 und Nr. 14 der Kleinbahn Jerichow I im Bahnhof Burg in den dreißiger Jahren. Sammlung E. Preuß

beteiligung, aber auch als zeitlich befristete Darlehen oder Anleihen enthalten sein.

Betrachtet man die Kapitalbeteiligungen dieser Rubrik bis etwa 1920, so schwankten sie zwischen 10 und 15 Prozent vom Gesamtkapital.

In der zweiten, nicht klar definierten Gruppe „in sonstiger Weise" waren die Aufwendungen der nicht unmittelbar interessierten Kapitalgeber enthalten. Dazu zählten neben den Einlagen der Bau- und Betriebsunternehmer, die bei Privatleuten aufgenommenen Darlehen bzw. Anleihen oder deren Aktienbeteiligung. Darlehen und Anleihen konnten allerdings auch von der öffentlichen Hand kommen. Außerdem waren in dieser Gruppe die aufgewendeten Erwerbskapitalien von Privatunternehmungen aufgeführt.

Zu einer reinen Privatunternehmung ist die im Regierungsbezirk Potsdam gelegene Industriebahn des Rittergutes Rödersdorf zu rechnen. Für diese 12,5 km lange, 1872 eröffnete Bahn wurden die gesamten Ausführungskosten in Höhe von 360 000 Mark vom dortigen Gutsbesitzer aufgebracht. Diese Zusammenstellung der Finanzierungen gibt kein klares Bild, da nicht in jedem Fall ersichtlich ist, ob unter den Gruppen „Zunächstbeteiligte" und „in sonstiger Weise" privates oder öffentliches Kapital enthalten war. Nach der Kleinbahnstatistik für die Jahre 1920/21 ergaben sich aus den aufgeführten sieben Gruppen folgende Kombinationen für die Finanzierung von 81 Prozent der Kleinbahnen [56]:

1. Staat, Provinz, Kreis, Zunächstbeteiligte, in sonstiger Weise
   67 Bahnen = 21,6 Prozent

2. Staat, Provinz, Kreis, Zunächstbeteiligte
   48 Bahnen = 15,5 Prozent

3. in sonstiger Weise
   40 Bahnen = 13 Prozent

4. Staat, Provinz, Kreis
   28 Bahnen = 9 Prozent

5. Staat, Provinz, Kreis, in sonstiger Weise
   26 Bahnen = 8,4 Prozent

6. Zunächstbeteiligte
   22 Bahnen = 7,1 Prozent

7. Zunächstbeteiligte, in sonstiger Weise
   20 Bahnen = 6,45 Prozent.

Eine weitere Unterscheidung fanden die Kleinbahnen im Zusammenwirken von privatem und öffentlichem Kapital. Danach konnte man drei Formen finden:
- Finanzierung mit nur privatem Kapital als privatwirtschaftliche Form
- Finanzierung mit privatem und öffentlichem Kapital als gemischtwirtschaftliche Form
- Finanzierung mit rein öffentlichem Kapital als gemeinwirtschaftliche Form.

Als Beispiel für eine gemeinwirtschaftliche Form sei die Jüterbog-Luckenwalder Kreisbahn angeführt. Die Ausführungskosten in Höhe von 2681258 Mark teilten sich mit je 622297 Mark der preußische Staat und die Provinz Brandenburg sowie mit 1436664 Mark die Kreise. [57]

Neben Vorzugs- und Stammaktien gaben die großen Gesellschaften je nach Lage der Verhältnisse Schuldverschreibungen aus, teilweise wurden Obligationen, Darlehen und Hypotheken aufgenommen. Die Aktien der kleineren privaten Nebenbahnen und später auch der Kleinbahnen wurden bis auf wenige Ausnahmen nicht an der Börse gehandelt, da sie keinen Gewinn versprachen. Ausnahmen bildeten die Halberstadt-Blankenburger und die Halle-Hettstedter Eisenbahn. Abhilfe schafften einige privatwirtschaftliche Gesellschaften, indem sie sich unter Dachgesellschaften zusammenschlossen. Diese Gesellschaften, zu denen unter anderem die Aktiengesellschaft Verkehrswesen (AGV) als größtes Unternehmen dieser Art gehörte, verfügten über ein beachtliches Aktienkapital, das an der Börse Interesse fand. Bei den Eisenbahnunternehmungen hatte sich die Form der Aktiengesellschaft besonders bewährt, in der man durch Übernahme eines Kapitalanteils Mitglied wurde. Die Aktionäre beteiligten sich nur mit ihren Einlagen, waren also darüber hinaus persönlich nicht haftbar.

2.2. Staatliche Unterstützung

Über die Frage, ob Kleinbahnen vom Staat unterstützt werden sollten, entbrannten bereits in den Debatten zur Verabschiedung des Kleinbahngesetzes im Haus der Abgeordneten und im Herrenhaus heftige Diskussionen. Die verstärkte Kommission für Eisenbahnangelegenheiten hatte im Herrenhaus die einmalige Dotation von 12 Millionen Mark als Starthilfe für die Kleinbahnen beantragt. Diese Mittel sollten unter Beachtung der flächenmäßigen Ausdehnung und der Bevölkerungszahlen der Provinzen als Unterstützung und zur Förderung der Kleinbahnen verwendet werden. Schon 1892 hatte der damalige Finanzminister Miguel im Abgeordnetenhaus erklärt, daß der Kleinbahnbau von lokalen Interessengemeinschaften auszuführen sei. Aus finanziellen Gründen scheiterte der Antrag; damit war eine durch Gesetzeskraft festgelegte staatliche Unterstützung vorerst abgelehnt. Die weiteren Anträge im Abgeordnetenhaus, die die Entscheidungen über staatliche Zuwendungen in die Hände der Provinzen legen wollten, lehnte die Regierung ab.

Die Gemeinden und ortsansässigen Unternehmer waren dann in der Tat in den meisten Fällen die Initiatoren zum Bau von Kleinbahnen. Nach Gründung von Gesellschaften wandten sich diese zur Klärung der technischen Einzelfragen und zur Mitfinanzierung an gewerbsmäßige Eisenbahnbau- und Betriebsunternehmen. Der Einfluß der Provinzialbehörden wurde dabei geschwächt, da sich die Baugesellschaften durch Aktienbeteiligung ein Mitspracherecht im Aufsichtsrat sicherten.

2.5. Die Franzburger Kreisbahn wurde auf Initiative des Kreises Franzburg gegründet. Die Bauausführung und die Betriebsführung übernahm die Eisenbahnbau- und Betriebsgesellschaft Lenz & Co., Stettin.
Lokomotive Nr. 3 der Lenz-Gattung; im Bahnhof Barth.
Sammlung Verkehrsmuseum Dresden
2.6. Drucksache 207. Zusammenfassung aller 1895/96 für Kleinbahnen verwendeten Mittel.
Zentrales Staatsarchiv Merseburg

Da der staatliche Einfluß jedoch gesichert bleiben sollte, wenn auch nur über den Umweg über die Provinz, kam es nach einer nochmaligen Diskussion im Abgeordnetenhaus zur Annahme des Kommissionsantrages aus der 2. Beratung des Kleinbahngesetzes vom 14. Juni 1892. Dieser Antrag wurde als § 41 in das Kleinbahngesetz eingefügt. Darin wurden die Provinzen zu einer Unterstützung durch Umschreibung der Mittel aus dem Fonds für die Wegeunterhaltung sowie durch Bereitstellung von Baugrund angehalten. Diese Hilfe reichte allerdings nicht aus, da die Mittel der Provinzen insgesamt zu gering waren. [58]

Der gewünschte Aufschwung, den sich die preußische Regierung mit der Verabschiedung des Kleinbahngesetzes erhofft hatte, trat in den ersten Jahren nicht ein, so daß sie sich nun doch veranlaßt sah, mit finanziellem Aufwand die weitere Entwicklung in die beabsichtigte Richtung zu lenken. Minister von Thielen hatte zu diesem Zeitpunkt noch grundsätzliche Bedenken, da seiner Auffassung nach durch die Aussicht auf direkte Staatsbeihilfen der Wille zur Eigenleistung gelähmt und dem Staat eine zu große Last auferlegt werde. Trotzdem wurden dem Minister der öffentlichen Arbeiten zur Förderung des Kleinbahnwesens Mittel zur Verfügung gestellt. Danach konnten die Kleinbahngesellschaften über die Provinzen einen Antrag auf Unterstützung an das Ministerium stellen.

Die Kleinbahnunterstützungskommission, die aus Vertretern des Ministeriums der öffentlichen Arbeiten, des Finanzministeriums, des Ministeriums für Landwirtschaft, Domänen und Forsten und später auf Antrag des Abgeordnetenhauses auch des Ministeriums des Innern bestand, entschied über die Gewährung der Staatsbeihilfen.

Der erstmals in dem „Gesetz, be-

№ 207.

Haus der Abgeordneten.
18. Legislaturperiode.
IV. Session 1896/97.

Berlin, den 23. April 1897.

Eurer Excellenz beehre ich mich gemäß den Bestimmungen des Gesetzes vom 8. April 1895, betreffend die Erweiterung und Vervollständigung des Staatseisenbahnnetzes und die Betheiligung des Staates an dem Bau von Kleinbahnen, (Gesetzsamml. S. 91) und des Gesetzes vom 3. Juni 1896, betreffend die Erweiterung des Staatseisenbahnnetzes und die Betheiligung des Staates an dem Bau von Privateisenbahnen und von Kleinbahnen sowie an der Errichtung von landwirthschaftlichen Getreidelagerhäusern, (Gesetzsamml. S. 100)

1. **eine Nachweisung der Staatsbeihilfen, welche aus dem durch § 1 Ziffer III des ersteren Gesetzes bereitgestellten Fonds von 5 000 000 Mark zur Förderung des Baues von Kleinbahnen im Etatsjahre 1896/97 bewilligt sind,**
2. **eine Nachweisung der Staatsbeihilfen, welche aus dem nämlichen Fonds sowie aus dem durch § 1 Ziffer III des Gesetzes vom 3. Juni 1896 bereitgestellten gleichartigen Fonds von 8 000 000 Mark bis zum Schlusse des Etatsjahres 1896/97 in Aussicht gestellt sind,**

mit dem ergebensten Ersuchen zu übersenden, diese Nachweisungen geneigtest zur Kenntniß der Herren Mitglieder des Abgeordnetenhauses bringen zu wollen.

Nach der Zusammenstellung am Schlusse der Nachweisung zu 1 belaufen sich die bis zum Schlusse des Etatsjahres 1896/97 bewilligten Staatsbeihilfen für Kleinbahnen zusammen auf .... 3 050 563 ℳ,
die bis dahin nur in Aussicht gestellten Staatsbeihilfen nach der Nachweisung zu 2 zusammen auf .... 5 563 750 „
in 12 Fällen liegen noch Anträge auf Gewährung von Staatsbeihilfen in zahlenmäßig bestimmter Höhe, nämlich im Gesammtbetrage von .... 5 562 000 „
vor, so daß sich die bewilligten, in Aussicht gestellten und in zahlenmäßig bestimmter Höhe beantragten Staatsbeihilfen zusammen auf .... 14 176 313 ℳ
belaufen. Da der Fonds zur Förderung des Baues von Kleinbahnen aber nur (5 000 000 + 8 000 000) .... 13 000 000 „
beträgt, so würde, falls die Bewilligung der in Aussicht gestellten sowie der in zahlenmäßig bestimmter Höhe beantragten Staatsbeihilfen demnächst ebenfalls für angezeigt erachtet werden sollte, sich ein Fehlbetrag von .... 1 176 313 ℳ
ergeben. Durch die bereits erfolgte Bewilligung von Staatsbeihilfen ist das Zustandekommen von 476 km Kleinbahnen gesichert worden, mithin entfallen auf je ein Kilometer im Durchschnitt 6 400 Mark Staatsbeihilfe.

Außer den erwähnten Anträgen liegen Anträge auf Staatsbeihilfen vor oder stehen noch zu erwarten in nicht

1

2

weniger als 26 Fällen; letztere sind aber noch nicht soweit vorbereitet, daß die Höhe der etwa in Frage kommenden Staatsbeihilfen sich übersehen ließe.

Die nach dem Rechenschaftsbericht vom 22. April v. J. (Drucksache des Hauses der Abgeordneten, Session 1896 Nr. 163) dem Kreise Höxter ertheilte Zusage der Bewilligung einer Staatsbeihilfe von 425 000 Mark für den Bau einer Kleinbahn von Höxter nach Brakel und Steinheim ist zurückgezogen worden, da das Unternehmen nicht zur Ausführung kommt.

Abgelehnt sind folgende Anträge auf Gewährung von Staatsbeihilfen:

1. Der Antrag des Kreises Regenwalde, Provinz Pommern, auf Gewährung einer Beihilfe behufs Entlastung in seinen Aufwendungen für den Bau der Kleinbahn von Labes bis zur Grenze der Kreise Regenwalde und Naugard bei Meesow mit Abzweigung nach Sallmow, da für Bahnen, welche wie diese sich bereits im Betriebe befinden, die nachträgliche Gewährung von Staatsbeihilfen grundsätzlich und zur Vermeidung andernfalls schwer abzuweisender Berufungen abgelehnt werden muß.
2. Der Antrag des Kreises Dramburg auf Gewährung einer Beihilfe behufs Entlastung in seinen Aufwendungen für den Bau der Kleinbahnstrecke Zamzow—Janikow (Unternehmer: Aktiengesellschaft Saatziger Kleinbahnen) mit Rücksicht auf die Geringfähigkeit seiner Leistung für das Gesammtunternehmen dieser Gesellschaft, zumal der Leistung des Kreises, soweit sie nicht in freier Hergabe des erforderlichen Grund und Bodens, d. i. nur in der Uebernahme von Stammaktien besteht, noch die von einem Dritten eingegangene Bürgschaft für Verzinsung des Betrages der übernommenen Stammaktien zu 2½ Prozent gegenübersteht.
3. Der Antrag der Plettenberger Straßenbahngesellschaft zu Plettenberg, Provinz Westfalen, auf Gewährung einer Beihilfe für den Bau der Straßenbahn von der Stadt nach dem Bahnhofe Plettenberg wegen mangelnden Bedürfnisses.

An Einnahmen auf Staatsbeihilfen für Kleinbahnen sind bis zum Schlusse des Etatsjahres 1896/97 nur 650,22 Mark und zwar Zinsen der vom Staate übernommenen Aktien der Löwenberg—Lindower Kleinbahn-Aktiengesellschaft (Anlage des Rechenschaftsberichts vom 22. April v. J.) für die Zeit von der Volleinzahlung der Aktien bis zum Ablaufe des Monats, in welchem der Betrieb auf der ganzen Bahn eröffnet ist, eingegangen, ihre Verrechnung erfolgt unter dem neu zu bildenden Tit. 8a des Kap. 24 des Hauptetats der General-Staatskasse. Künftig werden Einnahmen dieser Art unter dem im Entwurfe des Staatshaushaltsetats für 1897/98 vorgesehenen neuen Tit. 8a des Kap. 24 (Allgemeine Finanzverwaltung): „Rückzahlungen und Zinsen 2c. auf Ausgaben, welche auf Grund von Anleihegesetzen zur Förderung des Baues von Kleinbahnen geleistet sind“ zur Verrechnung gelangen.

Der Minister der öffentlichen Arbeiten.

Thielen.

An
den Präsidenten des Hauses der Abgeordneten,
Wirklichen Geheimen Rath
Herrn v. Köller
Excellenz.

III. 5022.
IV. A. 2728.

2.7. Bau der Schmalkaldener Kleinbahn; erste Gleise von Kleinschmalkalden nach Brotterode, 1898.
Foto Liebaug †
2.8. Haltepunkt Phillipshagen der Rügenschen Kleinbahn mit einer Lokomotive der Lenz-Gattung nn.
Sammlung Rammelt

treffend die Erweiterung, Vervollständigung und bessere Ausrüstung des Staatsbahnnetzes und die Beteiligung des Staates am Bau von Kleinbahnen" vom 8. April 1895 mit fünf Millionen Mark dotierte Kleinbahnunterstützungsfonds, der in den darauffolgenden Jahren immer wieder neu festgelegt wurde, war für den Ausbau des Kleinbahnnetzes sehr hilfreich. Die Regierung maß den Stellungnahmen der Provinzialregierungen zu den Unterstützungsanträgen größte Bedeutung bei. Grundlage der Vorprüfungen waren die unterschiedlichsten Gesichtspunkte.

So mußte die Bahn nach § 1 des Kleinbahngesetzes als solche anerkannt und genehmigt sein. Beachtet wurde die Bedeutung für das öffentliche Verkehrsinteresse und der wirtschaftliche Nutzen, der nach ersten Schwierigkeiten zu erwarten war. Bei der Beteiligung von gewerbsmäßigen Unternehmern wurden die Vorteile mit den Aufwendungen gegenüber den ihnen unterstehenden Bahnen verglichen.

Diese Art der Untersuchung wurde ebenso gegenüber den Bahnen angewandt, die den Provinzen und Kreisen unterstanden. Nur wenn sich in allen Punkten eine Leistungsfähigkeit der beteiligten Institutionen nachweisen ließ, wurde die staatliche Unterstützung gewährt. Der Erlaß regelte von vornherein eine Ablehnung für Bahnen, die lediglich dem Personenverkehr der Großstädte und ihrer Vororte oder einzelnen Verkehrsinteressen dienten. [59]

2.9. Der Betriebspark der Delitzscher Kleinbahn; Lok 4 wurde unter der Deutschen Reichsbahn die 89 6167.
Sammlung G. Meyer

Die Höhe der Staatsbeihilfen richtete sich nach der Unterstützungswürdigkeit und Bedürftigkeit des jeweiligen Unternehmens, wobei die Leistungen der Kommunalverbände die Grundlage bildeten. Die Mittel aus dem Kleinbahnunterstützungsfonds legte der Staat in den meisten Fällen in Form von Aktien an. Der Bewilligung von Darlehen sollte ebenso wie der Gewährung von verlorenen, nicht rückzuzahlenden Zuschüssen (a fonds perdu) nur in Ausnahmefällen stattgegeben werden.

Mit diesen Unterstützungen war der Staat darauf bedacht, gegenüber den genannten Gruppen nicht schlechter gestellt zu sein und sich gleichzeitig ein Mitspracherecht in Form eines Sitzes im Aufsichtsrat zu sichern. Trotz der schwierigen Bedingungen und diversen Prüfungsverfahren wurden in den folgenden Jahren vom Staat beträchtliche Mittel für die Kleinbahnen gewährt. Nachdem mit Gesetz vom 3. Juni 1896 für das Rechnungsjahr 1896/97 weitere 8 Millionen Mark zur Verfügung gestellt waren, legte der Minister der öffentlichen Arbeiten mit der Drucksache 207 dem Landtag eine Zusammenfassung aller verwendeten Mittel aus den Gesetzen von 1895 und 1896 vor.

Von 1895 bis 1919 wandte der preußische Staat 160 Millionen Mark zur Förderung der Kleinbahnen auf (Tabellen 2.1. und 2.2.).

1921 wurde das Gesetz vom 8. April 1895 zur Erweiterung und Vervollständigung der Staatsbahnen und zur Beteiligung des Staates an den Kleinbahnen durch das „Anleihegesetz zur Bereitstellung von Mitteln für Kleinbahnen" abgelöst. Dieses eigene Kleinbahn-Unterstützungsgesetz war notwendig geworden, da durch die Gründung der Deutschen Reichsbahn die Mittel für die Staatsbahn nunmehr vom Reichsverkehrsministerium geplant wurden.

Dieses neue Gesetz vom 14. Januar 1921 gewährte erstmals neben dem Fonds zur Förderung von Kleinbahnen Darlehen an notleidende Kleinbahnen. Die allgemein schlechte wirtschaftliche Lage in der Nachkriegszeit, die sich abzeichnende Inflation und der damit verbundene Verkehrsrückgang wirkten sich auf alle Verkehrsunternehmen aus. Diese Entwicklung hatte vor allem für die Kleinbahnen, die schon vor dem Kriege meist nur bescheidene Gewinne abwarfen, verheerende Folgen. Die Defizite waren

2.10. Nicht nur preußisches Kapital war Bestandteil der Brandenburgischen Städtebahn, sondern auch preußische Lokomotiven der Gattung T 13 (links). Sie waren im Vergleich zu den früher beschafften D-Kupplern (rechts) ein Rückschritt zum Naßdampf.
Sammlung Schulze

	Preußische Staatsbeteiligung Reichsmark	*Anteil am Gesamtkapital* Prozent
Prignitzer Eisenbahngesellschaft	473 000	12,8
Stralsund-Tribseer Eisenbahngesellschaft	268 000	15,3
Brandenburgische Städtebahn A.-G.	3 540 000	30,4

nicht allein durch Tariferhöhungen auszugleichen, da die Bahnen durch ihren verhältnismäßig kleinen Einflußbereich sehr schnell mit der Abwanderung ihrer Benutzer rechnen mußten. Die kurzen Entfernungen konnten mit dem Rad oder sogar zu Fuß zurückgelegt werden. Andererseits war mit einer Verlagerung des Güterverkehrs von der Bahn auf die Straße zu rechnen, sobald die Benutzung der Kleinbahn für die Verfrachter unwirtschaftlich wurde.

Einer Stillegung von Kleinbahnen mußte staatlicherseits möglichst kurzfristig entgegengewirkt werden, da ansonsten mit einer wirtschaftlichen Verschlechterung großer Gebiete sowie mit einer Zunahme der Arbeitslosigkeit gerechnet werden konnte. Die preußische Regierung war erst nach langen Verhandlungen mit den Provinzen und dem Deutschen Reich zu einer Unterstützung bereit. Man schätzte den dafür erforderlichen Betrag auf 80 Millionen bis 100 Millionen Mark. Ein Fünftel sollten durch das Reich, zwei Fünftel durch die Provinzen und zwei Fünftel durch die preußische Regierung aufgebracht werden.

Als Voraussetzung für die Unterstützung galten verschiedene Vorbedingungen, die der Kleinbahndarlehensausschuß prüfte. Danach mußte eine Bahn nicht mehr in der Lage sein, ihren Betrieb selbst aufrechtzuerhalten, aber unter Bereitstellung staatlicher Mittel in absehbarer Zeit über diese Notlage hinwegkommen können. Die staatliche Unterstützung wurde nur dann gewährt, wenn sich die Provinzen und das Reich zu den vereinbarten Hilfsleistungen bereiterklärten. Darlehen dieser Art durften allerdings nicht zur Erhöhung des Anlagewertes verwendet werden. Alle Anträge wurden vom Kleinbahndarlehensausschuß, der sich aus Kommunalvertretern unter Beteiligung der betreffenden Bahn zusammensetzte, vorgeprüft und dem Kleinbahndarlehen - Hauptausschuß vorgelegt.

Er setzte sich aus je einem Vertreter des preußischen Finanzministers, des Reichsverkehrsministers, des Reichsministers für Finanzen sowie zwei durch den Landesdirektor der Provinz Brandenburg bestellte Vertreter dieser Verbände zusammen.

Die Landesdirektion der Provinz Brandenburg fungierte als Geschäftsstelle der vereinigten Provinzialverbände. Als Beispiel für die Gewährung eines derartigen Darlehens sei die Crostizer Kleinbahn A.-G. angeführt. Am 26. April 1922 erhielt sie 270 000 Mark unter Beteiligung des preußischen Staates, des Reiches und der Provinz Sachsen für folgende Zwecke [64]:

Auffüllung des Erneuerungsfonds	27 000 Mark
Erneuerung von Schwellen	103 000 Mark
Instandsetzung einer Lokomotive	90 000 Mark
Elektrisierung der Übernahmegleise	80 000 Mark
	300 000 Mark.

Die restlichen 30 000 Mark mußte die Bahn selbst aufbringen.

Während die staatlicherseits den Kleinbahnunternehmungen zum Bau von Kleinbahnen gewährten Darlehen nach Abwertung durch die Goldmarkeröffnungsbilanz 1924 und nach dem Aufwertungsgesetz vom 1. Juli 1925 um 25 Prozent aufzuwerten waren, betraf diese Regelung, abgestimmt mit dem preußischen Finanzminister und dem Minister für Handel und Gewerbe, nicht die Darlehen an die notleidenden Kleinbahnen. Die Kleinbahndarlehensausschüsse und der Kleinbahndarlehen-Hauptausschuß waren nach der Umstellung auf Reichsmark (RM) aufgelöst worden.

Nach dem Übergang der Preußisch-Hessischen Staatseisenbahnen auf das Reich wurden die Eisenbahndirektionen 1920 beauftragt, die mit der Genehmigung und Beaufsichtigung der Klein-, Privat- und Privatanschlußbahnen verbundenen Aufgaben auf Rechnung Preußens weiterhin wahrzunehmen. Das für die Eisenbahnen zuständige Ministerium der öffentlichen Arbeiten wurde bis Ende September 1921 aufgelöst und die verbliebenen Amtsgeschäfte der Klein- und Privatbahnen dem Ministerium für Handel und Gewerbe unterstellt.

Der preußische Staat, der nun über keine eigene Staatseisenbahnen verfügte, stellte weiterhin den Kleinbahnen Mittel zur Verfügung. Dem letzten Gesetz (vgl. Übersicht vom 17. Juli 1930) folgte am 26. April 1933 [65] das Gesetz über die Anleiheermächtigung, nachdem nur die bereits in Anspruch genommenen Beträge frei verfügbar blieben. Für das Gesetz aus dem Jahre 1930 wurden danach nur die bewilligten 682 888,95 Reichsmark zugelassen und die restlichen Mittel gestrichen. Das Land Preußen blieb mit seinen Aktien Teilhaber bei den Kleinbahnen.

Bei einer Betrachtung über das Anlagekapital von 293 Kleinbahnen, die im Archiv für Eisenbahnwesen über das Jahr 1933 veröffentlicht wurde, betrug der Staatsanteil unter Aufwendung von 75,15 Millionen Reichsmark 13,8 Prozent gegenüber 12,2 Prozent, die durch die Provinzen, 1,2 Prozent, die durch das Reich, 33,6 Prozent, die durch die Kreise, 15,4 Prozent, die durch Zunächstbeteiligte und 23,8 Prozent, die in sonstiger Weise aufgebracht worden waren.

Neben der Finanzierung der Kleinbahnen nahm der preußische Staat durch Aktienbeteiligung oder durch Staatsanleihen Einfluß auf die Entwicklung der Bahnen des allgemeinen Verkehrs. Dieser Einfluß konnte allerdings nicht nur in Preußen, sondern ebenso in anderen deutschen Ländern beobachtet werden. Innerhalb des Deutschen Reiches wurden bis 1890 insgesamt rund 8,5 Milliarden Mark für den Bau von Eisenbahnen oder den Ankauf von Privatbahnen aufgebracht. Im einzelnen entfielen dabei auf Preußen sechs Milliarden, Bayern 959,1 Millionen, Sachsen 621,7 Millionen, Württemberg 463,4 Millionen und Baden 420,5 Millionen Mark. Auch bei den privaten Nebenbahnen wurde nicht das gesamte Kapital durch die Ausgabe von Aktien aufgebracht, sondern ein anderer, nicht unbedeutender Teil, durch Aufnahme von Staats-Eisenbahnanleihen oder durch Anleihen von Eisenbahn-Gesellschaften bereitgestellt.

Der Zinssatz der Staatsanleihen lag niedrig, und die Rückzahlung war nach dem Gesetz über die Tilgung der Eisenbahnschulden vom 27. März 1882 festgesetzt, wobei die Ertragsüberschüsse nicht zur Abzahlung der Schuld verwendet werden mußten. Vielmehr konnten mit diesen Geldern auch neue Anlagen errichtet oder übernommen werden. Dabei blieb die Höhe der Schuld bestehen, aber das zur Deckung vorhandene Wertobjekt war durch die Erweiterung größer geworden. Die Anleihen übernahm im Auftrag der Staatsregierung eine Bank oder ein Konsortium, wofür der Staat an diese Institution im Gegenwert Obligationen ausgab, die dann an das Publikum abgesetzt werden konnten. Diese Obligationen konnten durch Makler oder Agenten an der Börse zum laufenden Kurs verkauft werden. Die Teilschuldverschreibungen für Eisenbahnanleihen bezeichnete man als Prioritätsobligationen, die gegenüber den Aktien vorrangig behandelt wurden. Das heißt, sie erhielten vor den Aktien ihre Zinsen und Tilgungssätze. Erst wenn diese Zahlungen erledigt waren, wurden mit den restlichen Finanzmitteln die Dividenden an die Aktionäre verteilt. Bei den Privatbahnen war die Aktienbeteiligung des Staates ebenso verbreitet.

Diese Beträge wurden in den Gesetzen betreffend die Erweiterung und Vervollständigung sowie bessere Ausrüstung des Staatseisenbahnnetzes und die Beteiligung des Staates am Bau von Kleinbahnen eingegliedert. Das wird am Gesetz vom 25. Mai 1900 und der Bereitstellung von 4 Millionen Mark für die Brandenburgische Städtebahn zum Bau einer Eisenbahn von Treuenbrietzen nach Neustadt (Dosse) ersichtlich. Einen Teil dieser Beteiligung bot das Land Preußen im Jahre 1929 an. Der vom Finanzminister im preußischen Landtag eingebrachte Antrag berief sich auf den Übergang der Staatseisenbahn an das Reich und dem damit verbundenen Wegfall der Voraussetzungen, unter denen der Staat sich früher beteiligt hatte.

Ein gleichartiger Versuch war bereits zu Beginn der zwanziger Jahre daran gescheitert, weil sich das Reich nur zur Übernahme der Aktien eines einzelnen Unternehmens bereitfand, während Preußen sämtliche Beteiligungen abstoßen wollte. In den folgenden Jahren ruhte die Angelegenheit, und Ende der zwanziger Jahre sollten die Anteile von den öffentlichen Verbänden übernommen werden, die ohnehin über den Großteil der Anteile verfügten. Die Vorverhandlungen verliefen erfolgversprechend, so daß es nur von der Entscheidung des Landtags abhing, wann die Anteile zu annehmbaren Preisen abgegeben werden konnten. Im einzelnen handelte es sich um folgende Beteiligungen (nur für das heutige Gebiet der DDR in Frage kommende Bahnen) – Vgl. Übersicht neben Abb. 2.10.!

2.3. Der Staat als Zunächstbeteiligter

Wie bereits festgestellt, waren in der Gruppe der Zunächstbeteiligten unmittelbare Interessenten, also die Anlieger der Kleinbahn mit ihren Kapitalzuschüssen und Aufwendungen für den Grunderwerb enthalten.

In einigen Fällen trat auch der Staat als wirtschaftlicher Interessent, und nicht wie bei der sonstigen Staatsunterstützung als wahrendes Organ der Gesamtinteressen auf. Zu den staatlichen Zunächstbeteiligungen kam es, wenn auf den fiskalischen Grundbesitzen, also den staatlichen Domänen und Waldgebieten, die Kleinbahn vorteilhafte Abfuhrbedingungen versprach. Wie jeder andere Anlieger konnte der Fiskus über seine finanzielle Beteiligung am Kapital der Kleinbahn Einfluß auf die Lage der Halte- und Ladestellen nehmen.

Die Interessenwahrung für den fiskalischen Domänen- und Forstbesitz ging auf einen Erlaß des Landwirtschaftsministers vom 4. Mai 1893 zurück, in dem alle Regierungen angewiesen wurden, die Bedeutung der Kleinbahn sowohl in Richtung wie in der Lage der Halte- und Ladestellen entsprechend den staatlichen Bedürfnissen zu berücksichtigen. Nach Beratungen im Abgeordnetenhaus 1893 wurden in den Etat der Forstverwaltung für das Rechnungsjahr 1894/95 erstmalig 200 000 Mark und für den gleichen Zeitraum in den der Domänenverwaltung 50 000 Mark eingeordnet. Weitere Zuwendungen in den nächsten Jahren brachten bis 1913 einen Anstieg der Gesamtzuschüsse auf zwei Millionen Mark für den Forstfiskus. Die Domänenverwaltung kam bis 1901 auf insgesamt 400 000 Mark.

Daneben wurden die zum Bahnbau erforderlichen domänen- und forstfiskalischen Grundstücke unentgeltlich für den Bahnbau zur Verfügung gestellt. Eine entsprechende Ermächtigung wurde dem Landwirtschaftsministerium bereits mit der königlichen Verordnung vom 12. Oktober 1881 zuteil, indem er für den Bau von nichtfiskalischen Eisenbahnen, Chausseen, Kanälen usw. domänen- und forstfiskalische Grundstücke im Wert bis zu 10 000 Mark selbständig und unentgeltlich bereitstellen konnte. Der dem Domänen- und Forstfiskus daraus erwachsende Vorteil mußte nach Einschätzung der staatlichen Vertreter den eigentlichen Grundstückswert übersteigen. Die bereitliegenden Mittel waren bescheiden, so daß weder der Domänen- noch der Forstfiskus eine Kleinbahn auf eigene Rechnung erbaute, obwohl diese Möglichkeit in den Grundsätzen für die Verwendung der Mittel mit dem Finanzminister am 9. Juni 1893 vereinbart war. Als Beispiele dafür, wie sich der Fiskus beteiligte, werden in Tabelle 2.2. Kleinbahnen im Regierungsbezirk Magdeburg aufgeführt. [66] Alle Beteiligungen des Forst- und Domänenfiskus waren bis zur Enteignung in den Jahren 1945/46 feste Bestandteile des Aktienkapitals der Gesellschaften.

2.4. Die Stellung des Deutschen Reiches zu den Kleinbahnen

Mit dem Übergang der Staatseisenbahnen auf das Reich hatte das Reich nach § 20 des Reichsgesetzes vom 30. April 1920 die Verpflichtung übernommen, den Bau von Kleinbahnen und Bahnen, die den Kleinbahnen gleichzusetzen sind, in dem Umfang zu unterstützen, wie das bis zu diesem Zeitpunkt mit diesen Verkehrsunternehmen durch staatliche Unterstützung, vornehmlich in Preußen, geschah. Ausgenommen waren Straßenbahnen. Diese Unterstützung hing von der Bereitschaft der anderen Beteiligten, in erster Linie der Länder und Provinzen ab. [67] Hierfür galten die zwischen dem Deutschen Reich und dem Land Preußen abgeschlossenen Richtlinien, die wiederum auf dem preußischen Erlaß vom 25. April 1895 basierten. [68]

Der Haushalt des Reichsverkehrsministeriums stellte deshalb für das Geschäftsjahr 1920/21 5 Millionen Mark für den Bau und je 20 Millionen Mark für Darlehen zur Verfügung. Diese Entwicklung vollzog sich auch in den Folgejahren. So wurden 1922 erstmals 10 Millionen Mark für die Unterstützung des Bauwesens und abermals 20 Millionen Mark für Darlehen zur Verfügung gestellt. Die Bereitschaft, notleidende Kleinbahnen zu unterstützen, ist erklärlich. Schließlich benötigten die Reichseisenbahnen die Kleinbahnen als Zubringer, um Einnahmeausfälle und Erweiterungsbauten zu vermeiden. Die Höhe des Reichsdarlehens sollte nicht über 25 Prozent der Summen liegen, die gemeinsam von der Landesregierung und den Provinzen für die Unternehmen aufgewandt wurden. In jedem Fall ist nachgeprüft worden, ob das Interesse des Deutschen Reiches eine Beteiligung für Darlehensgewährung rechtfertigte.

Die Nachkriegszeit, stark beeinflußt von der inflationären Geldentwertung und den Reparationsleistungen, hemmte den weiteren Ausbau der Kleinbahnen. Viele Bahnen mußten nach einem 30- bis 40jährigen Bestehen an eine Erneuerung ihrer Betriebsmittel und Anlagen denken. Für diesen Zweck hatten die Gesellschaften auf Grund der gesetzlichen Vorschriften jährlich Rücklagen in ihren Erneuerungsfonds gezahlt. Diese Spareinlagen waren durch die Inflation vernichtet. In der Zwischenzeit verbuchten die Bahnen durch den wachsenden Konkurrenzkampf des motorisierten Straßenverkehrs kaum noch Gewinne.

Neben dem preußischen Staat, den Provinzen, Kreisen und Gemeinden stellte nun auch das Deutsche Reich Mittel für die Unterstützung der notleidenden Kleinbahnen zur Verfügung. Doch diese reichten insgesamt nicht aus, um den dringendsten Bedarf zu decken. Beispielsweise wurden im Geschäftsjahr 1925/1926 mehr als 10 Millionen Reichsmark für die Förderung des Kleinbahnwesens zur Verfügung gestellt. [69]

Aus diesen Mitteln unterstützte man in den darauffolgenden Jahren die Erweiterung der Crostitzer Kleinbahn bis Delitzsch. Die Baukosten waren auf 2 250 000 Reichsmark veranschlagt, von denen die Provinz Sachsen 500 000 Reichsmark nur unter der Bedingung übernehmen wollte, wenn sich das Deutsche Reich und das Land Preußen in gleicher Höhe beteiligten. Die Finanzierung dieser Kleinbahn entwickelte sich zu einem komplizierten Vorgang, auf den bei der Streckenbeschreibung näher eingegangen wird.

Neben der Delitzscher Kleinbahn, die aus der Crostitzer Kleinbahn hervorgegangen war, unterstützte das Deutsche Reich auch den Neubau der Kleinbahn Erfurt–Nottleben in der Provinz Sachsen. 1943 sollten diese Staatsbeteiligungen gegen preußische Aktien getauscht werden. Das Land Preußen hatte an den Aktien der Kleinbahn A.-G. Marienwerder sowie der Westpreußischen Kleinbahn A.-G. kein unmittelbares Interesse mehr; sie lagen außerhalb des Einflußbereiches preußischer Verwaltungen, und zwar im neugeschaffenen „Reichsgau Danzig-Westpreußen".

Das preußische Kapital betrug bei der Marienwerder Bahn 372 000 Reichsmark und bei der Westpreußischen Kleinbahn 2 927 000 Reichsmark. In den preußischen Provinzen standen dagegen folgende staatliche Beteiligungen zu Gebot [70]:

Neumarkter Kleinbahn AG	180 000 Reichsmark
Eisenbahn AG Erfurt–Nottleben	366 000 Reichsmark
Kleinbahn AG Schönberg–Nikolausdorf	220 000 Reichsmark
Salzwedeler Eisenbahn AG	406 000 Reichsmark
Delitzscher Eisenbahn AG	444 000 Reichsmark
Tecklenburger Nordbahn AG	535 000 Reichsmark
Rosenberger Kleinbahn AG	528 000 Reichsmark
Kleinbahn GmbH Buxtehude–Harsefelde	365 000 Reichsmark
Kleinbahn AG Gransee–Neuglobsow	600 000 Reichsmark

2.11. Die Deutsche Reichsbahn rüstete Anfang der sechziger Jahre einige Maschinen der ehemaligen Oderbruchbahn mit dreiachsigen Tendern aus. Im Oktober 1963 kommt die umgerüstete 89 6223 mit einem G-Zug bei Wriezen angedampft.
Foto Kieper

Mit der Gründung der Reichseisenbahnen am 1. April 1920 waren in allen deutschen Ländern 4673 km Privateisenbahn und 9705 km nebenbahnähnliche Kleinbahnen, also 14 378 km, die zwar dem öffentlichen Interesse dienten, aber nicht zu den Reichseisenbahnen gerechnet werden konnten, vorhanden. Um diese Eisenbahnen unter der Gesetzgebung des Deutschen Reiches zusammenfassen zu können, brachte Mitte der zwanziger Jahre der Regierungsbaumeister Baschwitz einen Vorschlag zur Änderung des Kleinbahngesetzes ein. Er wollte die Einzelgesetzgebungen der Länder durch ein Reichs-Kleinbahngesetz ablösen: Danach sollten Kleinbahnen alle Eisenbahnen des öffentlichen Verkehrs umfassen, auf deren Bau und Betrieb das Reich nach Artikel 89 der Verfassung keinen Anspruch erhob. Innerhalb zusammenhängender Wirtschaftsgebiete sollten Kleinbahn-Körperschaften entstehen, die zugleich Träger der Genehmigungen und Geldgeber sein sollten. Der Staat aber sollte sich nur noch mit einer Zinsgarantie beteiligen.

Die Vorstellungen von Baschwitz beruhten auf der in Belgien praktizierten Kleinbahn-Gesetzgebung und setzten sich über die in Preußen geschichtlich begründete Trennung von Klein- und Privatbahnen hinweg. Von der preußischen Kleinbahnaufsicht äußerte sich Oberregierungsrat Dr. Hein auf der Tagung des Vereins Deutscher Straßenbahnen, Kleinbahnen und Privatbahnen am 30. September 1925 dahingehend, daß ein derartiges Gesetz nach der Reichsverfassung nicht zulässig wäre, da der Staat nur gegenüber den Bahnen des allgemeinen Verkehrs eine gesetzgeberische Handhabe hätte. Weiterhin stellte Dr. Hein noch einmal die Verschiedenartigkeit der Rechtsverhältnisse bei den Bahnen des allgemeinen Verkehrs, an die höhere Anforderungen gestellt wurden, gegenüber denen der Kleinbahnen heraus. Auf der gleichen Tagung äußerte sich als Vertreter der bayerischen Kleinbahnaufsichtsbehörde, der Reichsbahndirektionspräsident Münchens, Geheimrat Ritter von Völcker. Er verwies wie Dr. Hein auf die verfassungsrechtlichen Gründe. Außerdem ging er auf die Struktur des Kleinbahnwesens ein und brachte zum Ausdruck, daß sich die Kleinbahnen eng an die wirtschafts- und verwaltungspolitischen

Formen sowie die technisch-organisatorischen Verhältnisse der Länder anpassen müßten. [71]

In der Zeit der Kriegsvorbereitungen auf den zweiten Weltkrieg versuchte das Deutsche Reich erneut, die Klein- und Privatbahnen unter seine Kontrolle zu bringen. Aus diesem Grund mußten die Reichsbahndirektionen nach einer Verfügung vom 10. Februar 1937 dem Reichsverkehrsministerium das Ergebnis einer geheimen Überprüfung der Bahnen des allgemeinen Verkehrs und der nebenbahnähnlichen Kleinbahnen vorlegen (Tabelle 2.3.).

Die Betriebsleiter lehnten allerdings eine Übernahme ihrer Bahnen durch das Reich strikt ab. Die enormen finanziellen Belastungen für das Reich bei einer Übernahme aller Bahnen führten schließlich zum Scheitern des Planes.

Das Kleinbahngesetz offenbarte während der sich verschlechternden Wirtschaftslage seine Nachteile. So durften Kleinbahnen keinen Durchgangsverkehr haben, selbst wenn es technisch möglich gewesen wäre. Als im zweiten Weltkrieg Fliegerangriffe wichtige Eisenbahnknoten zerstörten, boten sich die Kleinbahnen für einen Umleitungsverkehr geradezu an. Seltsamerweise reagierte man im Reichsverkehrsministerium schwerfällig, wohl nur eigene Interessen bedenkend.

Die Reichsverkehrsgruppe Schienenbahnen hatte bereits am 22. April 1942 eine Aufstellung der Bahnen, bei denen ein Wegfall der Verkehrsbeschränkung für die Reichsbahn vorteilhaft sein könnte, an den Reichsverkehrsminister gesandt. Am 20. Februar 1943 wurde gemahnt und nachdrücklich eine Entscheidung für die Oderbruchbahn A.-G. gefordert. Gerade bei dieser Bahn war durch den Zusammenschluß der Müncheberger Kleinbahn mit der Oderbruchbahn A.-G. und den Anschluß der Oderbruchbahn an fünf Reichsbahnstationen (Fürstenwalde/Spree, Dolgelin, Golzow, Wriezen und Dahmsdorf-Müncheberg) eine Verkürzung der Gesamtentfernungen und demzufolge eine Frachtverbilligung und Laufzeitverkürzung der Wagenladungen möglich. [73]

Das Reichsverkehrsministerium kam jedoch zum Ergebnis, daß unter den Bedingungen des Krieges an einen Wegfall der Beschränkungen nicht gedacht werden könnte, da die geänderten Tarife unter Beachtung der Entfernungsveränderung neu aufgeteilt werden müßten. Erst gegen Kriegsende entfielen bei vielen Kleinbahnen die Beschränkungen.

2.5. Förderung durch die Provinzen

Nach der Schlußakte des Wiener Kongresses vom 9. Juni 1815 erhielt Preußen als Entschädigung für verlorengegangene Landesteile folgende Gebiete neu hinzu: Danzig (heute Gdańsk) mit Westpreußen, Posen (heute Poznań) und einen Teil des Königreiches Sachsen sowie des Rheinlandes. Durch den Gebietszuwachs wurde eine Verwaltungsreform erforderlich. Preußen teilte sein Gebiet in die Provinzen Ostpreußen, Westpreußen, Posen, Pommern, Brandenburg, Schlesien, Sachsen, Westfalen, Niederrhein und Jülich-Kleve-Berg ein. Später ging aus dem Zusammenschluß der Provinzen Niederrhein und Jülich-Kleve-Berg die Rheinprovinz hervor, außerdem kamen die Provinzen Hannover, Hessen-Nassau und Schleswig-Holstein hinzu. Weitere Veränderungen ergaben sich mit Inkrafttreten des Versailler Vertrages von 1919 und den damit verbundenen Gebietsabtretungen. Es kam zum Zusammenschluß der verbliebenen Teile von Posen und Westpreußen zur Provinz Posen-Westpreußen.

Als Ergänzung zur Verwaltungsreform verfügte Friedrich Wilhelm III. mit Erlaß vom 5. Juni 1823, daß in jeder Provinz Landtage und sogenannte Provinziallandstände gebildet werden sollten. Die Provinzen wurden mit staatlichen Mitteln unterstützt, unter anderem mit dem Dotationsfonds für den Straßen- und Wegebau. [74] Bereits im Jahre 1877 legte der Staat den Provinzialverwaltungen einen Gesetzesentwurf über eine Erweiterung der Verwendungszwecke der den Provinzial- und Kommunalverbänden überwiesenen Dotationsfonds vor. Diese Mittel sollten zur Erweiterung und Förderung des Neubaues von Sekundär- und Pferdebahnen verwendet werden. In der Stellungnahme der Landtage erkannten diese zwar die Bedeutung der Förderung und Entwicklung derartiger Bahnen und die Zuständigkeit der Provinzialverbände an, sahen sich aber wegen der wirtschaftlichen Situation und der ihnen aus den Dotationsfonds zur Verfügung stehenden Mittel nicht in der Lage, diese Aufgabe zu übernehmen. So zeigten beispielsweise die Vertreter der Altmark bei den Landtagssitzungen in der Provinz Sachsen Bereitschaft zu einer Unterstützung, scheiterten aber an den zu geringen Mitteln. Als einzige Provinz stellte Brandenburg bereits im Jahre 1878 für den Bau einer Eisenbahn von Perleberg nach Wittenberge der Stadt Perleberg 45 000 Mark zur Verfügung. [75]

Das Gesetz vom 28. Juli 1892 sah die Unterstützung der Kleinbahnunternehmen durch die Provinzen in mehreren Paragraphen vor. Die Mitbenutzung öffentlicher Wege und die dafür erforderliche Zustimmung wurde nach §§ 6 und 7 dem Beschluß des Provinzialrates übertragen. Das traf aber nur zu, soweit die Provinz oder ein gleichstehender Kommunalverband beteiligt waren. Die Schwierigkeiten bei der Aufnahme des § 41 in das Kleinbahngesetz, der den Provinzialverbänden eine Förderung der Kleinbahnen durch die diesen zur Verfügung stehenden Kapitalien ermöglichte, wurden bereits bei der Beschreibung der staatlichen Unterstützung erwähnt. Der § 41 enthielt in der Endfassung lediglich, daß die Provinzial- und Kommunalverbände die ihnen vom preußischen Staat überwiesenen Kapitalien auch zur Förderung des Kleinbahnbaues verwenden konnten. Man kann aus heutiger Sicht dem § 41 nicht auf Anhieb entnehmen, wie gerade er zur Belebung der Kleinbahnen beigetragen hat. Nach Verabschiedung des Gesetzes haben sich die einzelnen Provinziallandtage eingehend mit der Kleinbahnfrage beschäftigt und sich ausnahmslos für eine nachdrückliche Förderung ausgesprochen. Die Unterstützung sollte nach folgenden Gesichtspunkten gewährt werden: [76]

1. Erlaubnis zur Benutzung der Provinzialwege und unentgeltliche Bereitstellung von provinzial- und kommunaleigenen Grundstükken.
2. Finanzielle Unterstützung in Gestalt von Darlehenshingabe zu außergewöhnlich billigem Zinsfuß oder gar ohne Rückerstattungspflicht oder in Beteiligung an dem Unternehmen durch Übernahme eines Teils der Anlagekosten in Form von Aktien usw.
3. Technische Hilfe durch Erarbeitung der Projekte durch die Provinz.

Diesem Entgegenkommen der Provinzen stand ein Anspruch auf die Anteile am Bau und an der Verwaltung sowie an der Festsetzung der Tarife und eine Beteiligung an den Gewinnen gegenüber.

In der weiteren Entwicklung haben die Provinziallandtage erhebliche Mittel für die Erschließung der vorwiegend ländlichen Gebiete mit Kleinbahnen bereitgestellt. Die Provinzialverwaltungen von Brandenburg, Pommern und Westfalen haben sich außerdem an der Förderung von Privateisenbahnen beteiligt. (Tabelle 2.4.)

Bis zum März 1921 hatten die Provinzen zur Unterstützung der Kleinbahnen 99 469 084 Mark bewilligt, wovon 72 001 551 Mark auf Beteiligungen, 27 250 533 Mark auf Darlehen an Gemeinden und Kreise und 217 000 Mark auf sonstige Zuschüsse entfielen. Die Beteiligung am Gesellschaftskapital, welches meist in Gemeinschaft mit dem preußischen Staat, den örtlichen kommunalen und privaten Beteiligten und den Provinzialverbänden erstellt wurde, geht aus Tabelle 2.5. hervor.

Neben den finanziellen Zuwendungen für die Kleinbahnen zentralisierten verschiedene Provinzen die Verwaltung der von ihnen unterstützten Bahnen durch eigene Kleinbahnabteilungen. Diese ermöglichten eine wirtschaftlichere Betriebsführung, da das Nebeneinander vieler kleiner Verwaltungen unnötige Kosten verursachte, die im Gegensatz zu der Sparsamkeit und der möglichst billigen Betriebsführung bei den Kleinbahnen standen. Zuerst wollte man den Kreisverwaltungen die Leitung der Kleinbahnunternehmen übertragen, fand von dieser Seite allerdings wenig Entgegenkommen, da sich diese Vertretungen überfordert fühlten. Nach und nach setzte sich bei den, die Kleinbahnunternehmen finanziell unterstützenden Provinzen die Erkenntnis durch, daß nur auf der Grundlage einer Gemeinschaftsarbeit unrentable Kleinbahnen gefördert werden könnten. Notwendig erschien vor allem, den Unternehmen die technische und administrative Erfahrung der Provinzialverwaltungen zur Verfügung zu stellen. Erfahrungen hatten gelehrt, daß der Neubau einer Bahn in eigener Regie, also ohne Zwischenschaltung eines Generalunternehmers, wesentlich billiger auszuführen sei. Die Aufgaben des Bau- und Betriebsunternehmers wurden von der Provinz übernommen, und diese erarbeitete das Projekt, leitete den Bau und unterstützte die Kleinbahnen in deren Verwaltungsarbeit und Betriebsführung. Erste Anregungen zur zentralen Leitung der mit öffentlichen Geldern geförderten Kleinbahnen er-

2.12. An der Kleinbahn Casekow–Penkun war die Provinz Pommern mit 341500 Mark (Stand 1920) beteiligt, das entsprach ungefähr einem Fünftel des Anlagekapitals. – Die Nr. 3° und 4° im Bahnhof Penkun.
Sammlung G. Meyer

2.13. Die Kleinbahn Greifswald–Wolgast und damit die abgebildete Lokomotive 11^{nn} gehörte mit zu der von der Provinz Pommern geleiteten Vereinigung vorpommerscher Kleinbahnen.
Sammlung Umlauft

hielten die Provinzen durch den Erlaß des Ministeriums der öffentlichen Arbeiten vom 31. Juli 1895.

Der Erlaß basierte auf logischen Überlegungen, war aber nicht ohne weiteres in die Tat umzusetzen. So wollten die Kreise, die in den meisten Fällen finanziell am stärksten bei den einzelnen Unternehmen beteiligt waren, zumindest nach außen ihre federführende Stellung beim Kleinbahnbau nicht aufgeben, obwohl sie Unterstützung bei privaten oder öffentlichen Bauunternehmen suchten. Auf Drängen des Staates, der in manchen Fällen sogar seine finanzielle Beteiligung von einer Provinzialleitung des Unternehmens abhängig machte, übernahmen die Provinzen nach und nach die Planung und Leitung des Kleinbahnbaues. Der Staat erkannte richtig, daß durch die Zusammenfassung der Betriebsführungen in einer zentralen Leitung, durch den gemeinschaftlichen Einkauf der Betriebsmittel und -materialien sowie durch die Bereitstellung von geschultem Personal für die Betriebsleitung erhebliche Vorteile erzielt werden könnten.

Die Provinz Sachsen, die lange auf einer von staatlichem Einfluß freien Entwicklung des Kleinbahnbaues beharrt hatte, wurde mit Erlaß vom 10. Oktober 1907 angewiesen, derartige Einrichtungen zu fördern. Auflagen und Eingriffe, die nicht durch kleinbahngesetzliche Vorgaben zur Wahrung staatlicher Interessen bei finanzieller Beteiligung des Staates gesichert waren, sollten gegenüber der von den Provinzen übernommenen Betriebsleitung vermieden werden. [78]

Die Provinz Hannover hatte bereits 1906 das Amt eines Landesbaurates für den Kleinbahnbau geschaffen. Daraus entstand dann später das Landeskleinbahnamt der Provinz Hannover. Neben dieser Einrichtung, die beispielgebend für die massiven staatlichen Forderungen gegenüber den anderen Provinzen war, entstanden bei den Provinzialverwaltungen von Brandenburg, Pommern, Sachsen, Ostpreußen und Westfalen Landeskleinbahnämter.

Für die in diesem Grundlagenband behandelten Kleinbahnen auf dem Gebiet der heutigen DDR kommen nur die ersten drei der aufgeführten Provinzen in Betracht, wobei von der Provinz Pommern nur die in Vorpommern gelegenen Bahnen berücksichtigt werden.

2.6. Private Eisenbahnbau- und Betriebsgesellschaften

Neben den öffentlich-rechtlichen Klein- und Privatbahneinrichtungen der Gemeinden, Kreise und Provinzen, zu denen auch die am 22. November 1920 gegründete Anhaltische Landes-Eisenbahngemeinschaft zu rechnen war, gestattete das Kleinbahngesetz privaten Bau- und Finanzierungsgesellschaften die Beteiligung an Kleinbahnen. Unabhängig vom preußischen Kleinbahngesetz hatte die Centralverwaltung für Sekundärbahnen Herrmann Bachstein vereinzelt in Preußen, vor allem aber in Thüringen, Hessen und Mecklenburg Nebenbahnen gebaut und betrieben. Auf diese 1879 gegründete Gesellschaft wird gemeinsam mit der auf Initiative von Herrmann Bachstein 1895 gegründeten Süddeutschen Eisenbahn Gesellschaft in einem späteren Band, in dem die ehemaligen Klein- und Privatbahnen in den heutigen Direktionsbezirken Erfurt, Dresden und Cottbus beschrieben werden, eingegangen. Das Kleinbahngesetz regte, wenn zuerst auch zurückhaltend, die Gründung neuer Gesellschaften an. Verschiedene kleinere Unternehmen konnten sich nur für kurze Zeit gegenüber der wachsenden Konkurrenz der sich nach Überwindung der ersten Schwierigkeiten schnell entwickelnden Kleinbahnkonzerne behaupten.

Zu den kleineren Gesellschaften zählten u. a. die halleschen Bauunternehmen Knoch & Kallmeyer und Emil Ferber. Die Firma Knoch & Kall-

2.14. Eine der größten Bachstein-Bahnen war die Weimar-Berka-Blankenhainer Eisenbahn. Im Weimar-Berkaer Bahnhof steht der 1935 gebaute T05 abfahrbereit.
Museum der Stadt Weimar

meyer hatte zuerst in Ostpreußen und später auch in der Provinz Sachsen Eisenbahnen gebaut, u. a. die Strecken Stendal–Arneburg, Giesenslage–Werben, Salzwedel–Diesdorf und Wegenstedt–Calvörde. Letztere lag zum Großteil im Herzogtum Braunschweig. [79] Nachdem Knoch & Kallmeyer die Hafenbahn Halle gebaut und die Entwürfe für die Halle-Hettstedter Eisenbahn erarbeitet hatte, gingen den Interessenten der Kleinbahnen die Bauarbeiten zu schleppend voran. Die Aktionäre der Halle-Hettstedter Eisenbahn wandten sich aus diesem Grund an die Eisenbahnbau- und Betriebsfirma Lenz & Co. G.m.b.H., die dann die Arbeiten vorantrieb und termingerecht beendete.

Emil Ferber hatte unter anderem die am 2. Mai 1902 eröffnete Kleinbahn Crensitz–Crostitz gebaut, bei der er zugleich die Betriebsführung übernahm. Mit dem wirtschaftlichen Niedergang der Firma gelangte die Kleinbahn in den finanziellen Ruin. Daraufhin kam es im März 1911 zur Einleitung der Zwangsversteigerung, welche nur durch die Unterstützung des preußischen Staates und der Provinz Sachsen abgewendet werden konnte.

Nach der Statistik aus dem Jahr 1928 waren außer der Aktien-Gesellschaft für Verkehrswesen folgende Bau- und Betriebsgesellschaften bei den deutschen Klein- und Privatbahnen beteiligt bzw. durch Betriebsführungsverträge gebunden [80]:

Eisenbahn-Gesellschaft Becker & Co. GmbH
Diese Gesellschaft führte 1928 den Betrieb folgender Bahnen:

	Betriebs-eröffnung	*Spurweite*	*Länge*
		mm	km
Isergebirgsbahn	31. 10. 1909	1435	10,8
Kleinbahn Bielstein–Waldbröl	16. 10. 1915	1435	18,3
Spreewaldbahn	20. 5. 1899	1000	85,5
Kleinbahn Kreuz–Schloppe–Deutsch Krone	12. 12. 1899	1435	60,2
Beuthener Straßenbahn (von der Stadt Beuthen gepachtet)	20. 11. 1913	1435	17,7

2.15. Die Anhaltische Landes-Eisenbahngemeinschaft führte den Betrieb auf der Dessau-Wörlitzer Eisenbahn, der Gernrode-Harzgeroder Eisenbahn, der Zschornewitzer Kleinbahn und der Straßenbahn Staßfurt–Löderburg. Das Bild zeigt den Betriebsbahnhof dieser Straßenbahn in Staßfurt. Sammlung Rammelt

Die Kleinbahn Wallwitz–Wettin wurde von Becker & Co. gebaut und am 7. Mai 1903 eröffnet. Die Betriebsführung übernahm später die Kleinbahnabteilung der Provinz Sachsen in Merseburg. Nach der Firmenerweiterung übernahm die Nachfolgerin der Firma Becker, die A.-G. für Energiewirtschaft, in den dreißiger Jahren die Betriebsführung der Eisenbahnen.

Vering & Waechter, Eisenbahn- und Betriebsgesellschaft mbH & Co.
Sie führte 1928 den Betrieb der im Berliner Raum befindlichen Bahnen:

	Betriebseröffnung	*Spurweite mm*	*Länge km*
Neukölln-Mittenwalder Eisenbahn	28. 09. 1900	1 435	32,0
Königs Wusterhausen-Mittenwalde-Töpchiner Kleinbahn	11. 11. 1894	1 435	19,0
und trat außerdem als Bauunternehmer bei der			
Wächterbach-Birsteiner Kleinbahn	30. 06. 1898	1 435	12,1
in Erscheinung.			
Emsdorf–Wallerfangen	30. 07. 1897	1 435	11,0
gebaut von Vering & Waechter gemeinsam mit der Eisenbahn-Gesellschaft Becker & Co.			

Auf der Hildburghausen-Heldburger Eisenbahn und der Eisfeld-Unterneubrunner Eisenbahn führte die Firma Vering & Waechter den Betrieb bis zur Verstaatlichung beider Schmalspurbahnen im Jahre 1895. [81] Auf anderen Bahnen übernahm die Gesellschaft nur für kurze Zeit nach der Eröffnung die Betriebsführung und gab sie dann an die 1898 gegründete Deutsche Eisenbahn-Betriebsgesellschaft A.-G. (DEBG) ab. Dazu zählten folgende Bahnen [82]: Achtertalbahn (erste Teilstrecke eröffnet am 3. September 1898), Haltingen–Kandern (1. Mai 1895), Voldagsen–Duingen–Delligsen (16. Juni 1896), Vorwohle-Emmenthaler Eisenbahn (9. Oktober 1900) und die Dessau-Wörlitzer Eisenbahn (22. September 1894).

Die DEBG ist für die ehemaligen Bahnen auf dem heutigen Gebiet der DDR bedeutungslos und wird deshalb nicht weiter berücksichtigt. Ihre Bahnen lagen vorwiegend in Baden-Württemberg und Braunschweig.

Die Vering & Waechter-Gesellschaft hatte im Laufe der Zeit alle Bahnen abgestoßen und führte bis 1945 nur den Betrieb auf der Neukölln-Mittenwalder Eisenbahn sowie der Königs Wusterhausen-Mittenwalde-Töpchiner Eisenbahn.

Lokalbahn Aktiengesellschaft München (LAG)
Dieses bayerische Unternehmen wurde am 9. Februar 1887 unter Beteiligung der Lokomotivfabrik Krauss & Co. gegründet. Bereits neun Jahre früher hatte sich die Mitbegründerin am Bau der Feldabahn beteiligt, der ersten Schmalspurbahn auf dem heutigen Gebiet der DDR. Gemeinsam mit dem Lokalbahn-Bau- und Betriebsunternehmen Lechner & Krüzner führte sie anschließend den Betrieb auf der am 1. Juni 1879 eröffneten Bahn. Der bis 1906 laufende Pachtvertrag wurde seitens der

2.16. Lokomotive CENTRUM der Königs Wusterhausen-Mittenwalde-Töpchiner Kleinbahn. Sammlung Schulze

Großherzoglichen Regierung von Sachsen Weimar gekündigt, und die preußische Staatsbahn konnte mit dem Gesetz vom 20. Mai 1902 die Feldabahn erwerben. Das Gesetz verpflichtete Preußen gegenüber der Großherzoglichen Regierung von Sachsen-Weimar und dem Herzogtum Sachsen-Meiningen, die schmalspurige Strecke Vacha–Dorndorf auf Regelspur umzubauen, damit der wachsende Verkehr infolge der erschlossenen großen Kalilager bewältigt werden konnte.

1892 wandte sich die Stadt Forst an die LAG, um den Bau einer Stadteisenbahn zu konzipieren. Ein am 16. Oktober 1892 unterzeichneter Vertrag zwischen der Königlichen Eisenbahn-Direktion Erfurt (Halle war zu diesem Zeitpunkt nur Königliches Eisenbahnbetriebsamt) und der LAG gestattete dieser die Herstellung und Benutzung einer regelspurigen Anschlußgleisanlage, die vom Bahnhof Forst abzweigend, die Verbindung mit einer schmalspurigen Forster Stadtbahn bezweckte. [83] Danach baute die preußische Staatsbahn die Anschlußgleise selbst, soweit diese auf dem Gelände der Staatseisenbahn lagen. Alle anderen Anlagen wurden von der LAG gebaut. Neben zwei Regelspurlokomotiven lieferte Krauss sechs schmalspurige Tramlokomotiven, von denen eine 1966 in das Verkehrsmuseum Dresden aufgenommen wurde.

Die guten Erfahrungen, die die Stadt Forst mit der LAG gemacht hatte, bewegte Kreise in den Provinzen Brandenburg und Schlesien, sich ebenfalls an das bayerische Unternehmen zu wenden. Danach baute die LAG dort noch folgende regelspurige Bahnen [84]:

Bahn	*Betriebs-eröffnung*	*Länge* km
Hansdorf–Priebus	1. 10. 1895	23,0
Rauscha–Freiwaldau	1. 12. 1896	8,6
Teuplitz–Sommerfeld	1. 10. 1897	20,0
Muskau–Teuplitz	15. 6. 1898	22,8

38

65

2.17. Blick aus dem Forster Lokomotivschuppen auf die Stadtbahnmaschinen 1, 36 und 2 (v. l. n. r.) im Juli 1965.
Foto G. Meyer
2.18. Unverkennbar eine Vorgängerin der späteren ELNA-Lokomotiven aus dem Jahre 1904, gebaut von Krauss unter der Fabriknummer 5160, für die Lausitzer Eisenbahn AG.
Werkfoto. Sammlung Verkehrsmuseum Dresden
2.19. Die Lokomotive DERMBACH lieferte Krauss 1899 an die Feldabahn. Nach deren Verstaatlichung wurde sie in die Reihe T34 eingeordnet und von der preußischen Staatsbahn auf der Hildburghausen-Heldrunger Eisenbahn eingesetzt.
Werkfoto. Sammlung Rammelt

Dem preußischen Staat war ein bayerisches Unternehmen auf seinem Staatsgebiet ein Dorn im Auge; er forderte zur Erleichterung der Staatsaufsicht die Gründung einer preußischen Aktiengesellschaft. Aus diesem Grund wurde am 25. September 1899 die Lausitzer Eisenbahn AG gegründet, die sämtliche Bahnen übernahm, die Strecke Hansdorf–Priebus jedoch erst am 1. April 1901. Die Staatsbahnstrecke Muskau–Weißwasser war von der Lausitzer Eisenbahn gepachtet, so daß Krauss-Lokomotiven auch auf dem preußischen Bahnhof in Weißwasser gesehen werden konnten. Später wurde die Lausitzer Eisenbahn AG in die Verstaatlichungswelle einbezogen und am 1. September 1939 von der Reichsbahn übernommen. Ein Großteil der Lokomotiven war in den ersten Kriegsjahren im Bw Forst beheimatet. Die D-Kuppler (Bild 2.18.) konnte man später vor allem im mitteldeutschen Raum antreffen.

2.7. Friedrich Lenz und seine Gesellschaften

Friedrich Lenz wurde 1846 in der Nähe von Stettin (heute Szczecin) geboren. Seine technische Grundausbildung erhielt er an der Berliner Gewerbeakademie, wonach er eine Anstellung im technischen Büro der Berlin-Stettiner Eisenbahn bekam. Er wechselte vor dem Ausbruch des Deutsch-Französischen Krieges noch in den Dienst eines Stettiner Bauunternehmens für Hoch- und Tiefbau und wurde nach dem Krieg dessen Teilhaber. Nach Bautätigkeiten in und um Stettin kamen auch Bauaufträge für Eisenbahnen in die Auftragslisten. Er leitete teilweise selbständig den Bau einer Teilstrecke der Saalbahn, erhielt ein Baulos der Saale-Unstrut-Eisenbahn und ließ Erdarbeiten an einer Bahnstrecke nach Stettin ausführen. Nach diesen Arbeiten gründete Lenz 1876 ein eigenes Tiefbauunternehmen. Die ersten Eisenbahnaufträge kamen von den Preußischen Staatseisenbahnen und betrafen Erdarbeiten für die Strecke Stolp–Stolpmünde–Rummelsburg in Pommern. [85]

Die erste durch das Bauunternehmen Lenz selbständig gebaute, mit Betriebsmitteln und Anlagen ausgerüstete und anschließend auch betriebene Eisenbahn wurde die am 4. Oktober 1880 konzessionierte Altdamm-Kolberger Eisenbahn. Sie sollte die Provinzialhauptstadt Stettin mit dem landwirtschaftlich reichen Norden Pommerns verbinden.

Das Anlagekapital einschließlich Grunderwerb legte man mit 6 300 000 Mark fest. Bei der Suche nach einem geeigneten Bauunternehmer fiel die Wahl auf Friedrich Lenz, welcher den Bau unter Generalvollmacht zum Betrag von 5 400 000 Mark ausführte. Die Altdamm-Kolberger Eisenbahn wurde etappenweise in der Zeit vom 1. Januar 1882 bis zum 25. Mai 1882 eröffnet. Auf Grund des Beschlusses der Generalversammlung vom 27. Februar 1883 führte der Bauunternehmer auch den Betrieb. Vertraglich war eine Betriebsführungszeit von zehn Jahren vereinbart, doch bereits im Juni 1885 wurde der Vertrag gekündigt, und die Direktion führte nach der Maßangabe für Bahnen untergeordneter Bedeutung den Betrieb in eigener Regie. Am 18. Mai 1903 wurde diese erste von Friedrich Lenz gebaute Eisenbahn von der Königlich Preußischen Eisenbahn-Verwaltung übernommen. [86]

Nachdem der Mecklenburg-Schweriner Staat mit dem Staatsbahnsystem keine guten Erfahrungen gesammelt hatte, entschloß er sich, den weiteren Ausbau vor allem der Nebenbahnen wieder der Privatinitiative zu überlassen. Die mecklenburgische Regierung wandte sich 1882 an das Bauunternehmen Lenz und knüpfte die Konzession für Nebenbahnen an folgende Bedingungen:

- Lenz mußte das Geld für den Bau und die Betriebsmittel beschaffen
- den Betrieb anschließend für zehn bis fünfzehn Jahre pachten und
- das volle unternehmerische Risiko über diese Zeitdauer tragen.

Vom Staat erhielt er zwar einen Zuschuß, der aber bei weitem nicht ausreichte. Aus diesem Grund gründete Lenz Aktiengesellschaften, an denen sich Städte, Gemeinden und Privatpersonen beteiligen konnten. Für die in Tabelle 2.7. aufgeführten mecklenburgischen Strecken war ein Gesamtkapital von 12 Millionen Mark erforderlich; ein Drittel dieser Summe wurde von Lenz aufgebracht. Gegen diese Finanzlast konnte er sich den Baugewinn verrechnen, der im Durchschnitt 20 Prozent der Bausumme betragen hat; trotzdem blieben zwei Millionen Mark fest investiert. Damit war Lenz Finanzier, Bau- und Betriebsunternehmer. Nach dieser Spezialisierung seines Unternehmens gründete Lenz 1883 die Eisenbahnbau- und Betriebsgesellschaft Lenz.

2.20. Friedrich Lenz (1846 bis 1930). Sammlung Rammelt

Unmittelbar nach Verkündigung des Kleinbahngesetzes wurde die Eisenbahnbau- und Betriebsgesellschaft Lenz in eine GmbH mit einem Startkapital von vier Millionen Mark umgewandelt. Beteiligt waren die Berliner Handels-Gesellschaft (BHG), Friedrich Lenz und die Bank Bleichröder. Als einzige Industriegesellschaft beteiligte sich der Schienenlieferant für Lenz, die Firma Krupp, an der neuen Gesellschaft. Friedrich Lenz wurde alleiniger Geschäftsführer der GmbH. Der gute Ruf, den sich Lenz einst mit dem Bau der Altdamm-Kolberger Eisenbahn in der Provinz Pommern erworben hatte, sicherte ihm die Bauausführung fast aller Kleinbahnen in dieser preußischen Provinz. Von der preußischen Staatseisenbahn übernahm er einige erfahrene Mitarbeiter, die durch ihre technischen Erfahrungen den schnellen wirtschaftlichen Aufstieg des Unternehmens förderten.

Zu diesen ehemaligen Beamten zählte u.a. der Königliche Eisenbahnbau- und Betriebsinspektor Fuchs, der die Vorschriften „Der Bau und die Betriebseinrichtungen der Kleinbahnen" für Lenz verfaßte. 1896 trat Baurat Lucht nach seinem Austritt aus dem preußischen Staatsdienst in die Lenzsche Verwaltung ein. Er übernahm die Stellung eines Betriebsleiters bei den Bromberger und Wirsitzer Kreisbahnen, die der Lenz-Tochtergesellschaft der Ostpreußischen Kleinbahngesellschaft angehörten. Nach der Gründung der Ostdeutschen Eisenbahn-Gesellschaft übersiedelte Lucht von Bromberg (heute Bydgoszcz) nach Königsberg (heute Kaliningrad) und leitete von dort aus den Ausbau der Kleinbahnen in den Provinzen Ost- und Westpreußen sowie Posen.

Die Ostdeutsche Eisenbahn-Gesellschaft übernahm nach ihrer Gründung 1899 auch die seit 1894 bestehende Ostpreußische Kleinbahn AG, die ihren Sitz in Bromberg hatte. Letztere trat als selbständige Körperschaft unter der Leitung der Ostdeutschen Eisenbahn-Gesellschaft auf. Beide Unternehmen bauten Kleinbahnen und übernahmen anschließend die Betriebsführung. Zur Finanzierung seiner Eisenbahnunternehmen gründete Lenz weitere Kapitalgesellschaften. So entstand auch 1895 die Westdeutsche Eisenbahn-Gesellschaft in Köln. Diese löste sich allerdings bis zum Ende der neunziger Jahre völlig von Lenz und bildete somit ein unabhängiges eigenständiges Unternehmen.

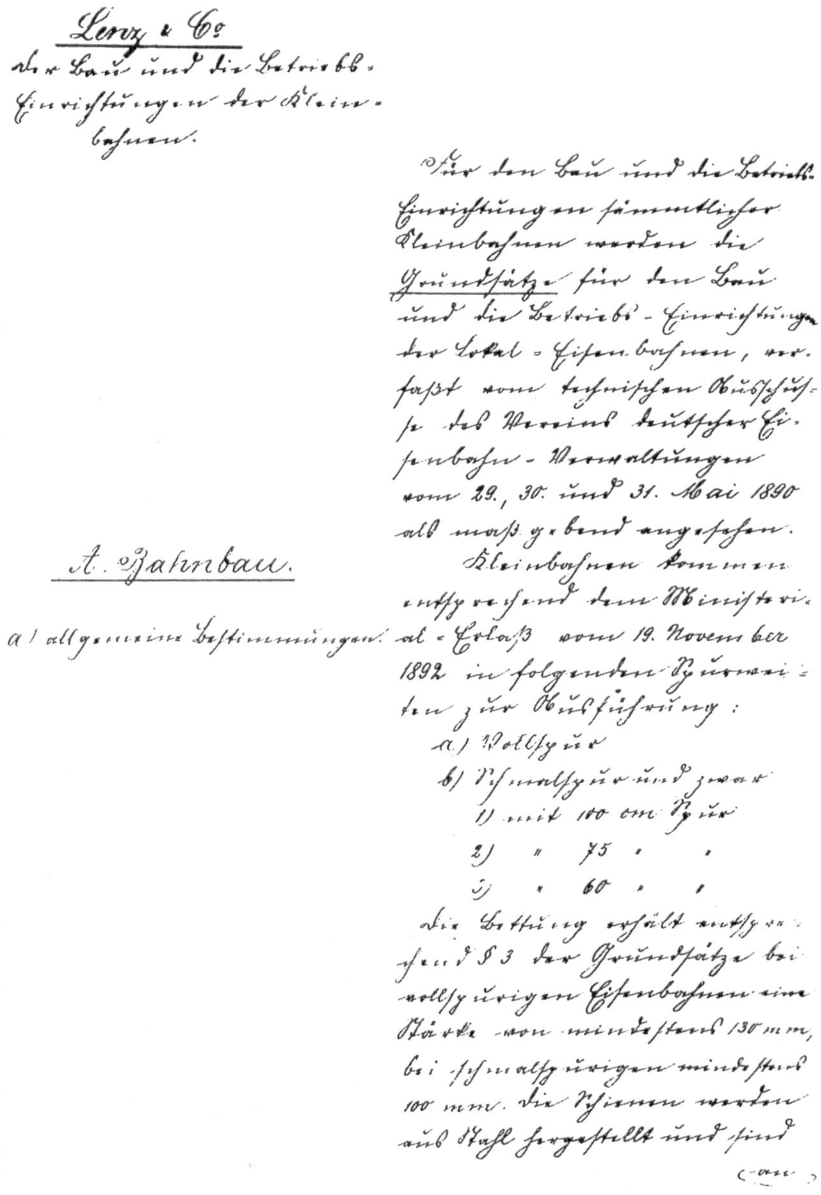

Lenz & Co
der Bau und die Betriebs-
Einrichtungen der Klein-
bahnen.

Für den Bau und die Betriebs-
Einrichtungen sämmtlicher
Kleinbahnen werden die
Grundsätze für den Bau
und die Betriebs-Einrichtungen
der Lokal-Eisenbahnen, ver-
faßt vom technischen Ausschus-
se des Vereins deutscher Ei-
senbahn-Verwaltungen
vom 29., 30. und 31. Mai 1890
als maßgebend angesehen.

A. Bahnbau.

a) allgemeine Bestimmungen.

Kleinbahnen kommen
entsprechend dem Ministeri-
al-Erlaß vom 19. November
1892 in folgenden Spurwei-
ten zur Ausführung:
a) Vollspur
b) Schmalspur und zwar
1) mit 100 cm Spur
2) " 75 " "
3) " 60 " "
Die Bettung erhält entspre-
chend § 3 der Grundsätze bei
vollspurigen Eisenbahnen eine
Stärke von mindestens 130 mm,
bei schmalspurigen mindestens
100 mm. Die Schienen werden
aus Stahl hergestellt und sind
(can.)

2.21. Die Lenz-Normalien existieren nur als handgeschriebene Ausgabe, Seite 1.
Sammlung Dobbert
2.22. Geprägter Einband, mit Goldbuchstaben geschmückt: die sogenannten Lenz-Normalien.
Sammlung Dobbert

Die über das gesamte preußische Staatsgebiet verstreuten Lenz-Bahnen wurden von verschiedenen Betriebsabteilungen betreut. Der Stammsitz mit angegliederter Betriebsabteilung für die pommerschen Bahnen befand sich in Stettin, bis im Juni des Jahres 1897 die Betriebsabteilung nach Stargard verlegt wurde, um von dort die späteren mittel- und hinterpommerschen Bahnen zu leiten. Für den Ausbau und die Betriebsleitung der Klein- und Privatbahnen in Vorpommern gründete die Firma Lenz & Co. GmbH am 1. Mai 1897 die Betriebsabteilung Greifswald. [87] In Stargard wurde das Verwaltungsgebäude der Saatziger Kreisbahnen mitbenutzt.

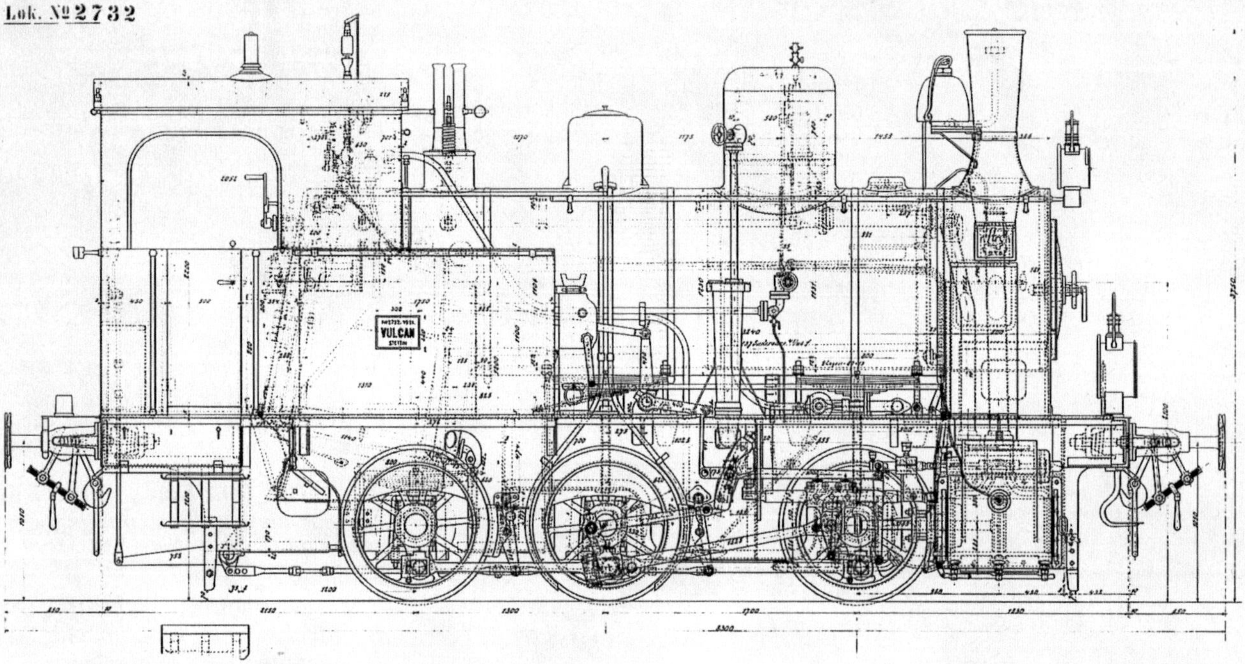

2.23. 1911 lieferte Vulcan diesen größeren C-Kuppler (Fabriknummer 2732) unter der 4[b] an die Stolpetalbahn. Die Lokomotive war keine T3 – wie in der Literatur behauptet.

Vulcan-Zeichnung = A 3558. Sammlung Verkehrsmuseum Dresden

Technische Daten:
Zylinderdurchmesser 350 mm
Kolbenhub 550 mm
Raddurchmesser 1000 mm
Radstand 3000 mm
Dampfdruck 12 pa
Heizfläche 62,14 m^2
Rostfläche 1,18 m^2
Raum für Wasser 3,2 m^3
Raum für Kohle 1,2 t
Leergewicht 23 t
Dienstgewicht 30 t
Zugkraft 5255 kN

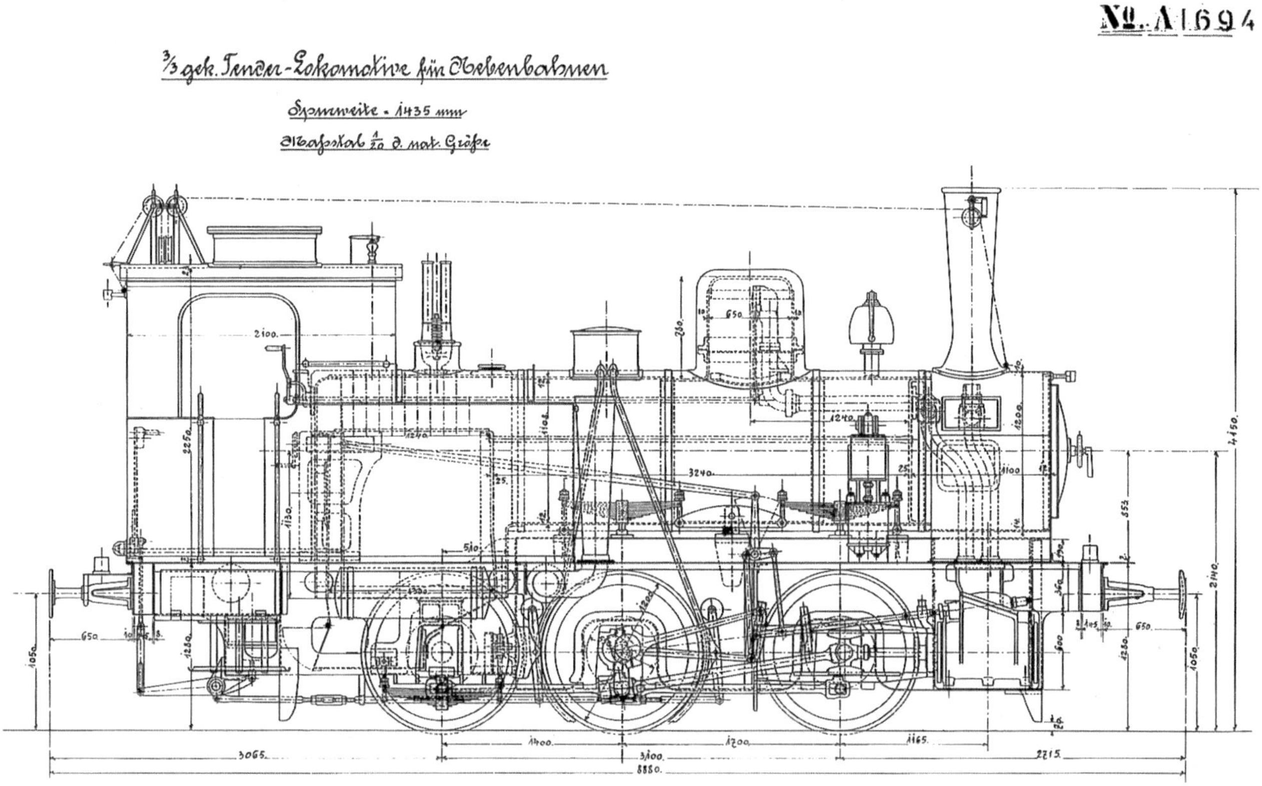

Cylinderdurchmesser	350 mm	Heizfläche	61,18 qm
Kolbenhub	550 "	Rostfläche	1,35 "
Raddurchmesser	1200 "	Wasservorrat	ca 5000 l
Radstand ges.	3100 "	Kohlenvorrat	1700 kg
Dampfüberdruck	12 Atm	Leergewicht	27500 "
Zugkraft (0,5)	3369 kg	Dienstgewicht	36000 "

***2.24.* Als Gattung b an die Liegnitz-Rawitscher Eisenbahn (LRE) geliefert, aber als Gattung c dort eingesetzt (Serie 1907, Fabriknummern 2325 bis 2327). T3 nach Musterblatt MIII-4p mit 1200 mm Raddurchmesser und 3100 mm Achsstand.**
Vulcan-Zeichnung = A 1694. Sammlung Verkehrsmuseum Dresden

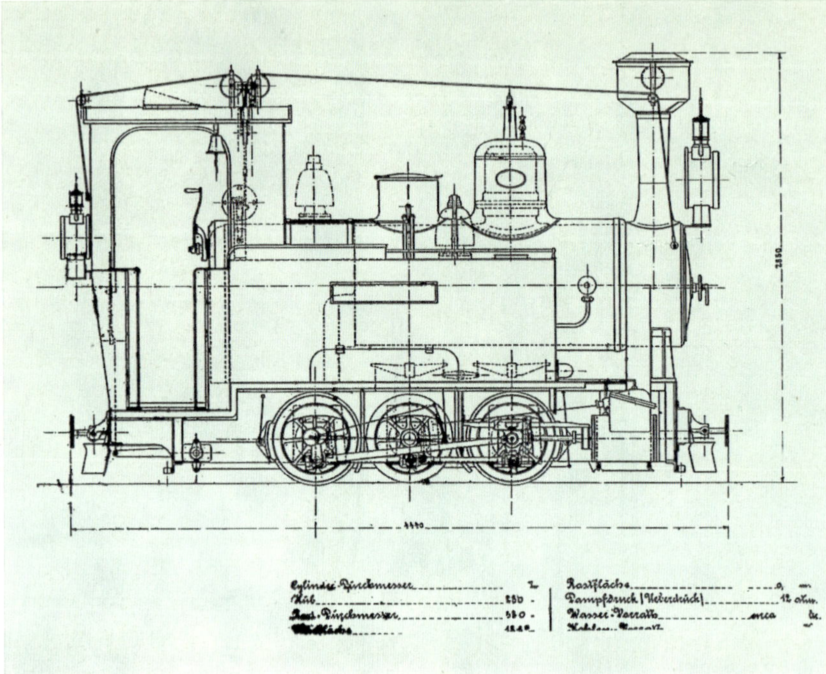

2.25. Vulcan-Maßskizze der Type q, die an die Wirsitzer und Bromberger Kreisbahnen sowie an die Anklam-Lassaner Kleinbahn geliefert wurde.
Sammlung Verkehrsmuseum Dresden

Nach dem Umzug der Firmenleitung von Stettin nach Berlin zog die Betriebsabteilung der mittel- und hinterpommerschen Bahnen im Mai 1899 auch wieder nach Stettin zurück. Damit war die Stargarder Betriebsabteilung aufgelöst, und die von ihr verwalteten Bahnen wurden unter die Leitung der pommerschen Betriebsdirektion in Stettin gestellt.

In Berlin befand sich schon eine eigene Betriebsabteilung für die Osthavelländischen sowie die Genthiner und Ruppiner Bahnen und die Kleinbahn Strausberg–Herzfelde. Kurz nach der Jahrhundertwende bauten die bis zu diesem Zeitpunkt nur als Teilstrecken existierenden Bahnen ihr Streckennetz unter eigener Regie oder unter Leitung der Provinzialverbände aus und kündigten die mit der Lenz & Co. GmbH geschlossenen Betriebsverträge. Die Betriebsabteilung Altona, zuständig für die Kieler, Bleckeder, Oldenburger und altmärkischen Lenz-Bahnen wurde bereits nach der Jahrhundertwende aufgelöst. Die Leitung übernahm die Berliner Abteilung. Betriebswirtschaftliche und finanzpolitische Erwägungen sowie das Auslaufen der Betriebsverträge bei den pommerschen Bahnen zum 31. März 1910 führten zur Auflösung der Stettiner und Greifswalder Betriebsabteilungen, so daß nur die drei Abteilungen Berlin, Halle und Breslau übrig blieben. Letztere war zuständig für die schlesischen Lenz-Bahnen und verwaltete in der Zeit von 1900 bis 1945 zwischen vier und 13 Bahnen, darunter die bedeutende Liegnitz-Rawitscher Eisenbahn (LRE).

Die Halle-Hettstedter Eisenbahn (HHE) hatte eine eigene Betriebsabteilung in Halle, die schon vor der Jahrhundertwende gegründet worden war. Anfänglich verwaltete sie zugleich die Goldbeck-Werbener Eisenbahn und die Mühlhausen-Ebelebener Eisenbahn. Letztere wurde später von der Berliner Abteilung übernommen. Zwischendurch wurden die zwei gegen Ende der zwanziger Jahre betrieblich übernommenen Bahnen Nauendorf–Gerlebogk und Horka–Rothenburg–Priebus von Halle aus geleitet. Nach 1943 wurde die Betriebsleitung Halle aufgelöst und die verbliebene Bahn der Berliner Direktion angegliedert. [88] Die HHE war neben der LRE immer die größte Lenz-Bahn gewesen, aus diesem Grund blieb wahrscheinlich auch die Betriebsabteilung Halle bis 1943 bestehen. Zur Verdeutlichung seien die Betriebseinnahmen der beiden größten Gesellschaften dem Durchschnittswert der restlichen Bahnen gegenübergestellt: Im November 1906 hatten die HHE eine Monatseinnahme von 103 760 Mark und die LRE von 106 740 Mark, während die restlichen 39 Lenz-Bahnen im gleichen Zeitraum durchschnittlich nur 16 000 Mark aufzuweisen hatten. [89]

Die Bauabteilung der Lenz & Co. GmbH hatte sich dabei schon vor der Jahrhundertwende zum bedeutendsten Unternehmen dieser Art in Deutschland entwickelt. Lenz & Co. projektierte und baute im Auftrag von Interessengemeinschaften Kleinbahnen, wobei er sich durch Aktienkapital an den neuen Unternehmen beteiligte und damit gleichzeitig einen Sitz im Aufsichtsrat bekam. Diese Verfahrensweise wurde ihm durch den Zusammenschluß mit der Berliner Handelsgesellschaft ermöglicht, die als Geldgeber an der Lenz & Co. GmbH beteiligt war. Sobald eine Bahn fertiggestellt war, übernahm Lenz & Co. für eine ver-

2.26. Von der ehemals Liegnitz-Rawitscher Eisenbahn (Nr. 182), kam die spätere 92 6488 zur Halle-Hettstedter Eisenbahn, hier am 6. Mai 1956 auf der durch die Stadt Halle führenden Hafenbahnstrecke aufgenommen.
Foto Propp

2.27. Der alte Bahnhof Calbe (Milde), von Lenz & Co. gebaut.
Sammlung G. Meyer

einbarte Zeit den Betrieb. Dadurch erhielt die Firma sämtliche Einnahmen des neuen Unternehmens, von denen alle Ausgaben beglichen werden mußten. Die Lenz & Co. GmbH trug bei dieser Verfahrensweise allerdings in den ersten Jahren das Betriebsrisiko. Das Entgelt für die Betriebsführung betrug beispielsweise bei den Franzburger Kreisbahnen in den ersten Betriebsjahren zehn Prozent des Nettoüberschusses. Der darüber hinaus erwirtschaftete Reinerlös wurde dem Vorstand der Bahn überschrieben. Von diesem Betrag mußten die Aktionäre ausgezahlt werden, wobei zuerst die Prioritäts-Stammaktien, von denen Lenz in den meisten Fällen bereits einen Großteil besaß, berücksichtigt wurden. [90]

Oberstes Gebot für die Lenz-Bahnen war billigste Bauausführung. Die Bereitschaft des Militärs, sich bei Manövern und für die militärische Ausbildung der Pioniertruppen am Bau von Eisenbahnen zu beteiligen, kam der Firma besonders entgegen. Auf diese Weise entstanden unter anderem die Liegnitz-Rawitscher Eisenbahn, die Franzburger Südbahn, die Kleinbahn Bismark–Calbe, die Eulengebirgsbahn, die Stolpetalbahn und die Naugarder Kleinbahnen. Bei letzteren verlegte die Eisenbahntruppe mit 186 Mann pro Tag 1,7 km Oberbau.

Alle von Lenz gebauten Kleinbahnen wurden nach den 1894 erarbeiteten Normalien gebaut. Sie enthielten Angaben über Oberbau, Gleisverlegung, Ausrüstung der Bahnhöfe und Betriebsmittel je nach Spurweite. Grundlage für die von Fuchs aufgestellten Normalien waren die Grundsätze für den Bau und die Betriebseinrichtungen der Lokal-Eisenbahnen, die vom technischen Ausschuß des Vereins Deutscher Eisenbahnverwaltungen vom 29. bis 31. Mai 1890 erarbeitet worden waren. Als im ersten Jahrzehnt dieses Jahrhunderts das Ministerium der öffentlichen Arbeiten die vom Staat und den Provinzen unterstützten Kleinbahnen unter die Leitung der Provinzialverwaltungen stellte, gab Lenz die Betriebsführung der Kleinbahn Bismark–Calbe–Beetzendorf im Jahr 1904 an die Provinz Sachsen ab. Ihr folgten 1908 die Genthin-Milower sowie die Genthin-Schönhausener und die Ziesar-Groß Wusterwitzer Kleinbahnen. Die Provinz übernahm den bis dahin im Dienst stehenden Betriebsleiter und setzte ihn in den Rang eines Provinzialbeamten. Die Provinz Pommern beschloß in der Sitzung vom 18. März 1909, daß der Provinzialverband vom 1. April 1910 an den Betrieb der pommerschen Kleinbahnen übernehme. Auch in Pommern wurden die Lenz-Fachleute entsprechend

2.28. Die Württembergische Eisenbahngesellschaft gelangte über die Deutsche Eisenbahn Gesellschaft unter das AGV-Dach. Die Lokomotive WEG 7 (D-n2v, Esslingen 1904, Fabriknummer 3314) war bis zu ihrer Ausmusterung 1963 auf den Strekken Vaihingen–Enzweihingen und Ebingen–Oustmettingen eingesetzt. Werkfoto. Sammlung Verkehrsmuseum Dresden

2.29. Noch 1941 erhielt die Kleinbahn Kassel–Naumburg von Krauss-Maffei einen E-Kuppler mit der Betriebsnummer 206, hier 1967 am Wasserkran in Naumburg. Foto Stemmler

dem Vertrag von der Provinz übernommen und in deren Dienst gestellt (Tabelle 2.6.).

Neben dem Bau der Klein- und Privatbahnen im eigenen Land begann Deutschland um die Jahrhundertwende mit dem Ausbau des Eisenbahnnetzes auch in seinen Kolonien. Als einer der Direktoren der für diesen Zweck gegründeten Kolonial-Eisenbahn-Bau- und Betriebsgesellschaft (K.E.B.B.G.) und der Ostafrikanischen Eisenbahngesellschaft fungierte neben den Regierungsbaumeistern Hillenkamp und Habich nicht nur Friedrich Lenz, sondern die K.E.B.B.G. war sogar eine Tochtergesellschaft von Lenz & Co. und bestand auch nach 1920 weiter. Außer für afrikanische Bahnen war die Firma Lenz in der Türkei, in Polen, auf dem Balkan und in Kleinasien am Eisenbahnbau beteiligt.

Der Ausgang des ersten Weltkrieges und der Versailler Vertrag reduzierten das Lenzsche Imperium beträchtlich. Trotzdem umfaßten die unter seiner Verwaltung stehenden deutschen Kleinbahnen im Jahr 1920 immer noch die beachtliche Streckenlänge von rund 735 km, hinzu kamen verschiedene deutsche Privatbahnen mit insgesamt 330 km Länge. Als Dachgesellschaft zur Kontrolle und Leitung der angeschlossenen Firmen hatte Lenz unter Beteiligung der Berliner Handelsgesellschaft 1901 die Aktiengesellschaft Verkehr (AGV) gegründet. Die AGV fusionierte 1922 mit der im Auftrag von Lenz & Co. arbeitenden Ostdeutschen Eisenbahn-Gesellschaft, die danach weiterhin unter der Leitung der AGV als selbständiges Unternehmen bestehenblieb. Eine weitere Fusion folgte mit der Allgemeinen Deutschen Eisenbahn-Betriebs-Gesellschaft mbH (ADEG), die wiederum aus der Allgemeinen Deutschen Kleinbahn-Gesellschaft (ADKG) hervorging. Diese Gesellschaft wurde 1893 gegründet. Ihre ersten Aktivitäten hatten sich auf den Bau eines verzweigten Kleinbahnnetzes um Danzig (heute Gdańsk) kon-

2.30. In Polen gebaute ELNA. Die Lokomotivfabrik Chrzanow in Kraków baute für das nach dem Versailler Vertrag an Polen abgegebene Teilstück der LRE unter den Fabrik-Nr. 348/349 1930 zwei ELNA-Maschinen, die nach 1939 unter den Nrn. 92 2601 und 92 2602 von der Deutschen Reichsbahn übernommen wurden. Diese Aufnahme der 92 2602 entstand 1943.
Sammlung Umlauft

2.31. Lenz-ELNA 142 der Mühlhausen-Ebelebener Eisenbahn, noch ohne elektrische Beleuchtung.
Foto Töpelmann. Sammlung Hochschule für Verkehrswesen Dresden

zentriert. Der ab 1910 als Generaldirektor dieser Gesellschaft tätige Max Dräger hatte seine Laufbahn 1893 bei der Lenz & Co. GmbH begonnen und war 1896 zur ADKG übergewechselt. Die Streckenlänge der von der AGV verwalteten 58 Bahnen betrug 2 160 km. Durch die Verschmelzung mit den 17 Bahnen der ADEG stieg die Gesamtstreckenlänge auf insgesamt 3 100 km. Die ADEG hatte erst 1927 die Betriebsführungen der Nebenbahnen Farge–Vegesack und der Kleinbahn Kirchbarkau–Preetz–Lütjenburg übernommen. Auch die Lenz & Co. GmbH erweiterte wieder ihren Einflußbereich durch die Betriebsleitung der Nauendorf-Gerlebogker Eisenbahn. Ein Jahr später übernahm sie noch die Betriebsführung der Kleinbahn Horka–Rothenburg–Priebus.

Weitere Fusionsbestrebungen der AGV orientierten sich zunächst auf die Westdeutsche Eisenbahn-Gesellschaft (WEG). Diese hatte sich durch den am 31. Dezember 1919 auslaufenden Garantievertrag von der Vereinigten Westdeutschen Kleinbahn AG gelöst. Das Interesse der Gründergesellschaft, der Lenz & Co. GmbH, bekräftigte der 1926 abgeschlossene Interessengemeinschaftsvertrag. Danach erhielt die Lenz & Co. GmbH bis 1936 den bilanzmäßig festgestellten Überschuß, sicherte aber andererseits der WEG für diesen Zeitraum eine jährliche Dividende von fünf Prozent zu.

1928 kam es zur Fusion mit der AGV. Die Bahnen der WEG gingen danach zum Großteil auf die neue Betriebsgesellschaft, die Vereinigte Kleinbahnen AG in Köln (VKAG), die unter der Leitung der AGV stand, über. Diese VKAG übernahm alle von ihrer Vorgängerin abgeschlossenen Verträge wie z. B. mit den Kreisen Euskirchen, Geilenkirchen und Jülich, mit der Hohenzollernschen Landesbahnen AG, der Moselbahn AG und der Firma Lenz & Co. GmbH bezüglich der Betriebspacht, Betriebsführung und Verwaltung. Durch die Verschmelzung mit der

2.32. Auch die Dessau-Radegast-Cöthener Eisenbahn, Eigentum der Vereinigten Kleinbahn AG, kam über ihre Betriebsführungsgesellschaft, die Allgemeine Deutsche Eisenbahnbetriebs-Gesellschaft m.b.H., zur Holdinggesellschaft AGV.
Sammlung G. Meyer

WEG bzw. mit der VKAG übernahm die AGV rund 700 km Strecken.

Der Zusammenschluß von Verkehrsunternehmen unter der Holdinggesellschaft AGV wurde mit der Übernahme der Deutschen Eisenbahn-Gesellschaft AG (DEAG) 1929 fortgesetzt. Dadurch kam auch die Aktiengesellschaft für Bahnbau und Betrieb (AGBB) sowie die eng mit der DEAG verbundene Württembergische Eisenbahn-Gesellschaft AG (WÜEG) in Stuttgart unter die Verwaltung der AGV. Die Württembergische Nebenbahn AG (WÜEN) war bereits durch die Fusion mit der VKAG in den Einflußbereich der AGV gelangt. Die AGV erhöhte ihr Grundkapital von bisher 30000000 Mark auf 50000000 Mark. Aus der Zusammenstellung aller unter Leitung der AGV stehenden Bahnen des Jahres 1928 wird ersichtlich, wie die Bahnen durch die gemeinsamen Vorstandsmitglieder verflochten waren und wie damit die AGV ihren Einfluß auf diese Bahnen durchsetzen konnte (Tabelle 2.7.).

Neben dem Generaldirektor Dr. jur. Lübbert, dem direkten Nachfolger von Lenz, der gleichzeitig Vizepräsident des Verbandes Deutscher Verkehrsverwaltungen und in der Leitung weiterer Verkehrsgremien war, tat sich besonders der Technische Direktor der Firma Lenz & Co. GmbH, Max Semke, hervor. Er war bei fast allen unter der Leitung der AGV zusammengeschlossenen Gesellschaften Vorstandsmitglied. Außerdem war er in den zwanziger und dreißiger Jahren Vorstand bei der Kleinbahn Strausberg–Herzfelde, der Butzbach-Licher Eisenbahn und anderen. Obwohl über seine Person wenig zu erfahren war, ist er durch verschiedene Aufsätze über das Kleinbahnwesen in der Fachwelt bekannt. Unter seiner Leitung wurden in punkto Sparsamkeit bei den Lenz-Unternehmen strengste Maßstäbe angelegt. Die größte Lenz-Bahn, die Halle-Hettstedter Eisenbahn, wurde auf ihrer Hauptstrecke erst gegen Ende der zwanziger Jahre durchgehend mit Schienen der Form 6 ausgestattet. Bis zu diesem Zeitpunkt war diese Schienenform nur stellenweise bei Ausbesserungen eingebaut worden. Infolge des schlechten Oberbaues konnten die an die HHE gelieferten

ELNA-Lokomotiven nicht ihrer Leistung entsprechend eingesetzt werden.

Die Vorteile dieser neuen Typenreihe waren Semke bekannt, schließlich arbeitete er im Ausschuß für die Vereinheitlichung der Klein- und Privatbahnlokomotiven mit. Die Lenz-Bahnen wurden prozentual mit den meisten ELNA-Lokomotiven ausgerüstet. Das Unternehmen verwaltete 11,6 Prozent aller deutschen regelspurigen Klein- und Privatbahnstrecken und setzte darauf 59 ELNA-Lokomotiven ein; das entspricht rund 40 Prozent aller gebauten ELNA-Lokomotiven. So wurden ab 1934 die Neustadt-Gogoliner Eisenbahn, die Nauendorf-Gerlebogker Eisenbahn sowie die Halle-Hettstedter Eisenbahn vollständig auf ELNA-Lokomotiven umgerüstet. Die Liegnitz-Rawitscher Eisenbahn hatte noch bis zuletzt T3 im Bestand.

Vorteilhaft wirkte sich die Unterhaltung der Lokomotiven in den größeren Werkstätten Halle-Nietleben, Jauer und Herzfelde aus; doch die Lokomotiven erhielten nur in seltenen Fällen die notwendigsten Einrichtungen wie Geschwindigkeitsmesser, Vorwärmer und Druckluftbremse. Bei der später von Semke gebilligten Nachrüstung der Betriebsmittel mit den genannten Einrichtungen wurde nicht die technisch beste, sondern die billigste Variante gewählt.

Nach Kriegsende verlagerte die Lenz & Co. GmbH vorerst ihren Sitz nach Köln zur Vereinigten Deutschen Kleinbahn AG. Die bis dahin existierenden zwei Betriebsabteilungen in Breslau (heute Wrocław) und Berlin wurden aufgelöst. Fast alle schlesischen Bahnen kamen zur PKP, und die Bahnen in der damaligen sowjetischen Besatzungszone

2.33. Lokomotiven Nr. 142 und Nr. 146 der Butzbach-Licher Eisenbahn im Bahnhof Butzbach Ost im März 1967. Die 146 war ursprünglich an die Schlesische Kleinbahn Jauer–Maltsch geliefert worden und 1945 nach Westdeutschland gekommen. Foto Stemmler

waren für das Unternehmen ebenfalls verloren. Die DEAG übernahm unter der weiterhin bestehenden AGV die restlichen Lenz-Bahnen. [95]

Tabelle 2.1. Unterstützung des Staates für Kleinbahnen nach den Gesetzen von 1895 und 1921

Jahr	*Summe* Mark	*Zweck*
1895	5 000 000,–	
1896	8 000 000,–	
1897	8 000 000,–	
1898	8 000 000,–	
1900	20 000 000,–	
1902	20 000 000,–	
1903	20 000 000,–	
1904	5 000 000,–	
1905	5 000 000,–	
1906	5 000 000,–	
1907	5 000 000,–	
1908	5 000 000,–	
1909	3 000 000,–	
1910	5 000 000,–	
1911	6 000 000,–	
1912	7 000 000,–	
1913	7 500 000,–	
1914	6 500 000,–	
1915	1 500 000,–	
1916	1 000 000,–	
1917	2 000 000,–	
1918	1 500 000,–	
1919	5 000 000,–	
1921	10 000 000,–	Förderung[1]
	40 000 000,–	Darlehen[2]
1923	450 000 000,–	Förderung
	6 000 000,–	Darlehen
1925	2 000 000,–	Förderung
1927	5 000 000,–	Förderung
1930	1 500 000,–	Darlehen

[1] *zur Förderung von Kleinbahnbauten*
[2] *zur Gewährung von Darlehen an notleidende Kleinbahnen*

Tabelle 2.3. Finanzierung von Kleinbahnen im Regierungsbezirk Magdeburg unter Beteiligung des Fiskus *[66]*

Finanzbeteiligung Mark	*Kleinbahn AG Wolmirstedt–Colbitz*	*Kleinbahn AG Gardelegen–Neuhaldensleben*
Staat	162 000,–	597 000,–
Provinz	162 000,–	597 000,–
Kreis	30 000,–[1]	145 000,–[2]
Zunächstbeteiligte	131 000,–[3]	671 000,–[4]
in sonstiger Weise		50 000,–

[1] Kreis Wolmirstedt
[2] 100 000,– M Kreis Gardelegen
45 000,– M Kreis Neuhaldensleben
[3] davon 30 000,– M Domänen
15 000,– M Forstfiskus
[4] davon 50 000,– M Forstfiskus

Tabelle 2.2. Aufschlüsselung der bewilligten Staatsbeihilfen (1896/1897)

Bezeichnung der Kleinbahn	Unternehmer	Anschlagsmäßige Kosten (Mark)	Davon als Staatsbeihilfen bewilligt in Form	Betrag (Mark)
Provinz Ostpreußen, Kreis Rastenburg und Sensburg				
Rastenburg–Skandlack, Abzw. Wenden–Drengfurth	Kreise Rastenburg und Sensburg	1 885 539 ohne Grunderwerb	eines Darlehns in Höhe eines Drittels des Anlagekapitals ohne Grunderwerb	628 513
Provinz Brandenburg, Kreis Ost-Prignitz				
Pritzwalk–Putlitz	Kreis Ost-Prignitz	684 000	einer Beteiligung mit einem Fünftel des aufzuwendenden Kapitals ohne Grunderwerb	136 800
Provinz Pommern, Kreis Rügen				
Rügensche Kleinbahnen: 1. Altefähr–Sellin 2. Bergen–Altenkirchen	Rügensche Kleinbahnen-Aktiengesellschaft zu Putbus	Aktienkapital 2 032 000	eines Darlehens an den Kreis Rügen	300 000
Kreis Greifswald				
Greifswald–Jarmen, Abzw. Züssow und Gützkower Fähre	Kleinbahngesellschaft Greifswald-Jarmen (Aktiengesellschaft) zu Greifswald	1 274 400 ohne Grunderwerb, Aktienkapital 1 210 000	der Übernahme von Aktien wie die Provinz	339 000
Provinz Sachsen, Kreis Jerichow I				
Vom Iblekanal Groß-Lübars, Abzw. nach Lüttgenziatz	Kreis Jerichow I	1 061 000 ohne Grunderwerb	eines Darlehens in Höhe von einem Drittel des Anlagekapitals	354 000
Provinz Hannover, Kreis Stadthagen	Kreise Stolzenau, Neustadt a./Rdge. sowie der Schaumburg-Lippische			
Wunstorf-Uchte	„Steinhuder Meerbahn"	Aktienkapital Aktien 1 456 000	der Übernahme von Aktien	200 000
Kreise Fallingbostel und Hoya				
Rethem–Eystrup	„Kleinbahn Rethem–Eystrup, Gesellschaft m. b. H."	340 000 mit Grunderwerb	einer Beteiligung mit einer Stammeinlage	100 000
Kreis Hümmling				
Dortmund Emshäfen-Kanal bei Lathen nach Werlte	Kreis Hümmling	470 000 mit Grunderwerb	einer Beteiligung	160 000
Provinz Westfalen, Kreis Soest				
Reheim–Hüsten der Eisenbahn Schwerte–Arnsberg über Soest nach Hovestadt	Kreis Soest	1 670 000 mit Grunderwerb	eines Darlehens von einem Drittel des Gesamtbetrages der Anlagekosten	557 000

Summe der im Etatsjahr 1896/1897 bewilligten Staatsbeihilfen: *2 896 563 Mark*
die nach dem Rechenschaftsbericht vom 22. April 1896 bewilligte Staatsbeihilfe: *154 000 Mark*
Summe der bis zum Schluß des Etatsjahres 1896/1897 bewilligten Staatsbeihilfen: *3 050 563 Mark*

Tabelle 2.4. ***Vorläufige Zusammenstellung der Prüfungsergebnisse auf Grund der Berichte der Reichsbahndirektionen zur Verfügung vom 10. Februar 1937*** *[72]*

1.	Allgemeine Angaben der zu übernehmenden Bahnen	
1.1.	Gesamtzahl der Unternehmen	399
	davon Bahnen des allgemeinen Verkehrs	123
	Kleinbahnen	276
1.2.	Streckenlänge und Spurweite	
	Bahnen des allgemeinen Verkehrs	
	regelspurig	3754 km
	schmalspurig	810 km
		4564 km
	Kleinbahnen	
	regelspurig	5309 km
	schmalspurig (1000 mm)	1781 km
	schmalspurig (<1000 mm)	2182 km
		9272 km
1.3.	Lebenswichtig eingeschätzte Bahnen	
	Bahnen des allgemeinen Verkehrs	116 = 94 %
	Kleinbahnen	247 = 90 %
1.4.	Auf Selbständigkeit legen Wert, soweit das ermittelt werden konnte	
	Bahnen des allgemeinen Verkehrs	91 = 74 %
	Kleinbahnen	134 = 49 %
1.5.	Anlagekapital und Zuschüsse der öffentlichen Hand	
	Bahnen des allgemeinen Verkehrs	
	– Anlagekapital	480249000,– RM
	– Zuschüsse einmalig	21953000,– RM
	Kleinbahnen	
	– Anlagekapital	578925000,– RM
	– Zuschüsse einmalig	36713000,– RM
	– Zuschüsse laufend	760000,– RM
1.6.	Aktienkapital und Beteiligung der öffentlichen Hand	
	Bahnen des allgemeinen Verkehrs	
	– Aktienkapital	320995000,– RM
	– davon Beteiligung der öffentlichen Hand	67370000,– RM
	Kleinbahnen	
	– Aktienkapital	309341000,– RM
	– davon Beteiligung der öffentlichen Hand	202699000,– RM
1.7.	Angaben über das Personal	
	– Persönliche Ausgaben Gehälter und Löhne	65904177,– RM
	davon	
	für 13509 Angestellte	36980689,– RM
	für 18515 Arbeiter	27882878,– RM
	– Ruhegehälter	5805143,– RM
	sonstige persönliche Ausgaben	7070187,– RM
1.7.1.	Höhe der Besoldung	
	– es zahlen die Sätze der Reichsbesoldung	137 Bahnen,
	– es zahlen die Sätze der Reichsbahnlöhne	148 Bahnen,
	– weniger als die Reichsbesoldung zahlen	241 Bahnen
	– weniger als die Reichsbahnlöhne zahlen	196 Bahnen
	– mehr als die Reichsbahnlöhne zahlen	21 Bahnen
2.	Aufwendungen für das Reich bei Übernahme der Bahnen	
2.1.	Einmalige Aufwendungen	
2.1.1.	Übernahmepreis geschätzt	
	Bahnen des allgemeinen Verkehrs	218000000,– RM
	Kleinbahnen	228000000,– RM
		446000000,– RM
2.1.2.	Rückwirkung der Übernahme auf Bau und Unterhaltung, Höhe der zu erwartenden Aufwendungen für Ausbau und Mehrunterhaltung	
	– einmalig sofort	241706030,– RM
	– einmalig auf 10 Jahre verteilbar	76245000,– RM
		317951030,– RM
2.1.3.	Rückwirkung der Übernahme auf den Fahrzeugpark	
	– Höhe der Aufwendungen für Lokomotiven	12866700,– RM
	– Höhe der Aufwendungen für Personenwagen	11940150,– RM
	– Höhe der Aufwendungen für Güterwagen	8984096,– RM
	– Höhe der Aufwendungen für Triebwagen	1066120,– RM
	– Höhe der Aufwendungen für Kraftwagen	535000,– RM
		35392066,– RM
	Summe der einmaligen Aufwendungen	
	– geschätzter Übernahmepreis	446000000,– RM
	– Ausbau	317951000,– RM
	– Fahrzeuge	35392000,– RM
		799343000,– RM
2.2.	Laufende Mehrausgaben und Mindereinnahmen der Reichsbahn bei Übernahme der privaten Bahnen	
2.2.1.	Höhe der Mindereinnahmen bei Einführung der Reichsbahntarife auf allen Strecken	33000000,– RM

(Fortsetzung Tabelle 2.4.)

2.2.2.	Mindereinnahme bei den sonstigen Einnahmen	1 423 000,– RM
2.2.3.	Höhe der von den privaten Bahnen erhobenen Zuschläge im Jahr 1935	20 777 000,– RM
2.2.4.	Höhe der 1935 erlassenen Beförderungssteuer	8 808 000,– RM
2.2.5.	Laufende Aufwendungen für den Fahrzeugpark	
	– Lokomotiven	1 770 000,– RM
	– Personenwagen	2 538 000,– RM
	– Güterwagen	1 670 000,– RM
	– Triebwagen	250 000,– RM
	– Kraftwagen	263 000,– RM
		6 491 000,– RM
2.2.6.	Ausbau und Mehrunterhaltung laufende Ausgaben	11 856 000,– RM
2.2.7.	Erhöhung der Personalausgaben	
	– geschätzt auf +20 % der bisherigen	13 000 000,– RM
	– Summe der laufenden Mehrausgaben	95 355 000,– RM
3.	Ersparnisse werden erwartet	
3.1.	durch Aufhebung von Werkstätten	2 358 000,– RM
3.2.	durch Fortfall von Zentral- und Bahnverwaltungen	7 231 000,– RM
		9 589 000,– RM
4.	Zusammenfassung	
	Summe der einmaligen Aufwendungen	799 343 000,– RM
	Summe der Mehrausgaben und Mindereinnahmen	95 355 000,– RM
	abzüglich der Ersparnisse	9 589 000,– RM
	Gesamtlohn für das Reich bei Übernahme der Bahnen	885 109 000,– RM

Tabelle 2.5. ***Förderung der Privatbahnen in Preußen durch die Provinzialverbände. Stand 1935*** *[77]*

Provinz	*Anzahl der Privatbahnen*	*Betriebslänge km*	*Anzahl der geförderten Bahnen*	*Betriebslänge km*	*Gesamtkapital RM*	*Provinzbeteiligung RM*	*In Prozent des Gesamtkapitals*
Brandenburg	10	726	7	547	29 972 938,–	4 058 460,–	14
Pommern	2	85	2	85	2 604 000,–	176 400,–	7
Westfalen	5	435	1	166	12 015 000,–	6 291 900,–	52

Tabelle 2.6. ***Förderung der Kleinbahnen in Preußen durch die Provinzialverbände. Stand 1935*** *[77]*

Provinz	*Anzahl der Kleinbahnen*	*Betriebslänge km*	*Anzahl der geförderten Bahnen*	*Betriebslänge km*	*Gesamtkapital RM*	*Provinzbeteiligung RM*	*In Prozent des Gesamtkapitals*
Brandenburg	35	1 102	26	867	26 456 868,–	6 142 945,–	23
Hannover	37	1 081	35	965	31 193 730,–	7 847 650,–	25
Hessen Nassau	16	322	3	105	7 953 300,–	953 800,–	12
Hohenzollern	1	107	1	107	6 372 100,–	2 531 200,–	40
Niederschlesien	21	591	6	103	6 031 400,–	596 700,–	10
Oberschlesien	6	130	1	22	2 776 000,–	528 000,–	19
Ostpreußen	15	878	14	831	32 992 900,–	6 574 150,–	20
Pommern	26	1 692	25	1 630	35 226 679,–	9 603 555,–	27
Posen-Westpreußen	3	89	1	9	605 000,–	121 000,–	20
Rheinprovinz	27	697	1	22	450 000,–	150 000,–	33
Sachsen	30	1 035	22	763	37 960 300,–	12 775 700,–	34
Schleswig-Holstein	17	587	2	84	3 360 000,–	280 000,–	8
Westfalen	16	473	3	103	4 015 000,–	1 073 500,–	27

***Tabelle 2.7.* Klein- und Privatbahnen auf dem heutigen Gebiet der DDR, die von Lenz gebaut wurden oder wo die Gesellschaft die Betriebsführung übernommen hatte**

Bahn	*Betriebs-eröffnung*	*Spurweite* mm	*Länge* km
Altendamm-Kolberger Eisenbahn[1]	01. 02. 1882	1435	122,13
Wismar-Rostocker Eisenbahn	22. 12. 1883	1435	58,8
Teterow-Gnoiener Eisenbahn	05. 11. 1884	1435	26,5
Güstrow-Plauer Eisenbahn	1886	1435	69,43
Doberan-Heiligendammer Eisenbahn	09. 07. 1886	900	6,67
Wismar-Karower Eisenbahn	14. 11. 1887	1435	71,52
Kleinbahn Goldbeck–Werben	01. 04. 1886	1435	22,0
Boizenburger Stadt- und Hafenbahn	1890	1435	2,6
Osthavelländische Kreisbahnen	04. 10. 1893	1435	18,59
Stolpetalbahn[1]	15. 08. 1894	1435	37,13
Euskirchner Kreisbahnen	26. 01. 1895	1000	
Greifenhagener Kreisbahnen[1]	01. 02. 1895	1435	74,5
Wirsitzer Kreisbahnen[1]	21. 02. 1895	600	50,8
Franzburger Kreisbahnen	04. 05. 1895	1000	66,04
Saatziger Kleinbahnen[1]	12. 05. 1895	1000/1435	119,92
Bromberger Kreisbahnen[1]	18. 05. 1895	600	24,45
Kolberger Kleinbahn[1]	27. 05. 1895	1000	122,72
Franzburger Südbahn	19. 05. 1895	1435	39,48
Rügensche Kleinbahnen	22. 07. 1895	750	105,42
Bleckeder Kreisbahn	17. 12. 1895	750/1435	61,15
Kleinbahn Anklam–Lassan	17. 04. 1896	600	28,39
Kleinbahn Groß Peterwiz-Katscher[1]	28. 04. 1896	1435	8,7
Halle-Hettstedter Eisenbahn	29. 05. 1896	1435	53,6
Hallesche Hafenbahn	09. 01. 1895	1435/1000	6,0 (1,1)
Bergheimer Kreisbahn	23. 06. 1896	1000	67,1
Greifenberger Kleinbahnen[1]	01. 07. 1896	1000/1435 (urspr. teilweise 750)	178,53
Regenwalder Kleinbahn[1]	26. 07. 1896	1000	52,91
Kleinbahn Löwenberg–Lindow	11. 08. 1896	1435	21,3
Strausberg-Herzfelder Kleinbahn	22. 09. 1896	1435	12,2
Neustadt-Gogoliner Eisenbahn[1]	22. 10. 1896	1435	41,6
Rosenberger Kreisbahn[1]	13. 11. 1896	750	22,34
Greifswald-Grimmener Eisenbahn	26. 11. 1896	1435	54,9
Kleinbahn Cüstrin–Hammer[1]	15. 12. 1896	1435	42,73
Demminer Kleinbahnen Ost	23. 01. 1897	750	66,37
Randower Kleinbahn[1]	11. 05. 1897	1435	48,6
Mühlhausen-Ebelebener Eisenbahn	04. 06. 1897	1435	25,3
Kreisbahn Gummersbach	05. 09. 1897	1000	18,5
Kleinbahn Kiel–Schönberg	07. 07. 1897	1435	25,8
Stolper Kreisbahnen[1]	14. 09. 1897	750/1435	80,1
Kleinbahn Greifswald–Jarmen	16. 09. 1897	750	53,2
Eisenbahngesellschaft Oldenburg–Heiligenhafen	17. 01. 1898	1435	20,5
Göttinger Kleinbahn	19. 12. 1897	750	36,1
Liegnitz-Rawitscher Eisenbahn[1]	05. 02. 1898	1435	129,1
Alsener Kleinbahn	06. 02. 1898	1000	50,5
Wehlau-Friedländer Kreisbahnen[1]	09. 04. 1898	750	68,7
Rastenburger Kleinbahnen[1]	01. 05. 1898	750	122,3
Haffuferbahn[1]	20. 05. 1899	1435	48,3
Kleinbahn Heudeber–Mattierzoll	01. 08. 1898	1435	20,9
Mindener Kreisbahn	04. 12. 1898	1000	85,6
Kleinbahn Deutsch-Krone–Virchow[1]	05. 12. 1898	1435	38,3
Kremmen-Neuruppin-Wittstocker Eisenbahn	16. 12. 1898	1435	66,1
Uckermärkische Lokalbahn (Löcknitz–Brüssow)	17. 12. 1898	1435	10,7
Kleinbahn Greifswald–Wolgast	20. 12. 1898	1435	57,2
Schleswiger Kreisbahn	15. 09. 1899	1435	110,9

(Fortsetzung Tabelle 2.7.)

Bahn	*Betriebs-eröffnung*	*Spurweite* mm	*Länge* km
Genthiner Kleinbahn nur die Strecken Genthin–Schönhausen und Genthin–Milow	25. 10. 1899	1435	49,4
Kleinbahn Casekow–Penkun/Od.[1]	08. 04. 1899	750/1435	42,24
Kleinbahn Bismark–Kalbe (M)–Beetzendorf	18. 12. 1899	1435	42,3
Oschersleben-Schöninger Eisenbahn	20. 12. 1899	1435	27,6
Königsberger Kleinbahn[1]	15. 01. 1900	750/1435	59,7
Polkwitz-Randteuer Kleinbahn[1]	01. 04. 1900	1435	17,4
Eulengebirgsbahn mit Heuscheuerbahn[1]	01. 07. 1900	1435	61,12
Samlandbahn[1]	14. 07. 1900	1435	45,1
Nauendorf-Gerlebogker Eisenbahn	18. 07. 1900	1435	16,4
Fischhausener Kreisbahn[1]	01. 10. 1900	1435	23,8
Kleinbahn Alsdorf–Geilenkirchen	07. 10. 1900	1000	38,1
Stralsund-Tribseer Eisenbahn	23. 12. 1900	1435	36,2
Kleinbahn Culmsee–Melno[1]	30. 09. 1901	1435	46
Kleinbahn Ziesar-Großwusterwitz	01. 10. 1901	1435	16,2
Pillkaller Kleinbahn[1]	24. 12. 1901	1000	60,8
Insterburger Kleinbahnen[1]	01. 08. 1902	750/1000/1435	357,8
Naugarder Kleinbahnen[1]	30. 08. 1902	1435	38,1
Kleinbahn Jauer–Maltsch[1]	01. 10. 1902	1435	30,9
Kleinbahn Neustadt–Prüssau und Chottschow–Gariger[1]	25. 11. 1902	1435	37,8
Ratzeburger Kleinbahn	27. 06. 1903	1435	18,3
Kleinbahn Putzig–Krockow[1] (1919)	26. 09. 1903	1435	18,3
Kleinbahn Bismark–Kalbe(M)–Beetzendorf–Diesdorf (nur Teilstrecke Beetzendorf–Diesdorf)	24. 12. 1904	1435	17,2
Butzbach-Licher Eisenbahn	28. 03. 1904	1435	56,4
Gostyner Kreisbahn[1] (1919)	12. 12. 1904	1435	27,3
Görlitzer Kreisbahn	30. 03. 1905	1435	26,3
Kleinbahn Bunzlau–Neudorf[1]	10. 04. 1906	1435	28,3
Kleinbahn Horka–Rothenburg–Priebus	15. 12. 1907	1435	25,8
Frankenstein-Münsterberg-Nimptscher Kreisbahn	01. 11. 1908	1435	49,8
Kleinbahn Kirchbarkau–Preetz–Lütjenburg	01. 10. 1910	1435	41,6
Ohlauer Kleinbahn[1]	01. 10. 1910	1435	29,9
Oletzkoer Kleinbahn[1]	18. 09. 1911	1000	43,1
Kleinbahn Grünberg–Sprottau[1]	01. 10. 1911	1435	50,8
Kleinbahn Kiel–Segeberg	02. 12. 1911	1435	48,9
Neißer Kleinbahn[1]	05. 12. 1911	1435	40,5
Demminer Kleinbahnen West	01. 07. 1913	750	93,1
Lycker Kleinbahnen[1]	22. 10. 1913	1000	47,8
Kleinbahn Kohlfurth–Rothwasser[1]	22. 10. 1913	1435	6,4
Kleinbahn Guttentag–Vorsowka[1]	02. 12. 1913	1435	10,9
Kleinbahn Lüben–Kotzenau[1]	21. 02. 1916	1435	28,1
Lissa-Guhrau-Steinauer Kleinbahn[1]	15. 09. 1916	1435	46,7
Mecklenburgische Bäderbahn	01. 07. 1925	1435	10,3

[1] *nach 1945 VR Polen bzw. UdSSR*

Tabelle 2.8. ***Struktur der Aktiengesellschaft für Verkehrswesen 1928***

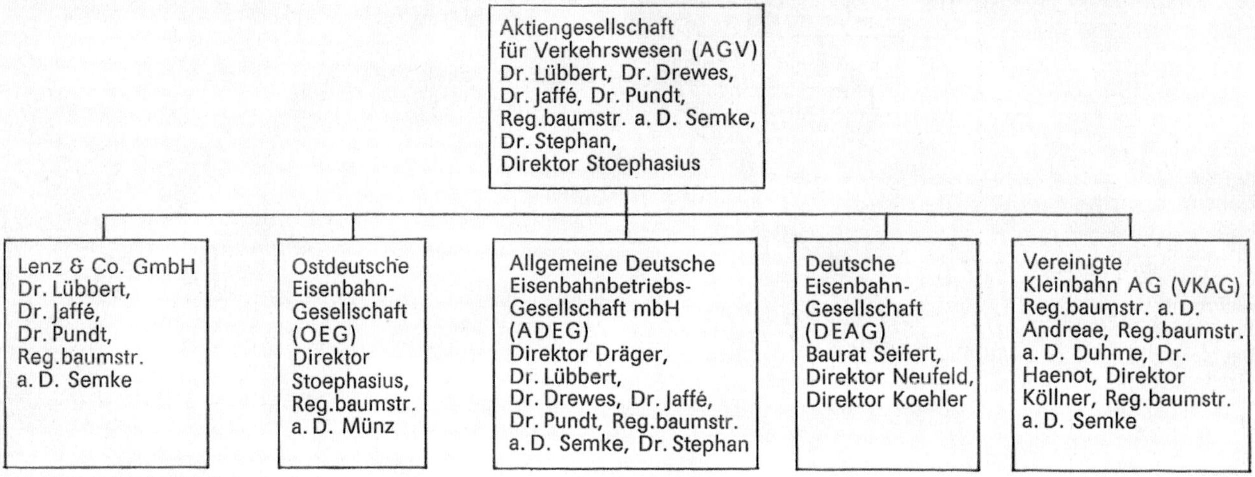

Lenz & Co. GmbH

Bahn	*Betriebseröffnung*	*Spurweite mm*	*Länge km*
Halle-Hettstedter Eisenbahn	29. 05. 1896	1435 (1000)	59,6 (1,1)
Strausberg-Herzfelder Kleinbahn	22. 09. 1896	1435	12,2
Neustadt-Gogoliner Eisenbahn	22. 10. 1896	1435	41,6
Greifswald-Grimmener Eisenbahn	26. 11. 1896	1435	54,9
Mühlhausen-Ebelebener Eisenbahn	04. 06. 1897	1435	25,3
Kleinbahn Kiel–Schönberg	07. 07. 1897	1435	25,8
Göttinger Kleinbahn	19. 12. 1897	750	36,1
Liegnitz-Rawitscher Eisenbahn	05. 02. 1898	1435	129,1
Mindener Kreisbahn	04. 12. 1898	1000	85,6
Kleinbahn Deutsch-Krone–Virchow	16. 12. 1898	1435	37,7
Eulengebirgsbahn	01. 07. 1900	1435	61,12
Nauendorf-Gerlebogker Eisenbahn	18. 07. 1900	1435	16,4
Stralsund-Tribseer Eisenbahn	23. 12. 1900	1435	36,2
Kleinbahn Jauer–Maltsch	01. 10. 1902	1435	30,9
Kleinbahn Neustadt–Prüssau	25. 11. 1902	1435	37,8
Ratzeburger Kleinbahn	26. 06. 1903	1435	18,3
Butzbach-Licher Eisenbahn	28. 03. 1904	1435	56,4
Görlitzer Kreisbahn	30. 03. 1905	1435	26,3
Bunzlauer Kleinbahn	10. 04. 1906	1435	28,3
Kleinbahn Horka–Rothenburg–Priebus	15. 12. 1907	1435	25,8
Frankenstein-Münsterberg-Nimptscher Kreisbahn	01. 11. 1908	1435	49,8
Kleinbahn Chottschow–Garzigar	07. 05. 1910	1435	25,9
Ohlauer Kleinbahn	01. 10. 1910	1435	29,9
Kleinbahn Grünberg–Sprottau	01. 10. 1911	1435	50,8
Kleinbahn Kiel–Segeberg	02. 12. 1911	1435	48,9
Neißer Kleinbahn	05. 12. 1911	1435	40,5
Kleinbahn Kohlfurth–Rothwasser	22. 10. 1913	1435	6,4
Kleinbahn Guttentag–Vorsowka	02. 12. 1913	1435	10,9
Lissa-Guhrau-Steinauer Kleinbahn	15. 09. 1916	1435	46,7
Mecklenburgische Bäderbahn	01. 07. 1925	1435	10,3

(Fortsetzung Tabelle 2.8.)

Ostdeutsche Eisenbahn-Gesellschaft (OEG)

Bahn	*Betriebseröffnung*	*Spurweite mm*	*Länge km*
Königsberg-Crazer Eisenbahn-Gesellschaft	31. 12. 1885	1435	48,5
Rastenburger Kleinbahnen	01. 05. 1898	750	121,4
Samlandbahn	14. 07. 1900	1435	47,3
Fischhausener Kreisbahn	01. 10. 1900	1435	18,5
Marienwerder Kleinbahnen	28. 09. 1901	750	34,6
Memeler Kleinbahnen	22. 10. 1906	1000	50,4
Wörterkeim-Schippenbeiler Kleinbahn	30. 06. 1907	1435	5,0
Kleinbahn Tharau–Creuzburg	26. 07. 1908	1435	13,7
Kleinbahn Groß-Raum–Ellerkrug (Betriebsführung durch OEG)	09. 05. 1916	1435	10,2
Ostpreußische Kleinbahnen[1]			
Königsberger Kleinbahn und Wehlau-Friedländer Kreisbahnen	06. 08. 1898 30. 03. 1898	750	102,5
Haffuferbahn	20. 05. 1899	1435	48,3
Pillkaller Kleinbahnen	24. 12. 1901	1000	61,1
Insterburger Kleinbahn und Niederungsbahn	01. 08. 1902	750	274,9
Kleinbahn Tilsit–Mikieten–Pogegen–Schmalleningken	12. 08. 1902	1000	61,6
Oletzkoer Kleinbahnen	18. 09. 1911	1000	43,0
Lycker Kleinbahn	20. 10. 1913	1000	47,8
Kleinbahn Heydekrug–Kolleschen	13. 12. 1913	1435	14,7
Ortelsburger Kleinbahn	07. 06. 1920	600	15,8

[1] *Eigentümer: Ostpreußische Kleinbahn AG – Königsberg*
Betriebsführer: Ostdeutsche Eisenbahn-Gesellschaft – Königsberg

Allgemeine Deutsche Eisenbahnbetriebs-Gesellschaft m.b.H. (ADEG)

Bahn	*Betriebseröffnung*	*Spurweite mm*	*Länge km*
Farge-Vegesacker Eisenbahn	31. 12. 1888	1435	10,4
Trachenberg-Militscher Kreisbahn	08. 12. 1894	750	67,6
Riesengebirgsbahn	06. 06. 1895	1435	6,9
Kleinbahn Groß-Peterwiz–Katscher[1]	28. 04. 1896	1435	8,0
Dessau-Radegast-Cöthener Eisenbahn[1]	28. 11. 1896	750/1435	43,7
Aschersleben-Schneidlingen-Nienhagener-Kleinbahn	01. 04. 1897	1435	46,5
Hildesheim-Peiner Kreisbahn	01. 10. 1897	1435	31,44
Niederlausitzer Eisenbahn	20. 12. 1897	1435	113,3
Breslau-Trebnitz-Prausitzer-Kleinbahn	01. 07. 1898	750	37,1
Biebertalbahn[1]	19. 08. 1898	1000	9,8
Rinteln-Stadthagener Eisenbahn	03. 03. 1900	1435	20,4
Kleinbahn Philippsheim–Binsfeld	06. 05. 1900	750	8,1
Teltower Eisenbahn	21. 07. 1909	1435	7,9
Nassauische Kleinbahn	18. 09. 1900	1000	73,9
Kleinbahn Kirchbarkau–Preetz–Lütjenburg	01. 10. 1900	1435	42,0
Westpreußische Kleinbahnen	15. 10. 1900	750	312,7
Teutoburger Waldeisenbahn	01. 11. 1900	1435	101,33

[1] *Eigentum der Vereinigten Kleinbahn AG in Köln*

(Fortsetzung Tabelle 2.8.)

Deutsche Eisenbahn-Gesellschaft (DEAG)[1]

Bahn	*Betriebs-eröffnung*	*Spurweite mm*	*Länge km*
Kleinbahn Bremen–Tarmstedt	22. 07. 1898	1 000	26,5
Höxtersche Kleinbahn	28. 04. 1899	1 435	3,4
Württembergische	01. 06. 1900	1 435	85,2
Eisenbahngesellschaft[3]		1 000	28,2
Kleinbahn Beuel–Großenbusch	20. 12. 1900	1 435	6,3
Kleinbahn Kaldenkirchen–Brüggen	19. 02. 1901	1 435	12,0
Kleinbahn Höchst–Königstein	24. 02. 1902	1 435	15,9
Kleinbahn Kassel–Naumburg	29. 10. 1903	1 435	33,4
Eberswalde-Schöpfurther Eisenbahn[2]	01. 04. 1907	1 435	11,0
Freien Grunder Eisenbahn AG	28. 08. 1907	1 435	13,7
Kleinbahn Bremen–Thedinghausen	01. 10. 1908	1 435	26,1
Straßenbahn Neustadt a. d. Haardt–Landau[2]	13. 01. 1913	1 000	23,0
Straßenbahn Hohenstein-Ernstthal–Ölsnitz	17. 02. 1913	1 000	11,5
Gummersbacher Kleinbahnen	27. 03. 1915	1 435	15,1

[1] Gehörte ab 1. Januar 1929 zur AGV
[2] Eigentum der Deutschen Eisenbahn-Gesellschaft AG Frankfurt am Main
[3] Nur diese Gesellschaft wurde zunächst ab 1. Januar 1929 der Betriebsführung der AGV unterstellt.

Vereinigte Kleinbahn AG (VKAG)

Bahn	*Betriebs-eröffnung*	*Spurweite mm*	*Länge km*
Euskirchener Kreisbahnen	26. 01. 1895	1 000	57,4
Kreuznacher Kleinbahnen	01. 04. 1897	750	27,7
Kleinbahn Engelskirchen–Marienheide	05. 09. 1897	1 000	18,5
Oschersleben-Schöniger Eisenbahn	20. 12. 1899	1 435	27,6
Hohenzollerische Landesbahn	28. 03. 1900	1 435	107,4
Geilenkirchener Kreisbahn	07. 04. 1900	1 000	38,1
Kleinbahn Neheim–Hüsten–Sundern	01. 06. 1900	1 435	14,3
Württembergische Nebenbahnen AG[1]	31. 10. 1901	1 000/1 435	94,2
Braunschweig-Schöniger Eisenbahn	15. 02. 1902	1 435	73,6
Moselbahn	02. 04. 1903	1 435	102,2
Jülicher Kreisbahn	01. 07. 1911	1 435	15,2

[1] An Verwaltung und Betriebsführung beteiligt

Bauausführung und Anlagen

3.

3.1. Unterschiedliche Spurweiten

Im § 9 der Ausführungsanweisung zum Kleinbahngesetz vom 13. August 1898 wurden neben der Regelspur die Spurweiten 1000 mm, 750 mm und 600 mm zugelassen. Die Einhaltung dieser Festlegungen prüften die zuständigen Institutionen bei der Ausstellung der Genehmigungsurkunde. Ausnahmen sollten nur bei Erweiterungen bereits bestehender Strecken genehmigt werden. Über die Spurweiten der Kleinbahnen hatte der internationale Eisenbahnkongreß 1892 in Petersburg beraten. Danach wurden die vorgenannten vier Spurweiten für zu projektierende Kleinbahnen empfohlen. Im Schlußwort des Kongresses hieß es, die Entscheidung über die zu wählende Spurweite sei im Einzelfall von den geographischen Verhältnissen, von der zu erwartenden wirtschaftlichen Entwicklung und den sonstigen örtlichen Bedingungen abhängig. Diese Vorgaben hatten sich bewährt und gleichzeitig die zuvor herrschenden Spurweitenvielfalt beseitigt.

Allerdings zeigt eine Übersicht der am 1. April 1895 in Preußen konzessionierten oder in Betrieb befindlichen Kleinbahnen neun verschiedene Spurweiten [96]:

1435 mm	175,66 km
1000 mm	253,96 km
900 mm	11,32 km
800 mm	2,00 km
785 mm	36,00 km
780 mm	11,14 km
750 mm	140,56 km
720 mm	3,90 km
600 mm	359,80 km
insgesamt	994,34 km.

Die 900-mm-Spurweite verbreitete sich in Deutschland nur gering. Bemerkenswert ist, daß die einzige auf dem heutigen Territorium der DDR gelegene 900-mm-Bahn für den öffentlichen Verkehr, die 1886 in Mecklenburg-Schwerin eröffnete und von Friedrich Lenz gebaute Doberan-Heiligendammer Eisenbahn, bis in unsere Tage erhalten blieb. Die preußische Kleinbahnstatistik für 1920 weist eine Gesamtausdehnung der 900-mm-Spur von insgesamt 46,7 km nach. Dazu zählen u. a.:

Spessartbahn	21,0 km
Borkumer Kleinbahn	11,4 km
Amrumer Inselbahn	14,3 km.

Die 800-mm-Spur bestand nach der genannten Statistik nur auf der 6,1 km langen, im Regierungsbezirk Coblenz gelegenen Ernstbahn GmbH von Braunfels nach Philippstein und mit 2 km Länge im königlichen Forst in Zoppot (heute Sopot).

Die vorwiegend im oberschlesischen Industriegebiet vorhandene altpreußische Spurweite von 785 mm (2 Fuß, 6 Zoll nach preußischer Maßeinheit) fand sich nur noch bei der 81,6 km langen Bröhltalbahn.

Ebenso spielten die Spurweiten 780 mm und 720 mm eine untergeordnete Rolle. Erstere existierte bei der Groß-Ilsede-Lengede Bahn und die andere auf der Strecke Hesperbrück–Hesel.

Die 600-mm-Spur errang in Deutschland erstmals mit der 1892 konzessionierten Mecklenburg-Pommerschen Schmalspurbahn (MPSB) größere Bedeutung. Durch ständige Erweiterungsbauten umfaßte das Gesamtnetz der AG in den dreißiger Jahren 215 km; damit war sie die Kleinbahn mit der größten Streckenlänge. Die MPSB besaß in ihrem weit verzweigten Netz Anschlüsse zu den Zuckerfabriken in Jarmen, Friedland und Anklam, zu den Hafenanlagen in Anklam und Jarmen sowie zu anderen vorwiegend landwirtschaftlichen Betrieben. Die Rohprodukte gelangten über die gleichspurigen Feldbahnanschlüsse und die Gleise der MPSB direkt in die Verarbeitungsstellen, während die Fertigprodukte über die Hafenanlagen das pommersche Hinterland erreichten. Das gesamte Bahnnetz war also vorwiegend auf den Binnenverkehr orientiert, so daß kostspielige Umladearbeiten von den Hauptbahnen auf die Kleinbahnen sehr gering blieben. Der erfolgreiche Bau und Be-

***3.1.** Noch immer dampft der MOLLI auf der 900-mm-Spur durch die Straßen von Bad Doberan. Im Winter sind die Züge kurz, es fahren meist nur Einheimische mit.*
Foto Heym

***3.2.** Von der MPSB gingen die Schmalspurwagen direkt auf die privaten Feldbahnanschlüsse über, hier die Wagenübergangsstelle in Putzar um 1910.*
Sammlung Nickel

trieb einer 70 km langen militärischen Feldbahn in der Lüneburger Heide zwischen Uelzen und Celle, auf der während der Manöverzeit täglich 14 Züge in beiden Richtungen gefahren wurden, veranlaßten 1893 den Minister der öffentlichen Arbeiten und den Innenminister zu einer Anweisung an alle Oberpräsidenten der Provinzen. Darin wurde die 600-mm-Spur beim Bau von Kleinbahnen im Interesse der Landesverteidigung empfohlen, da die Heeresfeldbahn ebenfalls auf dieser Spur fuhr. [97]

Eine 600-mm-Stichbahn gab es in Ostpreußen. Diese im ersten Weltkrieg von der Eisenbahnbautruppe als Kriegsfeldbahn gebaute Linie wurde nach dem Krieg vom Kreis Ortelsburg übernommen. Die Bahn stellte, neben der ebenfalls vom Militär errichteten Feldbahn von Wernshausen nach Brotterode, eine Ausnahme dar. Die Ortelsburger Kleinbahn gehörte zur Ostdeutschen Eisenbahn Gesellschaft (OEG) und sollte 1939 wegen Unwirtschaftlichkeit eingestellt werden. Die Militärs erkannten aber nach Kriegsausbruch wieder ihre strategische Bedeutung, worauf die Bahn als kriegswichtig eingestuft wurde. Aus gleichem Grunde übernahm später die Deutsche Reichsbahn diese Kleinbahn. [98]

Die Anklam-Lassaner Kleinbahn (ALKB), war neben der MPSB die einzige 600-mm-Bahn in Vorpommern. Über ein Güteranschlußgleis im Hafen Anklam wurde 1899 eine Verbindung mit der MPSB geschaffen. Das Übergabegleis blieb nach der Demontage der ALKB nach 1945 als einziges Gleis dieser Bahn bestehen, so daß die MPSB nach wie vor den Hafen Anklam bedienen konnte. Ein spätes „comeback" feierte die 600-mm-Spur im Jahr 1949 mit der Eröffnung der Strecke Jarmen–Schmarsow. Diese Bahn wurde auf dem Planum der ehemaligen Demminer Kleinbahn Ost „irrtümlich" errichtet. Ursprünglich

3.3. Im ersten Weltkrieg spielten die militärischen Feldbahnen mit 600 mm Spurweite eine Rolle. Sammlung Schulze

sollte durch den Neubau die 1945 demontierte Linie Dennin—Jarmen der MPSB wieder in Betrieb genommen werden.

Die letzte in der DDR betriebene 600-mm-Bahn war die Muskauer Waldbahn, die für unsere Darstellung der Privat- und Kleinbahnen nicht berücksichtigt werden muß, da sie eine Bahn des nichtöffentlichen Verkehrs darstellte.

Die erste deutsche Bahn mit der 750-mm-Spur war die Linie von Ocholt nach Westerstede in Oldenburg. Größere Verbreitung fand diese Spurweite vor allem bei den sächsischen Schmalspurbahnen. Aber auch in Württemberg und Preußen wies sie beträchtliche Streckenlängen auf. Etwa ab 1905 entstanden keine bedeutenden Neubauten, die Ausdehnung beruhte in erster Linie auf der Erweiterung bereits bestehender Streckennetze.

Auf dem Gebiet der heutigen DDR existierten damals insgesamt 19 Kleinbahnen in 750-mm-Spur mit einer Gesamtlänge von rund 870 km. Dazu zählte auch die Neubaustrecke Glöwen—Havelberg, die 1948 von der VVB Landesbahnen Brandenburg als Ersatz für die 1945 demontierte Regelspurstrecke gebaut und 1949 von der DR übernommen wurde.

Mit der Feldabahn wurde 1879 (erstmals auf dem Gebiet der heutigen DDR) eine 1000-mm-Schmalspurbahn in Betrieb genommen. Neben den Kleinbahnen fand diese Spurweite bei verschiedenen Privatbahnen Verbreitung, so bei der Gernrode-Harzgeroder Eisenbahn, der Nordhausen-Wernigeroder Eisenbahn, der Weimar-Rastenberger Eisenbahn und der Gera-Meuselwitz-Wuitzer Eisenbahn. Die preußische Staatseisenbahn übernahm bereits 1895 zwei leistungsfähige 1000-mm-Bahnen in Thüringen: die Hildburghausen-Heldburger Eisenbahn und die Eisfeld-Unterneubrunner Eisenbahn. Beide waren ursprünglich Privatbahnen, die, wie die 1902 verstaatlichte Feldabahn, hier nicht berücksichtigt werden.

Die Ministerien und die Provinzialverwaltungen empfahlen aus Kostengründen den Bau schmalspuriger Kleinbahnen. So gab der Provinzialausschuß der Provinz Sachsen in seiner Sitzung am 9. Mai 1894 die Meterspur bei der Errichtung von Kleinbahnen vor. [99]

Nach diesen Richtlinien wurden die Kleinbahnen Stendal—Arneburg, Salzwedel—Diesdorf und Salzwedel—Winterfeld errichtet. Die Regelspurbahnen setzten sich als eindeutige Favoriten bei den Kleinbahnen durch. Um die Jahrhundertwende erreichten verschiedene Schmalspurbahnen bereits die Grenze ihrer Leistungsfähigkeit und wurden umgespurt.

Als markantes Beispiel sei hier die mehrfach erwähnte Feldabahn genannt. Die Vorteile der regelspurigen Bahnen bestanden vor allem im direkten Wagenübergang von der Staatsbahn auf die Kleinbahn. Die Umladekosten (Rollbockbetrieb war

3.4. Der Hafen Anklam im Jahr 1969. Auf den Gleisen der ehemaligen Anklam-Lassaner Kleinbahn sind einige Wagen der Mecklenburg-Pommerschen Schmalspurbahn zu sehen.
Foto G. Meyer

wegen des kleineren Profils der Schmalspurbahnen, des schwachen Oberbaus oder zu geringer Lokomotivleistungen nicht in jedem Fall möglich) belasteten vor allem die auf den Übergangsverkehr angewiesenen Stichbahnen. So beabsichtigte z. B. auch die Centralverwaltung für Sekundärbahnen Herrmann Bachstein, auf der Weimar-Großrudestedter Eisenbahn 1925 den Rollbockbetrieb einzuführen. Die wirtschaftlichen Schwierigkeiten, mit denen sich fast alle thüringischen Bachstein-Bahnen herumschlugen, verhinderten die erforderliche Verstärkung des Oberbaus und der Brükken, so daß es auf dieser Bahn nie zum Einsatz von Rollböcken kam. [100]

Weitere Vorteile bestanden in der größeren Leistungsfähigkeit der Regelspurbahnen. Die Lokomotiven konnten in Abhängigkeit vom Oberbau höhere Geschwindigkeiten fahren und gleichzeitig größere Zugmassen befördern. In der grafischen Darstellung der den Spurweiten zugeordneten Streckenlängen wird die klare Überlegenheit der Regelspur deutlich. Das trifft ebenso für die nach 1920 auf dem heutigen Territorium der DDR existierenden Privat- und Kleinbahnen zu. Bei rund 65 Prozent all dieser Bahnen überwog die Regelspur. Die Baukosten waren in erster Linie von den Geländeverhältnissen abhängig.

Im Flachland bestand der Unterschied zwischen schmal- und regelspurigen Bahnen nur in den Kosten für den stärkeren Oberbau. Nach der Jahrhundertwende veran-

3.5. Die inzwischen bekannteste 750-mm-Kleinbahn ist die Rügensche Kleinbahn. Im August 1982 kreuzten in Selvitz die 99 4802 und die 99 4631.
Foto Rammelt

3.6. Die 99 3001 war eine ehemalige Baulokomotive, die, mit einem zweiachsigen Tender ausgerüstet, bis 1958 zwischen Jarmen und Schmarsow Dienst versah. Am 23. September 1958 fuhr sie vor dem P 1289 in Wilhelminenthal.
Foto G. Meyer

3.7. Bei Flachlandbahnen mit 600 mm und 750 mm Spurweite kam es mitunter bei hoher Windlast auf die Wagen zu Entgleisungen. Auf dem Bild ist ein Wagenzug der Kleinbahn Greifswald–Wolgast umgestürzt.
Sammlung Umlauft

schlagte man für die in der Ebene gelegenen regelspurigen Bahnen je km ungefähr 8000 Mark bis 12000 Mark Mehrkosten. In gebirgigem Gelände erhöhten sich die Kosten durch die aufwendigere Trassierung. Die Schmalspurbahnen konnten sich dem Gelände besser anpassen; es entfielen Kosten für umfangreichere Erdarbeiten und größere Kunstbauten. Eine eindeutige Aussage erhielten die am Bahnbau interessierten Kreise erst durch die Aufstellung und Veranschlagung von Vergleichsentwürfen. Die aufgeführten Baukosten stellen Durchschnittswerte dar, die unter Beachtung aller vorkommenden Geländeverhältnisse ermittelt wurden. Die sich daraus ergebenden Angaben bezüglich der Baukosten für die einzelnen Spurweiten waren nur bedingt richtig. Genauer ist eine Gegenüberstellung aus dem Jahre 1888 (Tabellen 3.1. und 3.2.).

Diesen theoretischen Werten stellen wir in Tabelle 3.3. einige reale Werte gegenüber, wie sie tatsächlich aufgetreten sind.

Aber es gab auch Bahnen mit unterschiedlichen Spurweiten innerhalb eines Netzes, die die Einbindung einer Schmalspurbahn in einen Regelspurbahnhof unter Mitbenutzung vorhandener Anlagen ermöglichten, oder solche, die auf der freien Strecke die Benutzung vorhandener Gleise durch die Erweiterung mit einer dritten Schiene für zwei verschiedene Spurweiten erlaubten. Bei beiden Ausführungen konnten die Baukosten erheblich gesenkt und die Betriebsführung verbessert werden. Für den Truppenübungsplatz Altengrabow baute die Kleinbahn des Kreises Jerichow I den 12,1 km langen Abschnitt von Loburg bis Altengrabow dreischienig aus. Der Staat unterstützte den Bau durch einen Zuschuß in Höhe eines Drittels gegenüber den bei einer reinen 750-mm-Bahn entstandenen Mehrkosten. Die Dessau-Radegast-Köthener Eisenbahn besaß für den 3,5 km langen Abschnitt Zörbig–Radegast ein Dreischienengleis mit 750-mm- und Regelspur. Auch die 750-mm-Kleinbahn Casekow–Penkun–Oder hatte ein 3,5 km langes Dreischienengleis auf der Strecke vom Oderhafen bei Pommerensdorf bis Scheune.

Als Kuriosum ist das Vierschienengleis der Greifswald-Wolgaster Kleinbahn auf der 8,7 km langen Strecke von Wolgast Hafen nach Kröslin anzusehen. Die leichtverderblichen Güter aus dem Fischerdorf Kröslin konnten über dieses Gleis durchgehend abgefertigt werden. Das Vierschienengleis wurde mit Schmalspurlokomotiven, schmalspurigen Zwischenwagen und regelspurigen Güterwagen befahren. Nach 1945 blieb nur der Betrieb auf dem 1435-mm-Gleis zwischen Wolgast Hafen und Kröslin bestehen.

Bei der HHE, der Forster Stadtei-

senbahn und der Spremberger Stadtbahn bestanden im Anschluß an die regelspurigen Übergangs- bzw. Güterbahnhöfe schmalspurige (1 000 mm) weitverzweigte Industrieanschlußgleise. Alle drei Bahnen hatten Rollbockbetrieb. Die Schmalspur wurde gewählt, um die engen Gleisradien der Industrieanschlüsse befahren zu können. Bei der sehr ökonomischen Verfahrensweise wurden sämtliche Umladekosten vom Straßen- auf das Schienenfahrzeug und umgekehrt eingespart.

Bei der Spremberger Stadtbahn wurden 1956 und bei der Forster Stadteisenbahn 1965 die Betriebseinstellungen erwirkt. In beiden Fällen wurde der Betrieb durch die Straßen bei ständig zunehmendem Kraftfahrzeugverkehr zu einem Hindernis. Lediglich bei der 1,1 km langen Industriebahn in Halle konnte sich der Anschlußbetrieb an die Maschinenfabrik gegen den Kraftverkehr behaupten. Seit 1983 verkehren auf der Turmstraße in Halle zwei im Raw Halle umgespurte Kö.

3.8. Blick vom kahlen Brockengipfel auf einen talwärts fahrenden Zug. Foto Propp

3.9. Ehemalige Südharz-Lokomotive bei der Weimar-Rastenberger Eisenbahn als (1B) Bn4vt umgebaute Lokomotive Nr. 53. Die Laufachse hatte die Lok nur von 1941 bis 1943. Foto Töpelmann. Sammlung Umlauft

3.10. Vor der Einfahrt Lübars: die dritte Schiene des Dreischienengleises, Oktober 1960. Foto G. Meyer

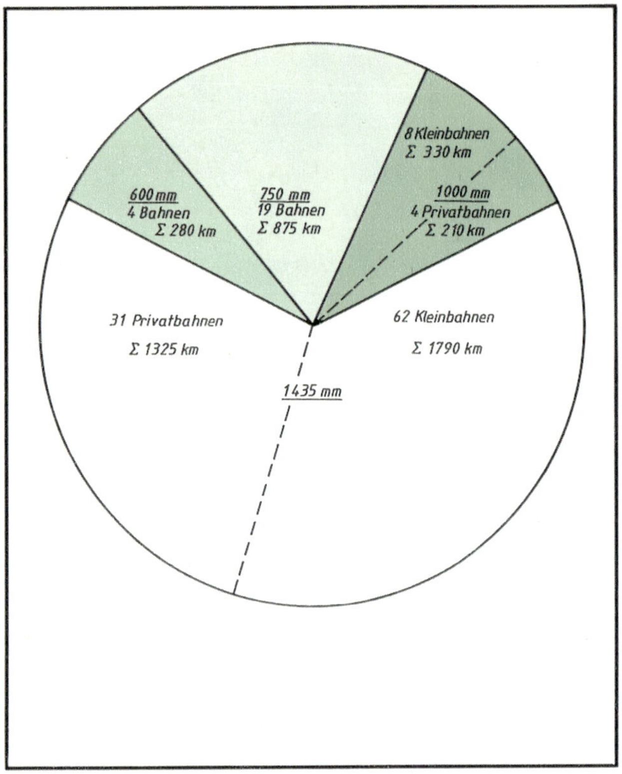
600 mm
4 Bahnen
Σ 280 km
750 mm
19 Bahnen
Σ 875 km
8 Kleinbahnen
Σ 330 km
1000 mm
4 Privatbahnen
Σ 210 km
31 Privatbahnen
Σ 1325 km
62 Kleinbahnen
Σ 1790 km
1435 mm

3.11. Verteilung der Spurweiten bei den Klein- und Privatbahnen, die nach 1920 auf dem Territorium der heutigen DDR bestanden. Umgespurte Bahnen sind doppelt berücksichtigt.
Zeichnung Rammelt
3.12. Vierschienengleis der Kleinbahn Greifswald–Wolgast im Wolgaster Hafen in Richtung Kröslin, Mai 1935.
Foto Jürgens. Sammlung Herbener
3.13. Seit 1983 verkehren auf der Industriebahn in Halle umgespurte Kleinlokomotiven der Deutschen Reichsbahn. Im Bild die 199 003 (umgebaut aus der 100 228) in der Turmstraße vor dem Wasserturm Süd.
Foto Rammelt
3.14. Blick über den Kessel der Forster Trambahn-Lokomotive Nr. 2. Die Lokomotive beanspruchte hier mit den aufgebockten Regelspurwagen fast die gesamte Straßenbreite.
Foto G. Meyer

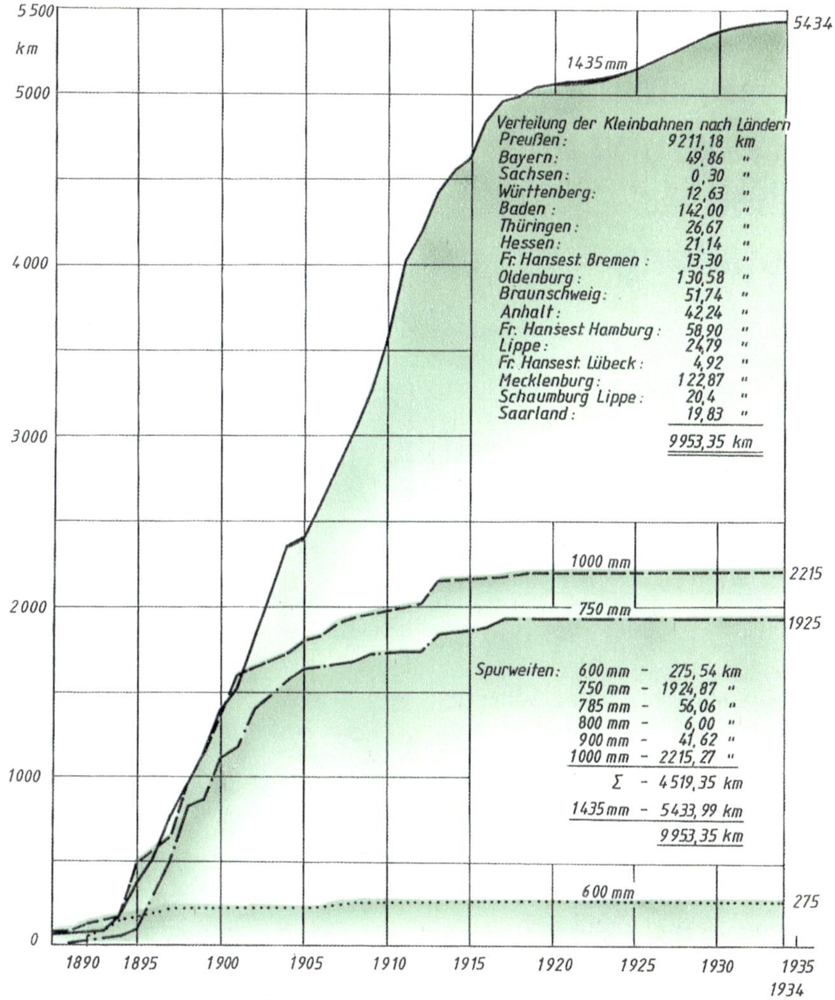

3.15. Entwicklung der Spurweiten bei den Kleinbahnen, analysiert in der Kleinbahnstatistik 1935; es fehlen also die bereits eingestellten und die nach dem ersten Weltkrieg abgegebenen Bahnen.
Zeichnung Rammelt

3.16. Die 99 4644 und die 50 3621 konnten ihre Positionen über die im Bild leider nicht zu sehende Weiche für die Dreischienengleise vertauschen. Bahnhof Lübars, Mai 1965.
Foto Laursen

3.2. Linienführung, Trassierung und Bahnhofsgestaltung

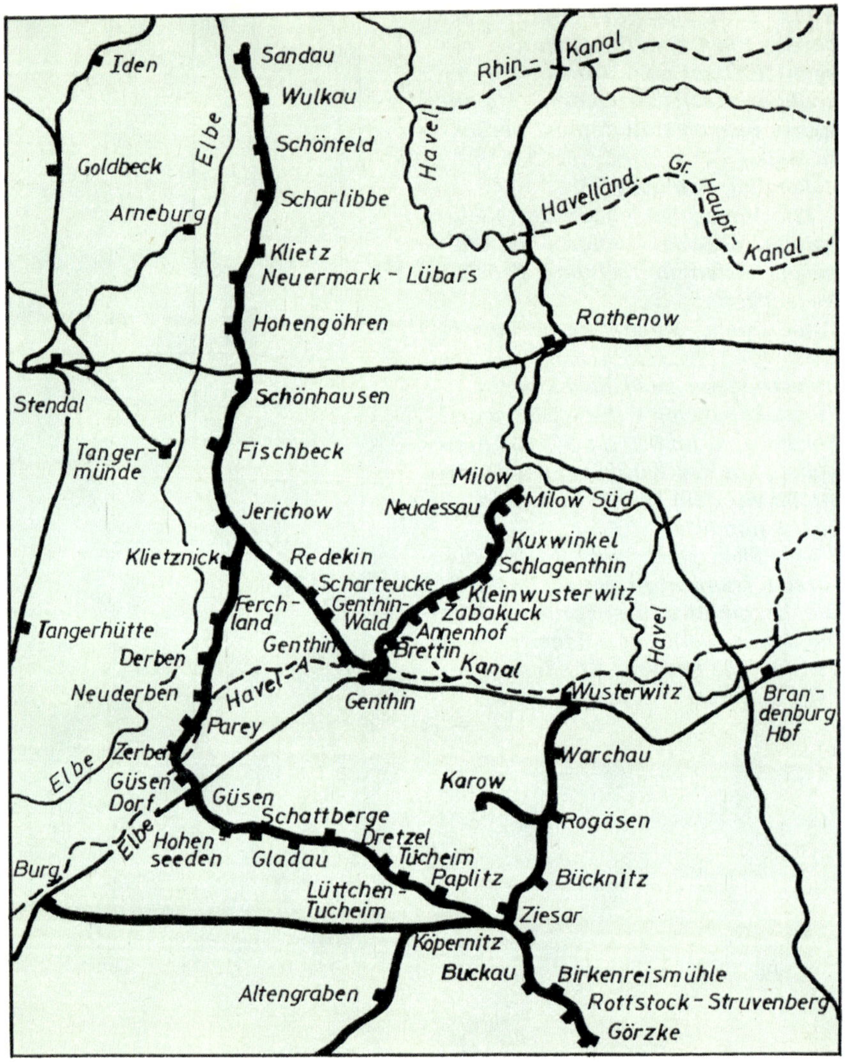

Ausschlaggebend für die Linienführung einer Kleinbahn waren in erster Linie wirtschaftliche Überlegungen. Strategische Forderungen, die die Planungen der Hauptbahnen beeinflußten, mußten von den Privat- und Kleinbahnen kaum berücksichtigt werden; allerdings wirkten sich die Ländergrenzen nachteilig auf die damalige Entwicklung der Kleinbahnen aus.

Die Kleinbahn Erfurt–Nottleben sollte beispielsweise auf thüringischem Gebiet bis Gotha weitergeführt werden; das scheiterte aber schließlich an der finanziellen Lage des Landes Thüringen.

Kennzeichnend für die Linienführung waren nicht allein Geländeverhältnisse, sondern die möglichst großflächige Erschließung und Anbindung vieler Ortschaften an die Bahnen. Bei der Verkehrsprognose rechnete man im Personenverkehr mit einem Einzugsbereich von ungefähr 5 Kilometern beiderseits der Strecke, also mit längeren Fußwegen der Reisenden. Im Güterverkehr wurde der Einzugsbereich noch etwas größer berechnet, da die Frachtzubringer dafür Pferdegespanne verwenden konnten (vergleiche hierzu das Zitat in [12]).

Entsprechend den unterschiedlichen geographischen Gegebenheiten gab es verschiedene Formen von Kleinbahnen:

Stichbahnen

Kurze Stichbahnen waren sehr kostenaufwendig, mußten doch alle für eine Eisenbahn erforderlichen Betriebsmittel und -anlagen vorhanden sein. Sie waren von der ortsansässigen Industrie abhängig. Solche Abhängigkeiten konnte man bei der Rennsteig-Frauenwalder Kleinbahn und der in Frauenwald ansässigen Glasindustrie beobachten. Die wirtschaftlichen Schwierigkeiten der Glashütte Gebrüder Schübel, Glasinstrumente, führten 1931 fast zum Zusammenbruch der einheimischen Industrie und der Kleinbahn. Letztere konnte nur durch eine vereinfachte Betriebsführung und die radikale Verminderung der Beschäftigtenanzahl auf zwei Angestellte (!) den Betrieb aufrechterhalten. Die Stichbahnen waren meist in der gleichen Spurweite wie die Hauptbahnen ausgeführt, damit die Betriebskosten nicht durch Umladekosten erhöht wurden. Neben der Rennsteig-Frauenwalder Kleinbahn können u. a. die Kleinbahnen Prettin–Annaburg und Bebitz–Alsleben erwähnt werden.

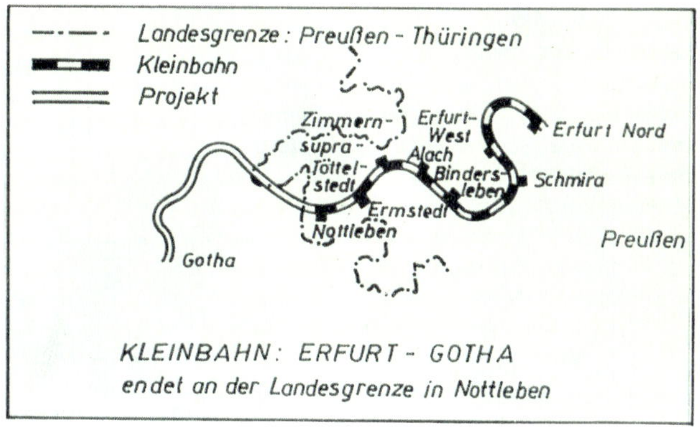

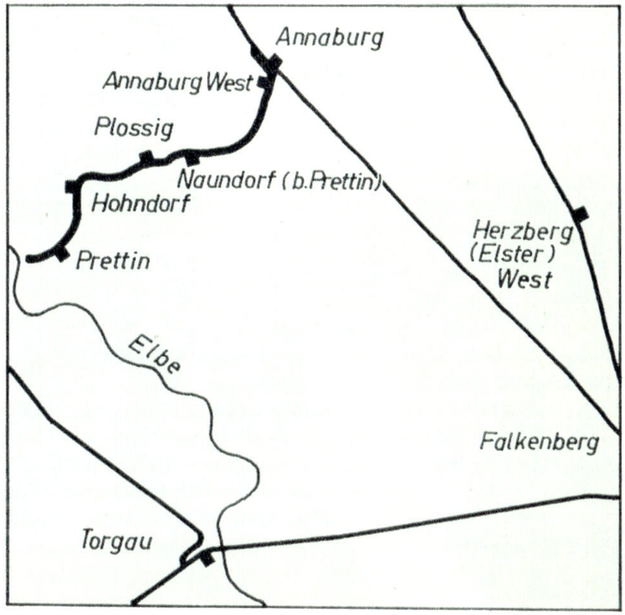

3.17. Erschließungsbahn: Genthiner Kleinbahn.
MfV, Kartografie
3.18. Verbindungsbahn: Delitzscher Kleinbahn.
MfV, Kartografie
3.19. Grenzverlauf zwischen Preußen und Thüringen.
Zeichnung Rammelt
3.20. Stichbahn: Kleinbahn Prettin–Annaburg.
MfV, Kartografie

Verbindungsbahnen

Mit diesen Bahnen sollten entweder Abkürzungen zu bestehenden Verkehrsverbindungen erreicht oder aber das von den vorhandenen Verkehrswegen eingegrenzte Gebiet vollends an die Eisenbahn angeschlossen werden. In beiden Fällen stand einer gesunden Entwicklung der Kleinbahnen das Verbot für den Durchgangsverkehr im Wege. Auch diese Bahnen waren vorwiegend regelspurig. Als Beispiele mögen die Halle-Hettstedter Eisenbahn und die Delitzscher Kleinbahn als Regelspurbahnen und die Dessau-Radegast-Köthener Bahn mit Spurweiten von 750 mm und 1 435 mm genügen.

Netz- und Erschließungsbahnen

Diese Art von Bahnen war besonders bei der Erschließung landwirtschaftlich genutzter Gebiete im Flachland anzutreffen. Hier waren alle Spurweiten zu finden. Neben der bereits erwähnten Mecklenburg-Pommerschen Schmalspurbahn in 600-mm-Spurweite sind weiterhin die Rügenschen Kleinbahnen in 750-mm-, die Franzburger Kreisbahnen in 1 000-mm-Spurweite und die Genthiner Kleinbahnen in Regelspur zu nennen. Nach der Ermittlung des zu erwartenden Verkehrsaufkommens und der daraus resultierenden Leistungsfähigkeit der Bahn begann die Festlegung der Trasse. Dabei waren die örtlichen Verhältnisse ebenso zu berücksichtigen wie die maximal zulässigen Neigungen und die klein-

3.21. Lokomotive Nr. 82, von Jung 1901 mit der Fabriknummer 472 geliefert, am 1. Oktober 1901 mit dem Eröffnungszug der Greußen-Ebeleben-Keulaer Eisenbahn auf dem Bahnhof Keula.
Sammlung Fromm

sten Gleiskrümmungen. Berücksichtigt werden mußten außerdem die Preise für Grund und Boden sowie die Arbeits- und Lohnverhältnisse. Bei der Mitbenutzung vorhandener Straßen entfielen zwar die Kosten für Grund und Boden, dafür behinderte die Bahn den Straßenverkehr und mußte sich den Krümmungs- und Neigungsverhältnissen der Straße anpassen. Für die Gleisverlegung auf öffentlichen Straßen und Wegen durch Eisenbahnen untergeordneter Bedeutung existierte in Preußen die Ministerialverfügung vom 8. März 1881. Danach galt es, auf derartigen Strecken die Fahrgeschwindigkeit auf 20 km/h herunterzusetzen, sofern nicht Begrenzungen durch Einfriedungen, Gräben oder Baumreihen vorhanden waren. Auch die ersten Vorstellungen einer staatlichen Unterstützung enthielten die Nutzung von provinzialeigenen Landstraßen und damit die kostenlose Bereitstellung von Grund und Boden für die Kleinbahnen.

Die Kleinbahnstationen sollten möglichst nahe den Ortschaften und bequem erreichbar sein. Man vermied es, die Linien auf den vorhandenen Straßen durch die Ortschaften weiterzuführen, um die Anwohner nicht zu gefährden. Dort, wo dies mißachtet wurde, ergaben sich später große Schwierigkeiten.

Der Bahnbau auf der freien Strecke war darauf orientiert, möglichst ohne Kunstbauten auszukommen. In den Lenz-Normalien waren dafür Werte fixiert, die Tabelle 3.4. wiedergibt. Diese Werte waren die unter Beachtung der Bau- und Betriebskosten ermittelten Optimalwerte. Vom Verein Deutscher Eisenbahnverwaltungen waren 1887 für Regelspurbahnen als größte Längsneigung 1:40 und als kleinster Krümmungshalbmesser 180 m für noch zulässig erklärt worden.

In einigen Fällen gab es extreme Verhältnisse. So mußten beim Bau der privaten Halberstadt-Blankenburger Eisenbahn für die Neigungen von 1:25 bis 1:16,6 insgesamt 11 Zahnstangenabschnitte des Systems Abt auf einer Gesamtlänge von 7,47 km eingebaut werden. Zwei Kleinbahnstrecken waren ebenfalls mit Abtschen Zahnstangen ausgerüstet: die Görlitzer Kreisbahn mit 1,7 km langer Zahnstange und die Eulengebirgsbahn in Schlesien von Reichenbach nach Wünschelburg. Unter den Verhältnissen der Kleinbahnen war dieses System offensichtlich zu kostspielig, denn die Görlitzer Kreisbahn betrieb ihren Abschnitt ungefähr ab 1932 im reinen Reibungsbetrieb, und die Eulengebirgsbahn stellte 1929 auf dem Zahnstangenabschnitt den Personenverkehr ein.

Die Stationsanlagen waren entsprechend den zu erwartenden Beförderungs- und Umschlagleistungen zu bemessen, wobei in allen Veröffentlichungen immer wieder auf eine möglichst großzügige Gestaltung der Nebenanlagen hingewiesen wurde, da sich spätere Erweiterungen als sehr kostenaufwendig erwiesen.

Die Lenz-Normalien enthielten folgende Richtlinien:

„Die Stationen erhalten entsprechend der Ausdehnung des Ladegleises eine horizontale oder nicht mehr als 1:400 geneigte Lage der Kronenlinie. Sie werden eingeteilt in:

Verladestellen

Sie bestehen aus einem nach beiden Richtungen mit Weichen angeschlossenen Ladegleis, einer Wellblechbude mit Schutzdach für die Fahrgäste und zur Aufnahme des Te-

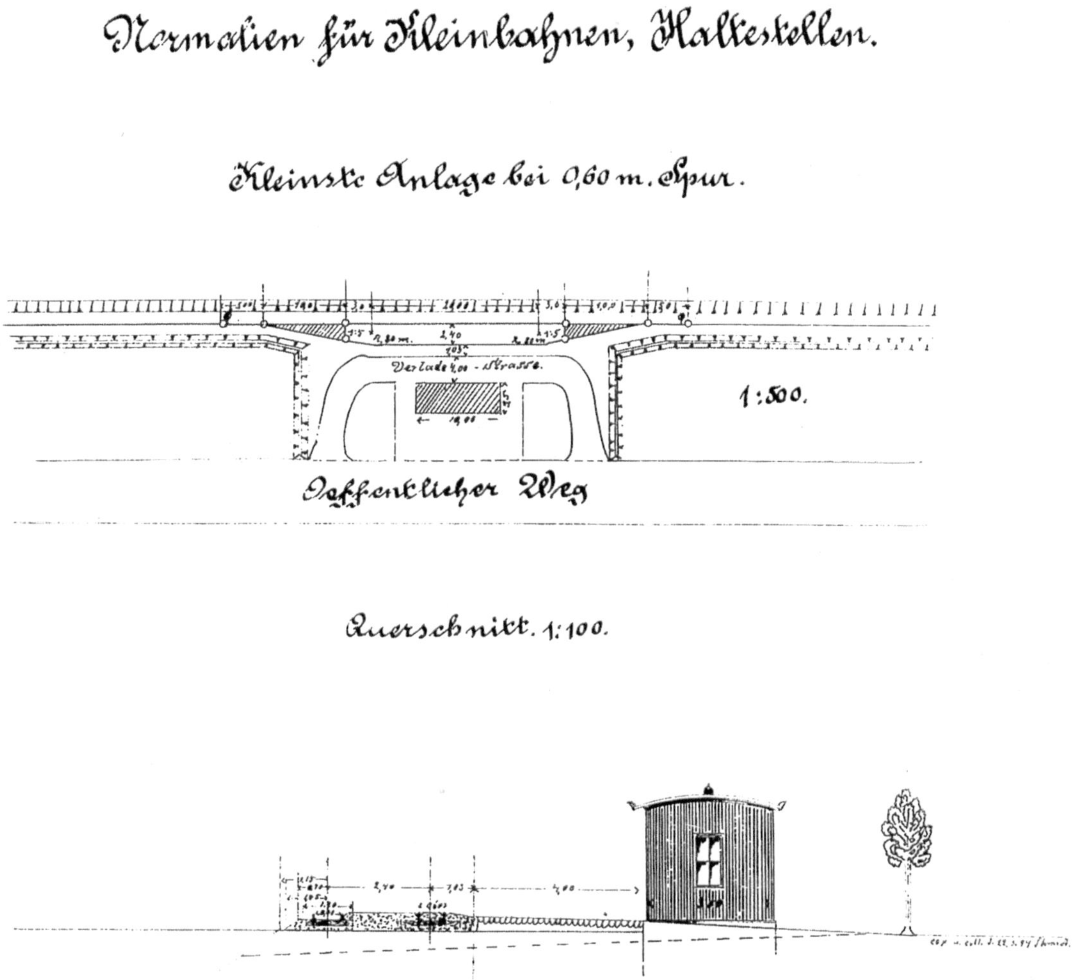

3.22. Lenz-Normalien, Haltestelle für Bahn mit 600 mm Spurweite. Sammlung Dobbert

lefons und der Ladegeräte sowie einer Ladestraße. Die Verladestelle gilt, solange auf derselben kein Halten bzw. keine Bewegungen eines Zuges stattfindet, als freie Strecke. Deshalb ist eine ständige Besetzung der Verladestelle nicht erforderlich. Gehalten wird auf den Verladestellen nach Bedarf. Das Anzünden der Weichenlaternen und die sonstigen kleinen Dienstverrichtungen werden durch den Bahnagenten bewirkt. Die Weichen und die Gleissperren zur Sicherung der auf den Ladegleisen befindlichen Wagen werden verschlossen. Die Schlüssel befinden sich bei jedem Zuge in der Verwahrung des Zugführers.

Haltestellen

Haltestellen erhalten je nach den örtlichen Verhältnissen außer dem Ladegleis ein Kreuzungsgleis, ferner ein kleines Abfertigungsgebäude mit Warte-, Dienst- und Güterraum, und ein Wohn- und Wirtschaftsgebäude für den die Station verwaltenden Haltestellen-Vorsteher. Das Ladegleis erhält außerdem einen Lademesser, je nach den örtlichen Verhältnissen auch eine Wasserstationieranlage, bestehend aus Brunnen mit Pulsometeranlage und Wasserkran. Die Weichen in den Hauptgleisen sowie die Gleissperren werden stets unter Verschluß gehalten und die Schlüssel vom Haltestellen-Vorsteher aufbewahrt.

Stationen

Je nach den örtlichen Verhältnissen erweitern sich hier die Gleisanlagen durch Kreuzungsgleise und Maschi-

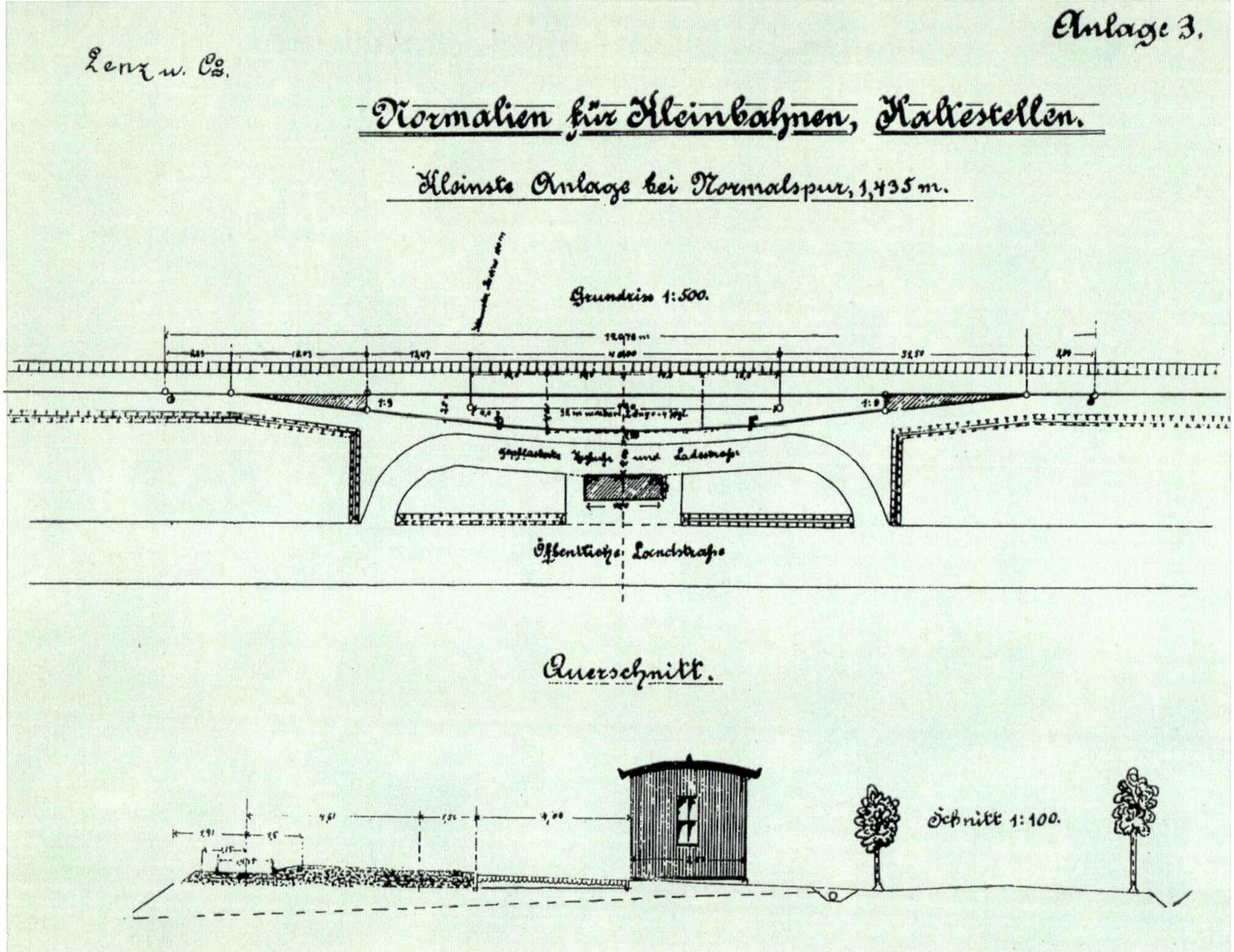

3.23. Lenz-Normalien, Haltestelle für Bahn mit 1435 mm Spurweite. Sammlung Dobbert

nengleise. Das Abfertigungsgebäude wird etwas geräumiger hergestellt, die Warteräume für II. und III. Klasse getrennt und letzterer Raum so groß eingerichtet, daß ein Büfett aufgestellt werden kann. Außerdem werden ein Güterschuppen, eine Dentosimalwaage für eine Achse (ohne Gleisunterbrechung) und in den meisten Fällen ein Lokomotivschuppen (mit Wasserstationsanlage mittels Pulsometerbetrieb) erforderlich. Für den Stations-Vorsteher, welcher in den meisten Fällen zugleich Betriebsleiter sein wird, ist ein größeres Beamtenwohngebäude vorgesehen, in dessen Drampelgeschoß noch ein ständiger Arbeiter Unterkunft finden kann. Außerdem ist ein geräumiges Abort- und Wirtschaftsgebäude vorgesehen. Die in dem oder den Hauptgleisen befindlichen Weichen werden ebenfalls stets in der regelrechten Stellung unter Verschluß gehalten und die Schlüssel im Stationsraum aufbewahrt.

Halteorte
Sie dienen lediglich dem Personenverkehr, werden nach Bedürfnis an den Kreuzungen mit belebten Straßen hergestellt und bestehen aus einer Kiesaufschüttung zur Erleichterung des Einsteigens und einer Tafel zur Bezeichnung des Halteortes. Die Züge halten nur nach Bedürfnis.

Gleisabstände
Die Entfernung der Bahnhofsgleise soll bei vollspurigen Kleinbahnen im allgemeinen nicht unter 4,5 m betragen. Für die Schmalspur mit 100 cm Spurweite wird die Gleisentfernung

3.24. Die 89 6162 auf der ehemaligen Arnstadt-Ichtershausener Eisenbahn durchfährt im Herbst 1952 die noch autofreie Hauptstraße von Ichtershausen. Mit zunehmendem Kraftverkehr wurde zunächst der Bahnhof an den Ortseingang verlegt und später die Bahn stillgelegt. Foto Umlauft

3.25. Die PRINZ ALBRECHT – hier im Bahnhof Blankenburg – war die erste Zahnradlokomotive, die Esslingen 1885 unter der Fabriknummer 2084 an die Halberstadt-Blankenburger Eisenbahn lieferte. Mit ihr fanden am 15. und 16. Mai 1885 die ersten Versuchsfahrten an der Michaelsteiner Chaussee statt. Sammlung Schütze

von 3,5 m gewählt. Sofern bei Nebenladegleisen Schmal- und Vollspurgleise gleichlaufen, muß bei beiden Spuren das Profil des freien Raumes gewählt werden. Hieraus ergibt sich die Entfernung eines Schmalspurgleises mit 100 cm Spur von einem Vollspurgleis zu 3,50 Meter. Dementsprechend werden die Gleis-Entfernungen bei den anderen Spurweiten entwickelt.

Weichen

Sie erhalten bei sämtlichen Spuren vollständige Zungenvorrichtungen, die Neigung der Herzstücke wird für Vollspur mit 1:9, für Schmalspur mit 100 cm und 75 cm Spur zu 1:7 und für 60 cm Spur zu 1:5 gewählt. Die Merkzeichen zwischen zusammenlaufenden Gleisen werden an denjenigen Stellen bei der Schmalspur angebracht, wo die Profile des freien Raumes zusammenstoßen, also z. B. bei 1-m-Spur bei 2,90 m Gleisentfernung, bei 0,75-m-Spur bei 2,10 m Gleisentfernung. Bei der Vollspur werden die Merkzeichen wie bei der Hauptbahn bei 3,5 m Gleisentfernung angebracht. Bahnsteige werden nur für Vollspur angelegt und lediglich aus Kies ohne Bordsteinkante hergestellt.

Rollböcke

Auf den Anschlußbahnhöfen der Schmalspurbahnen wird mit Ausnahme von Bahnen von 60 cm Spur stets eine Einrichtung vorgesehen werden, um mittels Rollböcken die Hauptbahnwagen unmittelbar mittels Schmalspurbahn nach ihrem Bestimmungsort überführen zu können.

Wasserstationen

werden je nach Bedürfnis auf den Bahnhöfen bzw. Halte- und Verladestellen angelegt. Sie bestehen aus einem Brunnen mit Pulsometer sowie einem Wasserkran. Die Wasserentnahme aus dem Brunnen erfolgt mittels Dampf von der Lokomotive." [109]

Diese Vorgaben in den Lenz-Normalien besaßen Gültigkeit für fast alle Kleinbahnen. Nicht erwähnt sind in den Normen die Gemeinschaftsbahnhöfe zwischen Klein-, Privat- und Staatseisenbahnen. Die gemeinsame Nutzung von Bahnhofsanlagen wurde in jedem Fall in Verträgen zwischen den beteiligten Eisenbahnunternehmen geregelt. Das Kleinbahngesetz gestattete den Klein-

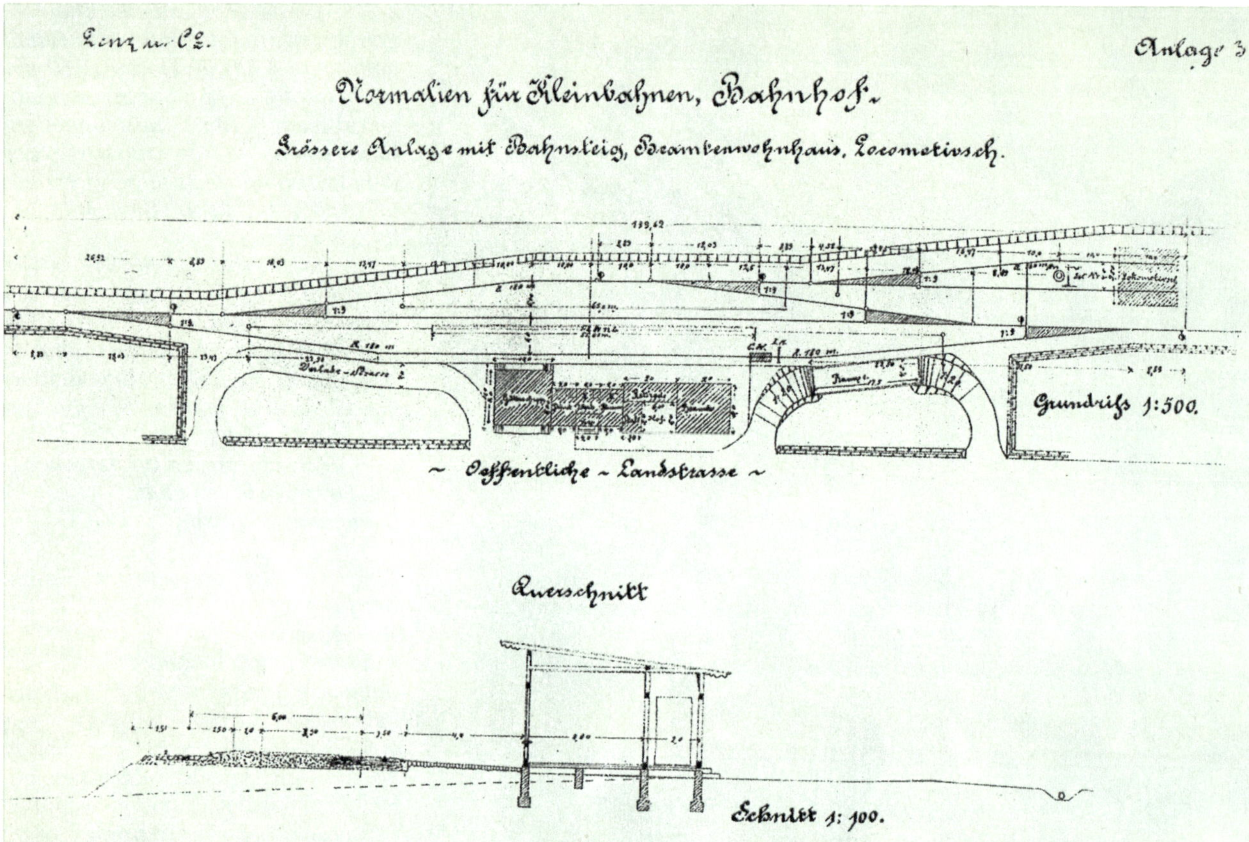
Lenz u. Co.
Anlage 3.
Normalien für Kleinbahnen, Bahnhof.
Grössere Anlage mit Bahnsteig, Beamtenwohnhaus, Locomotivsch.
Grundriss 1:500.
~ Oeffentliche ~ Landstrasse ~
Querschnitt
Schnitt 1:100.

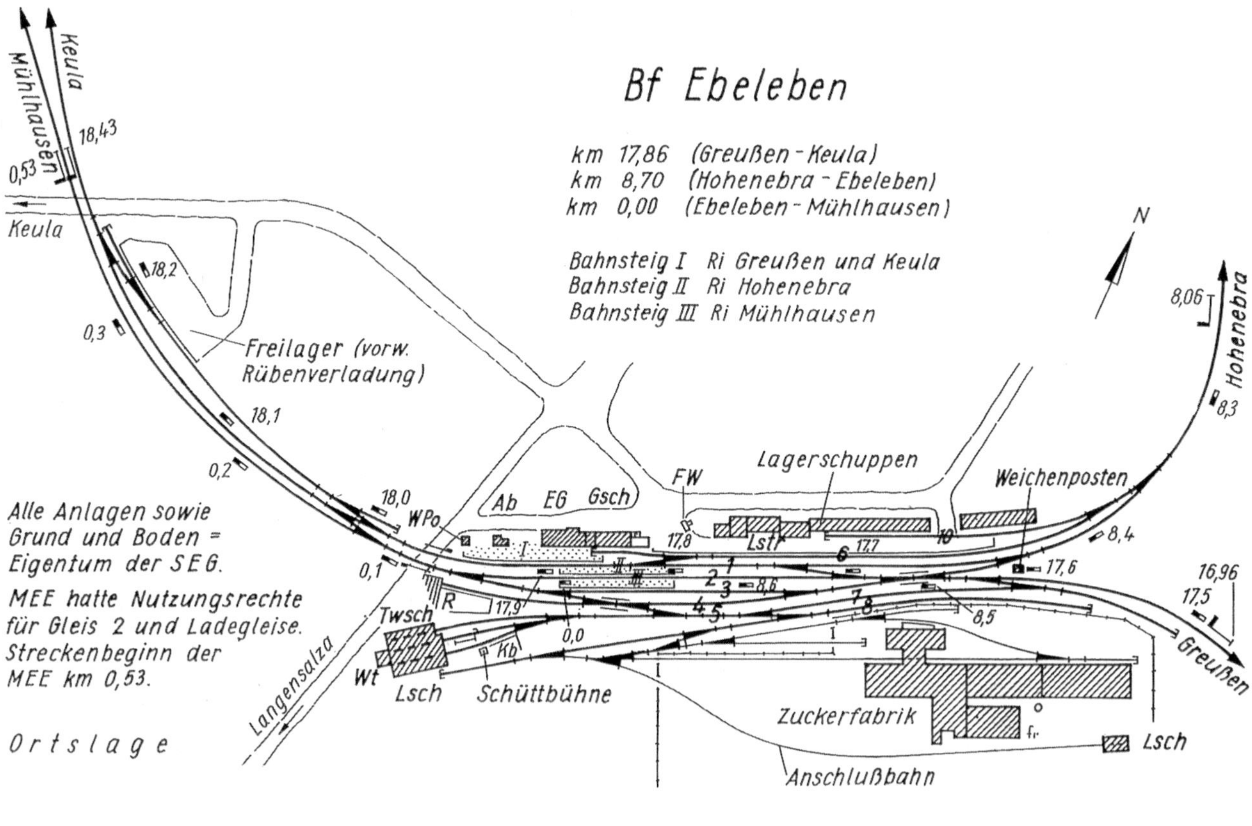

3.26. Lenz-Normalien, größere Anlage mit Bahnhof, Lokomotivschuppen und Wohnhaus.
Sammlung Dobbert
3.27. Bahnbetriebswerk Jerichow, heute noch selbständige Dienststelle im Rbd-Bezirk Magdeburg. Im Flachbau (vorn rechts) befanden sich früher die Garagen für die bahneigenen Omnibusse.
Foto Rammelt
3.28. Gleisplan des Bahnhofs Ebeleben, eines Knotenpunktes dreier Privatbahnen: Eigentümer der Anlagen war die Hohenebra-Ebelebener Eisenbahn; die Mühlhausen-Ebelebener und die Greußen-Ebeleben-Keulaer Eisenbahn hatten vertraglich vereinbarte Nutzungsrechte.
Zeichnung Fromm

bahnunternehmen nach § 29 den Anschluß ihrer Bahnen an Eisenbahnen, die dem Gesetz über Eisenbahnunternehmen vom 3. November 1838 unterstanden, falls die Zustimmung des Ministers der öffentlichen Arbeiten vorlag. Dieser entschied auch über die Lage und die Art des Anschlusses und über die zu leistende Vergütung für die Benutzung und Veränderung der Anlagen durch die Kleinbahnen.

Ab 1. April 1920 wurden die „Allgemeinen Bedingungen für die Einführung von Kleinbahnen in Staatsbahnhöfe" (AKleb) rechtskräftig. Diese Bedingungen hatten für alle Kleinbahnen unabhängig von der Spurweite Gültigkeit. Danach übernahm die Staatseisenbahn auf Kosten des Kleinbahnunternehmers die zur Einführung der Kleinbahn erforderlichen Arbeiten an ihren Anlagen, wozu u. a. der Einbau einer Einführungsweiche und die damit verbundenen Sicherungseinrichtungen zählten. Auf eigene Rechnung mußte die Kleinbahn alle übrigen Arbeiten auf dem vertraglich genutzten Eisenbahngelände selbst ausführen.

Die Benutzung von Grundstücken der Staatseisenbahn war nach § 6 der AKleb nur mit einer Anerkennungsgebühr zu vergüten. Waren Werkstätten, Lokomotivschuppen und Wohngebäude auf Staatsbahngelände errichtet, mußte die ortsübliche Pacht bezahlt werden. [104]

Die Kleinbahnen umgingen diese Zahlungen meist dadurch, indem sie

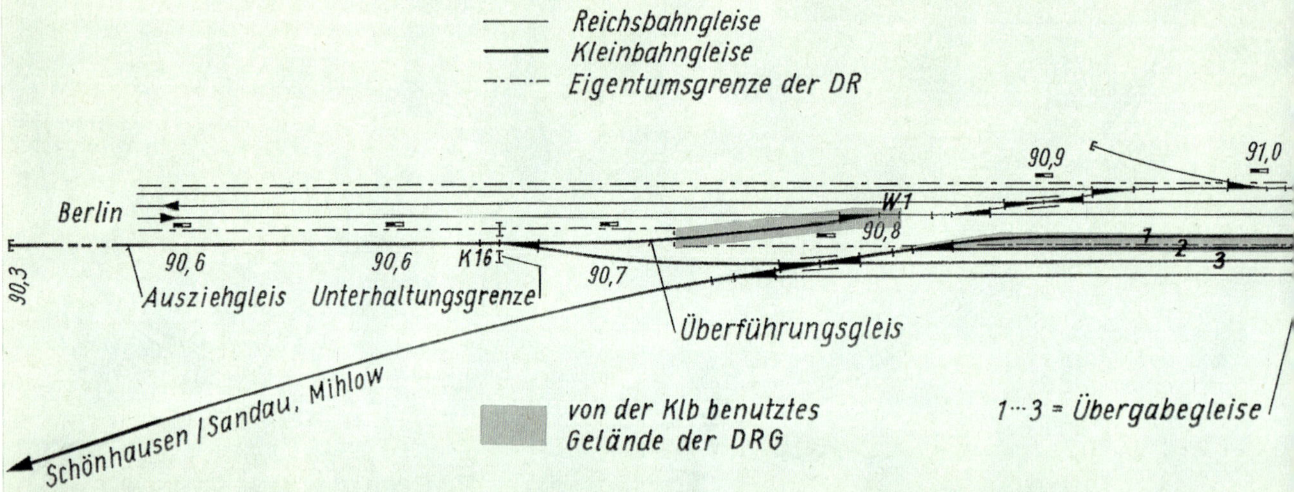

ihre Werkstätten und Lokschuppen auf eigenem Gelände einrichteten, so daß diese nicht immer an den betrieblich günstigsten Stellen lagen. Die Genthiner Kleinbahn hatte z. B. auf dem Bahnhof Genthin nur ein eigenes Empfangsgebäude, aber keine Unterstellmöglichkeit für eine Lokomotive. Die Betriebswerkstatt war auf dem Gelände der Kleinbahn in Jerichow errichtet worden. Andere Kleinbahnen hatten auf den Staatsbahnhöfen kein eigenes Empfangsgebäude, sondern lediglich eine Wartehalle oder Rampe wie z. B. die Rennsteig-Frauenwalder, Bergwitz-Kemberger und Obereichsfelder Kleinbahn.

Für die Bewachung und Bedienung der Einführungsanlagen berechnete die Staatseisenbahn nur die ihr daraus erwachsenden Mehrkosten: so für jeden zusätzlichen Wärter oder Weichensteller pro Jahr 3660 Mark.

Für die Unterhaltung eines Gleismeters betrug der Jahresfestsatz 50 Pfennig. Eine Preistabelle enthielt der § 11 der AKleb (Tabelle 3.5.).

Im § 12 der AKleb waren besonders zu berechnende Unterhaltungskosten aufgeführt. Dazu zählten u. a.:

- Kosten für außergewöhnliche Unterhaltungsarbeiten infolge Naturereignissen, z. B. Schneeverwehungen
- Materialkosten für die Unterhaltung der Gleise und Weichen
- Kosten für die bauliche Unterhaltung des Bahnkörpers und der mitbenutzten technischen Anlagen.

Die Betriebsleitung stand nach § 15 auf den von der Kleinbahn mitbenutzten Bahnhöfen nur der Staatsbahn zu. Der Wagenübergang wurde nach Rücksprache mit der Kleinbahn geregelt. Benutzte die Kleinbahn die Staatsbahngleise, galten ebenfalls die Betriebsvorschriften der Staatsbahn. Die Kleinbahnangestellten mußten die Anweisungen der zuständigen Bediensteten der

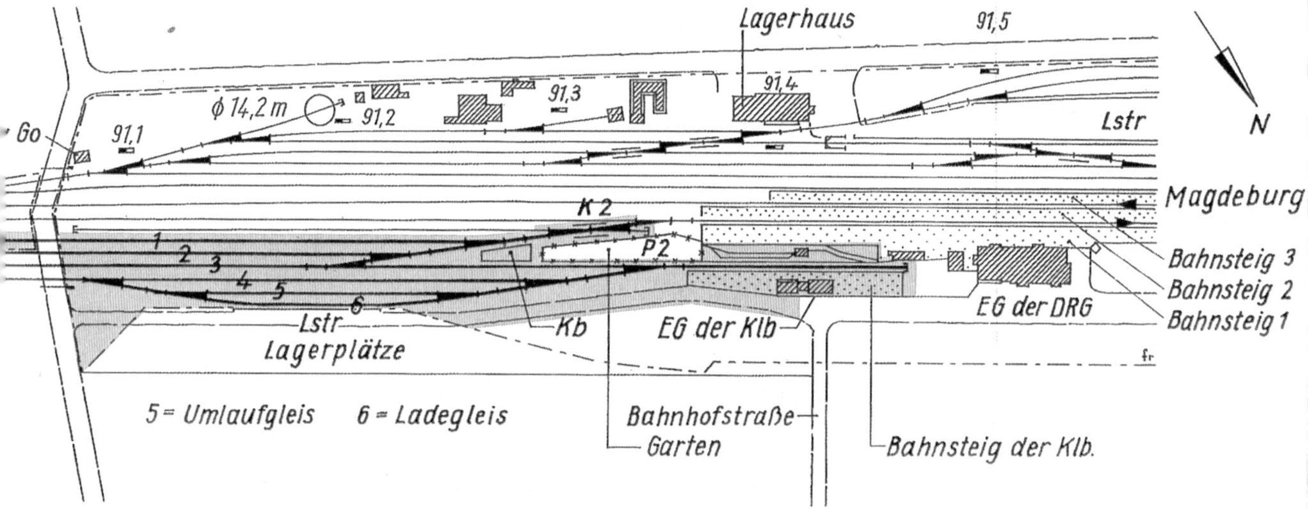

3.29. Gleisplan des Staatsbahnhofs und des Kleinbahnhofs Genthin in den dreißiger Jahren. Zeichnung Fromm

3.30. Das Empfangsgebäude der ehemaligen Genthiner Kleinbahn in Genthin im September 1985. Foto Rammelt

3.31. Ehemaliger Bahnhof Demmin Landesbahn im Jahr 1958; früher war es ein Gemeinschaftsbahnhof der Demminer Kleinbahnen Ost und West.
Foto G. Meyer

3.32. Auf den Hafengleisen Anklam – sie gehörten vor dem zweiten Weltkrieg zur Kleinbahn Anklam–Lassan – kamen nach der Demontage dieser Bahn nur noch Wagen der ehemaligen Mecklenburg-Pommerschen Schmalspurbahn an. Diese Aufnahme entstand im Oktober 1958.
Foto G. Meyer

Staatsbahn befolgen, anderenfalls konnte der Kleinbahner auf Verlangen der Staatsbahn aus dem Betriebsdienst entfernt werden. [106]

Die Pauschalvergütung und Bestimmungen für die Einführung von Kleinbahnen in Staatsbahnhöfe sollen an Hand des zwischen der DRG und der Genthiner Kleinbahn A.-G. im August 1935 abgeschlossenen Nutzungsvertrages über den Bahnhof Genthin erläutert werden. Dieser Vertrag beruhte auf dem bereits am 12./19. Oktober 1900 ausgehandelten Kleinbahneinführungsvertrag nebst den verschiedenen Nachträgen. Der neue Abschluß wurde durch eine Reihe betrieblicher Veränderungen erforderlich.

Im § 1 gestattete die DRG der Kleinbahn die Einführung ihrer Gleise in den Reichsbahnhof Genthin. Die gesamten Einführungsanlagen waren Eigentum der Kleinbahn, die auch für die Kosten allein aufkommen mußte. Für das dafür genutzte Gelände der DRG mit einer Gesamtausdehnung von 8350 m² mußte eine jährliche Anerkennungsgebühr von 167,00 RM gezahlt werden. Weitere Kosten entstanden der Kleinbahn für das gemeinsam genutzte Stellwerk Go, wo die Stellhebel für die Weiche 1 und die Gleissperre 4 eingebaut waren, die vom DRG-Angestellten bedient wurden. Für die Nutzung mußten anteilmäßig zwei Achtzehntel vom Einheitswert und etwa 6 Prozent, das entsprach 60,00 RM, gezahlt werden. Die Bewachung belastete die Kleinbahn mit „1/21" Wärter und die Bedienung mit „3,5" Wärter, zusammen 1887,81 RM pro Jahr.

Die Unterhaltung der in Bild 3.29. gekennzeichneten Weichen kostete die Kleinbahn 117,00 RM. Auch die Beleuchtung der Weichen im Übergangsbereich oblag der DRG und belastete die Kleinbahn mit 85,00 RM. Weitere Kosten mit 327,00 RM entstanden durch Mitbenutzung einer Schrankenanlage. Für das Gangbarhalten und Schmieren von Sicherungsanlagen wurden berechnet:

2 Stellhebel für Weichen	40,00 RM
5 Umlenkrollen	5,00 RM
346 m Doppeldrahtzugleitung	27,30 RM
220 m eiserne Kanäle	66,00 RM
1 Fernsprechapparat	26,00 RM
1 Wecker im Stellwerk Go	1,50 RM
1 Schienenstromschließer	22,00 RM
300 m zweiadriges Kabel vom Schienenstromschließer zum Kabelhaus	12,00 RM
an sonstigen Vergütungen	261,00 RM
Mietzins für Inanspruchnahme von Flächen für Anlagen des Lokomotiv- und Bahnhofsunterhaltungsdienstes sowie des Ortsgüterverkehrs und für Wohnzwecke 2 357 m^2 je 0,08 Mark	188,56 RM.

Insgesamt hatte die Genthiner Kleinbahn A.-G. für die Benutzung des Staatsbahnhofs Genthin an die DRG 3 293,20 RM zu zahlen. Der Betrag war in vierteljährlichen Raten von 823,30 RM bei der Bahnhofskasse Berlin, Anhalter Personenbahnhof, fällig.

Neben den laufenden Vergütungen enthielt der Vertrag auch betriebliche Regelungen. Die DRG war danach für die Beförderung der Wagen zu den im Lageplan mit 1 und 3 bezeichneten Gleisen zuständig, die Weiterbeförderung bzw. das Bereitstellen von Wagen zur Abholung auf dem Gleis 2 war Sache der Kleinbahn. Gleichzeitig mit der Übergabe endete die Haftung für die Güter durch die DRG. Es genügte laut Vertrag die Feststellung der ordnungsgemäßen Wagenladungen durch einen DRG-Bediensteten. [107]

Neben den Gemeinschaftsbahnhöfen zwischen Klein- und Staatsbahn bestanden Gemeinschaftsbahnhöfe zwischen verschiedenen Klein- und Privateisenbahnen. Einen solchen Vertrag schloß die Süddeutsche Eisenbahn Gesellschaft (SEG) mit der Centralverwaltung für Sekundärbahnen Herrmann Bachstein im Oktober 1901 über die gemeinsame Benutzung des Bahnhofs Ebeleben ab.

Dieser Bahnhof gehörte der SEG, wurde aber infolge eines vorher abgeschlossenen Nutzungsvertrages zwischen der SEG und der Lenz & Co. zugleich von der Mühlhausen-Ebelebener Eisenbahn benutzt. Die Firma Bachstein führte im Auftrag der SEG den Betrieb auf der Hohenebra-Ebelebener Eisenbahn (HEE) und hatte gleichzeitig die Konzession für den Bau einer Eisenbahn von Greußen über Ebeleben nach Keula erhalten. Nach § 1 des zwischen Bachstein und der SEG abgeschlossenen Nutzungsvertrages durfte die neue Eisenbahn den Bahnhof Ebeleben mitbenutzen. Die Kosten für den Ausbau des Bahnhofs Ebeleben mußte die Centralverwaltung tragen. Alle Pläne, die die Erweiterung des Bahnhofs Ebeleben betrafen, hatte Herrmann Bachstein der SEG zur Zustimmung vorzulegen. Nach § 4 wurde mit dem Tag der Betriebseröffnung der Greußen-Ebeleben-Keulaer-Eisenbahn (GEKE) oder einer Teilstrecke, die der SEG gehörende HEE und die zur Centralverwaltung für Sekundärbahnen Herrmann Bachstein gehörende GEKE zu einer Betriebsgemeinschaft verbunden. [108]

Weitere Gemeinschaftsbahnhöfe bestanden beispielsweise in Anklam (Mecklenburg-Pommersche Schmalspurbahn und Anklam-Lassaner Kleinbahn), in Mittenwalde (Königs Wusterhausen-Mittenwalde-Töpchiner Kleinbahn und Neukölln-Mittenwalder Eisenbahn), in Nauen (Kleinbahn Rathenow–Senzke–Nauen und Osthavelländische Kreisbahnen), in Damme (Kreisbahn Schönermark–Damme und Prenzlauer Kreisbahn) sowie in Pritzwalk (Staatseisenbahn, Prignitzer Eisenbahn und Ostprignitzer Kreiskleinbahnen).

3.3. Bahnkörper und Oberbau

Bei der Projekterarbeitung war die größte Aufmerksamkeit auf den Oberbau zu richten. Hatte man sich für Regelspur entschieden, mußte geprüft werden, ob Hauptbahnwagen übergehen sollten.

Schon vor der Verabschiedung des Kleinbahngesetzes wurden bei den Eisenbahnen untergeordneter Bedeutung verschiedene Oberbauformen angewandt, die sich in der Praxis nicht durchsetzten. Die Rheinischen Stahlwerke lieferten 1878 für die Feldabahn den sogenannten Hartwich-Oberbau, der vom Geheimen Oberbaurat Hartwich für Hauptbahnen konstruiert war, sich dort aber nicht bewährt hatte. Dieser Oberbau, der außer bei der Feldabahn bei den Stuttgarter und Münchner Straßenbahnen zum Einsatz kam, hatte zwischen den Schienensträngen im Abstand von zwei Metern stählerne Querverbindungen (Spurhalter). Aus diesem Grund zeichnete sich die Hartwich-Schiene durch einen sehr hohen Steg (bis 185 mm) aus. Die Fachleute sagten dem Oberbau einen zu schmalen Schienenfuß und mangelhafte Verlaschung nach. Deshalb entschloß man sich (zur Verbesserung des stumpfen Stoßes bei der Feldabahn), an den Stoßstellen Eichenschwellen von 2 m Länge und 200 mm × 150 mm Querschnitt einzubauen. Als Auflage im Chausseekörper diente für die Schiene eine 150 mm dicke, gerammte Basaltpacklage, auf die noch eine aus Kies bestehende Schotterlage kam. Die Schiene war beiderseitig bis zum Kopf mit Kies verfüllt und dieser wiederum fest verstampft. Nach 15jährigem Betrieb hat man unter die Schienenmitte an Neigungsstellen und in Kurven zusätzlich Kiefernschwellen eingebaut.

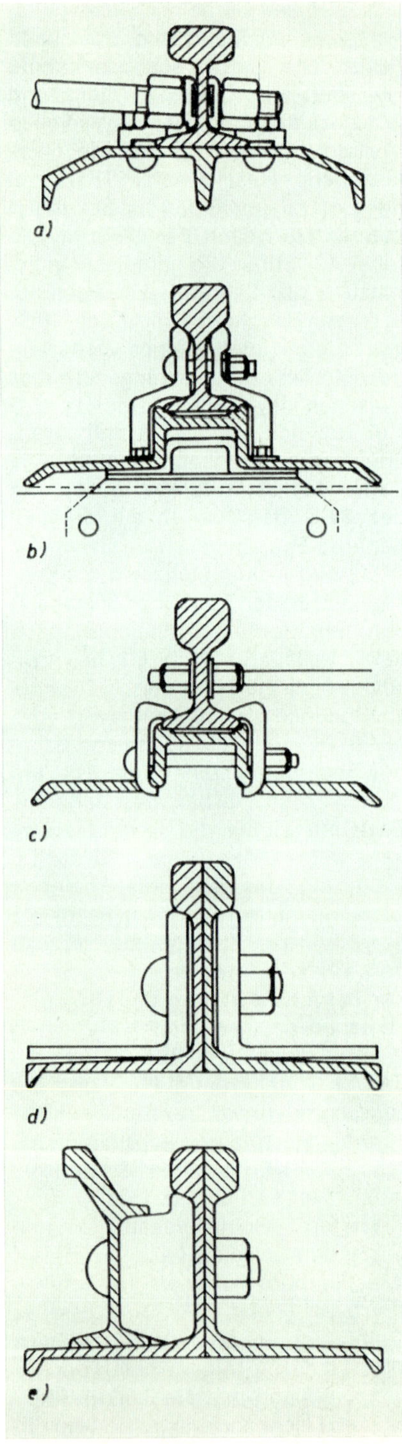

3.33. Formen des Langschwellen-Oberbaus bei Privatbahnen: Zeichnungen Rammelt
3.33.a. Hilfscher Langschwellen-Oberbau mit Spurstange.
3.33.b. Haarmannscher Langschwellen-Oberbau mit Schienenverbindungslaschen.
3.33.c. Haarmannscher Langschwellen-Oberbau mit Schienenbefestigungsklammern und Spurstange.
3.33.d. Haarmannscher Schienenschwellen-Oberbau mit zweiteiliger Schiene für die freie Strecke.
3.33.e. Haarmannscher Schienenschwellen-Oberbau mit Leitschiene für den Einbau im Straßenoberbau.

Ein anderer, heute weitgehend in Vergessenheit geratener Oberbau war der eiserne Langschwellen-Oberbau nach Hilf. Er wurde noch in den siebziger Jahren des vorigen Jahrhunderts bei den Staatsbahnen, aber auch bei privaten Nebenbahnen wie der Ruhlaer Eisenbahn und auf der Strecke Eisenberg–Crossen eingebaut. Bei der 8,6 km langen Eisenberg-Crossener Eisenbahn wurden auf einer Länge von 5,2 km die Hilfschen Langschwellen verlegt; nur in den Bahnhofsbereichen Eisenberg und Crossen lag gewöhnlicher Querschwellen-Oberbau. An den Stoßstellen waren die 7 m langen Schienen zusätzlich durch Querschwellen verbunden, ansonsten befand sich zwischen zwei Stoßstellen lediglich ein Spurhalter. In einem Abstand von 860 mm wurden die Schienen mit Hilfe von Schrauben und sogenannten Deckplättchen auf den gewalzten Langschwellen befestigt.

Bei den genannten Nebenbahnen ist der Oberbau um die Jahrhundertwende gegen einen stabileren Quer-

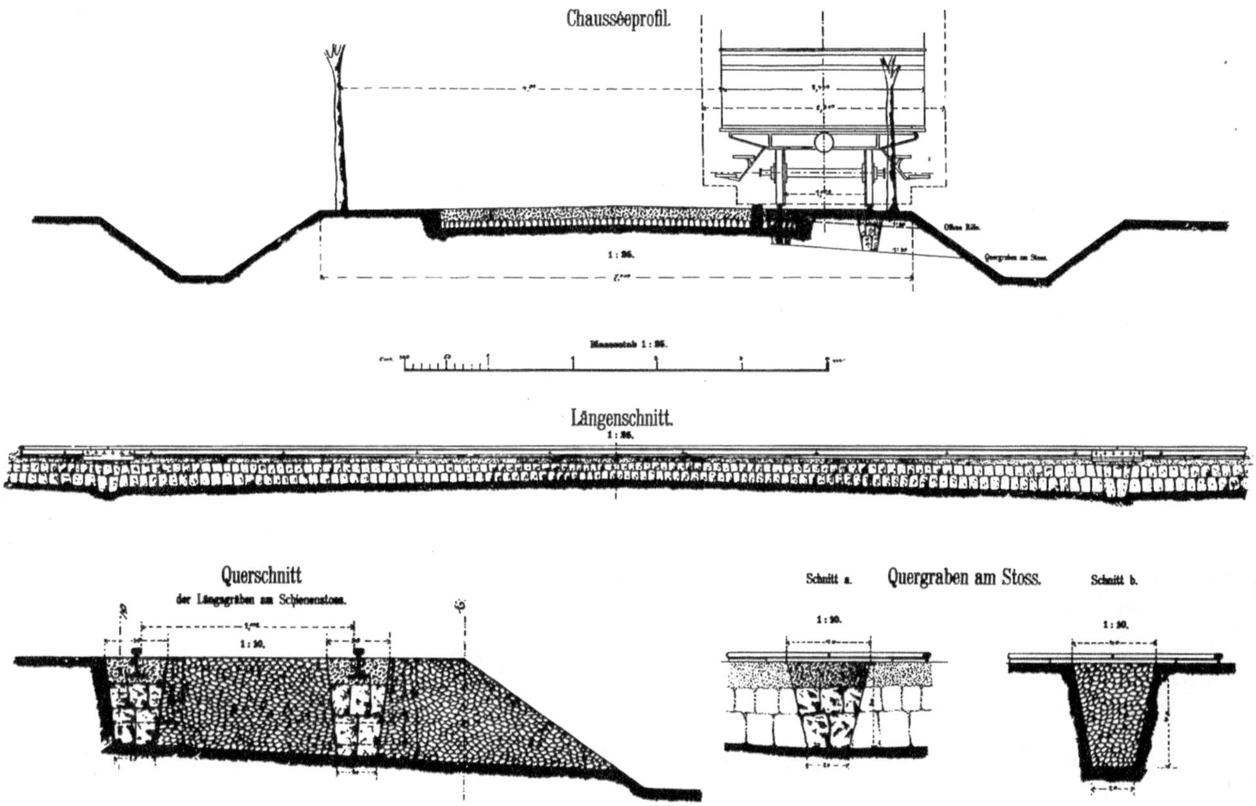

3.34. Hartwich-Oberbau für Straßenstrecken mit 1000 mm Spurweite.
Staatsarchiv Gotha

schwellen-Oberbau ausgewechselt worden.

Der Gedanke eines langhaltenden kostengünstigeren Langschwellen-Oberbaus hielt sich noch verhältnismäßig lange. So erprobten die Osnabrücker Eisen- und Stahlwerke 1878 auf zwei Probestücken der Hannoverschen Staatsbahn einen von August Haarmann entwickelten Langschwellen-Oberbau. Gegenüber der Hilfschen Konstruktion sollte er eine bessere Kräfteverteilung auf die Bettung ermöglichen. In verschiedenen Modifikationen wurde der Haarmann-Oberbau u. a. in den Jahren 1883 und 1887 auf den Strecken von Gehren nach Großbreitenbach (einem Teilstück der Ilmenau-Großbreitenbacher Eisenbahn), von Hohenebra nach Ebeleben und von Weimar über Berka nach Blankenhain bzw. Tannroda bevorzugt. Auf den genannten Strecken wurden ebenfalls nur die Teilstrecken auf den Chausseestrecken mit Langschwellen ausgerüstet, während die Bahnhofsbereiche von Anfang an Querschwellen-Oberbau besaßen.

Bei der Haarmannschen Konstruktion befestigte man die Schienen mit Stahlklammern und Schraubenbolzen auf den Langschwellen. Die beiderseits der Schienen angebrachten Stahlklammern hakten in die Langschwellen ein, wurden über die Schraubenbolzen zusammengezogen und dadurch die Schienen fest auf die Langschwellen gepreßt. Die Stoßstellen waren durch besonders angepaßte Querschwellen und Stahllaschen gesichert; außerdem hatten die 7,5 m langen Schienen zwischen zwei Stoßstellen zusätzlich noch einen Spurhalter.

Als leitender Angestellter bei den Osnabrücker Eisen- und Stahlwerken erwarb sich August Haarmann in Oberbaufragen einen guten Ruf. Aus diesem Grund baute die Centralverwaltung für Sekundärbahnen Herrmann Bachstein auf der Arnstadt-Ichtershausener Eisenbahn erstmals den von Haarmann neu entwickelten Schienenschwellen-Oberbau ein. Dieser Oberbau bestand aus einer zweiteiligen symmetrischen Schwellenschiene, die im Abstand von

3.35. Ein Stück einer Haarmann-Schiene 1985 als Absperrung beim Anschluß Chemieanlagenbau in Arnstadt Ost Foto Dürlich

178 mm miteinander verschraubt war. Als besonders vorteilhaft sollte sich dabei der zwischen den zwei Schienen versetzt verlaschte Stoß zeigen. Die Strecke Arnstadt–Ichtershausen wurde auf der gesamten Länge mit den Haarmannschen Schwellenschienen ausgestattet; auf der 800 m langen Ortsdurchfahrt Ichtershausen hatte die Straßendecke sogar eine Leitschiene.

Alle genannten Oberbauformen wurden von 1900 bis 1908 in Thüringen gegen schwereren Querschwellen-Oberbau ausgewechselt.

Im Kleinbahngesetz waren keine Anhaltspunkte für die Ausführung des Oberbaus enthalten. Erst die Ausführungsbestimmungen vom 19. November 1892 berücksichtigten technische Belange. Sie waren in der Ausführungsanweisung vom 13. August 1898 nochmals unter § 9 aufgeführt. Danach war die Ausstellung der Genehmigungsurkunde an folgende Bedingungen bezüglich des Oberbaus geknüpft:

- Sofern Querschwellenoberbau angewandt wird, soll das Mindestgewicht der Schienen 9,5 kp pro Meter betragen.
- Bei einer Spurweite von 0,600 m soll der kleinste Krümmungshalbmesser 30 m betragen.

Diese mageren Angaben wurden durch die „Bau- und Betriebsvorschriften für nebenbahnähnliche Kleinbahnen mit Maschinenbetrieb“ vom 15. Januar 1914 ergänzt. Danach durfte die Spurerweiterung in Krümmungen bei 1435 mm – 35 mm, 1000 mm – 25 mm, 750 mm – 20 mm und bei 600 mm – 18 mm nicht überschreiten. Konkretere Angaben enthielten die Bau- und Betriebsvorschriften (Normalien) von Lenz & Co.:

„Jede Schiene des Gleises wird mit Rücksicht auf die Art ihrer Unterstützung so stark gewählt, daß die Tragfähigkeit der Schienen der vorkommenden größten Radbelastung bei der größten zulässigen Fahrgeschwindigkeit entspricht. Hiermit kommen zur Anwendung:

a) bei Vollspurbahnen
mit Übergang der Betriebsmittel der Hauptbahn und 5000 kg größtem Raddruck, 30 km größter Geschwindigkeit Staatsbahnprofil V mit 24,39 kg für das lfd. m

b) bei Schmalspur mit 100 cm Spur:
1. mit 3000 kg größtem Raddruck und 30 km größter Geschwindigkeit Profil 15ª von Krupp mit 15,5 kg für das lfd. m.
2. mit 2500 kg größtem Raddruck und 30 km größter Geschwindigkeit Profil 12ª von Krupp mit 12,5 kg für das lfd. m.

c) bei Schmalspur mit 75 cm Spur:
1. mit 3000 kg größtem Raddruck mit 25 km größter Geschwindigkeit Profil 15ª von Krupp mit 15,5 kg Gewicht für das lfd. m.
2. mit 2500 kg größtem Raddruck und 25 km größter Geschwindigkeit Profil 12ª von Krupp mit 12,5 kg Gewicht für das lfd. m.

d) bei Schmalspur mit 60 cm Spur:
1. mit 2500 kg größtem Raddruck und 20 km größter Geschwindigkeit Profil 12ª von Krupp mit 12,5 kg für das lfd. m.
2. mit 1500 kg größtem Raddruck und 20 km größter Geschwindigkeit Profil 10 von Krupp und 10 kg für das lfd. m.

Die gegenseitige Lage der Schienen erfolgt gemäß § 7 der Grundsätze, jedoch wird von einem Auflaufen der Spurkränze auf den Außenschienen in Krümmungen Abstand genommen. Sämtliche Spurweiten erhalten (bis auf besondere Ausnahmen) Querschwellen-Oberbau mit hölzernen Schwellen, und zwar entweder rohen eichernen oder imprägnierten kiefernen und schwebenden Stoß. Die Schwellen werden ungekappt verwendet und auf sämtlichen Schwellen die Schienen mit geneigten Unterlagsplatten und Hakennägeln befestigt. Auf den Mittelschwellen kommen 2lochige, auf den Stoßschwellen 3lochige Platten in Verwendung. Die Stoßverbindung wird durch kräftige Winkellaschen bewirkt, welche von Außenkante bis Außenkante Unterlagsplatte der Stoßschwellen reichen und mittels Ausklinkungen und Hakennägeln mit den Unterlagsplatten und den Stoßschwellen fest vernagelt sind, so daß hierdurch eine Stoßbrücke gebildet, die volle Tragfähigkeit der Laschen ausgenutzt und außerdem in wirksamster Weise das Wandern der Schienen vermieden wird.“ [109]

Für die erste Zeit des Kleinbahnbaus konnten diese Vorgaben als ausreichend bezeichnet werden. Manche Bahnen glaubten allerdings, mit wesentlich leichterem Oberbau auskommen zu können. Die Mecklenburg-Pommersche Schmalspurbahn verwendete zuerst von einer Feldbahnanlage übernommene Schienen mit einem Metergewicht von nur 6,8 kp. Die Schwellen von

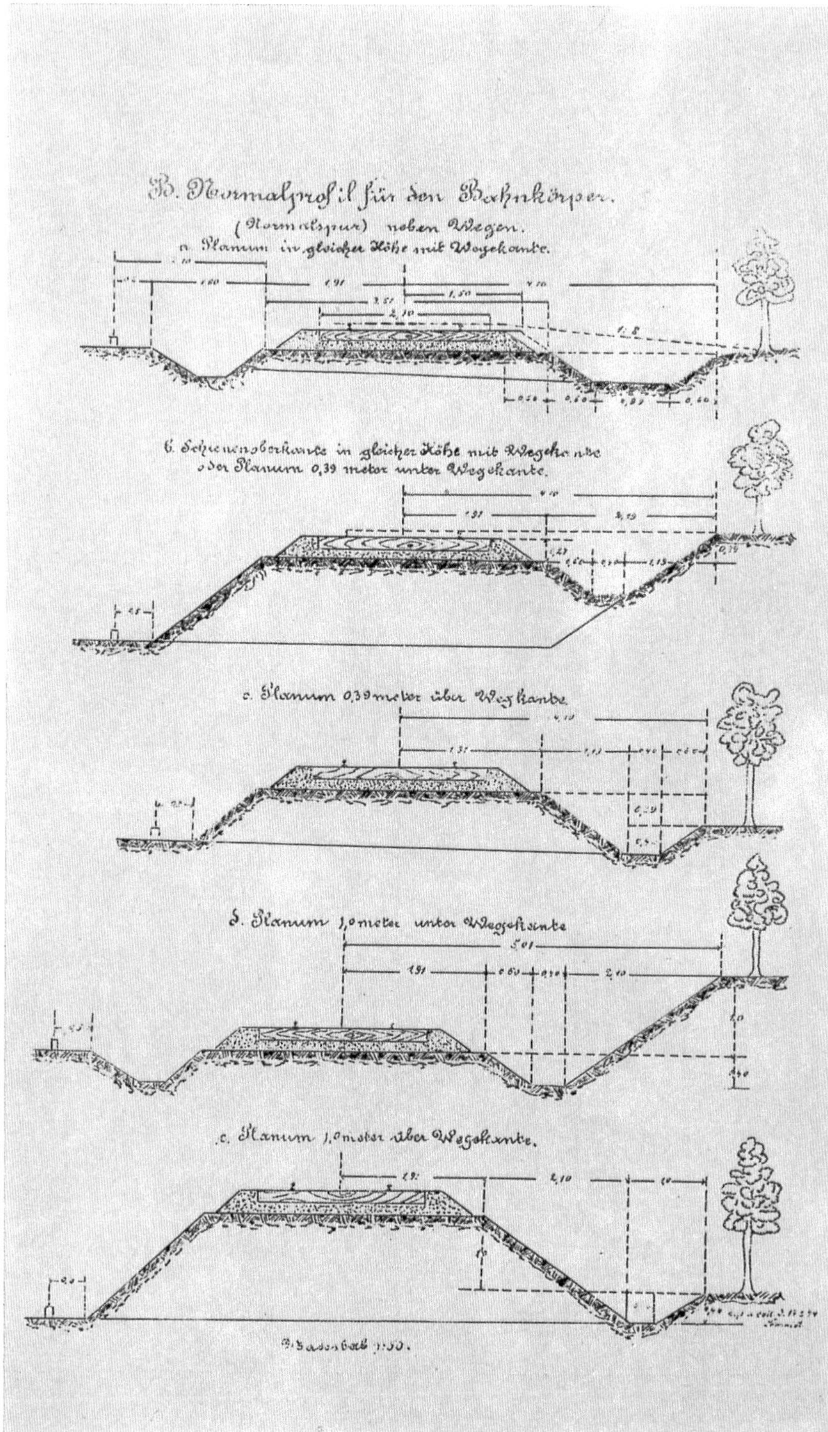

3.36. Lenz-Normalien, Bahnkörper für 1435 mm Spurweite. Sammlung Dobbert

1 m Länge und 80 mm × 160 mm Querschnitt faulten bereits während einer dreijährigen Liegedauer und mußten ausgewechselt werden. Die Schienen erwiesen sich als zu schwach, so daß man für den weiteren Ausbau Schienen mit einem Metergewicht von 8 kp wählte, die sich ebenfalls nicht bewährten. Erst der Einbau von 10-kp/m-Schienen entsprach der in den Ausführungsbestimmungen vom 19. November 1892 vorgeschriebenen untersten Grenze von 9,5 kp/m. Daß dieser Oberbau immer noch nicht den Bedürfnissen entsprach, ist einer Besprechung vom März 1895 zu entnehmen:

„Der Oberbau ist in Bezug auf den Kostenpunkt der bedeutendste, in Bezug auf die Sicherheit des Betriebes der einflußreichste Theil einer Bahnanlage. Daß man der zweiten Hälfte dieses Satzes bei den Mecklenburg-Pommerschen Schmalspurbahnen nicht genügend Beachtung geschenkt hat, ist oben bei der Besprechung des Oberbaues bereits bemerkt worden. Verdrückungen des Gleises, mannigfache Betriebsstörungen und schließlich hohe Unterhaltungskosten sind denn auch in Folge dieses Mißgriffes nicht ausgeblieben. Ein guter solider Unterbau mit Kies oder Steinschotterbettung und bei Querschwellen-Oberbau die Anwendung einer 15 bis 18 kg/m schweren Schiene mit schwebendem Stoß dürfte sich für 600 mm weite Kleinbahnen, welche für den öffentlichen Personen- und Güterverkehr bestimmt sind, nicht minder nothwendig erweisen, als für Kleinbahnen mit 750 mm und 1 000 mm Spurweite. Daß unter diesen Umständen eine Kleinbahn nicht für 10 000 bis 11 000 Mark hergestellt

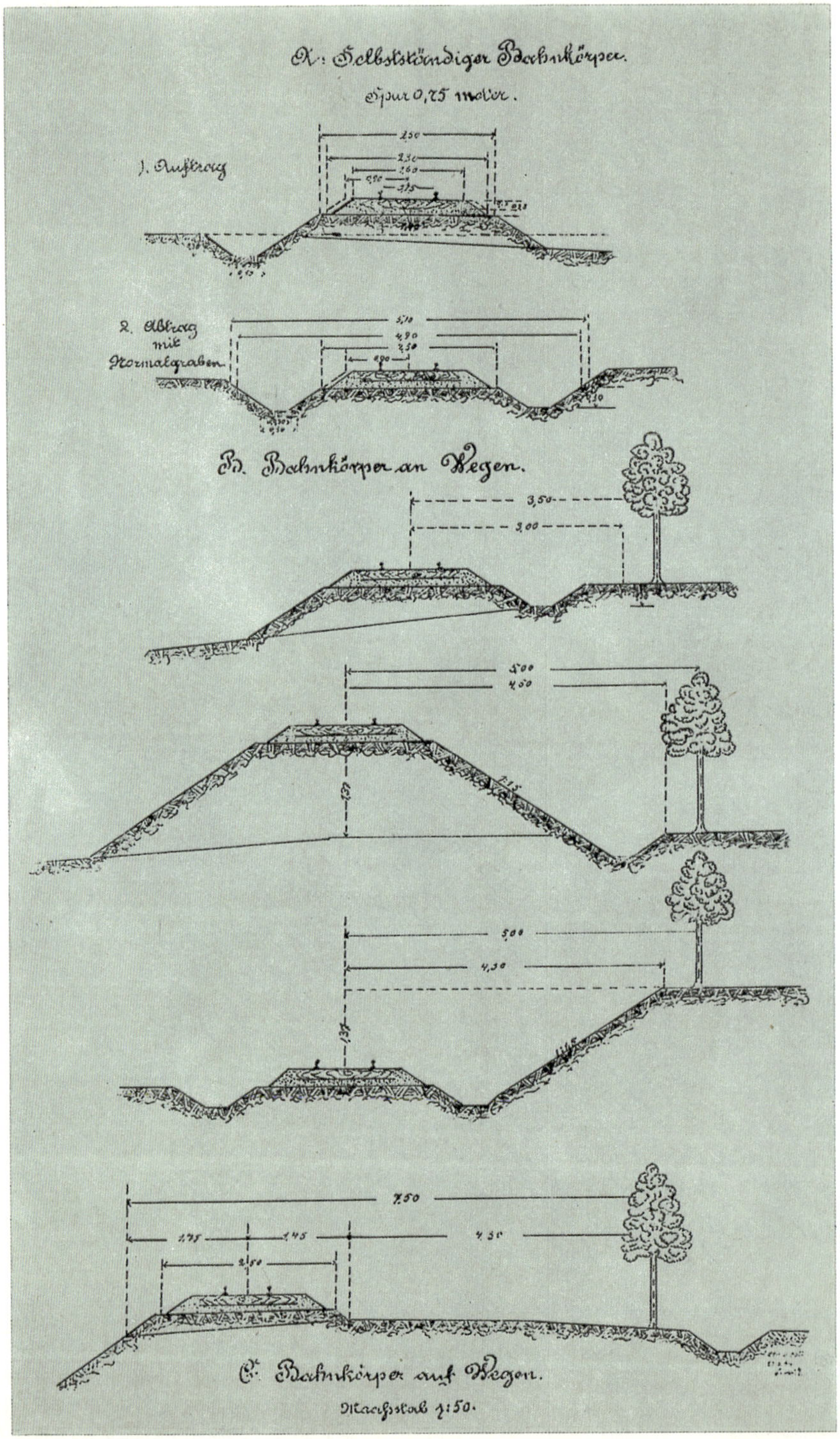

3.37. Lenz-Normalien, Bahnkörper für 750 mm Spurweite. Sammlung Dobbert

werden kann, wie es wiederholt in die Welt hinausposaunt worden ist, ergibt sich von selbst." [110]

Bei den meisten Bahnen wurden die sogenannte Breitfuß- oder Vignoles-Schiene verwendet. Der breite Fuß mußte die Seitenkräfte aufnehmen, die die Schiene umzukanten und die Befestigungen zu lokkern versuchten. Die Stegbreite wurde durch Versuche ermittelt und mit 6 mm für ausreichend erklärt; gewählt wurden anfänglich 10 mm bis 11 mm und später 14 mm. Die in Preußen vor und nach der Jahrhundertwende gebauten regelspurigen Kleinbahnen richteten sich nach der bei den Staatseisenbahnen zulässigen Achsfahrmasse für die übergehenden Wagen. Diese wurde bei fast allen Kleinbahnen mit 12 t als ausreichend eingeschätzt. Damit entsprachen diese Bahnen den am 7. Mai 1900 veröffentlichten Wagenübergangsbedingungen. In den im Frühjahr 1923 von der Deutschen Reichseisenbahn verabschiedeten „Allgemeinen Bedingungen für die gegenseitige Benutzung von Güterwagen zwischen der Deutschen Reichsbahn und anschließenden, nicht dem allgemeinen Verkehr dienenden Eisenbahnen" wurde wieder eine Achsfahrmasse von 12 t als Vorbedingung für den Wagenübergang festgelegt.

Die meisten Kleinbahnen verwendeten den preußischen Oberbau Form V mit einem Schienengewicht von 24,4 kp/m. Mit der Einführung von Großraumwagen ab 1925 bereitete die DRG den Klein- und Privatbahnen Kopfschmerzen, da diese Wagen eine Achsfahrmasse von 16 t hatten. Die kurzfristige Umrüstung auf den Oberbau S33 oder die preußische Form 6 hätte die deutschen Klein- und Privatbahnen bei einer

3.38. Die Kleinbahn des Kreises Jerichow I hatte auf der Dorfstraße in Grabow Rillenschienen.
Foto Laursen
3.39. Kiesbettung der ehemaligen Altmärkischen Kleinbahnen in der Ausfahrt Badel, Richtung Beetzendorf im Jahr 1983.
Foto Rammelt

Gesamtstreckenlänge von rund 6700 km an reinen Materialkosten ungefähr 134 Millionen RM gekostet. Für die schnellste Lösungsvariante wurden eine Verstärkung des vorhandenen Oberbaus durch zusätzlich eingezogene Schwellen und nur an Steigungen sowie starken Krümmungen der Einbau stärkeren Oberbaus vorgeschlagen. [111]

Nach der Kleinbahnstatistik für das Jahr 1920 besaßen nur vereinzelte Bahnen einen stärkeren Ober-

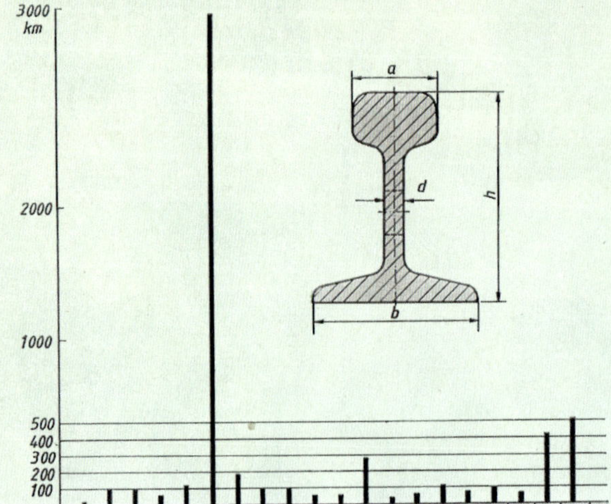

Gewicht in kg/m	23,3	23,8		24	24,1	24,4	25	25,7	26	27,3		27,6	28,5	29	30			30,2	31,16	mehr
Kopfbreite a in mm	50	53			55	53	49,5	56	58		52	58	53	58		57	58			
Fußbreite b in mm	90		95		90		94,5	96	84	86	98	100	90	85	105	108	104	95	105	
Stegstärke d in mm	9	10			9	10	9,5	10			11	10	9	10						11
Höhe h in mm	110	113		100	115			116	110	120		115	125	130	125	128	129	125	129	134
Widerstandsmoment in cm³		96			98,5	96,7	102	106,4	89	104	110,5	111,6	112	125,4	129		130	117	134,1	154

3.40. Abmessungen und anteilmäßige Verteilung der bei Kleinbahnen gebräuchlichsten Schienenformen. Eisenbahnwesen. VDI-Verlag 1925

bau. Als vorbildlich galt der Oberbau der Niederbarnimer Eisenbahn, der durchgehend mit Vignoles-Schienen von 31 kp/m ausgerüstet war. Weitere Bahnen mit stärkerem Oberbau waren die Teltower Hafenbahn mit durchgehend 30-kp/m-Schienen, die Torgauer Hafenbahn mit durchgehend 31,63-kp/m-Schienen, die Langensalzaer Kleinbahn mit 37,33-kp/m-Schienen und die Obereichsfelder Kleinbahn mit 42-kp/m-Schienen. Ein anderes Bild zeigte sich bei der Neukölln-Mittenwalder Eisenbahn, wo folgende Vignoles-Schienen eingebaut waren [112]:

V 24,4 kp/m auf . . . . 37,38 km
V 30 kp/m auf . . . . 3,99 km
V 28 kp/m auf . . . . 3,31 km
V 33,4 kp/m auf . . . . 1,21 km

Hinzu kamen 150 m Rillenschienen mit 58 kp/m in Straßenlage.

Um den höheren Belastbarkeiten gerecht zu werden, schlug Semke, einen Oberbau mit einer Schiene von 33,4 kp/m Gewicht vor (Tabelle 3.6.). Doch von diesen Idealwerten konnte bei fast keiner Kleinbahn ausgegangen werden, zumal bei Gleiserneuerungen zumeist gebrauchte, von der Staatsbahn ausrangierte Schienen eingebaut wurden.

Bei den 1949 von der Deutschen Reichsbahn übernommenen Bahnen war man häufig von alten Oberbauformen abgekommen. Trotzdem ist der Zustand sehr schlecht gewesen. Neben der Oberbauform 6 war der bei der DR übliche Oberbau mit Schienen der Form S 49 vertreten.

3.4. Hoch- und Kunstbauten

Zu den Hochbauten zählen die zum Betrieb, zur Bahnaufsicht, zur Bahnunterhaltung und für Wirtschaftszwecke erforderlichen Gebäude. Die Bahnhofsgebäude waren entsprechend ihrer funktionellen Bedeutung nach dem Gesichtspunkt höchster Sparsamkeit errichtet. Prachtbauten, wie sie die alten Privateisenbahnen oder die Staatseisenbahnen errichteten, sucht man bei den Klein- und Privatbahnen vergebens. Lediglich bei einigen Bahnhöfen findet man an Bahnsteigen eine Überdachung. Nach den einschlägigen Vorschriften mußten die Unternehmer die Gebäude und Anlagen der Bahnen den Erfordernissen des Betriebes anpassen und gegebenenfalls erweitern. In der Regel stellte sich erst später unter den Betriebsbedingungen heraus, ob und wo Erweiterungen erforderlich wurden. Die Haltepunkte, teilweise auch die kleineren Haltestellen, waren nur mit einer Wartehalle ausgerüstet. In den Lenz-Normalien werden diese als Wellblechbude bezeichnet. Größere Haltestellen und alle Zwischen- und Endbahnhöfe hatten ein Empfangsgebäude.

Diese Gebäude mußten mehrere Funktionen übernehmen. Neben den betrieblichen Erfordernissen wie Fahrkartenverkauf, Aufbewahrung von Stückgut, Unterstellmöglichkeit und teilweise auch die Bewirtung der Reisenden dienten sie als Wohngebäude für den Stationsvorsteher, den Bahnmeister oder eines den Bahnhof verwaltenden Agenten. Die Dienstwohnungen befanden sich in den meisten Fällen in den Obergeschossen, während im Dachgeschoß noch Kammern für die Betriebsarbei-

***3.41.* Lenz-Wellblechbude der 1945 stillgelegten Demminer Kleinbahn West in Neuenhagen am 30. Juni 1967.**
Foto G. Meyer
***3.42.* Haltestelle Seelvitz mit Wartehalle, Rügensche Kleinbahn im August 1982.**
Foto Rammelt
***3.43.* Empfangsgebäude Bad Saarow-Pieskow mit sich anschließender Bahnsteigüberdachung. Frühere Kreisbahn Beeskow–Fürstenwalde.**
Foto Rammelt

ter ausgebaut waren. Die Bauausführungen richteten sich zum Großteil nach preußischen Richtlinien. In den dreißiger Jahren und vereinzelt davor wurden verschiedene Bahnhofsgebäude umgebaut und erweitert bzw. neu errichtet. Am Beispiel des Bahnhofsgebäudes von Jerichow soll ein Umbau kurz beschrieben werden.

Nachdem die Aufsichtsratssitzung der Genthiner Kleinbahn A.-G. im März 1935 noch eine Erweiterung des bestehenden Gebäudes (Kostenvoranschlag 17000 Reichsmark) diskutiert hatte, ermächtigte der Aufsichtsrat in seiner Sitzung am 18. April 1935 den Vorstand, einen Entwurf für den Neubau eines Empfangsgebäudes im Bahnhof Jerichow für sogar 50000 Reichsmark ausführen zu lassen. Im September 1935 lag ein erster Entwurf vor. Der Aufsichtsrat stimmte diesem Vorschlag zu. Einwände kamen von dem Reichsbevollmächtigten für Bahnaufsicht Berlin, der den Vorraum für den Fahrkartenverkauf für zu klein befand und entsprechende Änderungen wünschte. Nach einer erneuten Vorlage im Dezember 1935 wandte sich nun die Genthiner Kleinbahn A.-G. an das Provinzial-Hochbauamt mit der Bitte, das Jerichower Gebäude dem des Bahnhofs Salzwedel-Altpervertor anzupassen. Lediglich der Dienstraum sollte in Jerichow größer und der Warteraum kleiner gestaltet werden.

Das endgültige Projekt wurde am 22. Januar 1936 vorgelegt. Nach Zustimmung durch den Regierungspräsidenten von Magdeburg und den Reichsbevollmächtigten für Bahnaufsicht Berlin konnte mit den Bauarbeiten nach Maßgabe der vorgelegten Pläne im Mai 1936 begonnen werden. Einzugsfertig wurde das Gebäude im April 1937 zu dem vom Aufsichtsrat im April 1935 genehmigten Preis von 50000 Reichsmark übergeben. [114]

Für den Güterverkehr waren entweder an der Ladestraße Güterschuppen errichtet worden oder sie waren mit an das Empfangsgebäude angebaut. Die zwischengelagerten Güter sollten vor Witterungseinflüssen und Diebstahl geschützt werden. In anderen Fällen konnten Güter in

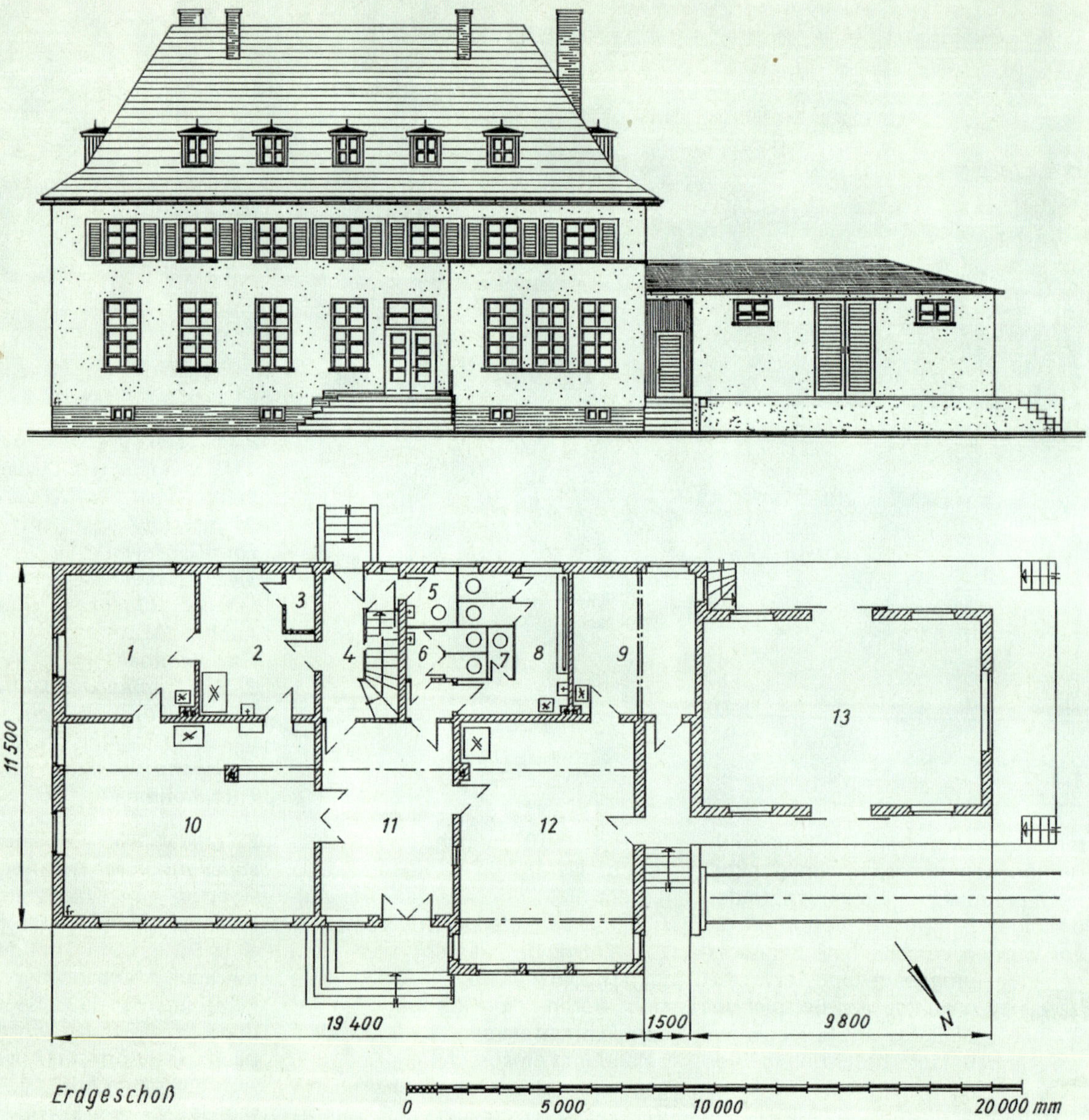

3.44. Risse und Vorderansicht des Empfangsgebäudes Jerichow. Erdgeschoß: 1 Zimmer, 2 Küche, 3 Speisekammer, 4 Treppenhaus, 5 Abort Wirt, 6 Abort Frauen, 7 Abort Dienstpersonal, 8 Abort Männer, 9 Arbeiterraum, 10 Warteraum, 11 Vorraum, 12 Dienstraum, 13 Güterschuppen; Dachgeschoß: 1–3 Kammern, 4 Bodenraum; Obergeschoß: 1–5 Wohnung des Wirtes: 1+2 Zimmer, 3 Bad und WC, 4 Flur, 5 Zimmer; 6–13 Wohnung des Vorstandes: 6 Zimmer, 7 Küche, 8 Flur, 9 Bad und WC, 10–12 Zimmer, 13 Balkon. Zeichnung Fromm

3.45. Empfangsgebäude Jerichow, Januar 1985. Foto Rammelt

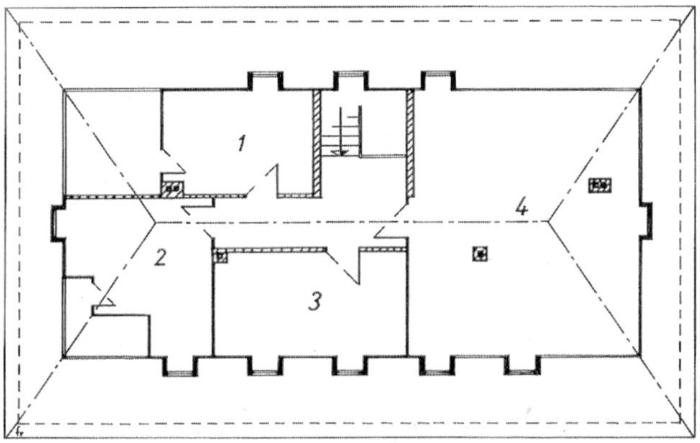

Dachgeschoß

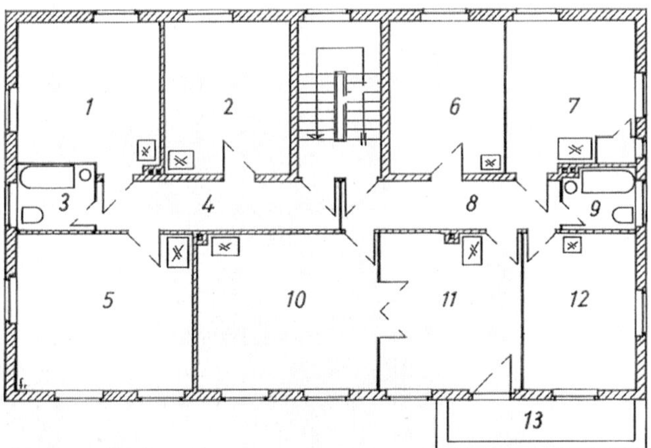

Obergeschoß

einem gesonderten Raum im Empfangsgebäude oder im Dienstraum untergestellt werden. Die Güterschuppen waren meist mit dem Ladegleis verbunden und hatten an beiden Seiten Ladetore, so daß auch von der Straße aus ein leichtes Ent- und Beladen der Fahrzeuge möglich war.

Zu den betriebswichtigen Hochbauten gehörten die Lokomotivschuppen, in denen die Maschinen vor allem in den Nachtstunden abgestellt werden konnten. In bestimmten Zyklen wurden dort die Lokomotiven ausgewaschen; außerdem führte man eventuell anfallende kleinere Reparaturen aus. Nach den Pausen bzw. Arbeiten wurden die Lokomotiven für den nächsten Einsatz wieder angeheizt. Für diesen Zweck befanden sich über jedem Stand Rauchfänge, die einzeln über kleine Schornsteine den Rauch ins Freie führten. Große Schornsteine, wo die Rauchfänge der einzelnen Stände zusammengeführt waren, gab es bei den kleinen Bahnen kaum; solche Anlagen lohnten sich nur für große Schuppenanlagen mit zehn und mehr Ständen. Die kleine Anzahl der bei den Bahnunternehmen beheimateten Tenderlokomotiven rechtfertigte in den meisten Fällen nur den Bau von Rechteckschuppen. Diese Remisen benötigten für den einzelnen Lokomotivstand eine kleine umbaute Fläche; sie konnten infolge ihrer regelmäßigen Form mit geringem Kostenaufwand hergestellt werden. Im Innern befand sich unter jedem Stand eine Arbeitsgrube mit Stufen. Außerdem gab es noch Aufenthalts- und Umkleideräume für das Personal sowie ein oder zwei Werkbänke.

Die Größe des Schuppens mußte

***3.46.** Die von Beuchelt & Co. für die Halle-Hettstedter Eisenbahn gebaute Brücke über die Elisabeth-Saale mit dem festlich geschmückten Eröffnungszug am 29. Mai 1895.*
Sammlung Rammelt

***3.47.** Verbrennungstriebwagen der Kleinbahn Freienwalde–Zehden auf der Oderbrücke bei Hohenwutzen.*
Sammlung Rau

so bemessen werden, daß man bei Bahnen ohne Nachtdienst alle Lokomotiven unterstellen konnte. Ansonsten mußte der Schuppen drei Viertel des Lokomotivbestandes aufnehmen können. Für die Abmessungen bei der Projektierung von Lokomotivschuppen hatte der VDEV in den Technischen Vereinbarungen unter § 63 folgende Maße festgelegt: Abstand Gleisachse zu benachbarten Wänden bei paralleler Anordnung der Gleise 3 m bis 3,5 m, bei parallelen Schuppengleisen von Gleisachse zu Gleisachse 4,75 m bis 5 m. An den Kopfenden wurde zur nächsten Wand ein Abstand von 1 m bis 1,5 m vorgeschrieben, zwischen den Puffern der einzelnen Maschinen mußte ein Abstand von 0,5 m gewährleistet werden. In den dreißiger Jahren und vereinzelt schon zuvor bauten verschiedene Bahnen für den Triebwageneinsatz neue Schuppen. Diese meist längeren Gebäude wurden prinzipiell nur in Rechteckform ausgeführt. In Mühlberg und Luckau zog man in die bestehenden Schuppen nur Trennwände ein, um so den Bestimmungen des Brandschutzes zur Trennung der Dampflokomotiven von den Triebwagen gerecht zu werden.

Ringschuppen, bei den Staatsbahnen die am häufigsten vertretene Form der Lokomotivschuppen, kamen bei den Privat- und Kleinbahnen kaum zur Anwendung. Lediglich die Mecklenburg-Pommersche Schmal-

3.48. Hebeböcke vor dem Lokomotivschuppen in Lindenberg. Die Arbeiten wurden im Freien ausgeführt.
Foto Kieper

3.49. Empfangsgebäude und Triebwagenschuppen in Nottleben. Kleinbahn Erfurt–Nottleben, 1974.
Foto Heym

3.50. Ein Kalkzug überquert den 1931 durch die Halberstadt-Blankenburger Eisenbahn fertiggestellten Kreuztalviadukt, Juli 1983. Foto Rammelt

3.51. Der Thumkuhlenkopftunnel der ehemaligen Nordhausen-Wernigeroder Eisenbahn. Sammlung Rammelt

3.52. Die Brücken der Niederbarnimer Eisenbahn über den Finow- und den Oder-Havel-Kanal. Foto Rammelt

spurbahn, die Niederlausitzer Eisenbahn, die Halberstadt-Blankenburger Eisenbahn, die Ruppiner Eisenbahn, die Mecklenburgische Friedrich-Wilhelm-Eisenbahn und die Prignitzer Eisenbahn hatten Ringschuppen.

Nur für kleinere Ausbesserungen, wie sie durch Zuhilfenahme mit gewöhnlichem Werkzeug vom Führer oder Heizer durchgeführt werden konnten, waren diese Schuppen vorgesehen. Für größere Instandhaltungsarbeiten existierten bei den einzelnen Bahnen speziell mit einem Werkzeugmaschinenpark und Krananlagen oder Hebeböcken und vereinzelt sogar mit Kesselschmieden ausgerüstete Ausbesserungswerkstätten.

Die Bauunternehmer versuchten, durch eine weitgehende Anpassung an die gegebenen Geländeformationen aufwendige Kunstbauten zu vermeiden. In vielen Fällen war aber die Errichtung von Brücken zur Überquerung von Flußläufen und Tälern sowie der Bau kleinerer Durchlässe unvermeidlich. Nur zwei ehemalige Privatbahnen, die Halberstadt-Blankenburger und die Nordhausen-Wernigeroder Eisenbahn, hatten Tunnel. Einen für eine Kleinbahn sehr ungewöhnlichen Ausgangspunkt besaß die Halle-Hettstedter Eisenbahn (HHE). Ihr Bahnhof Halle-Klaustor befand sich auf einer Insel, die von verschiedenen Saalearmen eingeschlossen wurde. Die erste Brücke zum Anschluß des Sophienhafens an den Güterbahnhof Halle errichtete die Hallesche Hafenbahn in den Jahren 1893/94 über die Saale. Von dieser Strecke zweigte später in Halle-Klaustor ein Anschluß an die HHE ab. Schon kurz nach dem Bahnhof mußten das Überschwemmungsgebiet der Saale und zwei Saalearme, die Elisabeth-Saale und die Wilde Saale, überquert werden. Insgesamt wurden dafür vier Brücken mit einer Gesamtlänge von 400 m errichtet. Als beste Art der Gründung erwies sich ein in England angewandtes Verfahren: Es wurden Stahlrohre wie beim Brunnenbau in den Boden versenkt und anschließend mit Beton verfüllt. Auf diesen Fundamenten ruhten später die Brückenpfeiler. [115] Aus Kostengründen wurden für größere Brückenbauten meistens Stahlkonstruktionen gewählt.

Als größte Eisenbahnbrücke des Harzes ist der mit der Neutrassierung der Halberstadt-Blankenburger Eisenbahn im Jahre 1931 fertiggestellte Kreuztalviadukt erwähnenswert. Erinnert sei auch an die Oder-Überführung der Kleinbahn Freienwalde–Zehden, eine Brücke, die so schmal war, daß nur ein Straßenfahrzeug in jeder Richtung passieren konnte. Bei Zugverkehr wurde die Brücke für den Straßenverkehr gesperrt.

Die im Ergebnis des zweiten Weltkrieges entweder durch Sprengungen oder Kampfhandlungen verursachten Schäden an Brücken der Klein- oder Privatbahnen verhinderten vielerorts eine baldige Betriebsaufnahme, so beispielsweise bei der Brandenburgischen Städtebahn, der Osthavelländischen Eisenbahn, der Dessau-Wörlitzer Eisenbahn, der Niederbarnimer Eisenbahn und der Ruppiner Eisenbahn. In den Streckendarstellungen wird näher darauf eingegangen.

3.5. Lokomotivbehandlungsanlagen

Für die Versorgung der Dampflokomotiven mit Betriebsstoffen waren neben den Kohleladestellen Wasserversorgungseinrichtungen notwendig. Verfügten die Hauptbahnen über verzweigte Wasserversorgungsnetze, bestehend aus Brunnen und Hochbehältern, die durch Leitungssysteme verbunden waren, benötigten die Privat- und Kleinbahnen für diese Zwecke bescheidenere Ausrüstungen. Fast in jedem Fall waren die Endpunkte einer Bahn mit Wasserversorgungseinrichtungen ausgerüstet. Auf den Zwischenstationen hingegen war dies von verschiedenen betrieblichen Faktoren abhängig. Demnach mußten nach größeren Steigungen immer Wasseranlagen vorhanden sein. Die billigste und einfachste Art einer Wasserversorgungseinrichtung war das in den Lenz-Normalien empfohlene Pulsometer. Das mit dem Dampf der Lokomotive betriebene Pulsometer bestand aus zwei getrennt nebeneinanderliegenden Kammern, in denen abwechselnd durch die Kondensation des Dampfes die Saug- und anschließend die Druckperiode eingeleitet wurden.

Es waren zwei unterschiedliche Ausführungen von Pulsometern üblich: Manche Bahnen rüsteten ihre Lokomotiven selbst mit einem Pulsometer aus, und über ein Saugrohr konnten die Maschinen unterwegs aus Oberflächengewässern oder aus Brunnen das benötigte Speisewasser saugen. Bei anderen Gesellschaften wurden die Pulsometer stationär in die Brunnenanlagen eingebaut. Die

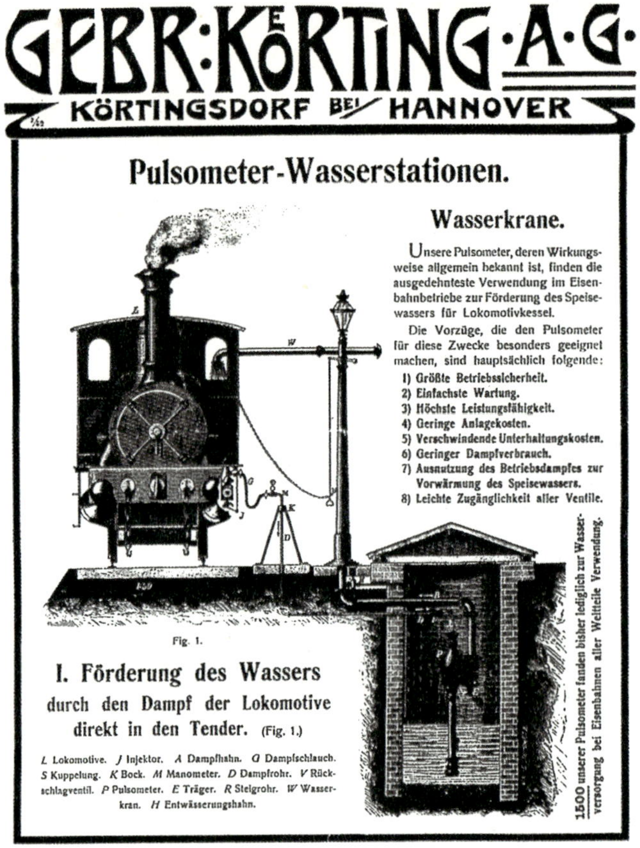

3.53. Werbeanzeige für Pulsometer-Wasserstationen.
Sammlung Fromm

3.54. Eine „ex Hallenserin" pulsometriert 1968 im Bahnhof Prettin Wasser für ihren Dienst auf der ehemaligen Kleinbahn Annaburg–Prettin.
Foto Fiebig †

3.55. Bekohlungsanlage der Butzbach-Licher Eisenbahn in Butzbach im Jahr 1966 mit Hunt und Kran.
Foto Stemmler

Lokomotiven versorgten in diesen Fällen das Pulsometer mit Dampf und konnten dann das Speisewasser über einen Wasserkran aufnehmen. Diese Art wurde als Pulsometerwasserkran bezeichnet.

Die Mühlhausen-Ebelebener Eisenbahn erweiterte ihre Wasserversorgung im Bahnhof Schlotheim in den Jahren 1898/99 dahingehend, daß über eine Pulsometeranlage am Mühlgraben und eine 490 m lange Leitung der Hochbehälter im Bahnhof Schlotheim gespeist wurde.

Seit den zwanziger Jahren wurden viele Brunnen auf elektrische Pumpen umgestellt. Stationen mit tiefem Grundwasserspiegel, jedoch günstiger Anschlußmöglichkeit an die städtische Wasserversorgung, bezogen das Lokomotivspeisewasser von dort.

Bei größeren Gesellschaften konnte man auch bescheidene Wassertürme mit Hochbehältern antreffen. In vielen Fällen jedoch genügte ein Hochbehälter an einem Empfangsgebäude oder einem Lokomotivschuppen. Die Vielfältigkeit der Wasserversorgung auf einer einzigen Bahn wird am Beispiel der Oderbruchbahn ersichtlich. Dort waren die einzelnen Stationen mit folgenden Wasserversorgungs-Anlagen ausgestattet:

Hasenfelde
Motorpumpe

Falkenhagen
Hochbehälter mit 2 m^3 Fassungsvermögen

Dolgelin
Motorpumpe in einem 92 m tiefen Brunnen, im Lokomotivschuppen ein Hochbehälter, der aus schienengebundenen Wasserwagen über ein Pulsometer gespeist wurde.

Golzow
Motorpumpe

Zechin
Motorpumpe

Groß-Neuendorf
Pulsometer

Wriezen
Wasserkran mit Anschluß an die städtische Wasserleitung.

Außerdem bestand noch zwischen Ortwig und Neubarnim die Möglichkeit, aus einem Wassergraben Speisewasser zu pulsometrieren. [116]

3.56. Die Lokomotivbehandlungsanlage im Bahnhof Gerbstedt; für eine ehemalige Kleinbahn mit Wasserhochbehälter im Lokomotivschuppenanbau schon sehr großzügig.
Foto Schütze

Für die Wasserkräne gab es keine einheitlichen Richtlinien bzw. Ausführungen, zumal für die einfachen Anlagen keine aufwendigen Konstruktionen erforderlich waren. Trotzdem versuchte die einschlägige Industrie, auch auf diesem Markt Fuß zu fassen und stellte den Bahnen verschiedene kleinere Ausführungen von Wasserkränen zur Verfügung.

Die Kohleladestellen erforderten keinen großen technischen Aufwand, da nur wenige Maschinen während einer Schicht zu beladen waren. Die Arbeiten wurden ausschließlich von Lokomotivpersonalen ausgeführt. Bei vielen Kleinbahnen wurde die Kohle nur mit der Schaufel verladen. Auf größeren Lokomotivbahnhöfen gab es Ladebühnen mit Kohlekörben bzw. Kohlehunten und vereinfachten Ladekränen mit Handbetrieb, die man später größtenteils auf elektrischen Antrieb umbaute.

Auch für Drehscheiben bestand bei den Privat- und Kleinbahnen kaum eine Notwendigkeit, da auf deren Strecken größtenteils Tenderlokomotiven eingesetzt wurden. Lediglich bei der HBE und auf der MPSB kamen Schlepptenderlokomotiven zum Einsatz. Letztere hatte vor den Rundschuppen in Friedland und An-

klam je eine Drehscheibe; außerdem konnten über Gleisdreiecke in Uhlenhorst und Dennin die Lokomotiven gedreht werden. Auf der Kleinbahn Kleinschmalkalden–Brotterode, die von der Staatsbahn betrieben wurde, kuppelte man die Lokomotive vor der Bergfahrt vom Zug ab und drehte sie. Weitere Drehscheiben finden wir vor den Schuppenanlagen bei der Brandenburgischen Städtebahn in Brandenburg-Altstadt, bei der Halberstadt-Blankenburger Eisenbahn in Blankenburg, bei der Niederlausitzer Eisenbahn in Luckau, bei der Dessau-Wörlitzer Eisenbahn in Dessau, in Tribsees, wo die Greifswald-Grimmener Eisenbahn, die Stralsund-Tribseer Eisenbahn und die Franzburger Südbahn zusammentrafen, sowie in Wittstock und Neustrelitz.

Die technische Ausrüstung der Drehscheiben entsprach ebenfalls den vereinfachten Bedingungen für Nebenbahnen. So hatten sie keinen elektrischen Antrieb, sondern wurden entweder über Drehbäume oder über einen Kurbelhandantrieb bedient. Ausschließlich die starre Bauart mit durchgehendem Hauptträger ist typisch, wobei die senkrechten Kräfte sowohl von den seitlichen Laufrädern als auch von der Mitten-

3.57. In Gehren hatte die ehemalige Ilmenau-Großbreitenbacher Eisenbahn ein Kohleladeportal; darunter steht die SEG-Lok 388 Sammlung W. Müller

3.58. Die Mecklenburg-Pommersche Schmalspurbahn hatte für eine 600-mm-Bahn recht große Anlagen; Drehscheibe und Halbrundschuppen in Friedland, 1966.
Foto Laursen

3.59. Bis zur Betriebseinstellung der ehemaligen Franzburger Kreisbahn im Jahr 1971 wurden in Barth die Lokomotiven mit Körben bekohlt.
Foto Kieper

lagerung, dem sogenannten Königstuhl, aufgenommen wurden.

Zum Verteilen der Betriebsmittel vor den Schuppenanlagen hatten die Ostprignitzer Kreisbahn, die Niederbarnimer Eisenbahn, die Gera-Meuselwitzer Eisenbahn, die Nordhausen-Wernigeroder Eisenbahn, die Weimar-Berka-Blankenhainer Eisenbahn u. a. Schiebebühnen.

3.60. Halbrundschuppen und Drehscheibe der Mecklenburgischen-Friedrich-Wilhelm-Eisenbahn in Neustrelitz in den dreißiger Jahren.
Sammlung Fiebig †

3.6. Signal- und Sicherungseinrichtungen

Die einschlägigen Gesetze und Anweisungen für Kleinbahnen enthielten wenig konkrete Hinweise zu diesen Einrichtungen. In den schon mehrfach zitierten Lenz-Normalien wurde dazu ausgeführt:

„Sämtliche Kleinbahnstrecken erhalten telefonische Verbindung, Bahnbewachung wird nicht eingeführt. Die in den Hauptgleisen liegenden Weichen erhalten Weichensignale entsprechend der Signal-Ordnung für die Eisenbahnen Deutschlands und werden des nachts ½ Stunde vor Ankunft der fahrplanmäßigen Züge erleuchtet. Der Stand beweglicher Brücken wird durch ein mit der Brücke selbst in Verbindung stehendes Signal kenntlich gemacht. Die nach § 115 und § 116 erforderlichen Zugsignale und Signale der Zugbediensteten werden entsprechend der Vorschriften der Signalordnung für die Eisenbahnen Deutschlands gegeben. Unfahrbare Strecken werden am Tage durch rote Fahnen und Platzpatronen, in der Nacht durch rot geblendete Laternen mit Platzpatronen abgesperrt. Die Fahnen bzw. rot geblendeten Laternen werden 600 m vor der unfahrbaren Stelle angebracht und vor dieser Entfernung von etwa 200 m je Platzpatrone in Abständen von zwei Schienenlängen ausgelegt. In Reparatur befindliche Strecken, welche nicht mit voller Geschwindigkeit befahren werden können, werden mit Korbscheiben am Tage und in der Nacht mit grün geblendeten Laternen bezeichnet; diese Merkzeichen sind 300 m vor und hinter der betreffenden Stelle anzubringen." Die Anlagen zu diesen Normalien enthielten dazu verschiedene zeichnerische Erläuterungen wie auch zur Ausstattung eines Streckenläufers.

Zur weiteren Sicherung wurden die in die Hauptgleise einmündenden Nebengleise teilweise mit Gleissperren ausgerüstet, die bei Zugfahrten auf den Hauptgleisen verschlossen sein mußten. Die Schlüssel dafür verwaltete der auf der Betriebsstelle verantwortliche Eisenbahner bzw. für unbesetzte Anlagen der Zugführer.

Für die Nebenbahnen waren 1887 vom Verein Deutscher Eisenbahnverwaltungen (VDEV) überarbeitete Grundzüge für deren Bau und Betrieb herausgegeben worden. Die

3.61. Neigungsanzeiger 1:21 auf der Rampe Hilbersdorf–Königshain. Ehemalige Görlitzer Kreisbahn im Mai 1970.
Foto Friedrich

3.62. Auszug aus dem Signalbuch der Kleinbahnen der Provinz Sachsen, gültig vom 1. Juli 1926.
Staatsarchiv Magdeburg

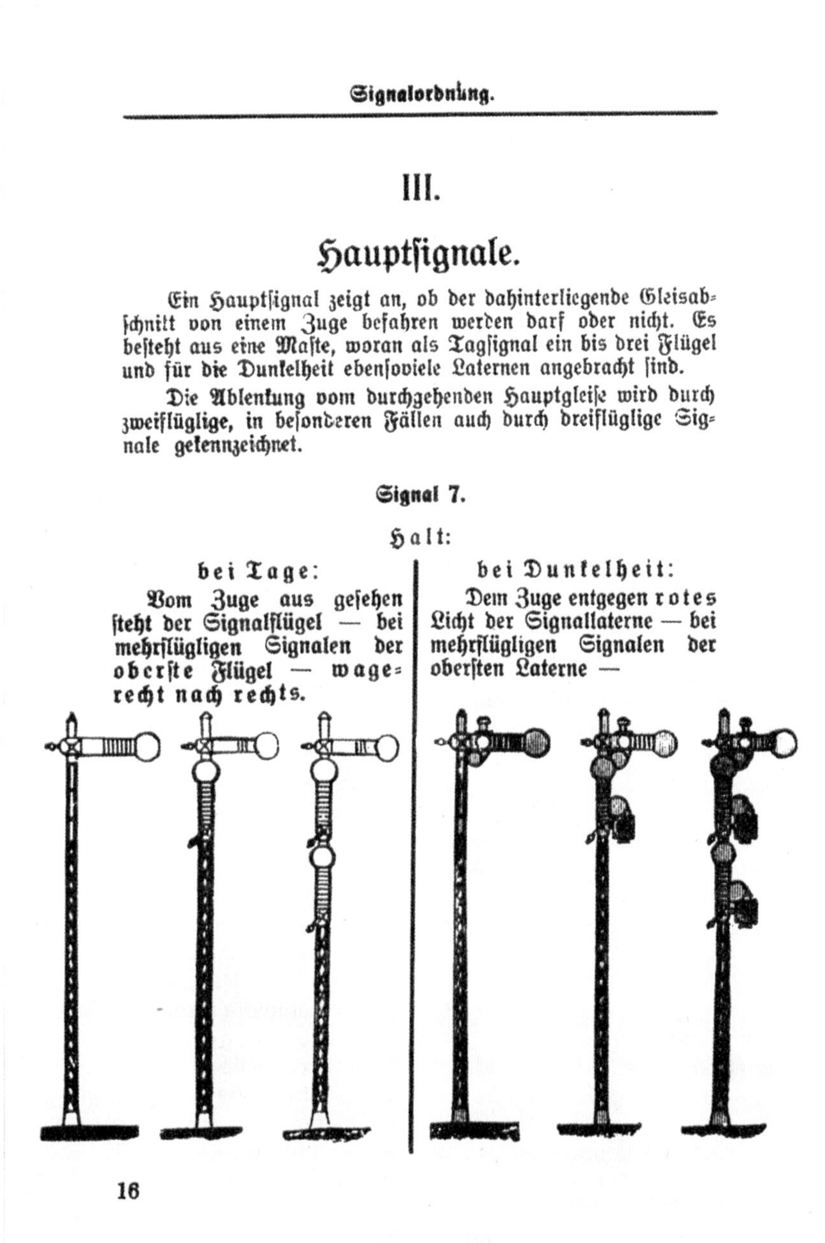

Signalordnung.

III.

Hauptsignale.

Ein Hauptsignal zeigt an, ob der dahinterliegende Gleisabschnitt von einem Zuge befahren werden darf oder nicht. Es besteht aus eine Maste, woran als Tagsignal ein bis drei Flügel und für die Dunkelheit ebensoviele Laternen angebracht sind.

Die Ablenkung vom durchgehenden Hauptgleise wird durch zweiflüglige, in besonderen Fällen auch durch dreiflüglige Signale gekennzeichnet.

Signal 7.

Halt:

bei Tage:	bei Dunkelheit:
Vom Zuge aus gesehen steht der Signalflügel — bei mehrflügligen Signalen der oberste Flügel — wagerecht nach rechts.	Dem Zuge entgegen rotes Licht der Signallaterne — bei mehrflügligen Signalen der obersten Laterne —

16

Ausführungen zum Signalwesen sagten beispielsweise aus, daß für die Verständigung zwischen den Stationen ein elektrischer Telegraph oder eine Fernsprecheinrichtung vorhanden sein muß. Andere Paragraphen enthielten Ausführungen zu den Zugsignalen sowie zu den Signalen des Zugpersonals. Die feststehenden Signaleinrichtungen sollten bei Tag an der Form und bei Nacht ausschließlich an der Farbe erkennbar sein. Ansonsten brachte die technische Kommission des VDEV abschließend zum Ausdruck, daß bei Anwendung der vorgeschriebenen Signale die Grundzüge der „Signalordnung für die Haupt-Eisenbahnen" maßgebend waren.

Für die Kleinbahnen wurden erstmals staatlicherseits in den „Betriebsvorschriften für Kleinbahnen mit Maschinenbetrieb" vom 13. August 1898 (zu § 22, Abs. 4 der Ausführungsanweisung zum Gesetz über Kleinbahnen und Privatanschlußbahnen vom 28. Juli 1892) im § 8 „Abteilungszeichen, Neigungsanzeiger, Merkzeichen" und im Abschnitt IV „Signalwesen" unter den

- § 35 Verständigung zwischen den Stationen,
- § 36 Streckensignale,
- § 37 Zugsignale,
- § 38 Signale des Maschinenführers und
- § 39 Signalordnung

entsprechende Festlegungen getroffen. Weitergehende Vorschriften über die Signaleinrichtungen wurden in den „Bau- und Betriebsvorschriften für nebenbahnähnliche Kleinbahnen mit Maschinenbetrieb" vom 15. Januar 1914 getroffen. Nach § 9, Abs. 1 dieser Vorschrift war die Bahn im Abstand von 1000 m mit Abteilungszeichen zu versehen. Im Abs. 2 wurde festgelegt, daß das Verhältnis der Neigungen an den Enden der Strecken, wo die Verbindungslinie zweier 500 m voneinander entfernter Punkte der Bahn stärker als 1:100 geneigt war, mittels

3.63. Das einflüglige Einfahrsignal in Bergen, 3. Juli 1967. Die 99587 bringt den Zug von der Wittower Fähre.
Sammlung Schütze

Neigungsanzeiger sichtbar gemacht werden mußte. Bei einer zugelassenen Geschwindigkeit über 20 km/h mußten Krümmungen mit einem kleineren Halbmesser als 180 m bei 1 435 mm Spurweite, 100 m bei 1 000 mm Spurweite, 80 m bei 750 mm Spurweite, 60 m bei 600 mm Spurweite angezeigt werden.

Die niveaugleiche Kreuzung von Kleinbahnen wurde unter besonders festgelegten Bedingungen von der Aufsichtsbehörde zugelassen. Eine derartige Kreuzung befand sich in der Nähe vom Bahnhof Halle Klaustor zwischen der ehemaligen Halleschen Hafenbahn, welche Bestandteil der Halle-Hettstedter Eisenbahn war, und der Pfännerschaftlichen Salinebahn. Diese Kreuzung zwischen einer 900-mm- und einer Regelspurbahn war durch Formsignale gegeneinander gedeckt.

Zu Kreuzungen von Haupt- und Nebeneisenbahnen, wie sie beispielsweise auf der Hauptstrecke Angermünde–Stralsund auf dem Abschnitt Anklam–Ducherow an vier Stellen zwischen der Mecklenburg-Pommerschen Schmalspurbahn bzw. ihr angeschlossener Förderbahnen und der Hauptbahn zu finden waren, legte die Eisenbahn-Bau- und Betriebsordnung vom 4. November 1904 bzw. die Neufassung vom 17. Juli 1928 die Bedingungen fest. Auch diese Kreuzungsstellen waren mit Hauptsignalen für die Schmalspurbahn gesichert. [117]

Zu den eigentlichen Signalen wurde im § 12 der Bau- und Betriebsvorschriften für Kleinbahnen vom 15. Januar 1914 ausgesagt:

„1. a) Die Form der Signale muß, soweit es sich um Signale der Eisenbahn-Signalordnung handelt, deren Vorschriften entsprechen. Für Farbsignale dürfen nur die in der Eisenbahn-Signalordnung vorgesehenen Farben verwendet werden.
b) Zur Erteilung von Signalen, die in der Signalordnung nicht vorgesehen sind, dürfen die Formen der Signalordnung nicht benutzt werden.
2. Zwischen zusammenlaufenden Gleisen muß ein Merkzeichen angebracht sein, das angibt, bis wohin ein Gleis besetzt werden kann, ohne daß die Bewegungen auf dem andern gefährdet werden. Ausnahmen können von der eisenbahntechnischen Aufsichtsbehörde bei Gleisen in Straßen und Wegen zugelassen werden."

Betriebstechnisch war der Verkehr auf den Kleinbahnen so geregelt, daß sich auf einem sicherungstechnisch abgegrenzten Streckenabschnitt immer nur ein Zug befinden durfte. Aus diesem Grund mußten die Zugfolgestellen nach § 11 der Betriebsvorschriften durch einen Tele-

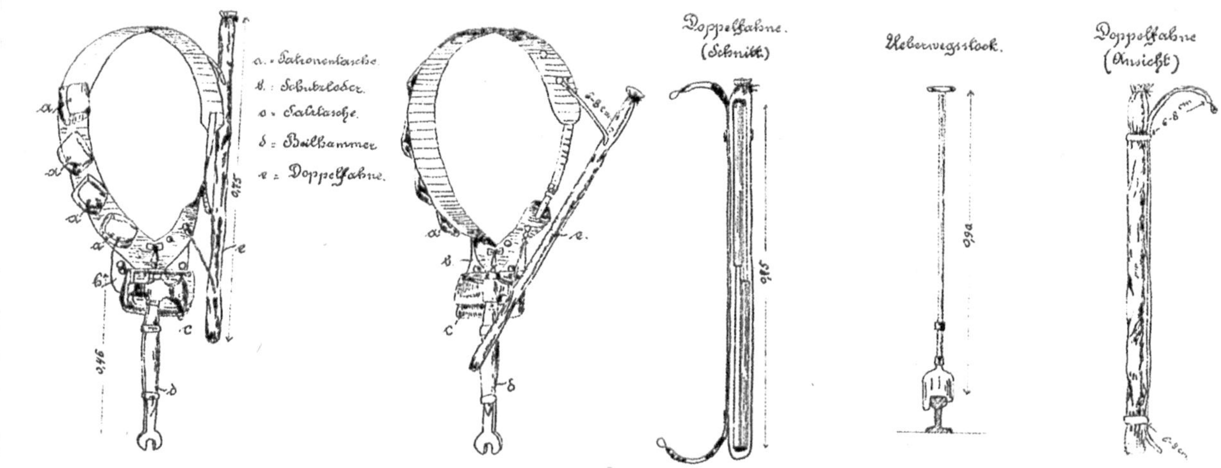

3.64. Ausrüstung eines Streckenläufers mit Signaleinrichtungen nach den Lenz-Normalien. Sammlung Dobbert

graphen oder Fernsprecher verbunden sein.

Mit zunehmendem Straßenverkehr und größeren Geschwindigkeiten auf den Neben- und Kleinbahnen wurde in den zwanziger Jahren die Forderung nach einer speziellen Kleinbahn-Signalordnung laut. Von den preußischen Ministerien wurde daraufhin im Jahr 1926 die Signalordnung für nebenbahnähnliche Kleinbahnen erlassen.

Fast parallel dazu erstellte die Provinz Sachsen im Juli 1926 ein eigenes Signalbuch für die dem Landeshauptmann von Sachsen unterstehenden Kleinbahnen. Ein weiterer eingreifender Schritt wurde mit der Verordnung über den Bau und Betrieb von Kleinbahnen vom 7. Juli 1942 erreicht. Danach hatte die Eisenbahn-Signalordnung vom 24. Juli 1907 auch für die Kleinbahnen Gültigkeit. Bei der Deutschen Reichsbahn waren nach der Übernahme der Betriebsführung auf den ehemaligen Klein- und Privatbahnen die Signale nach dem gültigen Signalbuch rechtskräftig. In den meisten Fällen wurde der vereinfachte Nebenbahndienst nach DV 437 eingeführt, wobei auf den Bahnhöfen ohne Einfahrsignal das Signal So 5 – Trapeztafel – aufgestellt war. Es zeigt an, wo einfahrende Züge vor einer Betriebsstelle zu halten haben. Der vor dem Signal So 5 haltende Zug wird nach Abgeben eines Achtungssignales im Auftrag des Fahrdienstleiters durch die Fahrzeugpfeife vom Lokomotivführer des im Bahnhof wartenden Zuges mit dem Signal Zp 6 „Kommen" in den Bahnhof gerufen.

Tabelle 3.1. Baukosten für Nebenbahnen nach der Aufstellung von 1888 in Mark pro Kilometer [101]

Gelände-verhältnisse	*Hauptbahnen 1435 mm* Mark	*Nebenbahnen 1435 mm* Mark	*Nebenbahnen 1000 mm* Mark	*Nebenbahnen 750 mm* Mark
Ebene	130000,– bis 180000,–	30000,– bis 50000,–	20000,– bis 40000,–	15000,– bis 25000,–
Hügelland leicht	150000,– bis 220000,–	45000,– bis 70000,–	30000,– bis 50000,–	20000,– bis 30000,–
Hügelland schwer	200000,– bis 260000,–	60000,– bis 90000,–	45000,– bis 60000,–	25000,– bis 40000,–
Mittelgebirge leicht	240000,– bis 320000,–	80000,– bis 120000,–	50000,– bis 70000,–	30000,– bis 50000,–
Mittelgebirge schwer	280000,– bis 400000,–	110000,– bis 140000,–	60000,– bis 90000,–	45000,– bis 70000,–
Hochgebirge leicht	340000,– bis 500000,–	130000,– bis 160000,–	80000,– bis 110000,–	60000,– bis 80000,–
Hochgebirge schwer	400000,– bis 500000,–	150000,– bis 200000,–	100000,– bis 140000,–	75000,– bis 100000,–

Tabelle 3.2. Durchschnittliche Baukosten für Kleinbahnen um die Jahrhundertwende [101]

Spurweite mm	*Baukosten* Mark/km	Prozent
600	22000,–	28
750	37000,–	47
1000	52000,–	66
1435	80000,–	100

Tabelle 3.3. Tatsächliche Baukosten für Klein- und Privatbahnen [102]

Bahn	*Art der Bahn*	*Gelände-verhältnisse*	*Spurweite* mm	*Kosten* in M/km
Anklam-Lassaner Kleinbahn	Kleinbahn	Ebene	600	22400,–
Mecklenburg-Pommersche Schmalspurbahn	Kleinbahn	Ebene	600	17230,–
Weimar-Rastenberger Eisenbahn	Nebenbahn	Hügelland schwer	1000	51490,–
Gernrode-Harzgeroder Eisenbahn	Nebenbahn	Mittelgebirge	1000	50580,–

Tabelle 3.4. Anlagekosten verschiedener Klein- und Privatbahnen je Kilometer Bahnlänge im Jahre 1920

Jüterbog-Luckenwalder Kreisbahn	Kleinbahn	Ebene	750	21450,–
Ostprignitzer Kreisbahn	Kleinbahn	Ebene	750	26110,–
Franzburger Kreisbahn	Kleinbahn	Ebene	1000	34920,–
Alt-Landsburger Kreisbahn	Kleinbahn	Ebene	1435	54500,–
Franzburger Südbahn	Kleinbahn	Ebene	1435	37140,–
Stendaler Kleinbahn	Kleinbahn	Ebene	1435	48910,–
Mühlhausen-Ebelebener Eisenbahn	Nebenbahn	Hügelland leicht	1435	62000,–

Tabelle 3.5. Neigungen und Krümmungshalbmesser in den Lenz-Normalien

Spurweite mm	*Größte Neigung*	*Kleinster Krümmungshalbmesser* m
1435	1:80	250
1000	1:50	100
750	1:50	75
600	1:30	30

Tabelle 3.6 Pauschalvergütungen für die Gangbarhaltung, Schmierung und Beleuchtung der Weichen und Drehscheiben, nach Akleb vom 1. April 1920 *[105]*

	In den Hauptgleisen der Staatseisenbahn Mark	*In den Nebengleisen der Staatseisenbahn und in den Kleinbahngleisen* Mark	*In den übrigen Kleinbahngleisen* Mark
für eine einfache Weiche	50,–	25,–	15,–
für eine Doppelweiche	65,–	30,–	20,–
für eine einfache Kreuzungsweiche	80,–	40,–	25,–
für eine doppelte Kreuzungsweiche	120,–	60,–	40,–
für ein Weichenkreuz (bestehend aus 4 einfachen Weichen)	150,–	75,–	50,–
für eine Drehscheibe		25,–	25,–

Tabelle 3.7. Zulässige Achsfahrmassen bei Verwendung von neuen Schienen mit einer Masse von 33,4 kg/m *[113]*

Länge der Schienen m	*Schwellenanzahl*	*Bettungsart*	*Zulässige Achsfahrmasse* t
15	19	Kies	19,8
15	20	Kies	20,2
15	21	Kies	20,6
15	19	Steinschlag	20,4
15	20	Steinschlag	20,8
15	21	Steinschlag	21,2

Die Wirtschaftsstruktur 4.

4.1. Aufsicht, Verwaltung, Betriebs- und Geschäftsführung

4.1. Zug der Altmärkischen Kleinbahn im Bahnhof Gardelegen steht abfahrbereit in Richtung Calbe, 1935.
Sammlung G. Meyer

Unabhängig davon, ob Kleinbahnen im Auftrag von einem Bau- und Betriebsunternehmer oder von der zuständigen Provinzialbehörde projektiert und gebaut wurden oder gar die Kleinbahn als selbständiges Unternehmen auftrat, mußte nach den §§ 2 und 3 des Kleinbahngesetzes eine vom jeweiligen Regierungspräsidenten ausgestellte Genehmigungsurkunde vorliegen. Darin waren u. a. grundsätzliche Bestimmungen über den Bau und die Unterhaltung der Bahnanlagen und der Betriebsmittel, die Fahrplangestaltung, die Höhe der Tarife und Anweisungen über einzugehende Rechtsverhältnisse zwischen der Kleinbahn und öffentlichen Körperschaften enthalten.

Die endgültige Genehmigung zum Betrieb setzte eine vorangegangene polizeiliche Prüfung voraus. Bei dieser wurden die Betriebssicherheit der Bahn, die Berücksichtigung der Interessen des öffentlichen Verkehrs, der Schutz gegen schädliche Einwirkungen der Anlage und des Betriebs sowie die technische Befähigung der Bediensteten kontrolliert. Für alle baulichen Veränderungen sowie für die Abnahme neuer oder instandgesetzter Betriebsmittel war die bei den Königlichen Eisenbahndirektionen tätige Kleinbahn-Aufsichtsbehörde zuständig. Nach Gründung der Deutschen Reichsbahn im Jahr 1920 war es die Preußische Kleinbahnaufsicht, die dem Präsidenten der Reichsbahndirektion unterstand. Sie dehnte ihre Tätigkeit auch auf nichtpreußisches Gebiet aus. 1935 oblag die Kontrolle und Abnahme bei den Klein- und Privatbahnen dem in der zuständigen Direktion sitzenden Reichsbevollmächtigten für Bahnaufsicht, der dem Reichsverkehrsministerium unterstand. Nach dem Krieg wurde diese Arbeit von der Staatlichen Bahnaufsicht übernommen.

Grundlage für die Finanzierung

4.2. Geschäftsbericht der HHE für das Rechnungsjahr 1898. Staatsarchiv Magdeburg

einer Kleinbahn durch eine Aktiengesellschaft war ein Gesellschaftsvertrag. In diesem waren der Name der Bahn, der Sitz der Betriebsleitung, die Höhe des Grundkapitals, die Aktienform, die Höhe der Rücklagen in den Erneuerungs- und Reservefonds und die Dauer des Betriebes fixiert.

Die Rücklagen in den Erneuerungsfonds wurden staatlicherseits vorgeschrieben, um auch in finanziell schlechten Zeiten der Betriebspflicht nachkommen zu können. Allgemein wurden folgende Rücklagen, die aus dem jährlichen Betriebsüberschuß abzuzweigen waren, als Mindestsätze vorgegeben [118]:

- vom Beschaffungswert der Lokomotiven 1,8 Prozent
- vom Beschaffungswert der Wagen 1,25 Prozent
- vom Beschaffungswert des eisernen Oberbaumaterials 7,3 Prozent
- vom Beschaffungswert der Holzschwellen 3,5 Prozent.

Unvorhergesehene Kosten, die durch Unfälle oder Naturereignisse verursacht wurden, konnten nicht aus dem Erneuerungsfonds bestritten werden; dafür wurde ein sogenannter Spezialreservefonds angelegt. In diesen wurden, aufbauend auf einem Grundkapital, die jährlichen Zinsen, die bei den einzelnen Bahnen unterschiedlich geregelt waren, ein bestimmter Prozentsatz des Reingewinns eingezahlt. Einen weiteren Fonds bildete der im Handelsgesetzbuch vorgeschriebene Bilanzreservefonds, aus dem eventuell auftretende Negativbilanzen ausgeglichen werden sollten. Vorwiegend in der wirtschaftlich sehr schlechten ersten Hälfte der zwanziger Jahre und auch vereinzelt in den Folgejahren be-

Gewinn- und Verlust-Conto.

Debet.	ℳ	₰	Credit.	ℳ	₰
An Geschäfts-Unkosten-Conto	12 340	20	Per Gewinn-Vortrag	680	02
„ Theilschuldverschreibungs-Zinsen-Conto	52 500	—	„ Zinsen-Conto vereinnahmte Banquier-Zinsen	18 388	24
„ Betriebsführungs-Conto, Lenz & Co. vertragsmässige Zahlung an Lenz & Co. für Führung des Betriebes	22 800	06	„ Betriebs-Conto Betriebs-Ueberschuss	258 871	55
„ Ueberschuss	208 924	55	„ Garantie-Conto Zuschuss von Lenz & Co.	18 625	—
ℳ	296 564	81	ℳ	296 564	81

Der obige Ueberschuss von ℳ 208 924,55 gelangt wie folgt zur Vertheilung:

Rückstellung in den Bilanz-Reservefonds	ℳ	10 620,98
„ „ „ Erneuerungsfonds	„	15 000,—
„ „ „ Betriebsreservefonds	„	5 250,—
$3^1/_2$ % Dividende auf ℳ 3 725 000 Aktien La. A.	„	130 375,—
3 % Dividende auf ℳ 1 525 000 Aktien La. B.	„	45 750,—
Vortrag auf neue Rechnung	„	1 928,57
	ℳ	208 924,55

Halle a. S., den 1. April 1899.

Der Aufsichtsrath: Lehmann.

Der Vorstand: Czarnikow.

wirkten die Bahnen eine Auflösung dieser Fonds.

Unabhängig von der Laufzeit des Geschäftsjahres – es konnte vom 1. April bis 31. März, vom 1. Oktober bis 31. September oder als Kalenderjahr gerechnet werden – verfaßte der Vorstand der Aktiengesellschaft nach Abschluß des Jahres eine Gewinn- und Verlustrechnung samt einer Jahresbilanz, die einen Geschäftsbericht enthielt, und legte diese Unterlagen dem Aufsichtsrat vor. Die Jahresbilanz mußte vor der Generalversammlung der Aktionäre vertreten werden. Diese Verteidigung war nicht in jedem Fall einfach, rechnete doch ein Großteil der Bahnen jährlich mit Verlust ab. Tabelle 4.1. enthält den Abschluß des Rechnungsjahres 1935/36 für die 22 der Kleinbahnabteilung der Provinz

Bilanz am 31. März 1899.

Activa.	ℳ	Pf.	Passiva.	ℳ	Pf.
An **Eisenbahn-Conto Halle-Hettstedt** . .	6518939	30	Per **Actien-Capital-Conto** 3725 Stück Actien Lit. A . . . . ℳ 3 725 000,— 1525 Stück Actien Lit. B . . . . ℳ 1 525 000,—	5250000	—
„ **Eisenbahn-Conto Gerbstedt-Friedeburger Hütte**	381	73	„ **Theilschuldverschreibungs-Conto** ausgegebene Theilschuldverschreibungen	1500000	—
„ **Cautions-Conto** gestellte Cautionen	21364	50	„ **Theilschuldverschreibungs-Zinsen-Conto** am 1. April 1899 fällige Zinsscheine	26022	50
„ **Effecten-Conto** Bestand	48493	32	„ **Dividenden-Conto** noch nicht abgehobene Dividendenscheine pro 1896/7. ℳ 175,— „ 1897/8. „ 315,—	490	—
„ **Cassa-Conto** Bestand	192	96	„ **Grunderwerbs-Conto** noch zu zahlende Grunderwerbskosten	114678	30
„ **Conto-Corrent-Conto** Debitoren	559231	86	„ **Bilanz-Reservefonds-Conto** Bestand	14497	96
			„ **Erneuerungsfonds-Conto** Bestand	27131	15
			„ **Betriebs-Reservefonds-Conto** Bestand	6864	21
			„ **Gewinn- und Verlust-Conto** Gewinn	208924	55
ℳ	7148603	67	ℳ	7148603	67

Halle a. S., den 1. April 1899.

Der Aufsichtsrath der Halle-Hettstedter Eisenbahn-Gesellschaft. Lehmann.

Der Vorstand der Halle-Hettstedter Eisenbahn-Gesellschaft. Czarnikow.

Den vorstehenden Rechnungs-Abschluss habe ich geprüft und mit den ordnungsmässig geführten Büchern der Gesellschaft in Uebereinstimmung gefunden.

Halle a. S., den 15. Juli 1899.

Hugo C. Zander, gerichtlich vereideter Bücherrevisor.

Sachsen unterstellten Kleinbahnen.

An dieser Stelle muß noch einmal verdeutlicht werden, daß sowohl die Kleinbahnen als auch die Privatbahnen keine eigentlichen Erwerbsunternehmen waren. Ihr Vorteil kam indirekt den Zunächstinteressierten, den Gemeinden und Kreisen zugute, indem sie zur Anhebung der wirtschaftlichen Lage des Interessengebietes wesentlich beitrugen.

4.2. Gestaltung der Personen- und Gütertarife

Die Verkehrsbedeutung der Kleinbahnen war nur für den örtlichen Verkehr festgeschrieben. Eine Einbeziehung in den Geltungsbereich der Eisenbahnverkehrsordnung (EVO) galt als ebenso ausgeschlossen, wie der vertragliche Abschluß mit einer Eisenbahn des allgemeinen Verkehrs über direkte Tarife nicht möglich war. Die Staats- und Privatbahnen hatten sich allerdings zu verschiedenen Tarifverbänden zusammengeschlossen und konnten damit Güter über größere Entfernungen und vor allem über die Grenzen der eigenen Eisenbahnverwaltung hinaus direkt abfertigen. Die Verteilung der aus dem gemeinsamen Verkehr stammenden Einnahmen war innerhalb eines Tarifverbundes unter Festlegung gleicher Beförderungsbedingungen und Einrichtungen direkter Tarife vertraglich vereinbart. Ein Entgegenkommen gegenüber den Kleinbahnen und den von diesen berührten Verkehrsgebieten zeigte die Staatsbahn mit der Einführung des sogenannten Übergangstarifes, wonach die Frachtsätze für Wagenladungen, die von der Staatsbahn auf die Kleinbahn übergingen, von der Staatsbahn um 2 Pfennig pro 100 kg gekürzt wurden. Der Übergangstarif wurde 1921 aufgehoben.

Die Beschränkungen gegenüber dem durchgehenden Güterverkehr wurden schon in den Anfangsjahren, je nach den örtlichen Bedingungen, teilweise unterlaufen. So wurden beispielsweise Güter von einer Staatsbahn auf eine Anschlußbahn, die von einer Kleinbahn bedient

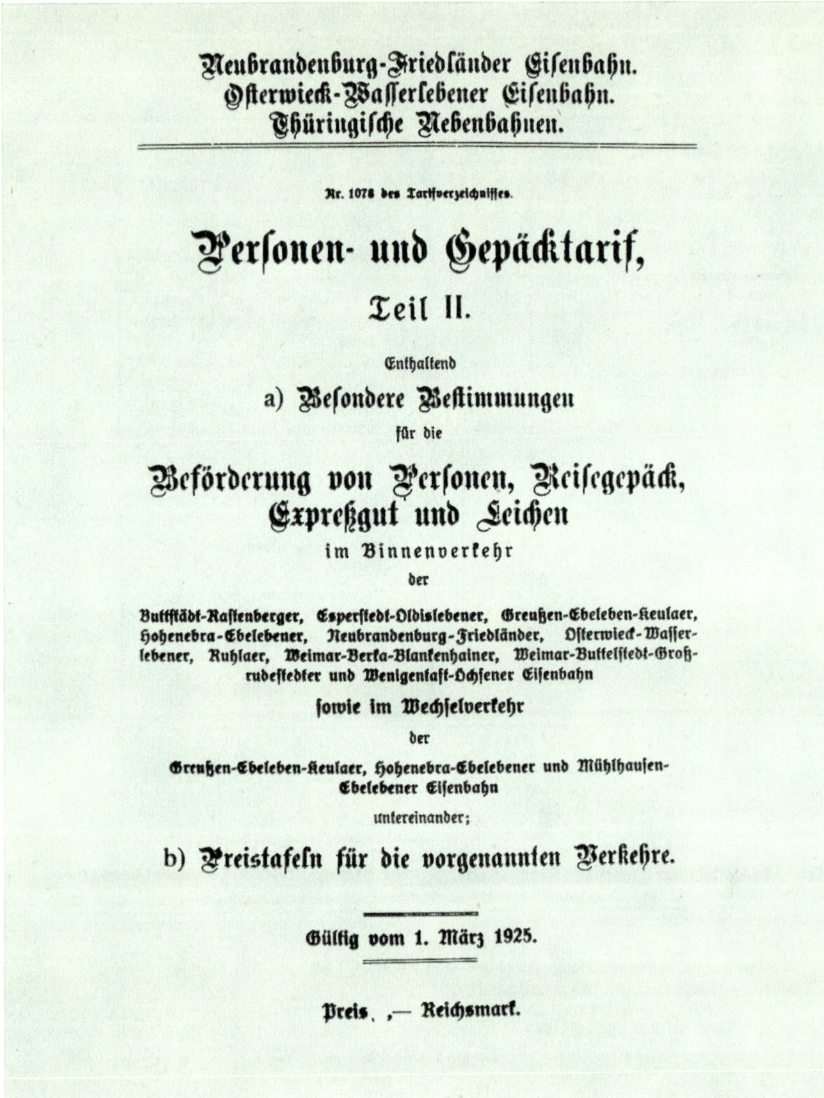

Neubrandenburg-Friedländer Eisenbahn.
Osterwieck-Wasserlebener Eisenbahn.
Thüringische Nebenbahnen.

Nr. 1078 des Tarifverzeichnisses.

Personen- und Gepäcktarif,

Teil II.

Enthaltend

a) Besondere Bestimmungen

für die

Beförderung von Personen, Reisegepäck, Expreßgut und Leichen

im Binnenverkehr

der

Buttstädt-Rastenberger, Esperstedt-Oldislebener, Greußen-Ebeleben-Keulaer, Hohenebra-Ebelebener, Neubrandenburg-Friedländer, Osterwieck-Wasserlebener, Ruhlaer, Weimar-Berka-Blankenhainer, Weimar-Buttelstedt-Großrudestedter und Wenigenlaft-Öchsener Eisenbahn

sowie im Wechselverkehr

der

Greußen-Ebeleben-Keulaer, Hohenebra-Ebelebener und Mühlhausen-Ebelebener Eisenbahn

untereinander;

b) Preistafeln für die vorgenannten Verkehre.

Gültig vom 1. März 1925.

Preis . ,— Reichsmark.

4.3. Titelblatt des Personen- und Gepäcktarifs der Centralverwaltung für Sekundärbahnen Herrmann Bachstein. Staatsarchiv Weimar

wurde, durchgehend abgefertigt, obwohl die Anschlußbahn eigentlich hinter der Kleinbahn lag. Bei anderen Bahnen waren nur der Wagenladungs- oder nur der Stückgutverkehr von den Beschränkungen betroffen. Zu den ersten Kleinbahnen, die schon vor dem ersten Weltkrieg direkte Tarife mit der Staatsbahn hatten, zählten u. a.:

- die Riesengebirgsbahn, die für alle Verkehrsbeziehungen und Güterarten für die Staatsbahn direkte Tarife hatte,
- die Franzburger Südbahn, für Rüben und Schnitzel im Verkehr mit Barth und Stralsund, und
- die Mecklenburg-Pommersche Schmalspurbahn, für Steinkohle von Ober- und Niederschlesien. [120]

Ansonsten gestalteten die Kleinbahnen in der Anfangszeit ihre Beförderungspreise unter den Gesichtspunkten des öffentlichen Bedarfs. Es gab weder ein einheitliches Tarifschema noch Beförderungspreise.

Die Vielgestaltigkeit der Verkehrsverhältnisse und die wirtschaftliche Lage der Kleinbahn waren bestimmende Faktoren für die Tarife. Das Kleinbahngesetz ließ den Unternehmen nach § 14 eine gewisse Bewegungsfreiheit hinsichtlich der Bemessung ihrer Beförderungspreise zu. Dort war lediglich ausgeführt: „Die Feststellung der Beförderungspreise steht innerhalb eines bei der Genehmigung festzusetzenden Zeitraumes von mindestens 5 Jahren nach der Eröffnung des Bahnbetriebes dem Unternehmer frei. Das alsdann der Behörde zustehende Recht der Genehmigung der Beförderungspreise erstreckt sich lediglich auf den Höchstbetrag derselben. Hierbei ist auf die finanzielle Lage des Unternehmens und auf eine angemessene Verzinsung und Tilgung des Anlagekapitals Rücksicht zu nehmen." [67]

Später haben sich die meisten Kleinbahnen im allgemeinen Verkehrsinteresse bei der Festlegung ihrer Binnentarife dem Tarifschema der DRG angeschlossen. Sie führten aber je nach Lage der Verkehrsverhältnisse Ausnahmetarife ein. Der Verfrachter hatte allerdings immer noch bei der gebrochenen Abfertigung den Nachteil, daß er die Grundgebühr für die Abfertigung einmal bei der Staatsbahn und einmal bei der Kleinbahn entrichten mußte. Die Privatbahnen rechneten besondere Zuschlag- und Anschlußgebühren hinzu, da sie mit den Sät-

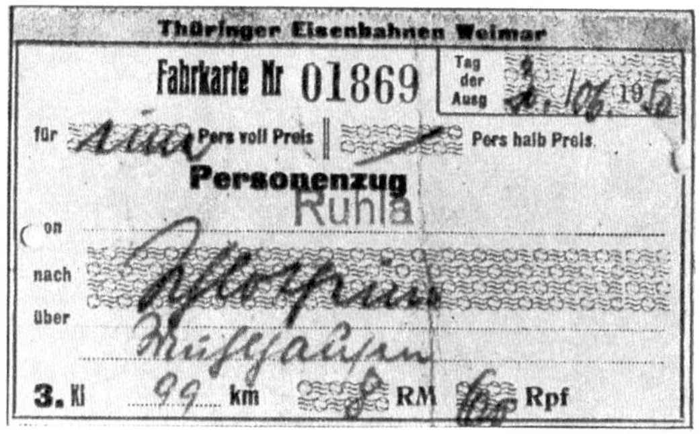

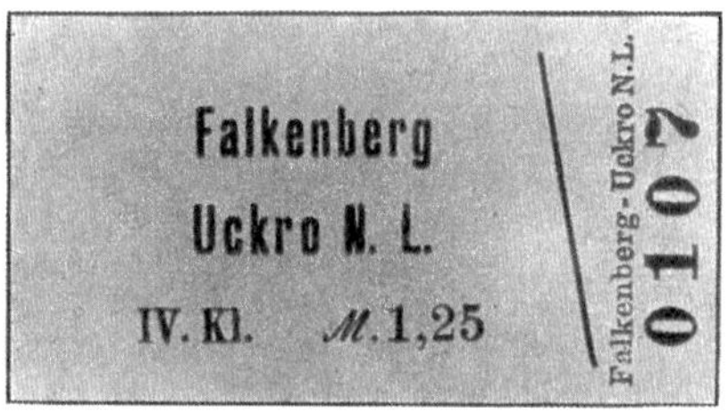

4.4. Edmonsonsche Fahrkarte Erfurt–Schlotheim (Station der MEE) über die HEE für die III. und IV. Klasse. Lediglich auf der HEE konnte der Reisende die III. Klasse benutzen, denn nur die MEE und die Staatsbahn führten die IV. Klasse.
Sammlung Lohr

4.5. Streckenfahrkarte der Mühlhausen-Ebelebener Eisenbahn.
Sammlung Ifland

4.6. IV. Klasse-Fahrkarte der Niederlausitzer Eisenbahn. Die Bahn führte nur bis 1913 die IV. Klasse.
Sammlung Museum Luckau

4.7. Nachkriegsfahrkarte der Thüringer Eisenbahnen Weimar.
Sammlung Ifland

zen der Staatsbahnen nicht auskamen. Die dabei entstehenden Ausnahmetarife waren praktisch neue Klassen zu den Normaltarifen.

Die Aufstellung der Tarifsätze hatte in Preußen bis zum Ende des ersten Weltkrieges Stabilität. Unruhe kam in der Nachkriegszeit durch die Inflation auf.

Die Gestaltung der Binnentarife bei Privatbahnen soll an Hand des von der Centralverwaltung für Sekundärbahnen Herrmann Bachstein für die der Gesellschaft unterstehenden Eisenbahnen ab 1. März 1925 gültigen Personen- und Gepäcktarifs, Teil II, erläutert werden. Danach hatte der Deutsche Eisenbahn-, Personen- und Gepäck- und Expreßguttarif Teil I für den Verkehr mit anderen Eisenbahnverwaltungen Gültigkeit. In der 2. und 3. Klasse wurden Monatskarten und Schülermonatskarten in allen Verbindungen unter Anwendung der im Personen- und Gepäck- und Expreßguttarif Teil II DRG – Norddeutsche Privatbahnen enthaltenen Bestimmungen ausgegeben. Die Schülermonatskarten gab es zum halben Preis der Monatsfahrkarten. Nur in der 3. Klasse wurden zu ansonsten gleichen Bedingungen Schülerrück- und Schülerferienfahrkarten angeboten. Arbeiterwochen- und Arbeiterrückfahrkarten gab man auf Strecken ohne 4. Klasse auch nur in der 3. Klasse aus. An Sonntagen sowie an bestimmten Feiertagen wurden Sonntagsrückfahrkarten, die nur am Lösungstag für eine Hin- und Rückfahrt Gültigkeit hatten, ausgegeben. Die Berechnung der Fahrpreise für einfache Fahrkarten in der 2. bis 4. Klasse „einschließlich Militär und Hunde" sowie der Gepäck- und Expreßgutfrachten basierte auf der Grundlage des speziell für jede Bahn aufgestellten Kilometeranzeigers und der gültigen Preistafel der DRG.

Stellvertretend für die Bachstein-Bahnen sind in der Tabelle 4.2. die Entfernungen und Fahrpreise der Ruhlaer Eisenbahn, sie war die einzige Bahn der Centralverwaltung, die noch die 4. Klasse führte, zusammengestellt. [121]

Durch die Anwendung der DRG-Tarife (2. Klasse – 7,5 Pf, 3. Klasse – 5 Pf und 4. Klasse – 3,3 Pf) und der Mindestfahrpreis (2. Klasse – 30 Pf, 3. Klasse – 15 Pf und 4. Klasse – 10 Pf) sowie die Aufrundungen (bis 10 RM jeweils auf volle 10 Pf, von 10 RM bis 40 RM auf 20 Pf und darüber auf die volle RM) ergaben sich zwischen den Tarifkilometern der Ruhlaer Eisenbahn und den tatsächlichen Kilometern erhebliche Preisunterschiede. In den amtlichen Kursbüchern wurde der Reisende auf die Tarifkilometer mit dem Satz aufmerksam gemacht: „Tarifkilometer am Schalter erfragen". (Tabelle 4.3.)

Für den Wechselverkehr zwischen der Greußen-Ebeleben-Keulaer-, der Hohenebra-Ebelebener- und der Mühlhausen-Ebelebener Eisenbahn enthielt der Bachsteinsche Personen- und Gepäcktarif einen besonderen Kilometeranzeiger, der die 4. Wagenklasse bei der letzten von Lenz & Co. betriebenen Bahn berücksichtigte. Für die anderen beiden Eisenbahnen bestanden daneben noch Binnentarife, da die Centralverwaltung bei beiden Bahnen den Betrieb führte, obwohl sie die Hohenebra-Ebelebener Eisenbahn nur von der Süddeutschen Eisenbahn-Gesellschaft gepachtet hatte. Es wurden zum Großteil Fahrkarten in der 2. und 3. Klasse verkauft, lediglich beim Übergang auf die Mühlhausen-Ebelebener Eisenbahn konnten ebenso gemischte Fahrkarten (3./4. Klasse), erworben werden, die bei dieser Eisenbahn die Benutzung der 4. Klasse und bei den anderen beiden die Benutzung der 3. Wagenklasse gestatteten. Auf Grund der erhöhten Tarifkilometer konnten diese Fahrkarten nach der gültigen Preistafel der 4. Klasse berechnet werden.

Ab 1. Oktober 1928 hatten durch den Wegfall der 4. Wagenklasse bei allen Bahnen des allgemeinen Verkehrs neue Beförderungspreise Gültigkeit, danach kostete der Fahrkilometer für die 3. Klasse 3,7 Pf, für die 2. Klasse 5,6 Pf und für die 1. Klasse 11,2 Pf (bisher 10,8 Pf). Die Kleinbahnen mit Übergangsverkehr auf Privatbahnen oder die DRG sahen sich genötigt, ihre Personentarife entweder hinsichtlich der Anteilsentfernungen oder der Einheitssätze zu ändern.

Nur wenige Kleinbahnen führten die 4. Klasse. Die von der DRG mit ihren Fahrzeugen betriebene Kleinbahn Kleinschmalkalden–Brotterode hatte die 4. und 3. Wagenklasse. Ansonsten betrieben lediglich einige dem Lenz-Konzern unterstehende Kleinbahnen die 4. Wagenklasse durchgehend bis 1928 und länger. Während die Görlitzer Kreisbahn nur in der Woche bei allen Zügen die 4. Klasse mitführte, hatten bei der Halle-Hettstedter Eisenbahn alle Züge die Wagenklassen 2 bis 4. [124] Diese Bahn gab erst zum 31. März 1930 die 4. Wagenklasse auf.

Die Kleinbahnabteilung der Provinzialverwaltung von Sachsen führte bereits im Mai 1924 im Personenverkehr die Normaltarife der Deutschen Reichsbahn ein. Im Güterverkehr kamen die gültigen Frachtsätze für die Normalklassen A–E des Deutschen Eisenbahngütertarifs mit einem Zuschlag von 25 Prozent zur Anwendung. [125]

Nach wie vor hatte aber das Kleinbahngesetz Gültigkeit, und nach dem bereits zitierten § 14 konnten die Kleinbahnen Tarife weiterhin in Abhängigkeit von der wirtschaftlichen Lage selbst bestimmen. Das Reichsverkehrsministerium hatte noch kein Interesse an einer Aufwertung der Kleinbahnen und dachte diesen weiterhin die Aufgaben des rein örtlichen Verkehrs zu.

Erst im Rahmen der allgemeinen Aufrüstung strebte man staatlicherseits nach einem einheitlichen Verkehrssystem. Im Bestreben, die Kleinbahnen in ein einheitliches Verkehrsnetz mit direkten durchgehenden Tarifen und einheitlichen Rechtsbestimmungen einzuordnen, erarbeitete das Reichsverkehrsministerium einen Entwurf zum sogenannten Tarifhoheitsgesetz und legte diesen der Reichsverkehrsgruppe Schienenbahnen im Januar 1938 zur Begutachtung vor. In der Stellungnahme befürchteten die Vertreter der Kleinbahnen eine Einengung der Bewegungsfreiheiten bezüglich der Tarife, wodurch möglicherweise die Bahnen als selbständige Unternehmen gefährdet werden konnten. Gerade in einer Zeit, als der Kraftwagen verstärkt in dem Konkurrenzkampf gegenüber den Kleinbahnen vordrang, konnten viele Bahnen darauf nur durch feinstes Abstimmen ihrer Tarife auf die bei ihnen vorherrschenden Einzelverhältnisse reagieren. Die Reichsverkehrsgruppe forderte aus diesem Grund eine Übernahme der Bestimmung aus dem § 14 des Kleinbahngesetzes als Zusatz zum § 1 des Tarifhoheitsgesetzes, wonach auf die finanzielle Lage des Unternehmens und auf eine angemessene Verzinsung und Tilgung des Anlagekapitals Rücksicht zu nehmen war. Das Reichsverkehsministerium berücksichtigte weder diese noch die weiteren Forderungen und setzte das Gesetz unverändert am 6. Juli 1938 in Kraft. [126]

Danach unterlagen alle Festlegungen und Änderungen der Tarife der Genehmigung des Reichsverkehrsministeriums. Dieses konnte Änderungen der Tarife verlangen, nötigenfalls sogar anordnen, wenn sie im öffentlichen Verkehrsinteresse für erforderlich und für das Unternehmen unter Berücksichtigung aller Verhältnisse für tragbar erachtet wurden. Diese Befugnisse konnte der Reichsverkehrsminister ganz oder teilweise auf andere Reichs- und Landesbehörden übertragen. Von dieser Festlegung wurde mit Wirkung vom 6. Juli 1938 Gebrauch gemacht, indem die Tarifgenehmigung bis auf weiteres den bisher tätigen Reichs- und Landesbehörden übertragen wurde. Allerdings hatten diese jetzt eine größere Rechtsgewalt, denn nach § 2 des Tarifhoheitsgesetzes konnten sie von den Bahnen die Beförderung von Personen und Gütern, die sich auf mehrere aneinander anschließende reichseigene oder nicht reichseigene Eisenbahnen des öffentlichen Verkehrs erstreckten, die Einführung der direkten Abfertigung sowie durchgehende Tarife verlangen. In der Begründung zu diesem Gesetz hieß es u. a., daß damit für die Tarifgestaltung bei den nicht reichseigenen Eisenbahnen des öffentlichen Verkehrs einheitliche reichsrechtliche Bestimmungen geschaffen wurden, die die Möglichkeit wirksamer Verkehrsführung auf dem Gebiet der Tarifpolitik sicherstellen. Die Einbeziehung der Kleinbahnen in die direkten Tarife gestaltete sich sehr

4.8. Bau der Schildau-Mockrehnaer Kleinbahn mit der Lokomotive Nr. 3.
Sammlung Heinrich

schwierig und kam in der Folgezeit auch nur vereinzelt zum Tragen.

Ein weiterer wichtiger Schritt in dieser Richtung war die Einbeziehung der Kleinbahnen in den Geltungsbereich der Eisenbahn-Verkehrsordnung ab 1. Oktober 1938. Die kriegsorientierte Wirtschaft und das Militär verlangten vorrangige Beförderung auf den Eisenbahnen des Deutschen Reiches. Aus diesem Grund kam es ab Januar 1940 zu weitgehenden Einschränkungen im Personenverkehr und zum Wegfall einer Vielzahl von Fahrpreisermäßigungen. Die Zivilisten sollten von allen „überflüssigen Reisen" ferngehalten werden. Auch die Klein- und Privatbahnen schlossen sich einem Wegfall der Verkehrsbegünstigungen bei der Reichsbahn an, lediglich der Berufsverkehr und der Militärurlauberverkehr wurden weiterhin mit Sondertarifen begünstigt. [127]

Die Ergebnisse der Einschränkungen kann man an Hand des Vortrages, den Vertreter der Kleinbahnabteilung Merseburg vor dem Oberpräsidenten der Provinz Sachsen im April 1941 über die Ergebnisse des zurückliegenden Geschäftsjahres hielten, entnehmen. Danach wurde eine Zunahme in den Personenverkehrseinnahmen bei den größeren Kleinbahnen so begründet [128]:

Altmärkische Kleinbahn:	durch Ausfall von Kraftwagen Wegfall der Fahrpreisermäßigungen und Beförderung von Militär
Stendaler Kleinbahn:	durch Wegfall der Fahrpreisermäßigungen
Salzwedeler Kleinbahnen:	durch Ausfall von Kraftwagen und Wegfall der Fahrpreisermäßigungen
Genthiner Kleinbahn:	durch Steigerung des öffentlichen Berufsverkehrs, erhöhte Benutzung der 2. Wagenklasse und Wegfall der Fahrpreisermäßigungen
Kleinbahn Gardelegen–Haldensleben–Weferlingen:	durch erhöhte Benutzung der Eisenbahn zu Einkaufsreisen durch die Landbevölkerung.

4.9. Personenzug im Spreewaldbahnhof Cottbus, 1964. Foto Hey

Bereits im Herbst 1939 legte die Kleinbahnabteilung eine im Auftrag des Reichsverkehrsministers erarbeitete Untersuchung über die Einführung direkter Gütertarife vor. Ermittelt werden sollten dabei die Frachtausfälle und die erforderlichen Zuschlagfrachten. Von den 22 provinzial-sächsischen Kleinbahnen waren 11 mit den entsprechenden Vorarbeiten beauftragt, während bei den restlichen Bahnen derartige Untersuchungen nicht geplant wurden.

Bei der Stendaler Kleinbahn waren die Vorarbeiten abgeschlossen, und die Ergebnisse konnten dem Reichsverkehrsminister kurzfristig zugeleitet werden. Trotzdem kam es erst ab 1. Oktober 1941 zur Einführung direkter Gütertarife. Die Ersparnisse für die Verfrachter beliefen sich auf insgesamt 58 196 Reichsmark, die mit 48 755 Reichsmark von der Deutschen Reichsbahn und mit 9 441 Reichsmark von der Kleinbahn getragen wurden.

Für die nachfolgenden Kleinbahnen waren bereits 1939 Anträge auf Einbeziehung in die direkten Tarife gestellt worden [129]:

- Kleinbahn Ellrich–Zorge, eingeführt ab 1. Juli 1940. Ersparnis der Verfrachter 15 265 Reichsmark, davon trugen die Deutsche Reichsbahn 12 790 Reichsmark und die Kleinbahn 2 475 Reichsmark
- Kleinbahn Neuburxdorf–Mühlberg, eingeführt ab 1. August 1941. Ersparnis der Verfrachter 55 514 Reichsmark, davon trugen die Deutsche Reichsbahn 44 474 Reichsmark und die Kleinbahn 11 040 Reichsmark
- Kleinbahn Bergwitz–Kemberg, Termin nicht bekannt
- Salzwedeler Kleinbahnen
- Altmärkische Kleinbahnen
- Kleinbahn Heudeber–Matthierzoll
- Kleinbahn Schildau–Mockrehna
- Kleinbahn Bebitz–Alsleben
- Kyffhäuser Kleinbahn
- Kleinbahn Erfurt–Nottleben

} Bahnen waren nur mit Vorarbeiten beauftragt

Mit der Einführung der direkten Gütertarife auf den genannten Bahnen wurden die seit langem aus den Wirtschaftskreisen erstrebten tarifrechtliche Gleichstellung, der Abschluß von Frachtverträgen in gesamtschuldnerischer Haftung für die beteiligten Bahnen sowie eine Frachtverbilligung erreicht. Trotz der Vergünstigungen für die Verfrachter wird an Hand der gezeigten Beispiele deutlich, daß der Wegfall sämtlicher Beschränkungen und das generelle Einführen direkter Tarife zu einem erheblichen finanziellen Verlust und enormen Arbeitsaufwand geführt hätte, die unter kriegswirtschaftlichen Bedingungen weder von der Reichsbahn noch von den Kleinbahnen hätten getragen werden können. Die neuen Tarife hätten eine umfangreiche Veränderung der Entfernungstafeln erfordert. Das Reichsverkehrsministerium erkannte durchaus die wachsende Bedeutung der Privat- und Kleinbahnen. Staatssekretär Kleinmann schrieb dazu am 15. Januar 1941 in der Zeitschrift „Der Vierjahresplan“: „Neben den Eisenbahnen haben auch die Privat- und Kleinbahnen gegen das Vorjahr erhöhte Betriebsleistungen, besonders im Güterzugdienst, bewältigen müssen. Ihre große verkehrliche und wirtschaftliche Bedeutung ist darin besonders erkennbar. Dabei zeigte sich erneut, daß sie nicht nur örtlich begrenzte Aufgaben zu erfüllen hatten, sondern auch durch den

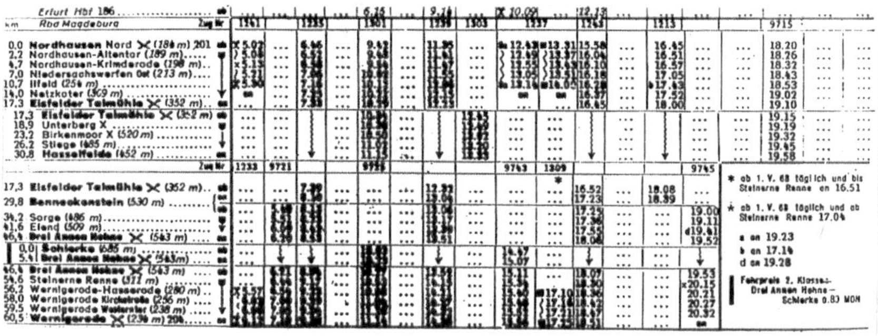

Erfurt Hbf 186 ab
Rbd Magdeburg

km	
0,0	**Nordhausen** Nord (184 m) 201
2,2	Nordhausen-Altentor (189 m)
4,7	Nordhausen-Krimderode (198 m)
7,0	Niedersachswerfen Ost (213 m)
10,7	Ilfeld (254 m)
14,0	Netzkater (309 m)
17,3	**Eisfelder Talmühle** (352 m)
17,3	**Eisfelder Talmühle** (352 m)
18,9	Unterberg
23,2	Birkenmoor (520 m)
26,2	Stiege (485 m)
30,8	**Hasselfelde** (452 m)
17,3	**Eisfelder Talmühle** (352 m)
29,8	**Benneckenstein** (530 m)
34,2	Sorge (486 m)
41,6	Elend (509 m)
46,4	**Drei Annen Hohne** (543 m)
0,0	**Schierke** (685 m)
5,4	**Drei Annen Hohne** (543 m)
46,4	**Drei Annen Hohne** (543 m)
54,6	Steinerne Renne (311 m)
56,2	Wernigerode-Hasserode (280 m)
58,0	Wernigerode Kirchstraße (256 m)
59,5	Wernigerode Westerntor (238 m)
60,5	**Wernigerode** (234 m) 204

* ab 1. V. 68 täglich und bis Steinerne Renne an 16.51
☆ ab 1. V. 68 täglich und ab Steinerne Renne 17.04
a an 19.23
b an 17.14
d an 19.28
Fahrpreis 2. Klasse Drei Annen Hohne – Schierke 0.80 MDN

4.10. Der Brocken-Tarif im Kursbuch 1968. Sammlung Rammelt

Übergangsverkehr zwischen Ihnen und der Reichsbahn sich großen Anteil am Fernverkehr erworben haben." Trotz dieser Erkenntnis kam es erst durch die Kriegslage und den verschärften Bombenkrieg auf deutsche Städte zu einem weiteren Wegfall von Beschränkungen gegenüber den Kleinbahnen und zur Einführung von direkten Tarifen auf den für den Umleiterverkehr geeigneten Kleinbahnstrecken. Bis 1942 durften die beiden Kleinbahnen Königs Wusterhausen–Mittenwalde–Töpchin und Neukölln–Mittenwalde auf ihrem Verbindungsgleis im Stadtgebiet von Groß-Berlin nur Müll und Ziegelsteine befördern. [130]

Auf den Wegfall der Beschränkungen und die Tarifänderung wird im einzelnen bei den Streckenbeschreibungen eingegangen.

Nach dem Krieg behielten die Privat- und Kleinbahnen ihre Tarifsätze bei. Es bestanden bis zur Übernahme durch die DR im Jahr 1949 nach wie vor Bahnen mit direkten Gütertarifen und solche, die nicht in diese Tarifklasse einbezogen waren. Gegen die daraus zu erwartenden Einnahmeverluste sowohl bei der DR als auch bei den Bahnen erhoben die Landesbahnen Brandenburg mit Schreiben vom 7. Februar 1949 bei der Deutschen Wirtschaftskommission, Hauptabteilung Verkehr, Einspruch. Die Landesbahnen rechneten mit geschätzten Einnahmeverlusten von 25 Prozent im Personenverkehr und über 50 Prozent im Güterverkehr. Im Falle der Übernahme hätte die DR auch die Bahnen ohne direkte Tarife mit in den Reichsbahntarif übernehmen müssen, womit die getrennte Abfertigungsgebühr entfallen wäre. Einzelne Beispiele untermauerten diese Behauptungen [131]:

1. Bahnen ohne direkte Tarife:
- Prignitzbahn rund 75 Prozent Verlust
- Prenzlauer Kreisbahn rund 75 Prozent bis 83 Prozent Verlust
- Spreewaldbahn rund 70 Prozent Verlust
- Jüterbog-Luckenwalder Eisenbahn rund 80 Prozent Verlust
- Lehniner Eisenbahn rund 70 Prozent Verlust
- Strausberg-Herzfelder Eisenbahn rund 78 Prozent Verlust.

2. Bahnen mit direkten Gütertarifen:
- Brandenburgische Städtebahn zwischen 12 Prozent und 27 Prozent Verlust
- Dahme-Uckroer Eisenbahn rund 50 Prozent Verlust
- Eberswalde-Finowfurther Eisenbahn rund 53 Prozent Verlust
- Niederlausitzer Eisenbahn zwischen 37 Prozent und 46 Prozent Verlust
- Ruppiner Eisenbahn zwischen 26 Prozent und 36 Prozent Verlust.

Alle Gegenargumente änderten nichts am bereits gefaßten Entschluß: Am 1. April 1949 wurden die Bahnen übernommen. Zu einer sofortigen Einführung der DR-Tarife und dem Wegfall der von jeder Bahn besonders kalkulierten Tarifkilometer kam es jedoch noch nicht. Zu diesem Zeitpunkt war sich die Deutsche Wirtschaftskommission auf Grund der durch die Länder und Bahnverwaltungen vorgebrachten Einwände noch unschlüssig. Einige Bahnen hatten den DR-Tarif zwar ab 1. Oktober 1949 eingeführt, die Deutsche Wirtschaftskommission wies aber im gleichen Monat an, die Einnahmen der übernommenen Bahnen nach den Kleinbahn- und Privatbahntarifen zu berechnen und mit den zu erwartenden Einnahmen bei der Einführung der DR-Tarife zu vergleichen. Mit den Untersuchungen wurde die zu diesem Zeitpunkt noch für die Fragen der Personentarife im Binnenverkehr zuständige Rbd Erfurt beauftragt. In einem Bericht der Rbd vom 13. Januar 1950 an die Generaldirektion der DR wurden Einnahmeverluste bei Einführung der DR-Tarife zwischen 5 Prozent und 50 Prozent ausgewiesen. [132]

Es gab auch Ausnahmen. So konnten beispielsweise die Kleinbahnen Bebitz–Alsleben und Schleiz–Saalburg nach Einführung der DR-Tarife erhöhte Einnahmen erwarten. Beide Bahnen hatten sich 1946 nicht an der allgemeinen Tariferhöhung beteiligt, sondern an dem bis dato gültigen 6-Pfennig-Tarif (2. Klasse) festgehalten. Auf diesen Strecken mußten die Anlieger erst ab 1. Januar 1951 8 Pfennig pro Kilometer zahlen. Trotz der im allgemeinen vorausgesagten Einnahmeverluste verfügte die Rbd Erfurt am 6. Dezember 1950 die Abrechnung nach DR-Tarifen auf den übernommenen Bahnen des Direktionsbezirkes ab 1. Januar 1951.

4.11. Kombinierter IV.-Klasse-Wagen mit Gepäckabteil vom Waggonbau Görlitz für die Görlitzer Kreisbahn. Werkfoto. VEB Waggonbau Görlitz

Man erhoffte sich durch die niedrigen Fahrpreise eine Verkehrsbelebung, die jedoch in den folgenden Jahren nicht eintrat. Im Gegenteil: Auf vielen Strecken der ehemaligen Klein- und Privatbahnen wurde aus ökonomischen Gesichtspunkten der Betrieb eingestellt.

Grundlage für einen generellen Eingriff in das Nebenbahnnetz der DR waren die Beschlüsse des VII. Parteitages der SED im Jahr 1967. Walter Ulbricht äußerte sich zu diesem Problem wie folgt: „Unser Eisenbahnnetz mit seinen vielen unwirtschaftlichen Nebenstrecken, Bahnhöfen und Anschlußbahnen wird, nachdem ein Teil der Beförderungsleistungen auf den Kraftverkehr verlagert ist, wesentlich reduziert werden." [133]

Bleibt zum Schluß nur noch der Ausnahmetarif auf der Strecke Drei Annen Hohne–Schierke nachzutragen. Auf diesem 5,4 km langen Streckenabschnitt betrug der Zuschlag fast 100 Prozent und das noch laut Kursbuch vom Herbst 1968. Auch auf der Oberweißbacher Bergbahn wurde noch wegen der erhöhten Aufwendungen bei der Beförderung ein Entfernungszuschlag von 5 km in die tatsächliche Tarifentfernung (2,6 km) eingerechnet. Diese Ausnahmeregelungen bestehen noch heute.

4.3. Konkurrenz durch den Kraftverkehr und eigene Kraftwagenlinien

Wurden bei der Verabschiedung des Kleinbahngesetzes im Schlußwort die Kleinbahnen als das sicherste und billigste Verkehrsmittel für die ländlichen Gebiete bezeichnet, so änderte sich diese Sachlage spätestens nach dem ersten Weltkrieg mit der zunehmenden Bedeutung des Kraftwagenverkehrs. In dieser Zeit waren die Klein- und Privatbahnen von einer allgemeinen Krise gezeichnet, die einerseits von der schlechten Wirtschaftslage und der Inflation sowie andererseits durch anhaltende Unruhen der Beschäftigten infolge der unterschiedlichen Besoldung zur neu gegründeten Deutschen Reichsbahn hervorgerufen wurden. Kaum eine der genannten Bahnen arbeitete zu dieser Zeit mit Gewinn, die meisten konnten sich gerade, zum Teil nur mit staatlicher Unterstützung, über Wasser halten.

In dieser Situation entwickelte sich der Kraftverkehr, anknüpfend an die sich bereits vor dem Krieg abzeichnende Tendenz, mit all seinen Erscheinungsformen. Die stürmische Entwicklung war vergleichbar mit dem Entstehen der Eisenbahn. In dieser Phase fehlte es an der ordnenden Hand des Staates. Die Gesetzgebung und öffentliche Verwaltung hatte dieser Entwicklung nur unzureichende Maßnahmen gegenüberzustellen. Weshalb es dann auch in verschiedenen Landesteilen zu einem unerfreulichen Wettbewerb

4.12. Die 1936 eröffnete Kleinbahn Schleiz–Saalburg hatte trotz ihrer modernen elektrischen Triebwagen von Anfang an gegen einen starken regionalen Kraftverkehr zu kämpfen. Aufnahme 1936 in Gräfenwarth. Sammlung Rammelt

zwischen den Kraftfahrzeugen und den Eisenbahnen kam.

Nach der Währungsreform wurden zwar einige Kleinbahnen neu konzessioniert oder bereits bestehende Bahnen erweitert, aber es zeigte sich auch immer mehr, daß die Bedeutung des Kraftwagens zunahm. Die aus der Erweiterung der Krensitz-Crostitzer Kleinbahn hervorgegangene Delitzscher Kleinbahn hatte beispielsweise von Anfang an finanzielle Schwierigkeiten und mußte mit ihrer Eröffnung eine eigene Kraftwagenlinie von ihrem Kleinbahnhof Delitzsch West zum an der Strecke Leipzig–Bitterfeld gelegenen Bahnhof Delitzsch einrichten. Damit die Autobusse ausgelastet waren, übernahm die Kleinbahn später auch die von der Reichspost befahrene Kraftwagenlinie Delitzsch–Glesien.

Die Konkurrenz des Straßenverkehrs trat den Eisenbahnen in folgenden Formen gegenüber:
- privater Personenverkehr mit eigenem Personenkraftwagen
- Kraftwagenlinienverkehr
- Personen-Gelegenheitsverkehr (Taxi)
- Güternahverkehr
- Güterfernverkehr.

Gegen dieses, den Kundenwünschen entsprechende Angebot mußten sich vor allem die im Kurzstreckenverkehr arbeitenden Kleinbahnen behaupten. Die Privatbahnen waren außerdem für den Durchgangsverkehr zu den angrenzenden Haupt- und Nebenbahnen zugelassen, hatten also eine zusätzliche Einnahmequelle.

Generell waren alle schienengebundenen Verkehrsträger von einer rückläufigen Tendenz des Verkehrsaufkommens betroffen. Dies war auf den zunehmenden Kraftwagenverkehr zurückzuführen. Von 1929 bis 1933 verzeichneten die Kleinbahnen einen Rückgang des Personenverkehrs von 40 Prozent. Die Privateisenbahnen hatten 44 Prozent und die DRG 37 Prozent Rückgang zu beklagen. Die Beförderungspreise waren damals bei der Wahl der Verkehrsmittel von besonderer Bedeutung. Im Güternahverkehr bestanden bei den Kraftfahrzeugunternehmen keine Tarifvorschriften; die Beförderungspreise richteten sich nach den

4.13. Die Delitzscher Kleinbahn führte vom Tag der Eröffnung an eine eigene Kraftfahrlinie vom Bahnhof Delitzsch West nach Delitzsch Berliner Bf.
Foto Stöckner. Sammlung G. Meyer

jeweiligen Selbstkosten. Die Unternehmer schlugen in Abhängigkeit von den Wettbewerbsbedingungen mit anderen territorialen Verkehrsunternehmen einen Gewinnbetrag auf die zu befördernden Waren im Güternahverkehr vor.

Die Selbstkosten der Kraftwagengesellschaften unterteilten sich in zwei Gruppen: in fixe und variable Kosten. Zu ersteren gehörten die Verzinsungen des Anlagekapitals, die Versicherungen, die Kraftfahrzeugsteuern, die Abschreibungen, die Garagenmiete und die Lohnkosten. Die variablen Kosten enthielten die Ausgaben für Treibstoffe, Schmiermittel, Bereifung, Reparaturen und die Beförderungssteuer sowie einen Teil der Abschreibungen. Die Höhe der fixen Kosten war vergleichsweise gegenüber den Klein- und Privatbahnen geringer. Die Kostenunterschiede erklärten sich teilweise aus der relativen Flexibilität des Güternahverkehrs mit Kraftfahrzeugen. Dieser Güternahverkehr war an keinen Fahrplan und an keine Beförderungspflicht gebunden und konnte sich demzufolge im Nahbereich völlig frei entwickeln. Die Eisenbahnen mußten an ihrem Fahrplan festhalten und von ihren erwirtschafteten Einnahmen den eigenen Verkehrsweg unterhalten, während der Kraftverkehr nur in geringem Maße über die Kraftfahrzeugsteuer indirekt an der Wegeunterhaltung beteiligt war.

Neben den gewerblichen Verkehrsunternehmungen erschwerte vor allem der Individualverkehr von Betrieben bzw. landwirtschaftlichen Einrichtungen die Existenz der Klein- und Privateisenbahnen. Diese übernahmen die Transporte ihrer Fertigprodukte bis zur nächsten Staatsbahnstation in eigener Regie. Im Güterfernverkehr, der damals überwiegend noch bei der DRG verblieben war, beendete der Reichskraftwagentarif vom 10. Juni 1936 den auch hier beginnenden Konkurrenzkampf. Entgegen früheren Reichskraftwagentarifen erhielt danach der Güterfernverkehr annähernd die gleichen Tarife wie die DRG.

Die dadurch erzielte Vergünstigung für den Eisenbahntransport wirkte sich auf die Klein- und Privatbahnen kaum aus. Einesteils deswegen, weil deren Tarife oberhalb der DRG-Tarife lagen, zum anderen ließ die neu eingeführte Tarifordnung eine Freizone für den Güternahverkehr von 50 km unberücksichtigt. Die Hauptkonkurrenz für die Eisenbahngesellschaften war nicht beseitigt worden.

Auf diesen Entfernungen konnte der Kraftverkehr die Güter schneller und billiger befördern, da hier die Abfertigungs- und Umladegebühren der Bahnen stärker ins Gewicht fielen als im Fernverkehr. Nachteilig wirkten sich außerdem die bei den Klein- und Privateisenbahnen je nach Art und Wert der Güter differenzierten Tarifsätze aus: Und zwar wurden hochwertige Industrieerzeugnisse mit höheren Beförderungspreisen bedacht als die Schütt- und Massengüter. Bei den durch Kraftwagen beförderten Gütern bestimmten Umfang und Gewicht die Preiskalkulation; dadurch war bei den hochwertigen Gütern der Kraftwagen der Eisenbahn in diesen Beförderungszonen überlegen. Die Klein- und Privateisenbahnen beschränkten ihr Verkehrsaufkommen nach der Zunahme des Kraftwagenbetriebs vorwiegend auf den Transport niedrig eingestufter Schütt- und Massengüter sowie außerdem auf sperrige Güter. Produkte, die sich für den Straßentransport nicht sehr eigneten.

Der Güterfernverkehr mit Kraftfahrzeugen wurde durch Sofortmaßnahmen des Reichsverkehrsministeriums vom 6. Juli 1938 stark gefördert. Das Gesetz kam trotz erheblichen Einspruches der Reichsverkehrsgruppe Schienenbahnen durch. Diese Interessengemein-

4.14. Ein Teil des Bus-Parkes der Osthavelländischen Kreisbahnen vor dem Bahnhof Johannisstift. Wegen der Kraftstoffknappheit während des Krieges erhielten die Fahrzeuge Holzgasgeneratoren.
Sammlung Schulze

4.15. Einer der ersten drei Omnibusse, die von der Vereinigung vorpommerscher Kleinbahnen am 1. und 6. April 1926 in Betrieb genommen wurden. Der Bus mit der Nr. IH 8657 nahm am 6. April den Betrieb auf. Die Aufbauten stellten Weyer & Co., Düsseldorf, und das Fahrgestell Daag, Düsseldorf, her.
Sammlung G. Meyer

schaft fürchtete einen weiteren Einnahmerückgang bei den von ihr vertretenen Bahnen.

Ein Verkehrsträgerwechsel von der Straße auf die Schiene kam mit Verknappung der Treibstoffe infolge der Kriegsauswirkungen zustande. Viele Kraftfahrzeuge wurden abgestellt oder erhielten Holzvergaser.

Die Klein- und Privatbahnen entschlossen sich nur vereinzelt zu einem eigenen Güterkraftverkehr. Die Halberstadt-Blankenburger Eisenbahn eröffnete beispielsweise in bescheidenem Maße bereits gegen Ende der zwanziger Jahre einen eigenen Güterkraftverkehr.

Anders verhielten sich die Bahnen im Personenverkehr. Hier entwickelte sich vor allem bei den in den Provinzen Pommern und Ostpreußen bestehenden Bahnen ein lebhafter bahneigener Kraftverkehr.

Der Provinziallandtag der Provinz Pommern beschloß am 28. April 1926, daß sich die Provinz am Ausbau der Kleinbahnunternehmungen durch einzurichtende Kraftwagenlinien in dem gleichen Umfang, wie sie es an dem Neu- und Ausbau von Kleinbahnen mit der Bereitstellung von Kapital praktiziert hatte, beteiligen konnte. Die Kleinbahn mußte allerdings nachweisen, daß sie durch diese Erweiterung des Unternehmens auch einen wirtschaftli-

4.16. Trotz der Aufnahme eines bahneigenen Busbetriebes am 15. Januar 1932 kam es nicht zur Verbesserung der Wirtschaftlichkeit. Am 15. Februar 1939 fuhr der vorerst letzte Zug der Jüterbog-Luckenwalder Kreiskleinbahnen. Sammlung G. Meyer

4.17. Omnibus der Kleinbahnen des Kreises Jerichow I. Sammlung G. Meyer

chen Aufschwung erwartete, außerdem mußten sich die daran interessierten Kommunalverbände im gleichen Umfang beteiligen. Nach diesem Beschluß entstand bei der Vereinigung der vorpommerschen Kleinbahnen ein dichtes Kraftwagenliniennetz. Die Vereinigung beschaffte von 1926 bis 1929 neun Autobusse, von denen sieben im Plandienst und zwei in Reserve standen.

Die Leitung der vorpommerschen Bahnen setzte sich gegen den Kraftwagenunternehmer Karl Brahls aus Greifswald und die von ihm betriebene Linie Greifswald–Lubmin durch. Nach langwierigen Verhandlungen übernahm die Greifswald-Wolgaster Kleinbahn am 1. April 1926 diese Linie und betrieb sie mit eigenen Autobussen. Der Fahrplan konnte nun mit der Kleinbahn genau abgestimmt werden. Bis zum Abschluß des Geschäftsjahres 1927 betrieben die der Vereinigung der vorpommerschen Kleinbahnen angeschlossenen Unternehmen auf 191 km Kraftwagenlinien. Die Linie Anklam–Teterow wurde sowohl von der Demminer Kleinbahn Ost als auch der MPSB gemeinsam betrieben. [134] Demgegenüber bestanden zum gleichen Zeitpunkt innerhalb des Deutschen Reiches bei den Kleinbahnen 31 Kraftwagenlinien mit 41 Kraftwagen. Sie betrieben zusammen 655 km. Bei den Privateisenbahnen waren es 25 Linien mit 46 Kraftwagen und 496,5 km. [135]

Um gegen die wachsende Konkurrenz der Kraftfahrlinien privater Unternehmer oder der Reichspost bestehen zu können, stellten immer mehr Bahnen ihren Personenverkehr teilweise oder ganz auf eigenen Autobusverkehr um. Die in großen finanziellen Schwierigkeiten stehende Jüterbog-Luckenwalder Kreisbahn stellte beispielsweise am 15. Januar 1932 ihren gesamten Personenverkehr auf Kraftfahrlinienverkehr um. Vorher hatte sie bereits erwogen, den Eisenbahnbetrieb einzustellen und das Planum nach dem Abbau der Gleise als Radfahrwege umzugestalten.

In den einzelnen preußischen Provinzen entwickelte sich der den Bahnen angegliederte Kraftwagenverkehr sehr unterschiedlich. (Tabelle 4.4.) Durch den Einsatz der

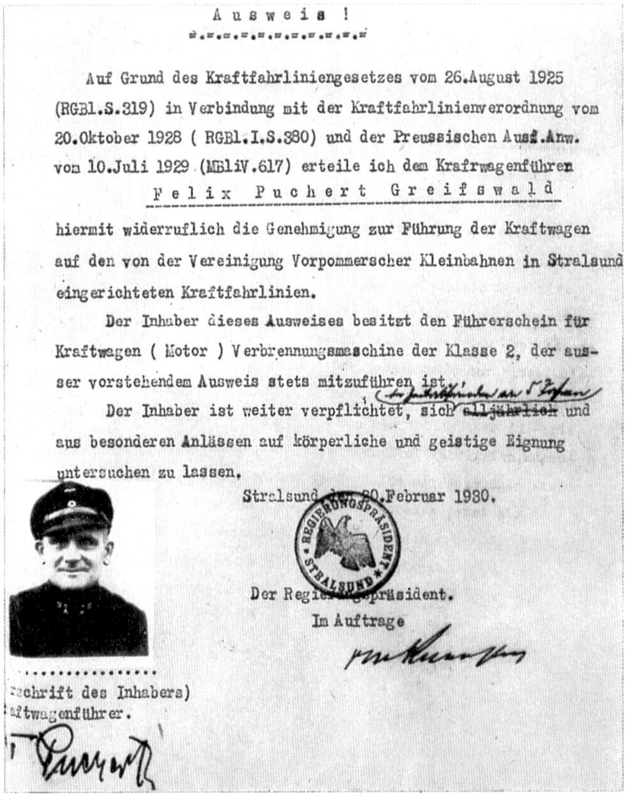

Ausweis !

Auf Grund des Kraftfahrliniengesetzes vom 26. August 1925 (RGBl.S.319) in Verbindung mit der Kraftfahrlinienverordnung vom 20. Oktober 1928 (RGBl.I.S.380) und der Preussischen Ausf.Anw. vom 10. Juli 1929 (MBliV.617) erteile ich dem Kraftwagenführer

Felix Puchert Greifswald

hiermit widerruflich die Genehmigung zur Führung der Kraftwagen auf den von der Vereinigung Vorpommerscher Kleinbahnen in Stralsund eingerichteten Kraftfahrlinien.

Der Inhaber dieses Ausweises besitzt den Führerschein für Kraftwagen (Motor) Verbrennungsmaschine der Klasse 2, der ausser vorstehendem Ausweis stets mitzuführen ist.

Der Inhaber ist weiter verpflichtet, sich ~~alljährlich~~ und aus besonderen Anlässen auf körperliche und geistige Eignung untersuchen zu lassen.

Stralsund, den 20. Februar 1930.

Der Regierungspräsident.
Im Auftrage

(...schrift des Inhabers)
...aftwagenführer.

4.18. Ausweis des Kraftwagenführers Felix Puchert, der bei der Vereinigung vorpommerscher Kleinbahnen angestellt war.
Staatsarchiv Greifswald

Autobusse konnten die Klein- und Privatbahnen ansteigende Beförderungszahlen registrieren, war doch schließlich damit auch der Komfort verbessert worden. Die langen Aufenthaltszeiten auf den Unterwegsbahnhöfen der dampflokbetriebenen Züge, verursacht durch das Ausrangieren und Zusetzen von Güterwagen, entfielen. Der Geschäftsbericht der vorpommerschen Bahnen für das Jahr 1930/31, zu denen 516,5 km Schienenbahnen und 246 km Kraftfahrlinien gehörten, enthält für die Schienenbahnen folgende Zahlen:

Betriebseinnahmen
2 564 932,33 Reichsmark
Betriebsausgaben
2 191 161,64 Reichsmark

erzielter Überschuß
373 770,69 Reichsmark.

Vergleichsweise erzielten die Kraftfahrlinien der Kleinbahn Greifswald–Wolgast, der Demminer Kleinbahn Ost, der Anklam-Lassaner Kleinbahn und der Anklam-Teterower Kraftfahrlinie folgende Betriebsergebnisse [137]:

Betriebseinnahmen
136 061,22 Reichsmark
Betriebsausgaben
103 333,58 Reichsmark

erzielter Überschuß
32 727,64 Reichsmark.

Diese Zahlen sind nicht objektiv, da bei den von den Kleinbahnen erzielten Überschüssen auch der Güterverkehr mitgerechnet wurde.

Die in dem Geschäftsbericht genannten Kraftfahrlinien wurden von der 1947 gegründeten VVB Verkehr Land Mecklenburg, in der alle ehemaligen Kleinbahnen Vorpommerns zusammengefaßt waren, weiter betrieben. Auf den demontierten Bahnen sollte der Kraftverkehr vorerst als Schienenersatzverkehr bis zum Neuaufbau der Strecken den Betrieb aufrechterhalten.

Als in der sowjetischen Besatzungszone die Übernahme der Bahnen durch die Deutsche Reichsbahn vorbereitet wurde, strebte die Deutsche Reichsbahn die Trennung der Kraftfahrlinien von den Bahnen an. Dies stieß allerdings bei den Vertretern der Klein- und Privatbahnen auf verständlichen Widerstand, da sie an dem alten Geist einer selbständigen Bahn samt den dazu gehörenden Nebeneinrichtungen festhielten. Eine Rundfrage der Deutschen Wirtschaftskommission ergab für die einzelnen Reichsbahndirektionen folgendes Bild:

Linie 1: Greifswald–Lubmin.

km	—	verk. v. 15.6.–15.7.	—	verk. v. 15.6.–16.8.	verk. v. 15.6.–31.8.	—		—	—	verk. v. 15.6.–15.7.
km	1	11	3	155	13	5	Wagen Nr. Stationen Wagen Nr.	2	4	10
—	8.20	12.26	13.25	14.20	17.50	20.15	ab Greifswald Rbf. an	7.57	11.47	14.57
0.9	8.23	12.28	13.30	14.23	17.52	20.17	Wilhelmsplatz	7.55	11.45	14.55
1.5	8.26	12.31	13.33	14.26	17.55	20.20	Markt	7.52	11.42	14.52
1.5	8.28	12.33	13.35	14.28	17.57	20.22	Hohenzollernpl.	7.50	11.40	14.50
2.6	8.30	12.35	13.38	14.30	17.59	20.25	Normandie	7.47	11.37	14.47
3.6	8.35	12.38	13.43	14.35	18.02	20.30	Kampfbahn	7.42	11.32	14.42
5.6	8.38	12.41	13.46	14.38	18.05	20.33	Eldena	7.39	11.29	14.39
8.6	8.45	12.48	13.53	14.45	18.12	20.40	Friedrichshagen	7.32	11.22	14.32
11.1	8.51	12.54	13.59	14.51	18.18	20.46	Kemnitz	7.26	11.16	14.26
12.5	8.56	12.59	14.04	14.56	18.23	20.51	Neuendorf	7.22	11.12	14.22
15.4	9.04	13.07	14.12	15.04	18.31	20.59	Brünzow	7.15	11.05	14.15
17.4	9.10	13.13	14.18	15.10	18.37	21.05	Kräpelin	7.10	11.00	14.10
19.2	9.15	13.18	14.22	15.15	18.42	21.09	Wusterhusen	7.05	10.55	14.05
21.3	9.20	13.23	14.26	15.20	18.47	21.14	an Lubmin ab	7.00	10.55	14.00

Linie 2: Wolgast–Katzow–Greifswald

km	—	verk. Di. u. Fr. ausschl. Festtag	—	verk. Sbds. ausschl. Festtag	—	—		—	—	verk. Di. Fr. u. Sbd. ausschl. Festtag
km	—	61	—	63	—	—	Wagen Nr. Stationen Wagen Nr.	—	—	66
—	—	8.05	—	11.30	—	—	ab Wolgast Post an	—	—	17.35
3.9	—	8.17	—	11.42	—	—	Schalense	—	—	17.23
5.2	—	8.21	—	11.46	—	—	Pritzier Schule	—	—	17.19
7.5	—	8.28	—	11.53	—	—	Katzow	—	—	17.12
9.6	—	8.34	—	11.59	—	—	Kühlenhagen Bf.	—	—	17.06
12.1	—	8.41	—	12.06	—	—	Boltenhagen	—	—	16.59
14.9	—	8.49	—	12.14	—	—	Rappenhagen	—	—	16.51
17.5	—	8.56	—	12.22	—	—	Kemnitz	—	—	16.43
20.0	—	9.03	—	12.29	—	—	Friedrichshagen	—	—	16.36
22.0	—	9.11	—	12.38	—	—	Eldena	—	—	16.28
24.0	—	9.14	—	12.42	—	—	Kampfbahn	—	—	16.24
26.0	—	9.17	—	12.46	—	—	Normandie	—	—	16.21
27.0	—	9.20	—	12.50	—	—	Hohenzollernpl.	—	—	16.19
27.0	—	9.23	—	12.53	—	—	Markt	—	—	16.16
27.8	—	9.25	—	12.55	—	—	Wilhelmsplatz	—	—	16.14
28.6	—	9.28	—	12.58	—	—	an Greifswald ab	—	—	16.12

Linie 3: Freest–Wolgast.

km	—	—	verk. Mo. Mi. u. Sb. u. v. 28/6.–9/8. Sonn.	verk. Sbds. u. v. 28/6.–9/8. Sonnt.	verk. vom 28/6.–9/8. Sonn. u. Festt.	—		verk. Mo. Mi. u. Sbds. u. v. 28/6.–9/8. Sonnt.	verk. Sbds. u. Sonn- u. Festt.	verk. v. 28/6.–9/8. Sonn. u. Festt.
km	—	51	55	53	53a	—	Wagen Nr. Stationen Wagen Nr.	56	52	54a
—	—	7.15	10.45	14.00	15.15	—	ab Freest an	10.16	12.50	15.05
2.6	—	7.23	10.54	14.08	15.23	—	Kröslin	10.06	12.41	14.56
5.0	—	7.30	11.01	14.15	15.30	—	Barrin	9.59	12.36	14.49
6.8	—	7.35	11.06	14.20	15.35	—	Gr. Ernsthof-Ch.	9.54	12.30	14.44
10.5	—	7.45	11.15	14.30	15.45	—	an Wolgast Post ab	9.45	12.20	14.36
—	—	7.50	11.20	—	—	—	an Wolgast Reichsbf. ab	—	—	14.30

Linie 4: Wolgast–Wusterhusen–Greifswald.

km	verk. Mo. u. Do. ausschl. Festtags		verk. Mo. u. Do. ausschl. Festtags
km	71	Wagen Nr. Stationen Wagen Nr.	72
—	8.05	ab Wolgast Post an	17.45
3.70	8.17	Gr. Ernsthof Ch.	[illegible]
5.6	8.21	Gr. Ernsthof	[illegible]
7.6	8.27	Rubenow	[illegible]
10.1	8.33	Pritzwald	17.14
12.0	8.40	Wusterhusen	17.06
14.6	8.45	Kräpelin	17.01
16.6	8.51	Brünzow	16.55
19.5	8.57	Neuendorf	16.47
20.9	9.03	Kemnitz	16.43
23.4	9.08	Friedrichshagen	16.36
26.4	9.16	Eldena	16.28
26.0	9.18	Kampfbahn	16.24
29.4	9.20	Normandie	16.21
30.4	9.23	Hohenzollernplatz	16.18
30.4	9.26	Markt	16.16
31.2	9.28	Wilhelmsplatz	16.14
32.0	9.30	an Greifswald ab	16.12

Linie 6: Wolgast–Züssow

km	81W	Wagen Nr. Stationen Wagen Nr.	82W
—	14.45	ab Wolgast Hafen an	18.19
1	14.47	Wolgast Post	18.13
4	14.53	Schalense	18.10
5	14.59	Pritzier	17.57
10	15.03	Lühmannsdorf	17.45
12	15.12	Brüssow	17.38
13	15.17	Möckow	17.36
16	15.20	Menzlin	17.30
17	15.25	an Züssow Rbf ab	17.25

Anmerkung:
W: Wagen verkehrt Werktags
S. Wagen verkehrt Sonn- u. Festt.

Linie 5: Wolgast–Lühmannsdorf–Greifswald

verk. Mo. ausschl. Festt.	verk. Sbds.	verk. v. 15.6.–31.8.	verk. vom 16.6.–31.8.		verk. v. 16.6.–31.8.	verk. v. 16.6.–31.8.	verk. Sbds.	verk. Sbds.	verk. Mo. ausschl. Festtgs.
43	46	315	335	Wagen Nr. Stationen Wagen Nr.	305	325	40	44	42
8.05	11.20	—	—	ab Wolgast Post an	—	—	8.00	12.15	17.40
8.15	11.30	—	—	Schalense	—	—	7.48	12.05	17.30
8.18	11.33	—	—	Pritzier	—	—	7.45	12.02	17.27
—	—	—	—	Katzow	—	—	7.40	—	—
—	—	—	—	Kühlenhagen Abzw.	—	—	7.35	—	—
8.27	11.43	—	—	Jagdkrug	—	—	—	11.52	17.17
8.29	11.45	—	—	Lühmannsdorf	—	—	—	11.50	17.15
8.31	11.47	—	—	an * Abzw. Gieseckenh. ab	—	—	7.17	11.48	17.13
8.32	—	—	—	ab * Abzw. Gieseckenh. an	—	—	—	—	17.12
8.34	—	—	—	Brüssow	—	—	—	—	17.09
8.37	—	—	—	Möckow	—	—	—	—	17.07
8.44	—	—	—	Gladrow	—	—	—	—	16.59
8.51	—	—	—	Hanshagen	—	—	—	—	16.51
9.02	—	—	—	Diedrichshagen	—	—	—	—	16.39
9.10	—	14.35	19.00	Koitenhagen	14.25	18.45	—	—	16.30
9.13	—	14.38	19.03	Gr. Schönwalde	14.22	18.42	—	—	[illegible]
9.23	—	14.50	19.15	Hohenzollernplatz	14.15	18.30	—	—	[illegible]
9.25	—	—	—	Markt	—	—	—	—	16.16
9.27	—	—	—	Wilhelmsplatz	—	—	—	—	16.14
9.30	—	—	—	an Greifswald ab	—	—	—	—	16.12

4.19. Fahrplan der Kraftwagenlinien der Kleinbahn Greifswald–Wolgast vom 31. März 1931. Staatsarchiv Greifswald

Rbd Erfurt:
Die ehemalige Arnstadt-Ichtershausener Eisenbahn hatte einen eigenen, unmittelbar angegliederten Kraftverkehr, der bereits im Jahr 1948 auf Anordnung der VVB Handel und Verkehr aus dem Vermögen der Bahn herausgelöst worden war. Daraus ergaben sich Schwierigkeiten, da die Fahrkarten vorher sowohl für den Zugverkehr als auch für den Busverkehr galten. Es wurde der Vorschlag unterbreitet, die Anordnung der VVB Handel und Verkehr rückgängig zu machen. Was aber nicht geschah!

Rbd Magdeburg:
Alle Kraftfahrlinien sollten zur Deutschen Reichsbahn übergehen.

Rbd Greifswald:
Alle Kraftfahrzeuge und Linien sollten von der Deutschen Reichsbahn übernommen werden, da sie ausschließlich dem Schienenersatzverkehr auf den demontierten Bahnen dienten.

Rbd Schwerin:
Die bei den Prignitzer Eisenbahnen und der Boizenburger Stadt- und Hafenbahn eingesetzten Kraftwagen dienten der Verbesserung des in sehr schlechtem Zustand befindlichen Schienennetzes. Auch hier sollten die Fahrzeuge bei der Deutschen Reichsbahn verbleiben.

Über den Verbleib der Kraftwagen wurde am 24. Juni 1949 in der Rbd Magdeburg unter Leitung des damaligen Vizepräsidenten Fehse mit den Vertretern der Deutschen Reichsbahn, der VVB Kraftverkehr und der ehemaligen Klein- und Privatbahnen beraten. Vizepräsident Fehse eröffnete die Sitzung unter Hinweis auf den Beschluß der Deutschen Wirtschaftskommission, wonach alle nicht dem Werk- oder Schienenersatzverkehr dienenden Busse an die VVB Kraftverkehr abzugeben seien.

In der teilweise kontrovers geführten Verhandlung wurden folgende Fakten vorgetragen [138]:

Haldenslebener Eisenbahn:
Der Kraftwagenverkehr wurde am 1. Juli 1938 gegründet und bildete ab 1. Januar 1939 eine eigene Gesellschaft; dabei wechselten zwei Angestellte der Bahn auf den Kraftverkehr über. Die vier Autobusse und ein Anhänger wurden von der VVB Kraftverkehr übernommen. Die Fahrpläne waren mit der Eisenbahn abgestimmt.

Gernrode-Harzgeroder Eisenbahn:
Die Bahn verfügte über insgesamt 6 Autobusse, wovon allerdings nur 3 einsatzbereit waren. Sie dienten ebenfalls dem Schienenersatzverkehr auf dem noch nicht wiederaufgebauten Streckenabschnitt Straßberg–Stiege und dem Arbeiterverkehr. Die Vertreter der Eisenbahn konnten mit diesen Argumenten die Anwesenden überzeugen und ihren Kraftverkehr im Auftrag der Deutschen Reichsbahn weiterbetreiben. Die Autobusse wurden durch die Rbd Magdeburg übernommen.

Osterwieck-Wasserlebener Eisenbahn:
Diese Bahn wurde durch den zweiten Weltkrieg getrennt, und zwar befanden sich nach 1945 in der britischen Zone 6 km; der Hauptteil dieser Bahn, 15 km, verblieb in der sowjetischen Besatzungszone. Von den drei Autobussen und einem Anhänger war jedoch ein Autobus nicht einsatzbereit.

Ein Autobus konnte für Ersatzzwecke bei der Eisenbahn verbleiben und wurde von der Rbd übernommen. Alle anderen Fahrzeuge kamen zur VVB Kraftverkehr.

Kleinbahnen des Kreises Jerichow I:
Die Kleinbahnen besaßen noch zwei Autobusse, davon war einer nicht betriebsfähig. Beide Fahrzeuge wurden von der VVB Kraftverkehr übernommen.

Nordhausen-Wernigeroder Eisenbahn:
Von den fünf verbliebenen Autobussen waren nur zwei betriebsfähig. Nach schwierigen Verhandlungen konnten die Vertreter der Eisenbahn einen Autobus für den Schienenersatzverkehr auf der Strecke Drei Annen Hohne–Schierke behalten; alle anderen Fahrzeuge sowie der defekte Anhänger kamen zur VVB Kraftverkehr. Ein Lkw verblieb für Bauarbeiten bei der Eisenbahn.

Genthiner Eisenbahn:
Ein Autobus verblieb bei der Eisenbahn und diente dem Arbeiterverkehr von Güsen nach Jerichow. Der zweite Autobus sowie ein Anhänger waren nicht betriebsfähig und kamen zur VVB Kraftverkehr.

Halberstadt-Blankenburger Eisenbahn:
Von dem einstmals großen, der Eisenbahn angegliederten Kraftverkehr war nur noch ein nicht einsatzbereiter Autobus bei der Bahn verblieben, der der VVB Kraftverkehr zugesprochen wurde.

Wie in der Rbd Magdeburg wurden auch in den anderen Direktionen die Kraftfahrzeugabteilungen von den Bahnen getrennt. Die bei der Eisenbahn verbliebenen Fahrzeuge wurden den Kraftfahrzeugbetriebswerken zugeteilt und von dort später je nach Bedarf eingesetzt.

Tabelle 4.1. Geschäftsbericht der provinzial-sächsischen Kleinbahnen im Rechnungsjahr 1935/36 [119]

Unternehmen	Gewinn RM	Dividende %	Verlust RM
Altmärkische Kleinbahn AG	409,34		
Stendaler Kleinbahn AG			16717,57
Kleinbahn AG Osterburg – Pretzier			21556,20
Genthiner Kleinbahn		2	
Kleinbahn AG Gardelegen – Haldensleben – Weferlingen		4	
Kleinbahn AG Wolmirstedt – Colbitz			9301,85
Kleinbahn AG Heudeber – Mattierzoll		1	
Kleinbahn AG Burxdorf – Mühlberg		2	
Prettin-Annaburger Kleinbahn AG			2643,18
Kleinbahn AG Schildau – Mockrehna		1	
Kleinbahn Bergwitz-Kemberg G.m.b.H.		1	
Delitzscher Kleinbahn AG			20277,13
Kleinbahn AG Wallwitz – Wettin		1	
Kleinbahn AG Könnern – Rothenburg	15441,35[1]		
Kleinbahn AG Bebitz – Alsleben		2	
Kyffhäuser Kleinbahn AG	3629,70[1]		
Kleinbahn AG Ellrich – Zorge	394,69		
Obereichsfelder Kleinbahn AG			14407,29
Langensalzaer Kleinbahn AG			5141,70
Kleinbahn AG Rennsteig – Frauenwald			2737,89
Kleinbahn AG Erfurt – Nottleben			11409,71
Salzwedeler Kleinbahnen G.m.b.H.			6480,66

[1] *Gewinn wurde zur Abdeckung der Verluste aus dem Vorjahr verwendet*

Tabelle 4.2. Ruhlaer Eisenbahn: Tarifentfernungen und reale Entfernungen sowie die daraus abgeleiteten Fahrpreise

Streckenabschnitt	Entfernungen		Fahrpreise in Mark für Wagenklasse					
	lt. Tarif km	reale Streckenlänge km	2. Tarif	real	3. Tarif	real	4. Tarif	real
Farnroda–Heiligenstein	5	3,5	–,40	–,30	–,30	–,20	–,20	–,15
–Ruhla	7	5,1	–,60	–,50	–,40	–,30	–,30	–,20
–Thal	4	2,6	–,30	–,30	–,20	–,15	–,15	–,10
–Wutha	3	2,2	–,30	–,30	–,20	–,15	–,10	–,10
Heiligenstein–Ruhla	3	1,6	–,30	–,30	–,20	–,15	–,10	–,10
–Thal	2	0,9	–,30	–,30	–,20	–,15	–,10	–,10
–Wutha	8	5,7	–,60	–,50	–,40	–,30	–,30	–,20
Ruhla–Thal	4	2,5	–,30	–,30	–,20	–,15	–,15	–,10
–Wutha	11	7,3	–,90	–,60	–,60	–,40	–,40	–,30
Thal–Wutha	7	4,8	–,60	–,40	–,40	–,30	–,30	–,20

***Tabelle 4.3. Kilometeranzeiger für den Wechselverkehr der Greußen-Ebeleben-Keulaer, der Hohenebra-Ebelebener und der Mühlhausen-Ebelebener Eisenbahn untereinander für die Berechnung der Fahrpreise sowie der Gepäck- und Expreßgutfrachten** [123]*

Streckenabschnitt	*Entfernungen* a[1] km	b[2] km	real km
Abtsbessingen–Hohenebra	16		12,5
–Mühlhausen	45	48	29,2
–Schlotheim	18	21	12,7
Greußen–Mühlhausen	63	75	43,3
–Schlotheim	36	48	26,8
Großenehrich–Hohenebra	23		17,9
–Mühlhausen	52	58	34,6
–Schlotheim	25	31	18,1
Hohenebra–Körner	35	41	23,7
–Mehrstedt	22	28	15
–Mühlhausen	51	57	34,1
–Rockensußra	19	25	12,9
–Schlotheim	24	30	17,6
Holzsußra–Hohenebra	16		11,9
–Mühlhausen	45	48	28,6
–Schlotheim	18	21	12,1
Holzthaleben–Hohenebra	29		22,7
–Mühlhausen	58	67	39,4
–Schlotheim	31	40	22,9
Keula–Hohenebra	35		27,9
–Mühlhausen	64	76	44,6
–Schlotheim	37	49	28,1
Kleinbruchter–Hohenebra	20		15,8
–Mühlhausen	49	54	32,5
–Schlotheim	22	27	16
Meuteroda–Hohenebra	27		21,4
–Mühlhausen	56	64	47,6
–Schlotheim	29	37	21,6
Rochstedt–Hohenebra	13		10,1
–Mühlhausen	42	44	26,8
–Schlotheim	15	27	10,3
Ruhnstedt–Hohenebra	26		20,4
–Mühlhausen	55	63	37,1
–Schlotheim	28	36	20,6
Schernberg–Mühlhausen	48	52	31,2
–Schlotheim	21	25	14,7
Urbach–Hohenebra	24		18,5
–Mühlhausen	53	60	35,2
–Schlotheim	26	33	18,7

[1] *Tarifkilometer zur Berechnung der Fahrpreise 2. und 3. Klasse*
[2] *Tarifkilometer zur Berechnung der gemischten Fahrpreise 3./4. Klasse*

***Tabelle 4.4. Stand der den Klein- und Privatbahnen angeschlossenen Kraftwagenlinien im Jahre 1935** [136]*

Provinz	*Anzahl der Bahnen mit Kraftwagen-linien*	*Anzahl der Kraftwagen (Anhänger)*	*Strecken-länge* km	*Beförderte Personen*	*Beförderte Güter einschließlich Stück- und Eilgut* t	*Einnahmen* *Personen-verkehr* RM	*Güter-verkehr* RM
Brandenburg		11					
(Neben- und Kleinbahn)	2	(3)	121	288 000	130	118 500,–	1 265,–
Hannover	9	27	308	490 000	1 080	300 000,–	8 600,–
Oberschlesien	1	1	90	Geschäftsbericht lag nicht vor			
Ostpreußen	9	29	732	438 000	252	402 000,–	3 560,–
Pommern	8	26	550	278 000	187	263 000,–	
Sachsen	7	12	139	162 000	1 014	96 600,–	7 450,–
Westfalen[1]		14	141	227 000	3 816	124 126,–	42 235,–

[1] *Die Westfälische Landeseisenbahn übernahm ab Januar 1935 die Geschäftsführung der Kraftverkehrsgesellschaft Münsterland und einzelner Kraftverkehrslinien*

Die soziale Stellung der Arbeiter und Angestellten 5.

Die Klein- und Privatbahnen stellten mit ihren Fahrzeugen in ihrem Einzugsbereich Universalverkehrsmittel dar. Die ortsansässige Industrie bzw. Landwirtschaft war vom Güterverkehr ebenso abhängig wie alle Bevölkerungsschichten vom Personenverkehr. Die Arbeiter und Angestellten der Bahnen, insbesondere die Bahnhofsvorsteher und Lokomotivpersonale, galten als geachtete und angesehene Persönlichkeiten. Sie hatten sich zum Großteil für ihre neue Arbeit qualifiziert und sich dadurch aus der verständlicherweise technisch nicht sehr vorgebildeten ländlichen Bevölkerung „herauskristallisiert". Aus dem Wissen um diese „Wertschätzung" entwickelte sich unter den Kleinbahnern eine enge Verbundenheit und ein Stolz auf ihre Bahn. Manche Strapaze und lange Dienste bei niedrigem Lohn wurden so von den Beschäftigten leichter ertragen. Unter Berücksichtigung längerer Ruhepausen konnte die Arbeitszeit bis zu 14 Stunden betragen. Bei den meisten Bahnen gab es keinen Mehrschichtbetrieb.

Kaum eine der Bahnen hatte ein solches Verkehrsaufkommen, das den Nachtbetrieb erfordert hätte. Unabhängig von den langen Arbeitszeiten mußte das Kleinbahnpersonal gegenüber den Angestellten der Staatseisenbahn vielseitiger sein. Das Lokpersonal führte kleinere Reparaturen selbst aus und heizte die Maschinen an. Auf den Zwischenstationen war der Stationsvorsteher „Mädchen für alles": Er fertigte den Güterverkehr ab, regelte den Betriebsablauf, verkaufte Fahrkarten und war gleichzeitig für die Unterhaltung der Anlagen zuständig. Die Vielseitigkeit widerspiegelte sich allerdings nicht in einer entsprechenden Belohnung. Bei den Arbeitern und Angestellten dieser Bahnen wurden die Einkommen nach Orts- und Dienstklassen unterschieden, wobei zwischen Anfangs- und Höchstbetrag in mehreren Abstufungen weiter differenziert werden konnte.

Bei den großen deutschen Privatbahnen fehlten entsprechende Pensionsvereinbarungen. Dadurch waren die Verdienstmöglichkeiten bei den Privatbahnen höher. Die Staatsbahnen sicherten dafür ihren Beschäftigten eine pensionsberechtigte, unkündbare Stellung zu. Demzufolge mußte gegen Ende der achtziger Jahre des vorigen Jahrhunderts unbedingt eine gleichberechtigte Lösung gefunden werden. Denn die noch verbliebenen privaten Nebenbahnen, die ohnehin kaum Gewinn abrechneten, konnten sich eine solche Entlohnung nicht leisten. Einen ersten Anstoß zur Gründung einer Pensionskasse für die Beamten der Privatbahnen gab 1887 der Minister der öffentlichen Arbeiten. Danach sollten sich fünf Nebenbahnen in der Provinz Brandenburg in einer gemeinsamen Pensionskasse vereinigen. Gegen diesen Plan opponierte der Leiter der Centralverwaltung für Sekundärbahnen, Herrmann Bachstein. Er strebte nach einer für alle deutschen Privatbahnen gültigen Kasse und wollte damit das Entstehen einzelner Pensionsinstitute vermeiden. Er unterbreitete diesen Vorschlag einer zu gründenden eigenen Kasse, und diese sollte für den Beitritt dritter Verwaltungen offenstehen.

Weitaus problematischer war für Herrmann Bachstein die Tatsache, daß er bei den meisten Bahnen seiner Verwaltung nicht Konzessionär, sondern nur Pächter war und infolgedessen nicht als Träger der Pensionskasse des jeweiligen Bahnunternehmens auftreten konnte. Einen Ausweg unterbreitete der damalige Vorstand der Bachstein-Verwaltung, Staatsrat a. D. Dr. jur. Schumbach, indem er die Ausdehnung der Anstalt auf sämtliche deutsche Bahnen mit Lokomotivbetrieb vorschlug. Dabei sollte sich aber die zu gründende Kasse auf die Konzessionäre der einzelnen Bahnen stützen. Dieser Vorschlag fand auch bei den fünf brandenburgischen Bahnen Beifall, und der Vorsitzende der Aufsichtsräte, Landessyndikus Geheimer Regierungsrat Gerhardt willigte ein. Nach der Zustimmung der zuständigen preußischen Ministerien wurde die Pensionskasse am 1. Juli 1888 gegründet, der zunächst 31 Gesellschaften beitraten.

5.1. Der Vorsteher vom Bahnhof Zörbig der Dessau-Radegast-Köthener Eisenbahn. Das Bierglas im Dienstzimmer war damals noch nicht verboten.
Sammlung G. Meyer

Die Bayerische Lokalbahn AG (LAG) hatte schon zuvor eine eigene Pensionskasse ins Leben gerufen, die aber einer versicherungstechnischen Prüfung nicht standhielt. Nach diesem Debakel trat die LAG ebenfalls der von Herrmann Bachstein gegründeten Pensionskasse bei. Noch bedeutender war vor der Jahrhundertwende der Beitritt der Firma Lenz & Co. und aller ihr unterstehenden Bahnen. Lenz beabsichtigte ursprünglich die Gründung einer eigenen Kasse, was ihm aber durch den Minister der öffentlichen Arbeiten versagt wurde, der sich auf einen Einwand der Pensionskasse berief, die in der Lenz-Kasse ein Konkurrenzunternehmen befürchtete. [139] (Tabelle 5.1.)

Die Zahlungen und Beiträge der Pensionskasse waren gleichartigen Institutionen im Deutschen Reich angepaßt. Die Beitragszahlungen wurden zu gleichen Teilen von der Bahnverwaltung wie auch von dem Versicherten getragen. Nach zehnjähriger Mitgliedschaft bestand die Pensionsberechtigung. Vorher wurde nur gezahlt, wenn ein ursächlicher Zusammenhang zwischen Dienstunfähigkeit oder Tod und Dienst bestand. Die Pensionsberechtigung war nicht auf die Anstellung bei einer bestimmten Bahn beschränkt, sondern die Versicherten konnten zu einer anderen Bahn wechseln, ohne Nachteile in der späteren Zahlung zu haben

Neben der Pensionskasse für die Beamten der deutschen Privateisenbahnen wurde am 1. April 1896 eine Pensionskasse für Arbeiter und Angestellte gegründet. Auch bei der „Arbeiter-Pensionskasse" zahlten der Beschäftigte und die Bahnverwaltung jeweils die Hälfte des monatlichen Beitrages. Nach 1930 wurden keine neuen Mitglieder mehr aufgenommen; die Kasse löste sich allmählich auf. Die Aufgaben übernahmen andere Regional- oder Länderinstitutionen. Zentrale Krankenkassen analog den Pensionskassen existierten nicht. Jede Gesellschaft oder Bahnverwaltung unterhielt eine eigene Betriebskrankenkasse. Die SEG gründete beispielsweise am 1. Januar 1896 eine eigene Krankenkasse mit Sitz in Darmstadt und einer Zweigstelle für die badischen SEG-Bahnen in Karlsruhe. Die Beschäftigten der thüringischen Eisenbahnen waren Mitglieder der Betriebskrankenkasse der Centralverwaltung für Sekundärbahnen Herrmann Bachstein in Weimar. Ab 1. April 1921 übernahm die Darmstädter Kasse die Betreuung der krankenversicherungspflichtigen Bediensteten der Arnstadt-Ichtershausener und der Ilmenau-Großbreitenbacher Eisenbahn. Die Bediensteten der Hohenebra-Ebelebener Eisenbahn, die von der Centralverwaltung noch in Pacht betrieben wurde, verblieben bei der Bachstein-Kasse in Weimar. [141]

Bei den Lohn- und Gehaltszahlungen bewegten sich die Klein- und Privatbahnen wie in vielen anderen Bereichen auf dem Pfad der Sparsamkeit.

Nach dem ersten Weltkrieg kam infolge der allgemeinen Geldentwertung und Gründung der Reichseisenbahnen Bewegung in das Besoldungssystem der Gesellschaften. Der „Arbeitgeberverband der Deutschen Straßen-, Klein- und Privatbahnen" schloß im Oktober 1919 mit dem Fachverband einen neuen Tarifvertrag ab. Dieser Tarifvertrag enthielt als wichtigste Änderung die Teuerungszulage analog den bei der Staatsbahn ab 1. Oktober 1919 eingeführten Tarifen. In Abhängigkeit von den Orts- und Dienstklassen wurde danach jährlich ein Beitrag von 140 Mark bis 200 Mark gezahlt.

Nach Abschluß des Staatsvertrages zwischen dem Deutschen Reich und den acht deutschen Eisenbahnländern Preußen, Sachsen, Mecklenburg, Baden, Bayern, Oldenburg, Hessen und Württemberg über den Übergang der Staatseisenbahnen auf das Deutsche Reich und der damit verbundenen, ab 30. April 1920 gültigen Reichsbesoldungsordnung für die Beschäftigten der neuen Reichseisenbahnen kam bei den Beschäftigten der Klein- und Privatbahnen die Forderung nach Anpassung ihrer Löhne und Gehälter an die Sätze der Reichsbesoldung auf. Diese Forderung wurde ab 1920 bei den thüringischen Bachstein-Bahnen mit Streikaktionen untermauert. Die Streiks weiteten sich auf viele privatwirtschaftlich geführte Bahnen in allen Teilen Deutschlands aus. Ein Vergleich der Lohn- und Gehaltsentwicklung nach 15 Jahren Betriebszugehörigkeit bei den Bachstein-Bah-

5.2. Im Bahnhof Schlotheim präsentieren sich um die Jahrhundertwende die Angestellten der Mühlhausen-Ebelebener Eisenbahn vor der Vulcan-Lokomotive 2^{b}. Sammlung Ifland

nen und den neuen Reichseisenbahnen begründet den Unwillen der Bediensteten (Tabelle 5.2.).

Das Thüringische Wirtschaftsministerium sah ein, daß die Gehälter und Löhne nicht mehr den Realitäten entsprachen und griff daraufhin schlichtend in die Streikaktionen ein. Es beabsichtigte, ab 10. Juni 1920 für die Dauer von zwei Monaten jedem Beschäftigten einen Tageszuschuß von 10,00 Mark zu gewähren. Daraufhin nahmen die Privatbahner den Dienst wieder auf. Zur Stützung der finanziellen Aufwendungen beschloß der Staatsrat von Thüringen in seiner Sitzung vom 10. Juni 1920, folgende Sonderzuschläge auf den von der Betriebsabteilung Thüringen verwalteten Bahnen einzuführen [142]:

- 20 Pf für jede gelöste Fahrkarte 2. Klasse
- 10 Pf für jede gelöste Fahrkarte 3. Klasse
- 5 Pf je 100 km Stückgut oder Wagenladungsgut.

Gleichzeitig wollte er aber die Privatbahnbeamten in die Knie zwingen: Der Betrieb sollte durch die Technische Nothilfe aufgenommen werden. Diese Vereinigung war eine Gruppe technisch vorgebildeter Arbeitskräfte, die zur Sicherung der inneren Ruhe und Ordnung und des Wiederaufbaues des deutschen Wirtschaftslebens Notstandsarbeiten zur Aufrechterhaltung des Betriebes bei gefährdeten, lebenswichtigen Unternehmen verrichtete. Sie unterstand dem Reichsminister des Innern. Dem Einsatz der Nothilfe mußten der Vorstand des Unternehmens und die jeweiligen Landesbehörden zustimmen. Sie wurde gleichwohl als Streikbrecherorganisation wie auch bei Naturkatastrophen eingesetzt. Bachstein lehnte jede Haftung und Versicherung bei einer Betriebsführung durch die Technische Nothilfe auf seinen Bahnen ab. Er erklärte sich nur unter der Bedingung einverstanden, wenn die Staatsregierung alle Haftpflichtangelegenheiten übernehmen würde. Diese Zielstellung konnte er nicht durchsetzen, so daß die Verhandlungen scheiterten und der Betrieb ab 16. Juni 1920 wieder eingestellt wurde. Daraufhin beschloß der thüringische Staatsrat, folgende Ansprüche der Angestellten und Arbeiter zu befriedigen:

- Zahlung der tarifmäßigen Gehälter und Löhne für die Tage der Betriebsführung vom 10. bis 15. Juni 1920
- Zahlung des nach dem Beschluß des Thüringischen Wirtschaftsministeriums vom 9. Juni 1920 genehmigten Zuschlages von 10 Mark pro Tag.

Die Betriebseinstellungen auf den Bachstein-Bahnen hatten zur Folge, daß ab 21. Juni 1920 die ortsansässige Industrie einen Teil ihrer Beschäftigten entlassen mußte.

In dieser angespannten Lage wurde in Thüringen der Antrag des Gütervereins Rastenberg vom 7. April 1920, der eine Übernahme der Weimar-Rastenberger Eisenbahn durch das Deutsche Reich forderte, auf alle Bachstein-Bahnen erweitert. Das Reichsverkehrsministerium lehnte diesen Antrag am 27. Juli 1920 ab.

In den Lohn- und Gehaltsforderungen der Angestellten der der Centralverwaltung unterstehenden Bahnen wurde ab 1. Juli 1920 eine neue Vereinbarung erzielt. Danach erhielten die Angestellten bis Ende des laufenden Tarifvertrages am 30. September 1920 einen Durchschnittsbetrag von 12,00 Mark pro Tag.

Die Lenzsche Verwaltung hatte (als Übergangslösung) bis 30. September 1920 allen Beschäftigten ihrer Bahnen die Bezüge der Staatsbahnverwaltung gezahlt. Ab 1. Oktober 1920 drohten die Arbeiter und Angestellten der Mühlhausen-Ebe-

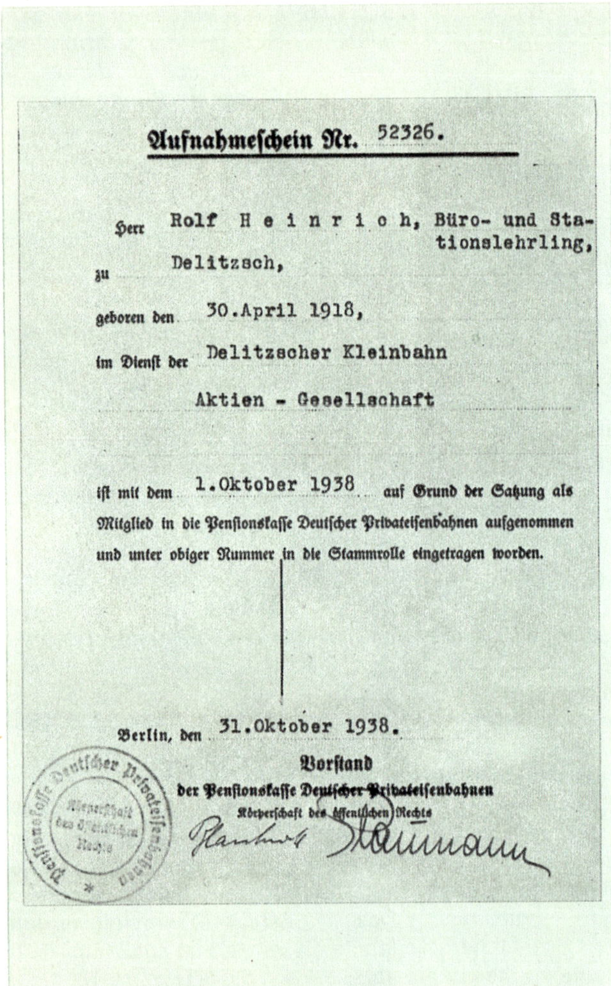

Aufnahmeschein Nr. 52326.

Herr Rolf H e i n r i c h, Büro- und Stationslehrling,

zu Delitzsch,

geboren den 30.April 1918,

im Dienst der Delitzscher Kleinbahn Aktien - Gesellschaft

ist mit dem 1.Oktober 1938 auf Grund der Satzung als Mitglied in die Pensionskasse Deutscher Privateisenbahnen aufgenommen und unter obiger Nummer in die Stammrolle eingetragen worden.

Berlin, den 31.Oktober 1938.

Vorstand

der Pensionskasse Deutscher Privateisenbahnen

Körperschaft des öffentlichen Rechts

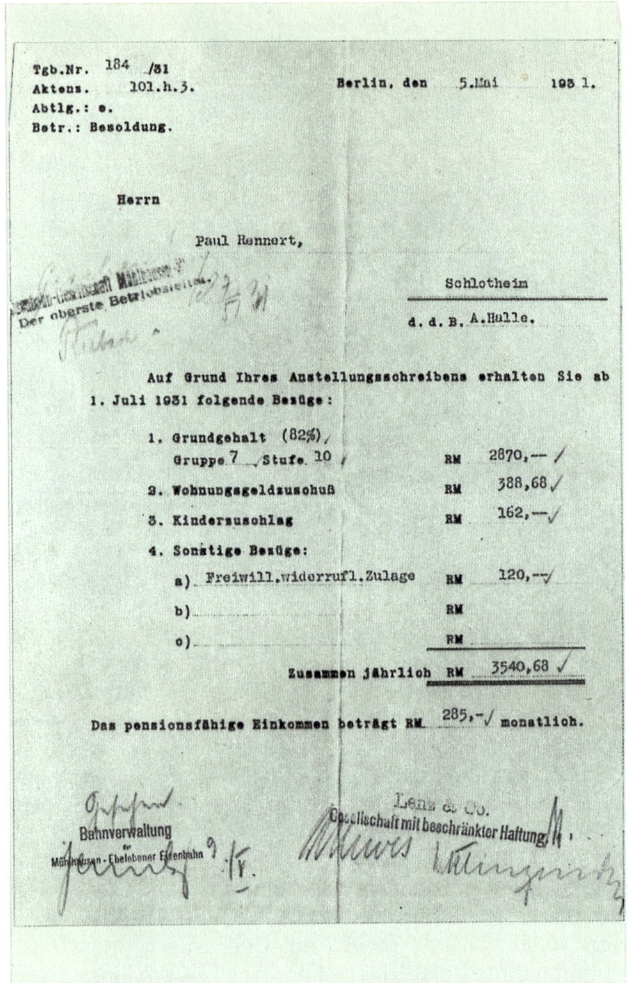

Tgb.Nr. 184 /31
Aktenz. 101.h.3.
Abtlg.: e.
Betr.: Besoldung.

Berlin, den 5.Mai 1931.

Herrn

Paul Rennert,

Schlotheim

d. d. B. A.Halle.

Auf Grund Ihres Anstellungsschreibens erhalten Sie ab 1. Juli 1931 folgende Bezüge:

1. Grundgehalt (82%), Gruppe 7 Stufe 10	RM	2870,--
2. Wohnungsgeldzuschuß	RM	388,68
3. Kinderzuschlag	RM	162,--
4. Sonstige Bezüge:		
a) Freiwill.widerrufl.Zulage	RM	120,--
b)	RM	
c)	RM	
Zusammen jährlich	RM	3540,68

Das pensionsfähige Einkommen beträgt RM 285,- monatlich.

Bahnverwaltung der Mühlhausen-Ebeleben er Eisenbahn

Lenz & Co.
Gesellschaft mit beschränkter Haftung

5.3. Aufnahmeschein in die Pensionskasse Deutscher Privateisenbahnen für den Lehrling Rolf Heinrich.
Sammlung Heinrich
5.4. Einkommensnachweis eines Angestellten der Lenz & Co. GmbH aus dem Jahre 1931.
Sammlung Ifland

lebener Eisenbahn mit Streik, falls im neuen Tarifvertrag nicht die gleichen Besoldungen zugrunde gelegt würden. [143]

Überregional verhandelte der Spitzenverband der „Arbeitgeber" und „Arbeitnehmer" ergebnislos über die Einführung einer entsprechenden Teuerungszulage. Das Reichsverkehrsministerium fällte einen Schiedsspruch, wonach den Beschäftigten bis 30. September 1920 ein Betrag von 2,15 Mark bis 2,80 Mark pro Kopf und Tag gezahlt werden sollte. Dieses Minimalangebot entsprach nicht im geringsten den Forderungen.

Parallel dazu liefen Verhandlungen, die Reichsbesoldung mit Beginn des neuen Tarifvertrages einzuführen. Sie waren ebenfalls in den Anfängen steckengeblieben. Nach der Sitzung vom 28. September 1920 unterbreitete der „Arbeitgeberverband der Deutschen Straßen-, Klein- und Privat-Eisenbahnverwaltungen" den Vorschlag, abgestufte Sätze der Reichsbesoldung nach den Ortsklassen zu zahlen: A 90 Prozent, B 85 Prozent, C, D und E 80 Prozent.

Das Angebot stieß bei den Eisenbahnern auf Ablehnung. Im Oktober 1920 waren alle Beamten und Arbeiter ohne einen gültigen Tarifvertrag. Die von der Mühlhausen-Ebelebener Eisenbahn angekündigte Streikbereitschaft weitete sich zu einem Generalstreik aus.

Erst der Schiedspruch des Reichsarbeitsministers löste den Streit. Danach waren entsprechend der Reichsbesoldungsgesetze festgeschrieben für die Ortsklasse A 93 Prozent, für die Ortsklassen B und C 88 Prozent sowie für die Ortsklassen D und E 83 Prozent. [144]

Weiterhin sollten Bahnen, die eine Dividende von fünf Prozent und mehr ausschütteten, je nach ihrer Vermögenslage bis an die vollen Sätze der Reichsbesoldungsordnung herangehen.

Die Regelung trat am 1. November 1920 in Kraft. Schon am 27. Oktober wurde der Betrieb auf allen Bahnen wieder aufgenommen. Ende November 1920 kam es zwischen dem „Arbeitgeberverband der Deutschen Straßen-, Klein- und Privat-Eisenbahnverwaltungen" und den beteiligten „Arbeitnehmerorganisationen" zum Abschluß eines neuen Manteltarifvertrages. Alle leistungsfähigen Betriebe oder solche, deren Wirtschaftlichkeit sich im Verlaufe der letzten 5 Jahre nicht verändert hatte, mußten die vollen Sätze der Reichsbesoldungsordnung zahlen.

Folgende Bahnen zahlten zu diesem Zeitpunkt schon die vollen Sätze (nur ehemalige Bahnen auf dem heutigen Gebiet der DDR):

- Mecklenburgische Friedrich-Wilhelm-Eisenbahn
- Paulinauer-Neuruppiner Eisenbahn
- Ruppiner Eisenbahn
- Löwenberg-Lindow-Rheinsberger Eisenbahn
- Wittenberge-Perleberger Eisenbahn
- Prignitzer Eisenbahn
- Zschipkau-Finsterwalder Eisenbahn
- Rathenow-Senzke-Nauener Eisenbahn
- Reinickendorf-Liebenwalde-Groß Schönebecker Eisenbahn
- Halberstadt-Blankenburger Eisenbahn und
- Dessau-Wörlitzer Eisenbahn.

Außerdem waren sämtliche Kreisbahnen lt. Gesetz vom 8. Juli 1920 zur vollen Zahlung verpflichtet.

Die Reichsbesoldung wurde mit einem Gesetz vom 17. Dezember 1920 entsprechend der Teuerungsrate geändert. Diese Höhereinstufung hatte zu erneuten Verhandlungen geführt. Infolge der allgemeinen Notlage waren die Bahnen außerstande, auf die Forderungen der Beschäftigten auf eine erneute Anpassung der Besoldung einzugehen. Erst nach der Inflationszeit zog Stabilität in die Besoldung ein. Der Tarifvertrag vom 1. Juli 1927 sah 90 Prozent der bei der DRG gültigen Sätze (Stand vom 21. April 1927) für ein Grundgehalt, Wohnungsgeldzuschuß, Kinder- und Frauenzuschläge vor. [145] Zu diesen Tarifsätzen zahlten verschiedene Bahnen in Abhängigkeit von der wirtschaftlichen Lage Zuschüsse in Höhe von 5 Prozent. Danach betrug der Monatslohn eines mittleren ledigen Angestellten in der Ortsgruppe B bei den vorpommerschen Bahnen gegenüber einem DRG-Angestellten [146]:

Monatslohn in RM	*Kleinbahn-Angestellte*	*Reichsbahn-Angestellte*
Einkommen	139,15 (95 %)	146,50 (100 %)
Pensionskasse	12,52	13,19
Krankenkasse	9,36	9,36
Erwerbslosenbeitrag	4,68	4,68
Steuern	3,92	4,65
Abzüge	30,48	31,88
Auszahlung	108,67	114,62

Nach 1933 wurden keine neuen Tarifverträge abgeschlossen. Mit dem Verbot der Gewerkschaften sollten Tarifkämpfe verhindert werden. Von diesen Absichten war dann auch die vom Generaldirektor der DRG mit Wirkung vom 1. Mai 1934 erlassene Dienst- und Lohnordnung (DILO) für die Arbeiter der DRG geprägt. An Neuerungen waren eine Dienstalterszulage und ein Treuegeld enthalten. Die Klein- und Privatbahnen paßten sich diesen Vorgaben mit prozentualen Abstrichen an. Die erste, 1934 erlassene Dienst- und Lohnordnung hatte wenige Jahre Gültigkeit. Sie wurde am 1. April 1938 im Rahmen eines „Reichstarifwerkes", das der Reichsverkehrsminister speziell für die Deutsche Reichsbahn erließ, abgelöst. Danach betrugen die tägliche Arbeitszeit 8 und die wöchentliche Arbeitszeit 48 Stunden; für Schichtarbeiter war für die Wochenarbeitszeit eine obere Grenze von 54 Stunden festgelegt.

Für die Beschäftigten der Klein- und Privatbahnen in der sowjetischen Besatzungszone brachte die Nachkriegszeit einschneidende Veränderungen. So wurde beispielsweise der Pensionskasse für die Beamten der Deutschen Privateisenbahnen laut Befehl der SMAD vom 28. Februar 1946 die Wiederaufnahme ihrer Tätigkeit untersagt. Die Bezugsberechtigten wurden an die Sozialversicherungen verwiesen,

5.5. Bachstein-Angestellte der Weimar-Buttelstedt-Großrudestedter Eisenbahn in der Werkstatt Buttelstedt.
Sammlung Umlauft
5.6. Das Zugpersonal der unter der Vereinigung vorpommerscher Kleinbahnen stehenden Demminer Kleinbahn West.
Sammlung G. Meyer

dort bestanden dann weiterhin Rentenansprüche. [147]

An den Lohnzahlungen wurde vorerst nichts verändert, Gültigkeit hatten nach wie vor die Eisenbahntariforordnung und die oben erwähnte Dienstordnung. Die Beschäftigten erhielten leistungsabhängige Zuschläge, doch die Löhne blieben hinter denen in der Industrie zurück.

Neben dem Befehl 253 der Sowjetischen Militäradministration in Deutschland (1946), der den Grundsatz „Gleicher Lohn für gleiche Arbeit" fixierte, wurde die erste lohnpolitische Maßnahme für die Eisenbahner in der sowjetischen Besatzungszone mit dem Erlaß der Deutschen Zentralverwaltung Verkehr vom 21. März 1947 wirksam. Danach hatte ab 1. April 1947 der neue Kollektivvertrag, der zwischen der Zentralverwaltung Verkehr, der Hauptverwaltung Deutsche Reichsbahn und dem Zentralvorstand der Industriegewerkschaft Eisenbahn abgeschlossen worden war, Gültigkeit. Der Lohn wurde nach Beschäftigungsarten festgesetzt, die Einstufung der Angestellten in die Lohngruppen wurde vom Dienststellenleiter im Einvernehmen mit dem Betriebsrat vorgenommen. (vgl. mit Tabelle 5.3.)

Zur gleichen Zeit betrug der Jahresdurchschnittslohn bei den Beschäftigten der Klein- und Privatbahnen im Bereich des Rbd-Bezirks Erfurt, die fast alle den Thüringer Landesbahnen unterstanden [150]:

Ab 1. Januar 1950 wurden diese unterschiedlichen Bezahlungen ausgeglichen; die Beschäftigten der ehemaligen nichtstaatlichen Bahnen wurden von diesem Tag an nach den für die Deutsche Reichsbahn gültigen Bestimmungen entlohnt und versorgt. Sie wurden auch in der Folgezeit von allen lohnpolitischen Maßnahmen mit erfaßt und waren somit bei der Deutschen Reichsbahn integriert, wenn auch die Bahnen vorerst nur in Nutzung betrieben wurden. Die den Werktätigen ausgehändigten neuen Arbeitsverträge wiesen sie als Beschäftigte der Deutschen Reichsbahn aus.

Schwierigkeiten gab es 1950 allerdings mit der Eingliederung der Bahnagenten. Sie hatten mit den früheren Bahnen einen vertraglosen Zustand und bezogen demzufolge auch nur geringe Monatseinkünfte. Die Klein- und Privatbahnen betrieben bereits um die Jahrhundertwende sog. Agenturstationen, um die Personalkosten zu senken. Die dort tätigen Agenten konnten nicht für eisenbahnbetriebstechnische Tätigkeiten herangezogen werden. Diese Arbeiten wurden während des Zugaufenthaltes vom Zugführer übernommen, er war in diesen Fällen Aufsicht und Fahrdienstleiter. Die Agenten übernahmen die Abfertigung des gesamten Güterverkehrs, des Reisegepäcks und verkauften Fahrkarten. In bestimmten Abständen mußten sie bei der Betriebsleitung vorsprechen und die Bargeldeinnahmen abrechnen. In vielen Fällen leiteten die Agenten auch die Bahnhofswirtschaft. Neben einer Umsatzbeteiligung bekamen sie Freifahrten und eine Dienstwohnung gestellt. Bei Gaststätten mit hohem Umsatz mußte eine Umsatzpacht gezahlt werden; ansonsten betrugen die monatlichen Einnahmen 25 Mark bis 60 Mark, die sie wiederum von der Betriebsleitung bekamen (siehe Tabelle 5.4.).

Die zuständigen Reichsbahnämter bzw. die Direktionen stellten die ehemaligen Agenten als Hilfsarbeiter ein. Viele von ihnen qualifizierten sich in der Folgezeit, um betriebstechnische Belange auf den Stationen wahrnehmen zu können. Andere wechselten aber auch den Beruf oder übernahmen als Pächter oder als Festangestellte die Bahnhofswirtschaft.

Bahn	*Jahresdurchschnittslohn (in Mark)*	
	Arbeiter	*Angestellte*
Arnstadt-Ichtershausener Eisenbahn	2305	3396
Esperstedt-Oldislebener Eisenbahn	1807	2987
Mühlhausen-Ebelebener Eisenbahn	2316	2796
Oberweißbacher Bergbahn	2850	3800
Langensalzaer Kleinbahn	2000	3500

***Tabelle 5.1. Entwicklung der Pensionskasse bis zum ersten Weltkrieg** [140]*

	1901	1913
Anzahl der Bahnverwaltungen	130	258
Anzahl der Bahnstrecken	178	325
Länge der Bahnstrecken in km	5834	12412
Anzahl der Kassenmitglieder	3286	9639
Vermögen in Mark	2700000,–	16912053,–

Tabelle 5.2. Vergleich der Gehälter von Privatbahn- und Reichsbahnbeamten im Jahre 1920

	Gehalt bei Bachstein-Bahnen M/Jahr	*Gehalt bei Reichseisen-bahnen* M/Jahr
Bahnhofsvorstand	963,–	1815,–
Eisenbahnassistent	883,–	1605,–
Bahnmeister	883,–	1725,–
Lokomotivführer	877,–	1605,–
Zugführer	803,–	1515,–
Rottenführer	747,–	1320,–

Tabelle 5.3. Jahresdurchschnittseinkommen gemäß Kollektivvertrag vom 1. April 1947

Berufsgruppe	*Lohngruppe*	*Jahresdurchschnitts-einkommen in Mark in der Ortsgruppe*	
		III	*IV*
Kleinlokführer, Rangierer	IV A	2192,–	2006,–
Rangieraufseher, Zugschaffner, Triebwagenschaffner, Rottenführer, Reichsbahnassistent	VII A	2750,–	2592,–
Lokheizer (Nichthandwerker), Stellwerksmeister, Rangiermeister, Triebwagenführer, Nichttechnischer Sekretär	VIII A	2875,–	2697,–
Lokheizer (Handwerker), Lokführer (Nichthandwerker), Werkmeister	IX A	3080,–	2900,–
Lokführer (Handwerker)	XI A	3485,–	3282,–

***Tabelle 5.4. Agenten der Klein- und Privatbahnen im Rbd-Bezirk Magdeburg Anfang 1947** [151]*

Bahn	*Anzahl der Agenten*	*Monatsdurch-schnittsgehalt* Mark
Altmärkische Eisenbahn	29	40,–
Stendaler Eisenbahn	19	58,–
Salzwedeler Eisenbahn	18	40,–
Kleinbahn Osterburg–Pretzier	11	40,–
Kleinbahn Goldbeck–Werben	5	72,–
Kleinbahn Gardelegen–Weferlingen	16	65,–
Haldenslebener Eisenbahn	5	40,–
Genthiner Eisenbahn	34	40,–
Kleinbahnen Kreis Jerichow I	10	35,–
Nordhausen-Wernigeroder Eisenbahn	2	100,–
Oschersleben-Schöninger Eisenbahn	4	22,–
Osterwieck-Wasserlebener Eisenbahn	1	35,–
Halberstadt-Blankenburger Eisenbahn	2	53,–
Kleinbahn Wallwitz–Wettin	1	50,–
Aschersleben-Schneidlingen-Nienhagener Eisenbahn	2	53,–

Die Betriebsmittel 6.

Unter Betriebsmittel verstehen wir alle Triebfahrzeuge der verschiedenen Antriebsarten wie Dampflokomotiven, elektrische Lokomotiven und Lokomotiven mit Verbrennungsmotoren sowie die entsprechenden Triebwagen. Ferner zählen dazu die Reisezugwagen, die Gepäck- und Güterwagen sowie die Bahndienstwagen.

6.1. Kennzeichnung

Die hier vorgestellten Klein- und Privatbahnen besaßen fast ausschließlich Tenderlokomotiven. Wenige Ausnahmen (wie Schmalspur- und umgebaute Lokomotiven) und Sonderbauarten (wie die Stütztenderlokomotiven der Halberstadt-Blankenburger Eisenbahn) werden gesondert erwähnt.

Die im folgenden verwendeten Bauarten- und Gattungsbezeichnungen der Dampflokomotiven wurden erst etwa 1932 eingeführt. Vorher gab man in den Zulassungsurkunden den Kupplungsgrad in Form eines Bruches an. Dabei bedeutete der Zähler des Bruches die Zahl der gekuppelten und der Nenner des Bruches die Zahl der Achsen insgesamt. Die früher geführten offiziellen Statistiken der Bahnen und des Staates enthielten nur die Rubriken: zwei- oder dreifach gekuppelt. Auf die Angaben der Laufachsen wurde verzichtet. Im Schriftverkehr der Klein- und Privatbahnen mit der Staatlichen Bahnaufsicht, mit den Kesselprüfvereinen, aber auch im innerdienstlichen Schriftverkehr, verwendeten die Dienststellen oft nur die Angaben über den Hersteller und die Fabriknummer des Kessels, um Verwechslungen auszuschließen.

Das erschwerte die Recherchen über die zu beschreibenden Bahnen. Auch die amtlichen Umzeichnungslisten aus den Jahren 1949/50 waren infolge falscher Angaben fehlerhaft und sogar unvollständig. Ein Beispiel für die falsche Bezeichnung sind die C1'-Lokomotiven der ehemaligen Niederbarnimer Eisenbahn, die in die Baureihe 91^{65} eingeordnet wurden, obwohl sie die Baureihenbezeichnung 90^{65} hätten tragen müssen.

Eine Kennzeichnung der Kleinbahnlokomotiven war im Kleinbahngesetz von 1892 nicht vorgeschrieben. Erst in den „Betriebsvorschriften für nebenbahnähnliche Kleinbahnen mit Maschinenbetrieb", erlassen am 13. August 1898, schrieb der Gesetzgeber im § 11 (1) vor, daß die Lokomotiven Fabrikschilder zu tragen hätten, während nach § 18 die Wagen neben den erforderlichen technischen Angaben auch den Eigentümer (also die Kleinbahnverwaltung) erkennen lassen müßten. Die Wagennummer war noch nicht gefordert. Die „Vereinfachte Eisenbahn-Bau- und Betriebsordnung" (VBO) vom 10. Februar 1943 gebot dann auch den Kleinbahnen im § 36 (8), u. a. an den Lokomotiven und Triebwagen folgende Anschriften vorzusehen: den Namen der Eigentumsverwaltung und die Betriebsnummer oder den Namen. Gleicherart sollte nach § 42 mit den Wagen verfahren werden. Für die Privatbahnen – als Mitglieder des „Vereins Deutscher Eisenbahnverwaltungen" oder später des „Vereins Mitteleuropäischer Eisenbahnverwaltungen" (VDEV oder VMEV) – galten die „Technischen Vereinbarungen über den Bau und die Betriebseinrichtungen der Haupt- und Nebenbahnen" (TV). Nach § 107 der TV vom 3./5. September 1908 mußten die Lokomotiven neben den anderen Angaben (wie Fabrikschild u. a.) folgende Anschriften tragen: die Bezeichnung der Eigentumsverwaltung und die Ordnungsnummer oder einen Namen. Für die Wagen galt der § 140.

In der Praxis gaben die Klein- und Privatbahnen ihren Lokomotiven zumindest in den ersten Jahren zur Unterscheidung Namen. Dafür verwendete man die Namen von Staatsmännern, von Mitbegründern der Bahnen, von Aufsichtsratsvorsitzenden oder -mitgliedern, von Städten, Landschaften und Flüssen, die in Beziehungen zu den betreffenden Bahnen standen. Allgemein erhielten die Lokomotiven und die anderen Betriebsmittel jedoch Betriebsnummern. Verschiedene Bahnen reihten spätere Ersatz- oder Neubeschaffungen der bisherigen Nummernreihe an; andere besetzten Betriebsnummern inzwischen ausgemusterter Fahrzeuge zum zweiten oder sogar zum dritten Male. Sie sind im folgenden mit hochgestellten römischen Ziffern aufgeführt, die in dieser Form nicht an den Fahrzeugen angebracht waren.

6.1. 1950 falsch umnumeriert: C 1'-Lokomotive der früheren Niederbarnimer Eisenbahn, nunmehr als 91 6590.
Sammlung Fiebig †

6.2. B'B-n4v-Lokomotive der Gernrode-Harzgeroder Eisenbahn mit dem Namensschild BRAUNSCHWEIG.
Werkfoto Borsig. Sammlung Fiebig †

Einige Bahnen, die über einen größeren Lokomotiv- oder Wagenbestand verfügten, bezeichneten unterschiedliche Bauarten innerhalb bestimmter Nummerngruppen. Bei den Lenz-Bahnen erhielten die unterschiedlichen Bauarten zur Betriebsnummer hochgestellte Indizes. In der Regel waren die Betriebsnummern, ergänzt durch die Abkürzungsbuchstaben der Eigentumsbahnen, als Gußschilder an den Lokomotiven angebracht. Diese Schilder entsprachen in etwa den Nummernschildern der ehemaligen Preußischen Staatseisenbahn. Das Bezeichnungssystem der Betriebsmittel wechselte des öfteren. Zum einen führte der Kleinbahnverband ein neues Schema ein, zum anderen schieden Bahnen aus dem Verband aus, andere kamen hinzu, und nicht zuletzt unterstellten sich Kleinbahnen einem Provinzialverband.

Die Allgemeine Deutsche Eisenbahn-Gesellschaft (ADEG) und Lenz führten Mitte der dreißiger Jahre eigene Bezeichnungssysteme ein. Die ADEG zeichnete 1933 alle Fahrzeuge um. Die Lokomotiven erhielten neue, im Verband fortlaufende Betriebsnummern, gleich zu welcher Bahn sie gehörten. So reihte man die C-n2-Tenderlokomotiven mit 5 t Raddruck z. B. ab Nummer 21, die D-n2-Tenderlokomotiven mit 6 t Raddruck ab Nummer 71 und die D-h2-Tenderlokomotiven der ELNA-Reihen mit 7 t Raddruck ab Nummer 181 ein. Ergänzt wurden die Betriebsnummern durch die Abkürzungsbuchstaben der betreffenden Bahn. Daneben hielt die ADEG Reservelokomotiven vor, die neben der Betriebsnummer die Abkürzung ADEG erhielten. So wurden z. B. bei der Aschersleben-Schneidlingen-Nienhagener Eisenbahn (ASN) die C-n2-Tenderlokomotive 2 ASN jetzt 21 ASN und ab 1. Januar 1950 als 89 6136 bzw. die D-n2-Tenderlokomotive 9 ASN nunmehr 72 ADEG (später zur Kleinbahn Kiel–Segeberg umgesetzt) bezeichnet.

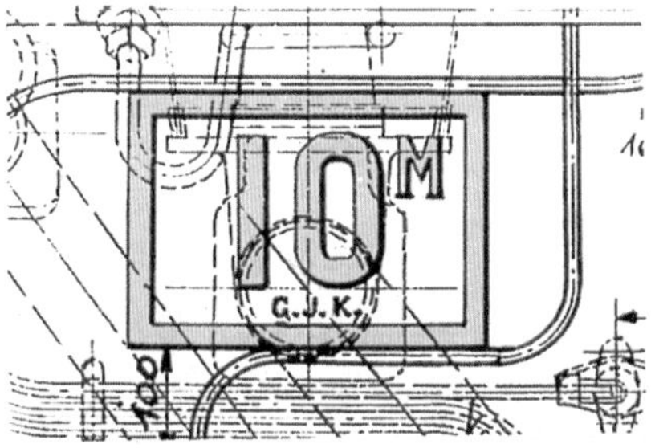

6.3. Ausschnitt aus der Zeichnung einer Lenz-Lokomotive, geliefert von Vulcan: Nummernschild der Lokomotive 10^M der Greifswald-Jarmener Eisenbahn.
Zeichnung transpress

6.4. Anschriften am Führerhaus einer B-n2-Lokomotive der Pommerschen Landesbahnen.
Sammlung G. Meyer

Etwa zur gleichen Zeit wie bei der ADEG führte Lenz & Co. ein fast gleiches Nummernschema ein. Allerdings verzichtete dieser Verband auf besondere Reservelokomotiven. Die B-gekuppelten Tenderlokomotiven erhielten Betriebsnummern ab 01, die C-gekuppelten Lokomotiven ab 21, die 1C-Lokomotiven ab 41 und die D-Lokomotiven ab 81. Heißdampflokomotiven hatten eine Hunderterstelle: Also erhielten die 1'C-ELNA-Lokomotiven die Nummern ab 141 sowie die D-ELNA-Lokomotiven die Nummern ab 181. (Tabelle 6.1.)

Da es nun vorkam, daß sich die Lokomotiven benachbarter, zum Verband gehörender Kleinbahnen „zusammenfanden", konnte es beispielsweise bei der Ausleihe an eine andere Bahn oder in einer der gemeinsamen Ausbesserungswerkstätten zu Verwechslungen kommen. In solchen Fällen erhielten die Lokomotiv-Nummern der Kleinbahn noch eine 1 vorangestellt, sie wurden also vierstellig. So sind 1949 im Umzeichnungsplan der Deutschen Reichsbahn die beiden ELNA-Lokomotiven 91 6279 als Lokomotive Nr. 141 der ehemaligen Stralsund-Tribseer Eisenbahn und 91 6280 als Lokomotive Nr. 1141 der ehemaligen Greifswald-Grimmener Eisenbahn enthalten.

Bei den Bachstein-Bahnen ist kein System der durchgehenden Numerierung der Triebfahrzeuge erkennbar. Lediglich die zum Konzern gehörende Weimar-Berka-Blankenhainer Eisenbahn ergänzte, wahrscheinlich nach 1945, die vorhandenen Betriebsnummern zu neuen Nummern, wobei sie das Baureihenschema der Deutschen Reichsbahn analog anwandte. Die jeweilige Betriebsnummer erhielt die der Bauart entsprechende Baureihenbezeichnung vorangestellt. Die nunmehr zur Ordnungsnummer gewordene ehemalige Betriebsnummer bekam Nullen vorangestellt und wurde dadurch vierstellig. Beispielsweise war die 98 0084 die B'B-n4v-Tenderlokomotive Nr. 84 der Bahn. Diese Lokomotive erhielt bei der Reichsbahn die Betriebsnummer 98 6151.

6.5. Die 1′C1′-h2-Lokomotiven der Prignitzer Eisenbahn wurden bereits von der Deutschen Reichsbahn als 75611 und 75612 bezeichnet. Hier die spätere 75611. Werkfoto Henschel. Sammlung Fiebig †

Die Betriebsmittel der Kleinbahnen – sie unterstanden den Provinzialausschüssen – wurden um 1940 in durchgehende Nummernsysteme eingereiht. Allerdings gab es damals von Provinz zu Provinz unterschiedliche Verfahrensweisen.

Provinz Pommern:

Die Regelspurlokomotiven erhielten eine fortlaufende Betriebsnummer von 01 bis 74, einen Kennbuchstaben (N für Naßdampf- und H für Heißdampflokomotiven) und eine vierstellige Zahl, die den Betriebsgattungszeichen der DRG entsprachen: z. B. 27N3311, eh. Casekow-Penkun-Oder Nr. 11c, später 896101. Die Schmalspurlokomotiven bekamen dreistellige Ordnungsnummern, und zwar für die 1000-mm-Spurweite die 100, für die 750-mm-Spurweite die 200 und für die 600-mm-Spurweite die 300. Den einzelnen Achsfolgen ordnete man bestimmte Zehnergruppen zu. So war z. B. die 203N2206 die ehemalige Nr. 7m der Rügenschen Kleinbahnen und später die 994602.

Provinz Brandenburg:

Jeder Klein- oder Privatbahn wurde eine in der neuen Loknummer erscheinende Ziffer zugeteilt. Ihr folgte, durch einen Bindestrich getrennt, die neue Ordnungsnummer der Lokomotive der jeweiligen Bahn, wobei für bestimmte Bauarten Nummerngruppen festgelegt waren, wie beispielsweise:

1-21, ehemalige Brandenburgische Städtebahn Nr. 5, spätere 896118;
3-25, ehemalige Oderbruchbahn Nr. 8, spätere 896146;
07-20, ehemalige Prignitzer Kreiskleinbahn Nr. 14, spätere 994501.

Provinz Sachsen:

Das hier eingeführte Betriebsnummernschema unterschied die einzelnen Achsfolgen in Hunderter- und die Heißdampf- oder Naßdampfausführungen in Zehnerstellen, zum Teil mit Lücken in der Numerierung:

181 bis 199
B-n2-Tenderlokomotiven,

6.6. Nicht von der DR übernommen und nicht umgezeichnet: Lokomotive Nr. 1[D] VKA, vorgefunden bei der Oschersleben-Schöninger Eisenbahn.
Sammlung Fiebig †

6.7. Nach 1945 umgezeichnet in 89 953, jedoch noch mit dem alten Nummernschild 24[c] der Kleinbahn Grünberg–Sprottau.
Sammlung Fiebig †

201 bis 205
C-h2-Tenderlokomotiven,
251 bis 298
C-n2-Tenderlokomotiven,
299
C-n2v-Tenderlokomotiven,
301 bis 304
1'C-n2-Tenderlokomotiven,
351 bis 354
1'C-h2-Tenderlokomotiven,
401 bis 406
1'C1'-h2-Tenderlokomotiven,
501 bis 502, 541
D-h2-Tenderlokomotiven und
581
D-n2-Tenderlokomotiven.

Die Schmalspurbahnen in der Provinz Sachsen unterstanden nicht der Landeskleinbahnverwaltung Merseburg.

Vor 1945 von der DRG/DR übernommene Lokomotiven der bis dahin verstaatlichten Privatbahnen wurden im bekannten Nummernplan entsprechend der Bauart und Achsfolge aufgenommen, wobei sie entweder im Anschluß an andere, bereits vorhandene Betriebsnummern angereiht oder in besonderen Untergattungen erfaßt wurden wie beispielsweise die 1'C1'-h2-Tenderlokomotiven:
75 611 bis 75 612 der ehemaligen Prignitzer Eisenbahn,
75 613, die baugleiche Lokomotive der ehemaligen Wittenberge-Perleberger Eisenbahn, und
75 621 bis 75 624, die ähnlichen Lokomotiven der ehemaligen Mecklenburgischen Friedrich-Wilhelm-Eisenbahn.

Von der Reichsbahn gekaufte Lokomotiven dieser Bahnen erhielten zum überwiegenden Teil wieder die Betriebsnummern, die sie vor dem Kauf trugen. So hatte die MFWE die Lokomotive 93 040 von der DRG gekauft und als Nr. 35 umgezeichnet. 1941 erhielt sie wieder die alte Betriebsnummer 93 040.

Die nach 1945 bei der Deutschen Reichsbahn vorgefundenen Lokomotiven früherer Klein-, Privat- oder Werkbahnen wurden ohne Rücksicht auf ihre Bauart oder Herkunft fortlaufend an die bisher besetzten Nummern gereiht: z. B. 89 953 ff., 89 7566 ff.

1949, nach der Übernahme der zuletzt durch die VVB Verkehr der Länder geleiteten ehemaligen Klein- und Privatbahnen, wurde auch für die mit diesen Bahnen übernommenen Lokomotiven ab 1. Januar 1950 der Nummernplan der Deutschen Reichsbahn verbindlich. In diesem waren für die regelspurigen Tenderlokomotiven die Ordnungsnummern 5000 bis 7000 freigeblieben. Unter Verwendung der gleichen, für die vorhandenen Reichsbahnlokomotiven geltenden Stammnummern erhielten die ehemaligen Klein- und Privatbahnlokomotiven diese Ordnungsnummern. Die beiden ersten Ziffern der Ordnungsnummer, vermindert um 50, gaben die Achsfahrmasse an.

Die letzten beiden Ziffern dienten der fortlaufenden Numerierung. Dabei erhielten die Naßdampflokomotiven die Ordnungsnummern 01 bis 75 und die Heißdampflokomotiven die Nummern 76 bis 99. Die jeweilige Reihenfolge war durch das Baujahr der Lokomotive bestimmt. Demnach bezeichnete beispielsweise die 89 5901 eine C-n 2-Tenderlokomotive (mit 9 t Achsfahrmasse) der ehemaligen Arnstadt-Ichtershausener Eisenbahn und die 95 6676 eine 1'E 1'-h 2-Tenderlokomotive (mit 16 t Achsfahrmasse) der ehemaligen Halberstadt-Blankenburger Eisenbahn. (Tabelle 6.2.)

Die übernommenen Schmalspurlokomotiven erhielten ab 1. Januar 1950 innerhalb der Baureihe 99 folgende Ordnungsnummern:

3000 bis 3999	Lokomotiven mit 600 mm Spurweite,
4000 bis 4999	Lokomotiven mit 750 mm Spurweite und
5000 bis 6199	Lokomotiven mit 1 000 mm Spurweite.

Bei Triebwagen verhielt es sich ähnlich. Für sie hatten die Kleinbahnabteilungen bei den Provinzialverwaltungen eine einheitliche Numerierung angestrebt. Sie wurde aber nur noch von der Provinzial-Sächsischen Kleinbahnverwaltung restlos durchgeführt. Bis dahin hatten alle Kleinbahnen, die Triebwagen besaßen, auch einen „T 1". Der Umnumerierungsplan vom 5. Mai 1940 [189] ordnete die Triebwagen – wie die Lokomotiven – in bestimmte Gruppen ein:

1 – 9	Leichttriebwagen (VT) mit einem Achsstand von 4 500 mm,
11–15	Triebwagen mit einem Achsstand von 5 800 mm,
28–29	Triebwagen mit einem Achsstand von 6 000 mm
31–35	und
38–39	Triebwagen mit einem Achsstand von 5 800 mm,
51–53, 61	Triebwagen mit einem Achsstand von 7 000 mm,
91–97	vierachsige DWK-Triebwagen.

Dabei fiel auf, daß man auf den Kennbuchstaben „T" verzichtete.

Das Landesverkehrsamt entwickelte eine Gattungs- und Bauartenbezeichnung. Das hieß für den T 105 der Oderbruchbahn beispielsweise:

Gattung Dm 4-2-2
- D = Kraftmaschine : Diesel
- m = mechanische Kraftübertragung
- 4 = Anzahl der Achsen
- 2 = Anzahl der Kraftmaschinen
- 2 = Anzahl der mechanischen Getriebe

Hauptbauart III A für Triebwagen
- mit Dienstgewicht von 25 t bis 40 t,
- mit Achsen (4),
- mit Leistung von 180 PS bis 250 PS,
- mit zulässiger Anhängelast von 30 t bis 80 t.

Die am 1. Januar 1950 übernommenen Trieb-, Steuer- und Beiwagen wurden nach dem in Tabelle 6.3. enthaltenen Nummernplan eingereiht.

Die Reisezugwagen wurden ab 1. Januar 1950 in den in der Tabelle 6.4. dargestellten Wagennummernplan eingereiht. Beim 1958 neu eingeführten Reisezugwagen-Nummernplan waren dann die ehemaligen Klein- und Privatbahnwagen in den Gruppen 210-, 211-, 310-, 311-, 410-, 411- und 710 erkenntlich. Allerdings mit Ausnahmen, denn die Deutsche Reichsbahn hatte hierbei auch manche Uralt- und Länderbahnwagen erfaßt, die entsprechend der Bauart „hineinpaßten".

Allgemein ist jedoch festzustellen, daß bereits bei den Umzeichnungen der damaligen Provinzialverwaltungen so manches Fahrzeug nicht mehr erfaßt und umgezeichnet werden konnte. Ähnlich verhielt es sich bei der Deutschen Reichsbahn bei der Aufstellung der Umzeichnungspläne, die auf der Grundlage der an die ehemaligen Klein- und Privatbahnverwaltungen versandten Fragebogen aufgestellt worden waren. Daß bei der Beantwortung dieser Fragebogen durch das zum Teil technisch ungeschulte Personal Fehler vorkamen, ist einleuchtend. Deswegen wurden einige Fahrzeuge später noch einmal umgezeichnet; andere Fahrzeuge behielten die fehlerhaften Betriebsnummern bis zu ihrer Ausmusterung.

6.2. Dampflokomotiven

Das „Gesetz über Kleinbahnen und Privatanschlußbahnen vom 28. Juli 1892" machte den Kleinbahnunternehmen keine Auflagen über die Ausführung der Betriebsmittel. Lediglich im § 4 wurde „die betriebssichere Beschaffenheit der Bahn und deren Betriebsmittel" verlangt. Erst in der „Ausführungsanweisung vom 13. August 1898 zu dem Gesetz über Kleinbahnen vom 28. Juli 1892" erließ man in der Anlage 3 „Betriebsvorschriften für nebenbahnähnliche Kleinbahnen mit Maschinenbetrieb" verbindliche Ausführungen über die Bahn, die Betriebsmittel, die Betriebsregeln, das Signalwesen und die Betriebsführung. Später wurde diese „Ausführungsanweisung" durch die „Vereinfachte Eisenbahn-Bau- und Betriebsordnung" (VBO) ersetzt.

Jedes Klein- und Privatbahnunternehmen war gut beraten, sich in den grundlegenden Bauteilen der Fahrzeuge, gleich ob Lokomotive, Triebwagen, Personen- und Güterwagen, an die preußischen Normalien und später an die Vorschriften der Deutschen Reichsbahn bzw. Deutschen Reichsbahn-Gesellschaft zu halten. Es erleichterte das Genehmigungsverfahren. Die Hersteller dieser Fahrzeuge unterließen es auch nicht, in ihren Angeboten, Beschreibungen und Zeichnungen darauf hinzuweisen, daß diese Teile den Vorschriften der jeweiligen Staatseisenbahn entsprachen. Wo dies nicht der Fall war, z. B. später bei den Leichttriebwagen Bauart Hannover, beim Umbau der BVG-Straßenomnibusse zu Schienenomnibussen der Kleinbahn Gardelegen–Neuhaldensleben–Weferlingen und bei gelegentlichen Umbauten von Personenkraftwagen zu Schienenautos entspannen sich langwierige Genehmigungsverfahren. Hierbei wurde des öfteren von den Kleinbahnaufsichten bei den Reichsbahndirektionen, die die technischen Genehmigungen für die in ihrem Bezirk liegenden Kleinbahnen erteilten, das Technische Zentralamt um Untersuchung und Begutachtung gebeten. Und das kostete wiederum Zeit, in der die beschafften Fahrzeuge noch nicht eingesetzt werden konnten.

In vielen der bisher veröffentlichten Beschreibungen einzelner Kleinbahnen und Privatbahnen haben angeblich Tenderlokomotiven der preußischen Gattungen T1, T2 oder T3 den Zugförderungsdienst nach der Eröffnung dieser Bahnen durchgeführt. Das stimmt nur in den wenigsten Fällen! Denn ein Ankauf von Nebenbahnlokomotiven der Staatseisenbahn war in den damaligen Jahren noch nicht möglich, da sie dort noch gebraucht wurden und die Eröffnung mancher staatlicher Nebenbahn in die gleiche Zeit fiel. Viele dieser Klein- und Privatbahnen eröffneten den Betrieb mit kleinen B-n2-Tenderlokomotiven, die sich von Bahn zu Bahn unterschieden. Geistiger Vater der kleinen betriebstüchtigen Tenderlokomotive war Georg Krauss. Er wandte erstmals Baugrundsätze für leistungsfähige und dauerhafte kleine Dampflokomotiven an. Diese Grundsätze beinhalteten: zwei Kuppelachsen, einen stabilen Wasserkastenrahmen, günstige Heiz- und Rostflächen, eine spezifisch hohe Verdampfungsleistung bei einfacher Kesselbauart, Reglerbüchse, den Verzicht auf Tender sowie eine geringe Masse. Im Ergebnis dieser Forderungen entstanden preiswerte Lokomotiven. Ein Vorteil, denn die Beschaffungskosten für Lokomotiven waren ein wesentlicher Faktor bei den kapitalschwachen Kleinbahnen.

Die von Krauss entwickelten Baugrundsätze wurden zwar auch bei den nach preußischen Nebenbahn-Normalien gebauten Lokomotiven angewandt, aber doch mehr bei den für die Klein- und Privatbahnen bestimmten Lokomotiven. In ihren Abmessungen unterschieden sich jedoch oftmals die Staatsbahn- von Privatbahnlokomotiven. Zumal einerseits die Klein- und Privatbahnen abweichende Forderungen stellten oder von den Lokomotivfabriken für Klein- und Privatbahnen eigene Konstruktionen verwirklicht wurden. Wer die Lokomotive eines bestimmten Herstellers kaufte, mußte später auch die Ersatzteile von ihm beziehen!

Es sei festgestellt, daß das Anlagekapital der Klein- und Privatbahn-Unternehmen fast immer die Anschaffung neuer Betriebsmittel erlaubte. Doch oft änderten sich die betrieblichen Verhältnisse recht schnell. Meistens schon nach wenigen Betriebsjahren mußten die Klein- und Privatbahnen feststellen, daß die B-n2-Tenderlokomotiven den gestiegenen Ansprüchen nicht mehr genügten. Für die finanzschwachen Bahnen waren neue, stärkere Lokomotiven jedoch nicht zu realisieren, so daß man vielfach auf C-gekuppelte Tenderlokomotiven, die bei den Staatseisenbahnen ausgemustert wurden, zurückgriff.

Nach dem ersten Weltkrieg waren viele Kleinbahnen und vor allem die Betriebsmittel arg in Mitleidenschaft gezogen. Deshalb versuchte man, mit Hilfe genormter Kleinbahnlokomotiven, den ELNA-Typen, den Lokomotivpark zu gesunden. Aber die Anfang der zwanziger Jahre einsetzende wirtschaftliche Situation – Wirtschaftskrisen, Inflation, Firmen-Konkurse, Konkurrenz durch den Kraftverkehr – verhinderten, daß sich die ELNA-Lokomotiven überall verbreiten konnten.

6.8. Eine der kleinsten regelspurigen B-n2-Tenderlokomotiven, 1890 gebaut von Hohenzollern für die Neustrelitz-Wesenberg-Mirower Eisenbahn, der späteren MFWE.
Sammlung Fiebig †

6.9. Die fabrikneue ELNA-Lokomotive 141 der Mühlhausen-Ebelebener Eisenbahn (Henschel 1940/ 24916).
Sammlung Umlauft

6.10. B-n2-Tenderlokomotive für die Kleinbahn Wegenstedt–Calvörde, gebaut von Borsig 1909.
Sammlung Verkehrsmuseum Dresden

Ebensowenig konnten sich einige der einkommensstärkeren Klein- und Privatbahnen neue, vor allem stärkere Lokomotiven leisten.

Der zweite Weltkrieg traf die Klein- und Privatbahnen bedeutend härter. Durch mangelnde Unterhaltung, größeren Verschleiß, fehlenden Ersatz und Kampfhandlungen fielen viele Lokomotiven aus. Allein durch Tieffliegerangriffe mußte ein großer Teil der Lokomotiven abgestellt werden. Gegen Kriegsende kam es außerdem zu unsinnigen Sprengungen von Anlagen und Fahrzeugen und damit zur Betriebseinstellung der Bahnen.

Es ist nicht möglich, auf alle technischen Einzelheiten und Unterschiede der verschiedensten Klein- und Privatbahnlokomotiven einzugehen. Außerdem bevorzugten verschiedene Klein- und Privatbahnen bei Neubeschaffungen von Betriebsmitteln bestimmte Hersteller. Man versprach sich davon eine schnellere Hilfe, wenn Fahrzeuge, besonders Lokomotiven und Triebwagen, zu reparieren waren. Die Vorhaltung von Tausch- und Ersatzteilen konnte verringert werden, weil der Lieferer möglichst gleiche Bauteile verwendete.

Auffällig ist die Entwicklung des

6.11. Vier moderne, von Borsig gelieferte Privatbahnlokomotiven. Von links nach rechts: WLE 34, WLE 33, HBE 18 und HBE 19. Sammlung Verkehrsmuseum Dresden

Lokomotivbestandes bei den Kleinbahnen, die der Provinzial-Sächsischen Kleinbahnverwaltung unterstanden. Der Landeseisenbahndirektor pflegte wahrscheinlich die Beziehungen zur Firma Henschel & Sohn in Kassel. Nach Unterstellung der Kleinbahnen unter seine Leitung verschwanden jene Lokomotiven, die nicht von Henschel stammten. Das Ausbesserungswerk der Provinzial-Sächsischen Kleinbahnen, das „Sachsenwerk" in Stendal, sandte noch bis 1949 so manchen Lokomotivkessel zu Henschel und ließ ihn dort voll aufarbeiten.

B-, 1B- und B1-Lokomotiven

Die zweifach gekuppelten Tenderlokomotiven scheinen für den Dienst auf Klein- und privaten Nebenbahnen am geeignetsten gewesen zu sein, zumindest in den ersten Betriebsjahren. Man kann eine Parallele zu den Anfangsjahren der Eisenbahnen ziehen: Damals waren die ersten Lokomotiven zweiachsig.

Mit dem Entstehen solcher Maschinen hat sich Krauss große Verdienste erworben. Denn mit dieser kostengünstigen B-n2-Tenderlokomotive wurde die Gründung mancher dieser Bahnen erleichtert. Bei der Vielzahl der für diese Zwecke benötigten Lokomotiven bei annähernd gleichen Betriebsverhältnissen müßte man auf eine einheitliche Bauart schließen. Doch weit gefehlt. Zwar glichen sich die Lokomotiven im grundsätzlichen Aufbau, wichen aber in den Abmessungen beträchtlich voneinander ab. Die Gründe waren mannigfaltig. Die B-gekuppelten Lokomotiven wurden jahrzehntelang beschafft.

Den Maschinen gemeinsam waren häufig der typische Wasserkastenrahmen (des öfteren ergänzt durch seitliche Wasserkästen), der mehr oder weniger über dem zweiten Radsatz liegende Stehkessel mit runder Decke (fast ausschließlich nach Bauart Crampton ausgeführt) und die außenliegenden Triebwerke. Je nach Bahn und Einsatzzweck abweichend fielen jedoch die Abmessungen der Lokomotiven aus. Ein Beispiel für große Raddurchmesser war eine 1884 von der Hanomag an die Neustrelitz-Warnemünder Eisenbahn (später in der Mecklenburgischen Friedrich-Franz-Eisenbahn aufgegangen) gelieferte B-n2-Tenderlokomotive mit 1500 mm Raddurchmesser. Eine 1890 von Hohenzollern an die Neustrelitz-Wesenberg-Mirower Eisenbahn (später Mecklenburgische Friedrich-Wilhelm-Eisenbahn) gelieferte B-n2-Tenderlokomotive gehörte mit einem Raddurchmesser von 900 mm, einem Radstand von 1700 mm und einer Leermasse von nur 10,5 t zu den kleinsten regelspurigen Lokomotiven.

Die meisten dieser B-gekuppelten Tenderlokomotiven gehörten den Kleinbahnen, weil dort Geschwindigkeiten bis 30 km/h zulässig und bescheidene Leistungen ausreichend waren. Ein Großteil dieser Lokomotiven hatte folgende Parameter:

Raddurchmesser
zwischen 800 mm und 1150 mm,
Achsstände
zwischen 1700 mm und 2700 mm,
Rostflächen
zwischen 0,45 m^2 und 1,1 m^2,
Heizflächen
zwischen 25 m^2 und 75 m^2 sowie
Lokmassen
zwischen 14 t und 30 t.

6.12. Bescheinigung über die Abnahmeuntersuchung einer Kleinbahn-Lokomotive, zuletzt 98 6218. Archiv Rbd Magdeburg

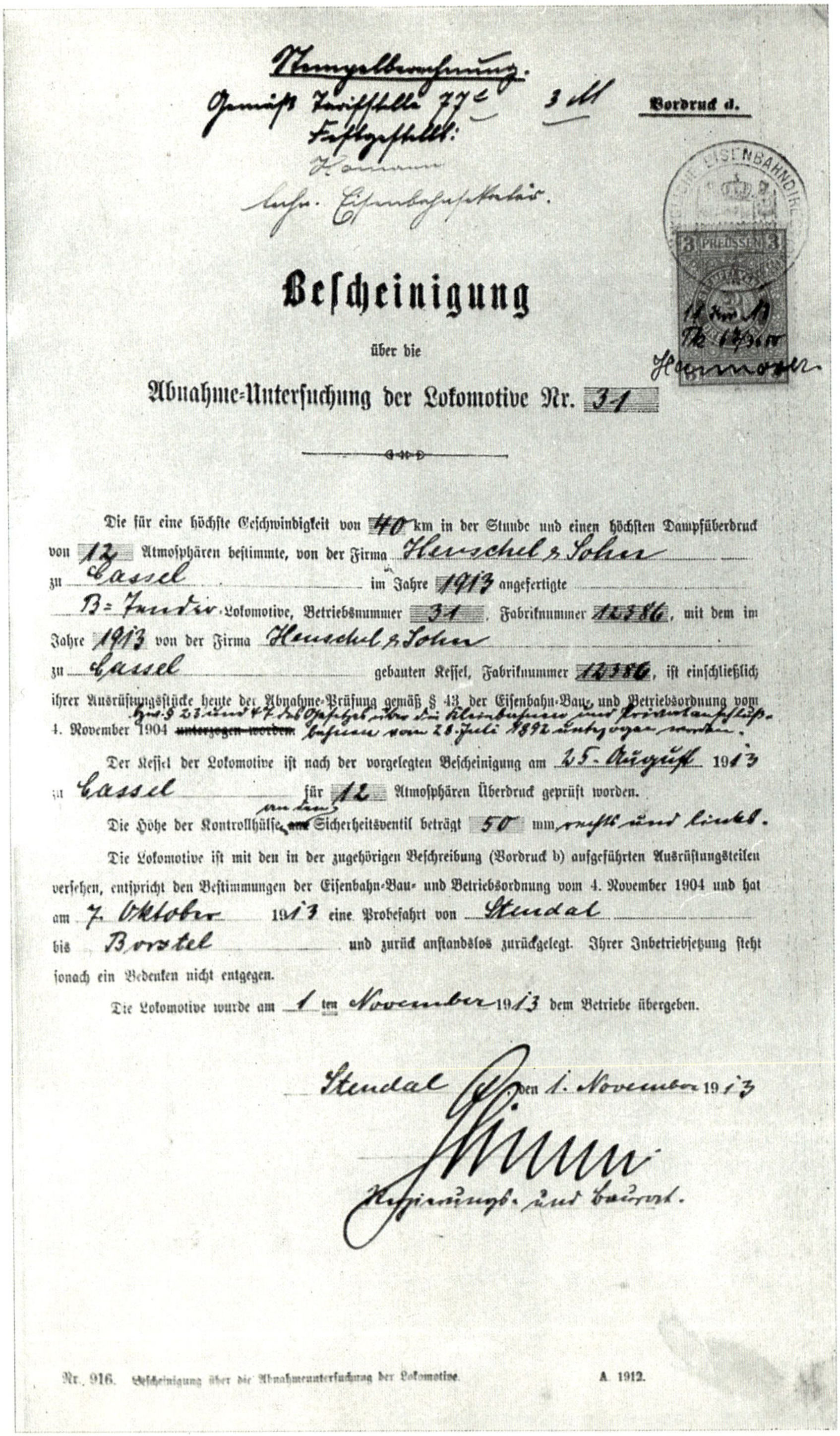

Vordruck d.

Bescheinigung

über die

Abnahme-Untersuchung der Lokomotive Nr. 31

Die für eine höchste Geschwindigkeit von 40 km in der Stunde und einen höchsten Dampfüberdruck von 12 Atmosphären bestimmte, von der Firma Henschel & Sohn zu Cassel im Jahre 1913 angefertigte B-Tender-Lokomotive, Betriebsnummer 31, Fabriknummer 12386, mit dem im Jahre 1913 von der Firma Henschel & Sohn zu Cassel gebauten Kessel, Fabriknummer 12386, ist einschließlich ihrer Ausrüstungsstücke heute der Abnahme-Prüfung gemäß § 43 der Eisenbahn-Bau- und Betriebsordnung vom 4. November 1904 ~~unterzogen worden~~ bzw. § 23 und 47 der Vorschriften über die Kleinbahnen und Privatanschlußbahnen vom 28. Juli 1892 unterzogen worden.

Der Kessel der Lokomotive ist nach der vorgelegten Bescheinigung am 25. August 1913 zu Cassel für 12 Atmosphären Überdruck geprüft worden.

Die Höhe der Kontrollhülse an dem Sicherheitsventil beträgt 50 mm, rechts und links.

Die Lokomotive ist mit den in der zugehörigen Beschreibung (Vordruck b) aufgeführten Ausrüstungsteilen versehen, entspricht den Bestimmungen der Eisenbahn-Bau- und Betriebsordnung vom 4. November 1904 und hat am 7. Oktober 1913 eine Probefahrt von Stendal bis Borstel und zurück anstandslos zurückgelegt. Ihrer Inbetriebsetzung steht sonach ein Bedenken nicht entgegen.

Die Lokomotive wurde am 1ten November 1913 dem Betriebe übergeben.

Stendal, den 1. November 1913

Regierungs- und Baurat.

Nr. 916. Bescheinigung über die Abnahmeuntersuchung der Lokomotive. A. 1912.

Für die verschiedenen Zwecke hielten die Lokomotivfabriken bestimmte Typenreihen vor. Diese wurden in besonderen Katalogen in Bild und technischen Datentabellen angeboten. Aus dem Angebot von Henschel & Sohn, Kassel (1936), sind in Tabelle 6.5. zwei der für Kleinbahnen geeigneten Typenreihen aufgeführt und verglichen mit Lokomotiven, deren Daten aus Betriebsbüchern ermittelt werden konnten. Zu bemerken wäre, daß solche Katalogtabellen nicht alle für eine Lokomotive typischen Daten enthielten.

Daneben wurden Lokomotiven mit abweichenden Daten geliefert, wie die ebenfalls von Henschel in den Jahren 1907 bis 1910 gelieferten und im Nummernplan der DR als 98 6102, 98 6208 bis 98 6211 und 98 6215 bis 98 6218 bezeichneten Lokomotiven. Bei diesen betrug die Länge über Puffer 7419 mm bzw. 7600 mm, die Achsstände 2500 mm und die Kuppel- und Treibraddurchmesser 1000 mm.

Die Deutsche Reichsbahn übernahm in den ersten Nachkriegsjahren sechs B-Tenderlokomotiven von Privatanschluß- und Werkbahnen (98 138, 98 139, 98 1512 [später umgezeichnet in 98 7085], 98 7051, 98 7086 und 98 7087). 1949 folgten 34 regelspurige B-n2-Tenderlokomotiven. Die Deutsche Reichsbahn reihte sie mit Wirkung vom 1. Januar 1950 in die Baureihe 98 ein. Im einzelnen waren es die Lokomotiven 98 5901, 98 6001 bis 98 6010, 98 6101 und 98 6102, 98 6201 bis 98 6219, 98 6301 sowie 98 6302. Die älteste Lokomotive stammte aus dem Jahre 1894, die jüngste aus dem Jahre 1922.

Da B-n2-Lokomotiven für die Kleinbahnen typisch und andererseits vergleichbare Maschinen im Lokomotivpark der Deutschen Reichsbahn nicht mehr vorhanden waren, soll das Betriebsbuch einer solchen Lokomotive zitiert werden: Sie wurde im Oktober 1913 von Henschel & Sohn, Cassel, unter der Fabriknummer 12386 an die Kleinbahn Stendal–Arneburg als deren Nr. 31 geliefert. Nach der Zusammenlegung dieser Kleinbahn mit der Kleinbahn Stendal–Arendsee zur neuen Stendaler Kleinbahn behielt sie ihre Betriebsnummer. 1940 erhielt sie von der Kleinbahnabteilung der Provinzialverwaltung Sachsen die Betriebsnummer 199. Seit 1. Januar 1950 trug die Lokomotive die Betriebsnummer 98 6218. Bereits 1950 verkaufte die Deutsche Reichsbahn diese Lokomotive an den VEB Energieversorgung Magdeburg, der sie in eine B-gekuppelte feuerlose Maschine für das Kraftwerk Magdeburg umbauen ließ. Sie erhielt danach die abweichende Betriebsnummer 98 6218-199.

Was enthält ein Betriebsbuch, wie es bei den Klein- und Privatbahnen geführt wurde?

– die Urkunde über die Genehmigung
– die Kurzbeschreibung
– die Bescheinigung über die Abnahme-Untersuchung der Lokomotive (siehe Bild 6.12.)
– die Beschreibung des Kessels mit Kesselzeichnung
– die Bescheinigung über die Prüfung der Bauart und Wasserdruckprobe des Kessels
– die Beschreibung der Lokomotive
– die Bescheinigung über die Prüfung der Bauart und der Wasserdruckprobe des Hauptluftbehälters (hier von 1944)
– die Bremsberechnung mit der dazugehörigen Zeichnung
– die Zeichnung der Lokomotive im Maßstab 1:10 als Pause
– die Bescheinigungen der jeweiligen inneren und/oder äußeren Untersuchungen.

Alle diese Urkunden waren mit den Genehmigungsverfahren der eisenbahntechnischen Aufsichtsbehörde, hier der KED Hannover, der Abnahmebeamten in Cassel und der Kesselprüfer zu versehen.

Nachstehend die Originalbeschreibung der Lokomotive [184]:

„Beschreibung
der in beiliegender Zeichnung Blatt 153 dargestellten 2/2 gekuppelten Tender-Lokomotive für 1435 mm Spurweite von
Henschel & Sohn in Cassel
für die Kleinbahn Stendal–Arneburg, Fabrik-Nr. 12386.

Die Lokomotive hat zwischen den Rahmen liegenden Wasserkasten und außerhalb der Rahmen liegendes Triebwerk; sie besitzt folgende Hauptabmessungen:

Spurweite	1435	mm
Cylinder-Durchmesser	320	mm
Kolbenhub	500	mm
Räder-Durchmesser	1000	mm
Radstand	2500	mm
Dampfüberdruck	12	Atm.
Rostfläche	0,97	m²
Heizfläche	47,67	qm
Speisewasser	3,4	cbm
Kohlenraum	1,0	cbm
Leergewicht	18500	kg
Dienstgewicht	24000	kg
Breite der Lokomotive	2600	mm
Höhe der Lokomotive	3700	mm
Länge der Lokomotive	7582	mm
Größte Zugkraft	3750	kg

Dampfkessel: Der nach Art der gewöhnlichen Lokomotivkessel gebaute Dampfkessel hat eine kupferne Feuerbüchse mit flacher, den Seitenwänden mit grossem Radius sich anschliessender Decke, welche mit der Decke des Feuerkastenmantels mittelst eiserner Deckenanker ausgesteift ist. Die geraden Seitenwände, die Vorder- und Rückwand der kupfernen Feuerbüchse und des eisernen Mantels werden durch kupferne Stehbolzen miteinander verbunden. Ueber der Feuerbüchsendecke sind die Seitenwände des Feuerkastenmantels noch durch Queranker verstrebt. Die Feuerkastenhinterwand und die Rauchkammer-Rohrwand werden in ihrem oberen Teil durch Blechanker ausgesteift.

Auf dem Rundkessel befindet sich der Dampfdom, aus welchem mittelst des Regulators der Dampf den Dampfzylindern zugeführt wird. Der Dampfkessel wird den Vorschriften entsprechend hergestellt und mit den nötigen Sicherheitsvorrichtungen und Armaturteilen ausgerüstet.

Die amtliche Druckprobe des Kessels findet in der Fabrik statt; es werden darüber zwei Bescheinigungen geliefert.

Armatur: Die Armatur des Kessels besteht aus 1 Ramsbottom-Doppelsicherheitsventil, 1 Wasserstandsanzeiger und 3 Probierhähnen, 1 Federmanometer, 1 Kontrollmanometerhahn, 2 voneinander unabhängigen Sauginjektoren, 2 durch den Druck des Kesselwassers sich selbst schließenden Speiseventilen, 1 Feuerkastenablasshahn, 1 Hilfsbläserhahn, 1 Rauchkammerspritzhahn und 1 Dampfpfeife.

Der Rahmen der Lokomotive besteht aus zwei seitlichen Blechplatten und bildet der zwischen denselben liegende Wasserkasten zugleich dessen Aussteifung. Den Abschluss der Rahmen vorn und hinten bilden Querplatten, welche auch zur Aufnahme der elastischen Stoss- und Zugapparate dienen.

Die Achsen, Radreifen, Pleuel-, Kuppel- und Kolbenstangen werden aus bestem Martin-Flussstahl, die Radsterne aus Flusseisenformguss angefertigt.

Alle gegossenen Lager werden aus

6.13. Die 1' B-n2-Tenderlokomotive Nr. 14 der Ruppiner Kreisbahn, später Ruppiner Eisenbahn RE 10 und auf Heißdampf umgebaut. Sammlung Fiebig †

bestem Lagermetall hergestellt und mit Weissmetallspiegeln versehen.

Die schmiedeeisernen Gleitbahnen sowie alle Augen, Gabeln und Bolzen der Steuerungsteile und des Triebwerkes werden durch Einsetzen glashart gemacht. Die aus Flusseisenformguss hergestellten Achslagerkasten-Oberteile sind mit Rotgussgleitschuhen versehen und erhalten Stellkeile.

Die Umsteuerung erfolgt durch Steuerhändel oder Steuerschraube. Die Schieberkästen liegen über den Dampfzylindern mit nach hinten geneigter Schieberfläche.

Der Führerstand ist mit einem Schutzdach für das Lokomotivpersonal versehen.

Zwei Kohlenkästen befinden sich rechts und links neben dem Feuerkasten und haben Schaufellöcher im Führerhause.

Die Lokomotive ist mit einer Exter'schen Wurfhebelbremse ausgerüstet, die mittelst vier Bremsklötzen aus Stahlguss auf beide Achsen wirkt, ausserdem mit einer Körting-Bremseinrichtung, zum Bremsen der Lokomotive und des Zuges.

Auf der Bekleidung des Rundkessels ist ein Sandkasten angeordnet, dessen Zug vom Führerstande aus bewegt wird, um für jede Fahrtrichtung Sand vor die Räder zu streuen. Funkenfänger & Aschkasten: In der Rauchkammer ist oberhalb der Siederohrmündungen ein Funkenfänger angebracht, und unter dem Feuerkasten befindet sich ein dichtschließender Aschkasten, dessen Luftklappe mit Funkensieben gegen das Herausfliegen glühender Kohlenteile versehen ist.

Die Lokomotive ist ferner noch mit einem Latowsky'schen Dampfläutewerk, der Einrichtung zur Wagenheizung, auf beiden Seiten mit Anschlussstutzen für Pulsometerbetrieb sowie mit Körtingschem Elevator und 10 m langem Saugschlauch ausgerüstet und erhält am vorderen und hinteren Ende kräftige Bahnräumer. Ausserdem ist die Lokomotive noch mit einer Bandagenspritzvorrichtung ausgerüstet.

Alle beim Bau der Lokomotive zur Verwendung gelangenden Materialien entsprechen in ihrer Beschaffenheit den Bedingungen, welche die Königlich Preussische Staatsbahnverwaltung für ihre Lokomotiven vorschreibt.

Für die Güte des von uns gelieferten Materials übernehmen wir eine Gewähr auf die Dauer eines Jahres, in der Weise, dass wir alle infolge fehlerhaften Materials, mangelhafter Konstruktion oder nicht einwand-

freier Arbeit während dieser Zeit unbrauchbar werdenden Teile für den Empfänger kostenlos durch tadellose ersetzen, ohne indes weitere Verpflichtungen auf uns zu nehmen. Der natürliche Verschleiss fällt nicht unter die Ersatzverpflichtungen.

Leistung: Die Lokomotive befördert eine angehängte Bruttolast in Tonnen mit einer Durchschnittsgeschwindigkeit von 20 km/St. auf gerader Steigung von: 1:500– 2‰ etwa 620,
1:200– 5‰ etwa 340,
1:100–10‰ etwa 190,
1: 50–20‰ etwa 90, und
leistet hierbei etwa 200 Pferdestärken.

Cassel, den 15. Juli 1913
Henschel & Sohn

Von den Lokomotiven mit zwei gekuppelten Radsätzen und zusätzlichem Laufradsatz waren die mit der Achsfolge B1 die historisch älteren. Diese Anordnung hatte folgende Vorteile:

Der Stehkessel und die Feuerbüchse konnten freizügiger ausgebildet werden, die Lastverteilung war günstiger, die Treib- und Kuppelstangen konnten kürzer und damit leichter ausfallen sowie die überhängenden Massen kleiner gehalten sein. Bei Unterbringung der Wasser- und Brennstoffvorräte über der Laufachse hatte die Abnahme der Vorräte während des Dienstes einen spürbar geringeren Einfluß auf die Reibungslast.

6.14. Damals aufsehenerregend: 1'B1'-h2-Tenderlokomotive Nr. 1 der Lübeck-Büchener Eisenbahn mit Stromlinienverkleidung und Fernbedienungseinrichtung für den Wendezugbetrieb mit Doppelstock-Reisezugwagen.
Foto Hubert. Sammlung Fiebig †

Die Achsfolge 1B dagegen bot nur scheinbar den Vorteil, daß die vorauslaufende Laufachse lauftechnisch günstiger ist. Aber bei Rückwärtsfahrt verloren diese Maschinen ihre Führungseigenschaft im Gleis.

Da Kleinbahnen und ein großer Teil der Privatbahnen nur eine Höchstgeschwindigkeit von 30 km/h zuließen, die auch mit laufachslosen

6.15. Eine großrädrige C-n2-Tenderlokomotive: 896201, ehemalige Niederlausitzer Eisenbahn Nr. 32. Foto G. Meyer

Lokomotiven erreichbar war, wurde die Beschaffung von B1- und 1B-Lokomotiven überflüssig. Und so finden wir nur wenige Lokomotiven dieser Bauart.

Es gab vermutlich nur 3 Exemplare der B1-Lokomotiven, von denen 2 gebraucht gekauft waren. Da es sich um Lokomotiven nach preußischen Normalien handelte, wird auf sie im zugehörigen Abschnitt eingegangen. Die dritte Lokomotive, die RHIN der Paulinenaue-Neuruppiner Eisenbahn, war englischer Herkunft (Baujahr 1873) und bis 1898 bereits ausgemustert. Von ihr ist wenig bekannt.

Die Vorgängerbahnen der Ruppiner Eisenbahn stellten später 1B-Lokomotiven in Dienst. Diese Lokomotiven machten einen moderneren Eindruck, aber ihre Höchstgeschwindigkeit betrug auch nur 50 km/h. Sie wurden bis auf eine Ausnahme als Naßdampflokomotiven geliefert und später auf Heißdampf umgebaut. Eine weitere Lokomotive mit der Achsfolge 1B der Ruppiner Eisenbahn wird wegen des ursprünglich vorhandenen Sonderkessels im Abschnitt Sonderbauarten erwähnt. Bei Übergang an die Deutsche Reichsbahn war dieser Kessel bereits durch einen der Regelausführung ersetzt worden.

Am 1. Jannuar 1950 wurden noch eine B1-Lokomotive in die Baureihe 69 sowie die 1B-Maschinen in die Baureihe 70 umgezeichnet. Letztere lassen sich in etwa vergleichen mit den älteren 1B-Lokomotiven der Gattungen bay. Pt 2/3 und bad. Ig, die von der Deutschen Reichsbahn als Baureihen 70^0 und 70^1 bezeichnet wurden.

1B1-Lokomotiven gab es bei den in diesem Archiv beschriebenen Klein- und Privatbahnen nicht. Diese für Vorwärts- und Rückwärtsfahrt bei höheren Geschwindigkeiten gleichgut geeigneten Lokomotiven waren bei den damals auf diesen Bahnen zulässigen niedrigen Geschwindigkeiten nicht erforderlich. Lediglich die 60001 und 60002 der Lübeck-Büchener Eisenbahn verblieben bei der Deutschen Reichsbahn.

C-, 1C-, C1- und 1C1-Lokomotiven

Kleinbahnlokomotive und T3 sind für viele Eisenbahnfreunde ein Begriff. Die C-n2-Tenderlokomotive war zweifelsfrei die am meisten verbreiteste Bauart, auch bei mehreren privaten Nebenbahnen. Sie genügten in der Leistung ebenso wie den dort zulässigen Geschwindigkeiten. Zwar hatten mehrere Kleinbahnen ihren Betrieb mit B-n2-Tenderlokomotiven aufgenommen, doch mußten sie sich bald auf die leistungsfähigeren C-n2-Lokomotiven umstellen. Andere Klein- und Privatbahnen begannen ihren Betrieb sofort mit dreifach gekuppelten Lokomotiven. Einige dieser Bahnen führten dann bis zur Übernahme durch die Deutsche Reichsbahn oder bis zu ihrer Stillegung ihren Betrieb mit diesen Lokomotiven durch. Und so ist es kein Wunder, daß die C-n2-Tenderlokomotiven im Lokomotivbestand der Klein- und Privatbahnen den größten Anteil stellten. Erinnert sei daran, daß unter den 1949 von der Deutschen Reichsbahn übernommenen Lokomotiven 35 Prozent C-n2- und 5 Prozent C-h2-Bauarten waren.

Es lag nahe, die für diese Betriebsart gut geeignete preußische T3 zu beschaffen. Aber das war aus verschiedenen Gründen nicht immer der Fall. Neben der T3 – ihre Spielarten werden im Abschnitt über die preußischen Normalien beschrieben – gab es doch einen beträchtlichen Anteil von C-n2-Lokomotiven abweichender Bauart, wobei vielfach das Aussehen, die technische Ausführung und die Leistung nicht allzu stark von der T3 abwichen. Es ist manchmal schwierig festzustellen, ob es sich um eine T3 oder um eine andere Bauart handelte. Fehlende Unterlagen über einige Lokomotiven der ehemaligen Klein- und Privatbahnen haben diesbezügliche Zweifel bestärkt. Die Lokomotivfabriken entwickelten für die nebenbahnähnlichen Kleinbahnen, Privat-, Privatan-

6.16. Zweizylinder-Naßdampfverbundlokomotive 89 6403, ehemalige Salzwedeler Kleinbahn Nr. 299, bereits abgestellt.
Sammlung Fiebig †

schluß- und Werkbahnen besondere Lokomotivbauarten mit zum Teil werktypischen Besonderheiten und Merkmalen. Diese Reihen erhielten Bezeichnungen oder Verkaufsnamen, die in die Lokomotivgeschichte eingingen. Sie wurden u. a. bekannt als: „Bismarck" (Henschel), „Pudel" (Jung), „Thüringen" (Henschel), „Hannibal" (Krupp) und „Krefeld" (Hohenzollern). Ein Grund für diese vielfältigen Entwicklungen mag sein, daß die angestiegenen Zugmassen und der inzwischen eingeführte schwerere Oberbau auch schwerere und leistungsfähigere Lokomotiven erforderte und zuließ. Die Vielzahl der Typen erklärt sich jedoch nur aus den Konkurrenzbedingungen, denen sowohl die Lokomotivhersteller als auch die Bahnen unterworfen waren.

Die Tabelle 6.9. enthält eine Gegenüberstellung der Daten aus einem Henschel-Katalog und einiger ausgewählter Lokomotiven.

Unter den von 1945 bis 1949 übernommenen ehemaligen Klein-, Privat- und Werkbahnlokomotiven der Bauart C-n2 befanden sich elf T3 nach Musterblatt III-4e, fünf T3 nach Musterblatt III-4p und eine T7 nach Musterblatt III-4c, die tatsächlich von den Preußischen Staatseisenbahnen oder der DR/DRG an diese Bahnen verkauft worden waren. Der Großteil der C-n2-Lokomotiven wurde jedoch als sogenannte 3/3-gekuppelte Tenderlokomotive für Nebenbahnen entsprechend den preußischen Musterblättern der T3, allerdings mit gewissen Änderungen (denen auch Staatsbahn-Lokomotiven unterworfen waren) unmittelbar an die Klein- und Privatbahnen geliefert.

Spätestens hier fragt man sich, wie die T3-Lokomotiven und die anderen Typen- oder Einzellokomotiven unterschieden werden können. Eindeutig läßt sich dies nicht immer beantworten. Für die T3 sind deren Lauf- und Triebwerk und die Kesselausführung und -anordnung typisch. Die anderen Bauarten wirken hingegen gedrungen und haben oft Kessel mit größerem Durchmesser und größerer Länge. Die Domanordnung wechselte auch bei der T3. Andere Kesselaufbauten unterschieden sich in ihrer technischen Ausführung bzw. Anordnung. Zu beachten ist ferner, daß einige wenige T3-Lokomotiven größere Raddurchmesser sowie auch die Heusinger-Steuerung aufzuweisen hatten. [82] In den Betriebsjahren wurden Kessel getauscht und andere Details verändert. So bleibt im Zweifelsfalle letztlich nur ein Vergleich der technischen Unterlagen wie Betriebsbücher, Herstellerzeichnungen und -beschreibungen. Doch diese sind in vielen Fällen nicht mehr vorhanden! Hier wird es wohl für immer unmöglich sein, eindeutig die Gattung oder Type nachzuweisen.

Am häufigsten sind die Henschel-Typenlokomotiven nach Zeichnung Bl. 878 mit den T3-Lokomotiven verwechselt worden. Dabei gibt es hier eindeutige Unterscheidungsmerkmale. Die T3- und die anderen Typenlokomotiven haben die Achsfolge K-T-K, die Lokomotiven nach Zeichnung Bl. 878 jedoch die Achsfolge K-K-T. Hier ist also die dritte Achse die Treibachse. Außerdem besaßen die T3 Allan-, die letzteren Heusinger-Steuerung. Mit der Bauart C-n2 waren u. a. Lokomotiven vorhanden, die wegen abweichenden Anordnungen besonders zu erwähnen sind. Hier sind zunächst die C-n2-Tenderlokomotiven der ehemaligen Niederlausitzer Eisenbahn zu nennen. Von ihnen wurden 1901 drei Maschinen, 1907 zwei Maschinen (jeweils von Hanomag) und 1912 noch eine Maschine (diesmal von Orenstein & Koppel) geliefert.

Sie hatten einen Raddurchmesser von 1350 mm. Die Abmessungen des Kessels und des Triebwerkes mußten dementsprechend vergrößert werden. Damit wäre auch eine größere Höchstgeschwindigkeit von mindestens 50 km/h möglich gewesen, aber die laut Dienstvorschrift und in den Betriebsbüchern festge-

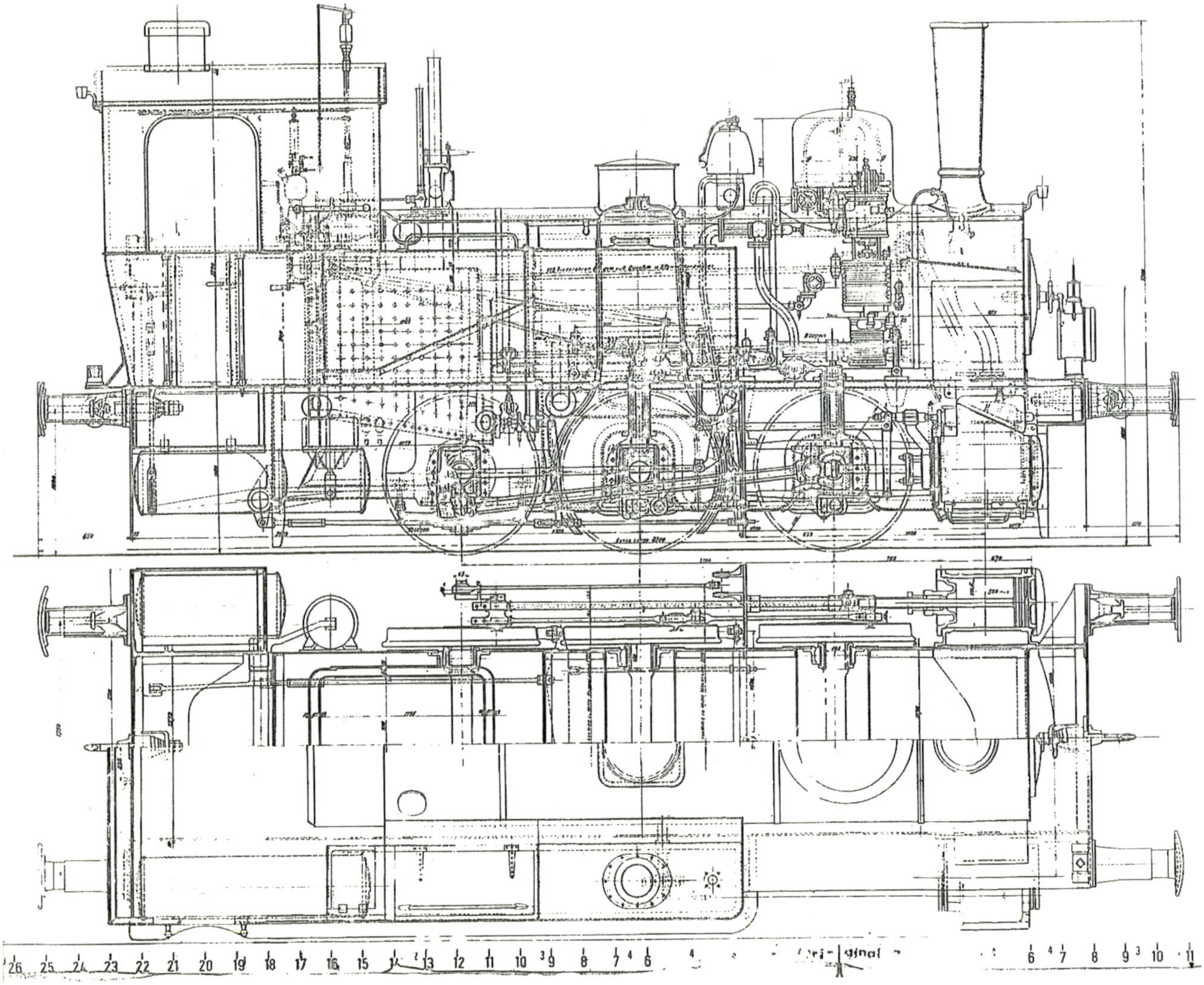

6.17. Maßskizze der C-n2-Tenderlokomotiven, die Henschel für die provinzial-sächsischen Kleinbahnen lieferte.
Sammlung Klebes

legte Geschwindigkeit von 40 km/h dürfte nur in den Streckenverhältnissen der Niederlausitzer Eisenbahn zu suchen sein. Die sechs Lokomotiven kamen 1949 zur Deutschen Reichsbahn und erhielten ab 1. Januar 1950 die Betriebsnummern 89 6201 bis 89 6203, 89 6213, 89 6214 und 89 6226.

Eine zweite abweichende Bauart war die Lokomotive Nr. 11, spätere Nr. 299 der damaligen Salzwedeler Kleinbahn. Diese Lokomotive, eine Zweizylinder-Naßdampf-Verbund-Lokomotive, wurde von der Westfälischen Landeseisenbahn als deren Nr. 81 übernommen. Diese Privatbahn besaß längere Bergstrecken mit gleichmäßigen Steigungen von 1:50, so daß ein sparsamer Verbundbetrieb möglich schien. Die 1908

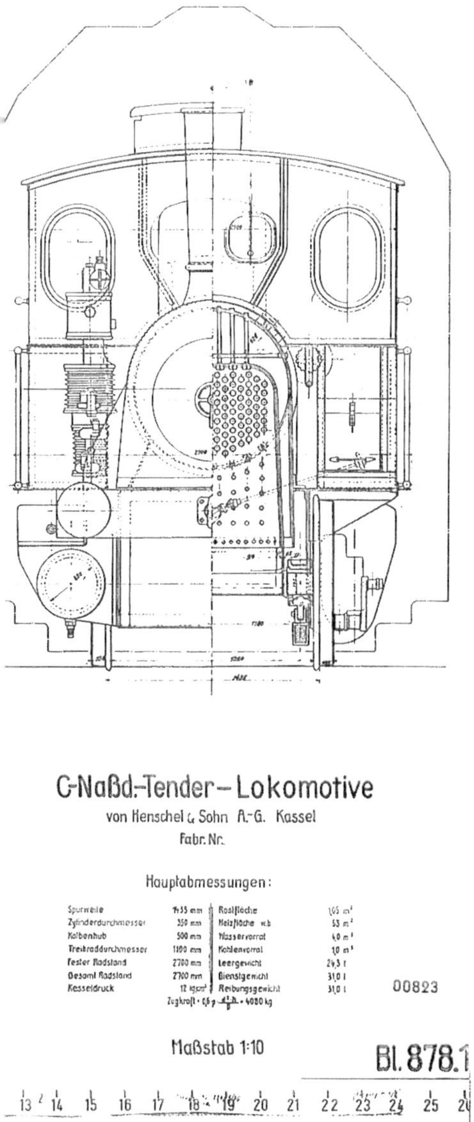

von Hanomag gelieferten Tenderlokomotiven hatten jedoch verschiedene Mängel: 328 mm × 555 mm große Flachschieber, dadurch erhöhten Kraftbedarf beim Bewegen und eine größere Neigung festzufressen sowie zu schwache Gleitbahnträger. Die Anfahrvorrichtung entsprach der Bauart Gölsdorf. Was den Vorstand der Salzwedeler Kleinbahn bewogen haben mag, eine dieser Lokomotiven zu übernehmen, läßt sich nicht mehr feststellen. Die Lokomotive erhielt am 1. Januar 1950 die Betriebsnummer 89 6403 und wurde nach längerer Abstellzeit 1958 ausgemustert.

Nach der Jahrhundertwende setzten sich auch bei der preußischen Staatseisenbahn Heißdampflokomotiven durch. Und es dauerte nicht lange, bis auch bei den Klein- und Privatbahnen C-Tenderlokomotiven mit Heißdampf auftauchten. Es war nicht so, daß etwa die Fachleute dieser Bahnen die Vorteile der Heißdampflokomotiven nicht erkannt hätten, aber die infolge der Überhitzer größeren Beschaffungs- und Ausbesserungskosten waren der Grund, weshalb nur wenige Heißdampflokomotiven unter den C-Tenderlokomotiven zu finden sind. Es sei in diesem Zusammenhang daran erinnert, daß die DRG bei der Entwicklung der C-Einheitstenderlokomotiven der Baureihe 89^0 im Jahre 1934 versuchsweise je 3 Heißdampf- und Naßdampflokomotiven in Auftrag gegeben hatte, weil auch sie an der Wirtschaftlichkeit bei dem vorgesehenen Einsatz zweifelte. Und so viel anders waren die Betriebsverhältnisse bei den Kleinbahnen und kleinbahnähnlichen Privatbahnen nicht, so daß Zweifel durchaus berechtigt schienen. Trotzdem ist dann auch bei den 1941/42 und 1949 übernommenen Bahnen eine Reihe von C-h2-Tenderlokomotiven vorhanden gewesen.

1910 erwarb die Mecklenburgische Friedrich-Wilhelm-Eisenbahn die ersten und 1914 die Kleinbahn Bismark–Gardelegen–Wittingen (später aufgegangen in der Altmärkischen Kleinbahn) weitere C-h2-Tenderlokomotiven. Gerade sie dürften die kleinsten C-h2-Lokomotiven gewesen sein.

Zu den leistungsfähigsten und im Betrieb sehr gut beurteilten C-h2-Lokomotiven gehörten die 1925 von der AEG gelieferten Lokomotiven der Ost- und Westhavelländischen Kreisbahnen. Verwunderlich ist nur, daß die ELNA-Lokomotiven der Typen 1 und 4, ebenfalls C-h2-Lokomotiven, nicht beschafft wurden. Denn die Altmärkische Kleinbahn hatte noch 1931 die letzte C-h2-Lokomotive bezogen. Die regelspurigen C-h2-Lokomotiven der 1949 übernommenen Bahnen erhielten Ordnungsnummern ab 76 und sind dadurch gut herauszufinden. Man übernahm 1941/42 die 89 911, 89 912, 89 921, 89 931, 89 932, 89 941 und 89 942 sowie 1949 die 89 6276 bis 89 6282, 89 6376, 89 6476 bis 89 6481, 89 6576 und 89 6676.

Unter den 1949 übernommenen C-h2-Lokomotiven befanden sich 2 ehemalige preußische T8 (jetzt 89 6476 und 89 6576), auf die im Abschnitt über preußische Normalien eingegangen wird.

Die Entwicklung der dreifach gekuppelten Tenderlokomotiven mit Laufachsen läßt sich im Prinzip mit der Entwicklung gleicher Bauarten bei der preußischen Staatseisenbahn vergleichen. Diese zog anfangs die Anordnung mit hinterer Laufachse vor, wie die Beispiele der C1'-n2-Lokomotiven der Bauarten Elberfeld und Langenschwalbach sowie die $T9^1$ beweisen. Nachdem aber die $T9^2$, also die Ausführung mit vorderer Laufachse, auch nicht befriedigte, gelang erst mit der $T9^3$ der Durchbruch. Diese $T9^3$ lösten dann auch die T3 in vielen Fällen ab. Die größeren Zugmassen verlangten einen leistungsfähigeren Kessel. Der war aber auf den 3 Kuppelachsen nicht mehr unterzubringen, zumal das vorhandene Schienenprofil die zulässigen Achslasten einschränkte. Die Frage nach einer Laufachse vorn oder hinten war in Anbetracht der

6.18. Eine C-gekuppelte Heißdampf-Tenderlokomotive, 89 6277, ehemalige Altmärkische Kleinbahn Nr. 201, im Lokbahnhof Kalbe (Milde); Mai 1966.
Foto Fiebig †

niedrigeren Höchstgeschwindigkeit von untergeordneter Bedeutung. Die vordere Laufachse bot den Vorteil, daß die aufgrund der schweren Zylinder überhängenden Massen vermieden werden konnten. Dadurch wurde der Oberbau geschont. Bei einer hinteren Laufachse konnten, wie bei den B1-Lokomotiven, Stehkessel und Vorratsräume für Wasser und Kohle großzügiger ausfallen.

Ein frühes Beispiel für C1'-Lokomotiven waren die 1903 und 1908 von Borsig an die Kleinbahn Cassel–Naumburg gelieferten Maschinen. Zwei dieser Loks gelangten später zur Eberswalde-Schöpffurther Eisenbahn, der späteren Eberswalde-Finowfurther Eisenbahn (EFE). Beide Bahnen gehörten zur ADEG, und dort wurde der Lokomotivtausch des öfteren praktiziert. Diese Lokomotiven waren abgeleitet aus den C1'-Zahnrad-Lokomotiven der Halberstadt-Blankenburger Eisenbahn. Näheres über diese Maschinen im Abschnitt Sonderbauarten! Die beiden C1'-Lokomotiven der EFE „Nr. 1" und „Nr. 2" gelangten 1949 zur Deutschen Reichsbahn und erhielten dort die Betriebsnummern 90 6401 und 90 6402.

1916 lieferte Borsig zwei C1'-Lokomotiven an die Reinickendorf-Liebenwalde-Groß Schönebecker Eisenbahn, der späteren Niederbarnimer Eisenbahn. Das waren jedoch bereits Heißdampflokomotiven. In einer von Borsig herausgegebenen Beschreibung hieß es dann ausdrücklich, daß diese neuen Lokomotiven die Strecken Reinickendorf–Rosenthal über Basdorf nach Liebenwalde bzw. nach Groß Schönebeck ohne Ergänzung der Vorräte durchlaufen könnten. Mit C-Tenderlokomotiven ist das nicht möglich gewesen. Die gewählte C1'-Bauart ermöglichte es, die erforderlichen Wasservorräte in Wasserkästen innerhalb des Rahmens sowie seitlich des Kessels und die Kohlen in Kästen hinter dem Führerhaus unterzubringen. Als die Deutsche Reichsbahn 1950 die Niederbarnimer Eisenbahn übernahm, erhielten diese beiden Lokomotiven die falschen Betriebsnummern 91 6590 und 91 6591, die sie bis zu ihrer Ausmusterung behielten. Übrigens unterlief auch der DRG bei der Umzeichnung 1925/26 ein ähnlicher Fehler, indem 9 Maschinen, C 1'-Lokomotiven der Gattung T9[1], als 91 109 bis 91 115 sowie 91 301 bis 91 302 umgezeichnet wurden. Damit ist das Thema C 1'-Lokomotiven bereits erschöpft.

Häufiger als die C 1'- war die 1'C-Anordnung bei den Lokomotiven der Klein- und Privatbahnen. Das Problem der 1'C-Lokomotive bestand in der Seitenbeweglichkeit der Laufachse. Bei der Preußischen Staatsbahn hatte es lange gedauert, bis sich das Krauss-Helmholtz-Gestell bei den Güterzugtenderlokomotiven durchsetzte. In bezug auf bessere Lauf- und Führungseigenschaften bei höheren Geschwindigkeiten standen dem eindeutig höhere Kosten gegenüber. Es war durchaus angebracht, bei Lokomotiven für niedrigere Geschwindigkeiten die billigere Adams-Achse vorzuziehen. Umso mehr muß es erstaunen, daß die Leitung der provinzial-sächsischen Kleinbahnen über die Beschaffungsabteilung der Sachsenwerk G.m.b.H. 1919 eine Serie von sechs 1'C-n2-Tenderlokomotiven mit Krauss-Helmholtz-Gestellen bei Henschel in Auftrag gab. Diese Anordnung ist der größte Unterschied zur mecklenburgischen T4, mit der diese Kleinbahnlokomotiven des öfteren verglichen werden. Immerhin: Diese Kleinbahnlokomotiven waren trotzdem nur für 45 km/h ausgelegt. Und ob diese Geschwindigkeit auf diesen Kleinbahnen zu jener Zeit überhaupt gefahren werden konnte, ist fraglich. Dabei waren die Zugkräfte nicht größer als die normaler C-n2-Tenderlokomotiven. Die Tabelle 6.6. enthält die Aufstellung der o. g. Lokomotiven. Daraus geht hervor, daß die Kleinbahn Genthin ihre beiden Lokomotiven bald wieder verkaufte.

Diese bemerkenswerten Lokomotiven sollen hier etwas ausführlicher vorgestellt werden. In der umfangreichen Firmenbeschreibung [185] heißt es dazu:

„Beschreibung der auf anliegender Zeichnung Bl. 1386 dargestellten 1C-(3/4 gekuppelten) Naßdampf-Tenderlokomotive mit vorderem Krauss-Drehgestell, 1435 mm Spur, von HENSCHEL & SOHN, CASSEL, Fabrik-Nummer 16431/19.

Die Lokomotive hat drei gekuppelte Achsen und eine vordere Laufachse, die mit der vorderen Kuppelachse zu einem Krauss-Drehgestell vereinigt ist. Der Rahmen liegt innerhalb der Räder, die Zylinder und das Triebwerk sind ausserhalb des Rahmens angeordnet. Die Hauptabmessungen der Lokomotive sind folgende: (siehe nebenstehende Übersicht)

Spurweite	1 435	mm
Zylinderdurchmesser (d)	430	mm
Kolbenhub (h)	580	mm
Treibraddurchmesser (D)	1 150	mm
Laufraddurchmesser	800	mm
Fester Radstand	1 385	mm
Gesamtradstand	5 600	mm
Dampfüberdruck (p)	12	kg/cm^2
Rostfläche	1,9	m^2
Heizfläche des Kessels insgesamt wasserberührt	108,56	m^2
Wasservorrat etwa	6,0	m^3
Kohlenvorrat etwa	2,5	m^3
Leergewicht etwa	402 000	kg
Dienstgewicht etwa	52 500	kg
Reibungsgewicht	42 000	kg
Länge über Puffer	10 800	mm
Größte Breite	2 950	mm
Größte Höhe	4 150	mm
Größte Zugkraft $\frac{0,6 \cdot p \cdot d^2 \cdot h}{D}$	6 730	kg
Größte Geschwindigkeit etwa	45	km/St.
Raddruck	7 000	kg

Dampfkessel

Der nach Art der gewöhnlichen Lokomotivkessel gebaute Dampfkessel hat eine Feuerbüchse mit flacher, den Seitenwänden mit grossem Halbmesser sich anschließender Decke, die mit der Decke des Feuerkistenmantels mittelst eiserner Deckenanker ausgesteift ist. Die vordere Reihe der Deckenanker ist beweglich angeordnet. Die geraden Seitenwände sowie die Vorder- und Rückwand der Feuerbüchse und des eisernen Mantels sind durch Stehbolzen miteinander verbunden. Über der Feuerbüchsdecke sind die Seitenwände des Feuerkastenmantels durch Queranker verstrebt. Feuerkastenhinterwand und Rauchkammerrohrwand sind in ihrem oberen Teil durch Blechanker versteift. Die Längsnähte des Langkessels haben einreihig genietete Aussen- und zweireihig genietete Innenlaschen, die Quernähte zweireihige Überlappungsnietung. An den Seitenwänden und auf der Decke des Feuerkastenmantels befinden sich größere Auswaschöffnungen, desgleichen kleinere über den vier Ecken des Feuerbüchsbodenringes sowie in

6.19. Noch moderner: C-h2-Tenderlokomotive Nr. 12 der Osthavelländischen Kreisbahnen, gebaut 1925 von der AEG (3151), zuletzt 89 6480.
Sammlung Verkehrsmuseum Dresden

der Rauchkammerrohrwand. Auf dem Rundkessel sitzt der Dampfdom mit abnehmbarem Oberteil, durch den der Kessel innen zugänglich ist. Aus dem Dom wird durch einen Flachschieberregler der Dampf den Zylindern zugeführt. Der Kessel ist den gesetzlichen Vorschriften entsprechend ausgeführt und mit allen erforderlichen Sicherheitsvorrichtungen und Armaturen ausgerüstet. Die amtliche Druckprobe des Kessels findet im Werk statt; Prüfungsurkunden werden darüber in dreifacher Ausfertigung geliefert.

Armatur
Die Armatur des Kessels besteht aus einem Doppelsicherheitsventil, einem Wasserstandsanzeiger mit Selbstverschluss, drei Probierhähnen, einem Federmanometer, Stutzen für Prüfmanometerhahn, zwei voneinander unabhängigen Dampfstrahlpumpen Bauart Strube, zwei Speiseventilen, die durch den Kesseldruck von selbst schliessen, einem Feuerkastenablasshahn, einem Hilfsbläserhahn und einer Dampfpfeife.

Rauchkammer
Zur Erzielung gleichmässigen Brennens des Feuers ist der Durchmesser der Rauchkammer durch einen aufgesetzten Ring über den Durchmesser des Rundkessels vergrößert. Abgeschlossen wird die Rauchkammer durch eine luftdicht schliessende Tür.

Funkenfänger
Zur Verhütung des Funkenfluges ist ein über den Heizrohrmündungen liegendes Funkensieb System Holzapfel in der Rauchkammer angebracht.

Feuertür, Aschkasten, Rost
Die Feuertür ist als Klapptür ausgebildet. Unter dem Feuerkasten befindet sich ein dichtschliessender Aschkasten, mit Luftklappen vorn und hinten, die durch Funkensiebe gegen das Herausfallen glühender Kohlenteile geschützt sind. Der Rost besteht aus gusseisernen Roststäben.

Rahmen
Der Rahmen der Lokomotive besteht aus zwei seitlichen Blechplatten, zwischen denen im vorderen Teil, zugleich die Versteifung des Rahmens bildend, ein Wasserkasten liegt. Den Anschluss vorn und hinten bilden

6.20. Nur in wenigen Stückzahlen bei Klein- und Privatbahnen vorhanden: die C1'-h2-Tenderlokomotiven. Hier die Nr. 11 der Niederbarnimer Eisenbahn.
Sammlung Fiebig †

die aus Formeisen bestehenden kräftigen Pufferträger, die auch zur Aufnahme der federnden Zug- und Stossvorrichtungen dienen. An den Enden des Rahmens sind kräftige Bahnräumer zum Schutze des Triebwerkes angebracht.

Triebwerk

Die Zylinder liegen waagerecht und haben zur Entfernung des Niederschlagwassers Ventile, die sich vom Führerstande öffnen und schliessen lassen.

Die Schieberkasten liegen leicht zugänglich über den Dampfzylindern und haben zur Zylindermitte parallele Schieberspiegel.

Die Dampfzylinderkolben sind aus Flussstahl und haben federnde, gusseiserne Ringe.

Achsen, Radreifen, Trieb- und Kuppel- und Kolbenstangen sind aus bestem Siemens-Martin-Flussstahl, die Radsterne aus Flusseisenguss hergestellt.

Alle Lagerschalen sind aus bestem Rotguss angefertigt und mit Weissmetallspiegeln versehen.

Die flusseisernen Leitstäbe, sowie alle Augen, Gabeln und Bolzen der Steuerungsteile und des Triebwerkes sind durch Einsetzen gehärtet.

Die Kreuzköpfe werden eingleisig geführt, die Stopfbuchsen haben Metallpackungen; die Exzenterlager sind mit Keilen versehen.

Steuerung

Die Dampfverteilung erfolgt durch Flachschieber mit Trick-Kanal, die durch eine Steuerung nach Bauart Heusinger bewegt werden. Die Umsteuerung erfolgt durch eine Steuerschraube.

Schutzdach

Der Führerstand ist mit einem Schutzdach für die Bedienungsmannschaften versehen. Das Schutzdach hat seitliche Drehtüren und Drehfenster in Vorder- und Hinterwand sowie feste Fenster in den Seitenwänden, ausserdem seitliche Schiebefenster.

Umlaufbleche

Rings um die Lokomotive führen Umlaufbleche, die vom Schutzdach vorn zugänglich sind. Angebrachte Handstangen ermöglichen ein Betreten der Umlaufbleche auch während der Fahrt.

Kohle- und Wasserkasten

An der Rückwand des Führerstandes quer über dem Rahmen liegt der

6.21. Die technischen Daten der 1' C-n2-Tenderlokomotiven 91 6401 bis 91 6404. Merkbuch DV 939 Tr der Deutschen Reichsbahn

Kohlekasten mit Füllöchern ausserhalb des Schutzdaches und Schaufellöchern nach dem Führerstand hin, die durch Schieber verschliessbar sind. Der Speisewasservorrat ist teils zwischen dem Rahmen, teils in Kästen untergebracht, die zu beiden Seiten des Kessels vor dem Schutzdach liegen. Probierhähne ermöglichen die Feststellung des jeweiligen Wasserstandes; ausserdem ist noch eine Schwimmervorrichtung zur Erkennung des Wasserstandes vorgesehen.

Bremse

Die Lokomotive ist mit einer Exter'schen Wurfhebelbremse ausgerüstet, die durch Bremsklötze einseitig auf die beiden Hinterachsen wirkt. Ausgleichhebel bewirken eine gleichmässige Verteilung des Bremsdruckes auf die Klötze. Ausser der Wurfhebelbremse ist eine Knorr-Luftdruckbremse vorgesehen.

Sandkasten

Auf dem Kesselrücken zwischen Dom und Schutzdach sitzt ein Sandkasten, aus dem vom Führerstand aus durch einen Zug von Hand Sand in der jeweiligen Fahrtrichtung auf die Schienen gestreut werden kann.

Verschiedenes

Die Lokomotive ist mit einem Latowski'schen Dampfläutewerk, Dampfheizung und der Radreifenspritzvorrichtung ausgerüstet und hat auf beiden Seiten Anschlussstutzen für Pulsometerbetrieb. Zur Füllung der Wasserkästen dient ein Körtingscher Dampfwasserheber mit 10 m langem Saugschlauch.

Baustoffe

Alle beim Bau der Lokomotiven zur Verwendung kommenden Baustoffe entsprechen in ihrer Beschaffenheit

Deutsche Reichsbahn HvM	Güterzug-Tenderlokomotive		Baureihe: 91^{64}
Merkbuch für Triebfahrzeuge 939 Tr	Betriebsgattung: Gt 34.	Kurzbezeichnung: 1' C n 2	Betriebsnummer: 91 6401–91 6404

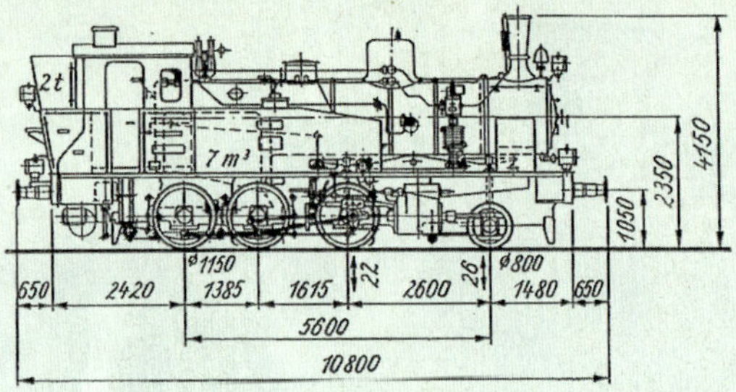

Fahrzeugmassen, Achslasten und technische Daten

M_{Ll} = t Lokomotive leer

$M_{Ld'}$ = t Lokomotive dienstbereit (⅔ Vorräte)

Mp Achslast auf den Schienen (volle Vorräte)

M_{Ld} = t Lokomotive mit vollen Vorräten

Q_{Lr} = Mp Reibungslast

Metermasse M_{Ld}/Lüp: t/m — Mittlere Kuppelachslast: Mp

Lfd. Nr.		Abk.		Dim.	Lfd. Nr.			Abk.		Dim.
1	Fahrgeschwindigkeit vw/rw	V_{max}	45	km/h	18	Verdampfungsheizfläche		H_v	97,5	m²
2	Zylinderdurchmesser	d	430	mm	19	Überhitzerrohrdurchmesser		$d_{Ür}$	—	mm
3	Kolbenhub	s	580	mm	20	Überhitzerheizfläche		$H_Ü$	—	m²
4	Art und Lage der Steuerung		Ha		21	Wasserraum des Kessels	bei mm Wasserstand über Feuerbüchsdecke	W_K		m³
5	Kolbenschieberdurchmesser	d_s	—	mm	22	Dampfraum		D_K		m³
6	Kesselüberdruck	P_k	12	kp/cm²	23	Verdampfungswasseroberfläche		O_W		m²
7	Rostfläche	R	1,9	m²	24	Masse des Kessels ohne Ausrüstung		M_{klo}		t
8	Rost (Länge × Breite)	R_{lb}	1,9 × 1,0	m × m	25	Masse des Kessels mit Ausrüstung		M_{klm}		t
9	Strahlungsheizfläche	H_{vs}	8,4	m²	26	Ausrüstung mit Vorwärmer			—	
10	Heizrohrdurchmesser	d_{Hr}	46 × 2,5	mm	27	Ausrüstung mit Läutewerk			L	
11	Anzahl der Heizrohre	n_{Hr}	173	Stck	28	Heizung			H	
12	Rohrlänge zwischen den Rohrwänden	l_r	4000	mm	29	Brennstoffvorrat		B	2,0	t
13	Heizrohrheizfläche	H_{Hr}	89,1	m²	30	Wasserkasteninhalt		W	6,0	m³
14	Rauchrohrdurchmesser	d_{Rr}	—	mm	31	Befahrbarer Bogenlauf-Halbmesser		R		m
15	Anzahl der Rauchrohre	n_{Rr}	—	Stck	32	Befahrbarer Ablaufberg-Halbmesser				m
16	Rauchrohrheizfläche	H_{Rr}	—	m²	33	Bremse			K m. Z	
17	Rohrheizfläche	H_{vb}	89,1	m²	34	1. Baujahr			1919	

Bemerkungen: Lieferfirma: Henschel u. Sohn, Kassel

den Bedingungen, die sie die Preussische Staatsbahnverwaltung für ihre Lokomotiven vorschreibt.

Gewähr

Für die Güte der von uns gelieferten Lokomotiven übernehmen wir eine Gewähr auf die Dauer eines Jahres in der Weise, dass wir alle infolge fehlerhafter Baustoffe, mangelhafter Bauweise oder nicht einwandfreier Arbeit während dieser Zeit unbrauchbar werdenden Teile für den Empfänger kostenlos durch tadellose ersetzen, ohne indes weitere Verpflichtungen auf uns zu nehmen. Die natürliche Abnutzung fällt nicht unter die Ersatzverpflichtung.

Henschel & Sohn
Cassel, den 29. April 1920"

In der Ergänzung zur Dienstvorschrift „Merkbuch für Triebfahrzeuge 939 Tr" aus dem Jahre 1964 ist diesen 4 Lokomotiven ein nebenstehend abgebildetes Blatt gewidmet worden. [162]

Die Höchstgeschwindigkeit der 1'C1'-h2-Lokomotiven der Ruppiner Eisenbahn, von denen die ersten drei Maschinen bereits 1925 geliefert wurden, betrug 70 km/h. Gebaut hatte sie Orenstein & Koppel, die damit auf einen bereits 1915 für die Samlandbahn entwickelten Typ zurückgriffen. Mit 70 km/h zulässiger Höchstgeschwindigkeit war das Gebiet der „Bimmelbahn" verlassen. Bei der preußischen Staatseisenbahn gab es für diese Lokomotiven kein Vorbild, denn die mißlungene 1'C1'-n3-Lokomotive Gattung T6 (1902) regte nicht zum Nachbau an.

Diese privaten 1'C1'-h2-Lokomotiven besaßen Bisselgestelle. Gegenüber den etwa gleichartigen badischen VIb-Lokomotiven fielen sie trotz gleichem Kessel und stärkerem Triebwerk leichter aus, weil die Wasservorräte teilweise zwischen den Rahmenblechen untergebracht werden konnten.

Die Ruppiner Eisenbahn wickelte mit ihren 1'C1'-Lokomotiven einen von Berlin ausgehenden Vorort-, Berufs- und Ausflugsverkehr ab und kam damit auch auf DRG-Strecken. Diese Linie wurde später mit vierachsigen Dieseltriebwagen bedient. Zu den erwähnten drei Lokomotiven der Ruppiner Eisenbahn gesellten sich 1927 zwei und 1936 eine weitere Lokomotive gleicher Achsanordnung, von denen die letztere etwas schwerer ausfiel und eine größere Überhitzerheizfläche aufwies. Eine

6.22. 1'C-n2: 916403, ehemalige Stendaler Kleinbahn Nr. 353. Sammlung Rammelt

6.23. Die 1′C1′-h2-Tenderlokomotive der Ruppiner Eisenbahn, Nr. 31, spätere 75 6279.
Werkfoto O & K. Sammlung Fiebig †

Lokomotive (RE30) fiel 1945 den Kriegsereignissen zum Opfer.

Bis auf kurzzeitige Ausleihen an andere Bahnbetriebswerke waren die verbliebenen fünf Lokomotiven nach 1950 im Bw Ketzin beheimatet und wurden dort in vielen Diensten eingesetzt. 75 6276, 75 6278 und 75 6476 gaben etwa 1960 ein „Gastspiel" im Bw Dessau und bedienten den Verkehr auf der Strecke Dessau–Wörlitz.

Im Bw Haldensleben war in den sechziger Jahren eine 1′C1-h2-Personenzug-Tenderlokomotive der ehemaligen Eutin-Lübecker Eisenbahn, die 75 633, eingesetzt. Sie hatte es als einzige von vier gleichartigen Lokomotiven 1945 in die Rbd Magdeburg verschlagen. Diese mit 90 km/h Höchstgeschwindigkeit schnelle Lokomotive war 1928 von Henschel geliefert worden. Ihr gingen 1924 und 1926 schon zwei Maschinen voraus. Diese Loks verblieben jedoch im Bereich der Deutschen Bundesbahn und wurden an die Teutoburger Wald-Eisenbahn verkauft.

Die drei Privatbahnen Wittenberge-Perleberger Eisenbahn, Prignitzer Eisenbahn und Mecklenburgische Friedrich-Wilhelm-Eisenbahn verbanden ihre Strecken miteinander und hatten nach 1920 einen durchlaufenden Verkehr Wittenberge – Perleberg – Pritzwalk – Wittstock–Neustrelitz zu bedienen. Bis etwa 1920 wechselten die Lokomotiven in Perleberg und in Wittstock. Für den Durchlauf beschafften die Bahnen sieben 1′C1′-h2-Personenzug-Tenderloks. Von diesen Maschinen kann man sagen, daß es nicht nur leistungsfähige und für diese Zwecke gut geeignete, sondern zugleich formschöne Lokomotiven waren. Sie wurden von den Privatbahnen anteilig der Streckenlängen beschafft (vgl. Tabelle 6.7.) und 1941 in die Bauartreihe 75^6 eingefügt. Während des Krieges von ihren Stammstrecken abgezogen, nach 1945 in Dresden und anschließend in Löbau beheimatet, liefen die Lokomotiven dann, wie auch die 75 633, im Raum Haldensleben.

Die Halberstadt-Blankenburger Eisenbahn und die Brandenburgische Städtebahn beschafften weitere 1′C1′-h2-Tenderlokomotiven. Die Lokomotiven der Brandenburgischen Städtebahn wiesen einen Treib- und Kuppelraddurchmesser von 1300 mm auf; über ihre Einordnung als Personenzug-Tenderlokomotiven kann man geteilter Meinung sein. Aber die sechs 1′C1′-h2-Tenderloks der provinzial-sächsischen Kleinbahnen gehörten mit ihren Treib- und Kuppelraddurchmessern von nur 1200 mm auf jeden Fall in die Kategorie der Güterzug-Tender-

6.24. Die 1′C1′-h2-Tenderlokomotive 75633, ehemals Eutin-Lübecker Eisenbahn Nr. 13^{II}, aufgenommen in Weferlingen, Zuckerfabrik, im Februar 1964.
Foto Fiebig †

lokomotiven. Die von Januar 1950 an als 75 6682 bis 75 6687 bezeichneten Maschinen wurden während des Krieges geliefert. Es waren kräftige, für Kleinbahnzwecke gut geeignete Lokomotiven. Die Anordnung von vorderen und hinteren Laufachsen führte zur Schonung des Oberbaues, die zulässige Höchstgeschwindigkeit von 70 km/h ist damals bestimmt nicht ausgefahren worden. Der Kessel war leistungsfähig, zumal alle Lokomotiven Überhitzer und Vorwärmer besaßen. Aber Kipproste beispielsweise erhielten sie (bis auf eine Lokomotive) auch erst, als sie von der Deutschen Reichsbahn übernommen wurden.

Beim Bau der Lokomotiven (eine siebte war bestellt), ist sicher von den Grundsätzen der ELNA-Lokomotiven, die Henschel ebenfalls in größerer Stückzahl geliefert hatte, ausgegangen worden. Allerdings: Die 1′C1′-h2-Lokomotiven waren keine ELNA-Lokomotiven! (Tabelle 6.10.)

D-, 1′D- und 1′D1′-Lokomotiven

Der Bedarf an vierfach gekuppelten Tenderlokomotiven entstand erstmals kurz vor der Jahrhundertwende. Auf den krümmungsreichen Bergstrecken Thüringens reichte die Reibungsmasse dreiachsiger Lokomotiven nicht mehr aus, um die größer gewordenen Zugmassen zu befördern. Das traf sowohl für die Strecken der preußischen Staatseisenbahnen als auch für die der Privatbahnen zu. Bei diesen war das besonders kraß, denn deren leichter Oberbau ließ nur geringe Achsmassen zu.

Das Problem der damaligen Zeit bestand jedoch in der Bogenläufigkeit vierfach gekuppelter Lokomotiven. Lösungen stellten die Gelenklokomotiven der Bauarten Meyer und Mallet dar. Die Bauart Meyer, ausgeführt als Vierlings- oder Verbundmaschine, hatte 2 Drehgestelle; bei ihr mußten alle Dampfleitungen beweglich ausgeführt werden. Die Bauart Mallet, ausschließlich in Verbundanordnung ausgeführt, besaß nur ein Drehgestell, während die hintere Triebwerkgruppe mit dem Lokomotivrahmen fest verbunden blieb. Dadurch mußten nur die Dampfleitungen zum vorn liegenden Drehgestell beweglich sein. Da es sich um die Niederdruckleitungen handelte, waren diese leichter dicht zu halten, zweifelsfrei ein Fortschritt.

Allerdings waren die Laufeigenschaften bei den Gelenklokomotiven, zumindest bei den uns bekannten leichten Ausführungen, mangelhaft. Der andere große Nachteil der Drehgestellokomotiven bestand in der Schleuderneigung, so daß die

vorhandene, ohnehin schon zu geringe Reibungsmasse nicht ausgenutzt werden konnte. Die Werkstätten mußten an jeder Lokomotive unterhalten: jeweils 4 Zylinder, Schieber und Steuerungen sowie die festen und beweglichen Dampfleitungen. Groß war auch der Verschleiß an Kupplungen und Deichseln zwischen Drehgestell und Lokomotivrahmen; er bedingte manche zusätzliche Zwischenausbesserung.

Um die Jahrhundertwende entstanden außerdem Gelenklokomotiven mit Schwinghebelantrieb nach Hagans und Leitzmann, Klien-Lindner-Hohlachsen und mit zahnradgekuppelten Endachsen. Auf sie wird im Abschnitt Sonderbauarten eingegangen.

Von B'B-n4v-Lokomotiven wurden an die in diesen Bänden beschriebenen Bahnen, ausschließlich der Bachstein-, Lenz- und SEG-Bahnen, die in Tabelle 6.11. aufgeführten Lokomotiven geliefert, soweit es sich um Regelspurlokomotiven handelte.

1900 entwickelte Karl Gölsdorf die später nach ihm benannte seitenbewegliche Kuppelachse. Damit war der Weg frei für die vierfach gekuppelte Tenderlokomotive, die an Einfachheit der dreifach gekuppelten kaum nachstand. Alle Nachteile der Gelenklokomotive konnten nunmehr vermieden werden. Nachdem 1902 der Vorschlag Garbes, für die preußischen Staatseisenbahnen eine D-h2-Tenderlokomotive entwickeln zu lassen, abgelehnt wurde, griff man 1904 seinen neuen Vorschlag einer E-h2-Tenderlokomotive auf und ging damit bereits zu einer fünfachsigen Gattung mit mehreren seitenbeweglichen Radsätzen über. Erst mit der

6.25. Die 1'C1'-h2-Tenderlokomotive der Brandenburgischen Städtebahn Nr. 1[II], später Nr. 24 und 1-103, zuletzt 75 6681.
Sammlung Verkehrsmuseum Dresden

6.26. Eine der kleinrädrigen 1'C1'-h2-Tenderlokomotiven der Provinzial-Sächsischen Kleinbahnen: die ehemalige Nr. 403 der Salzwedeler Kleinbahn, als 75 6684 in Dessau.
Foto Fiebig †

6.27. B'B-n4v-Tenderlokomotive, Bauart Mallet, geliefert an die Neubrandenburg-Friedländer Eisenbahn, hier als Nr. 86 bei der Wutha-Ruhlaer Eisenbahn (RE), 1939.
Foto Malsch

T13, einer D-n2-Lokomotive, fand 1910 die vierfach gekuppelte Tenderlokomotive mit seitenbeweglicher Endachse nach Gölsdorf auch bei den preußischen Staatseisenbahnen Eingang. Es sei aber festgehalten, daß die T16 als Streckenlokomotive für Steigungsstrecken und die T13 ausschließlich für den Rangierdienst bestimmt waren. Spätere Einsätze der T16 im Rangierdienst und der T13 im Streckendienst änderten nichts an der Grundkonzeption dieser Lokomotiven.

Ab 1904 sind die D-n2-Lokomotiven bei den Privatbahnen, vereinzelt auch bei den Kleinbahnen vorhanden gewesen. Bei einigen Bahnen lösten sie die C-n2-Tenderlokomotiven ab, bei anderen übernahmen sie den schweren Güterzugdienst und überließen den C-Tenderlokomotiven den leichteren Reisezugdienst. Die zulässige Höchstgeschwindigkeit lag bei beiden Bauarten im Mittel bei 40 km/h. Als seitenbeweglicher Radsatz war in der Regel der letzte Kuppelradsatz ausgebildet.

Bei den D-n2-Lokomotiven ist ebenfalls die Vielfalt wie bei den Dreiachsern vorhanden, verursacht durch die Interessen der Hersteller und der Bahnen. Die letzten D-n2-Lokomotiven bei den ehemaligen Privatbahnen, die heute auf dem Gebiet der DDR liegen, bezog 1929 die Zschipkau-Finsterwalder Eisenbahn. In den dreißiger Jahren kauften dann nur noch wenige Bahnen preußische T13-Lokomotiven von der DRG.

Ab 1923 wurden bei den meisten Privat- und Kleinbahnen die ersten Heißdampflokomotiven mit vier Kuppelachsen in Dienst gestellt. Ihre Stückzahl blieb gering. Diese D-h2-Lokomotiven entsprachen damals neuesten Konstruktionen und waren recht leistungsfähig. Inzwischen konnte auch die zulässige Reibungsmasse erhöht werden. Die nach 1945 vorhandenen Lokomotiven dieser Bauart wurden erst bei der Deutschen Reichsbahn von Diesellokomotiven abgelöst.

Der Vielfalt der Lokomotivtypen versuchte man mit den ELNA-Typen zu begegnen. Es waren vorwiegend Kleinbahnen, die derartige Lokomotiven beschafften. Dennoch ist der Anteil der ELNA-Lokomotiven bei den Bauartreihen $92^{61, 62, 63, 64}$ bedeutend. Zu den vierfach gekuppelten Tenderlokomotiven der Klein- und Privatbahnen gesellten sich nach 1945 einige wenige vorgefundene Werkloks. Bekannt sind:
92 997, ex Munitionsanstalt Sperenberg,
92 3333, ex Hafenbahn Stettin,
92 6588, ex Pionier-Versuchsanstalt Sperenberg.

Kaum bekannt ist, daß die Rbd Halle 1945 mit der 92 1047 eine sogenannte wilde Umnumerierung vornahm und eine Werklokomotive der Linke-Hofmann-Werke in Altenburg vereinnahmte, diese aber später wieder abgab. Diese Lokomotive war 1944 mit der Fabriknummer 1047 von Krenau geliefert worden.

Zusammenfassend läßt sich feststellen, daß die 1949 übernommenen D-n2- und D-h2-Lokomotiven moderner und leistungsfähiger waren als die bei der Deutschen Reichsbahn vorhandenen D-n2-Lokomotiven der Bauartreihe 92^{5-10}, ehemals pr. T13. Es sei aber nicht verhehlt, daß es nach 1945 mit den wenigen, großrädrigen vierfach gekuppelten Tenderlokomotiven infolge des schlecht unterhaltenen Oberbaus auch Ärger gab. Bei der Aschersleben-Schneidlingen-Nienhagener Eisenbahn klagte man öfters über Entgleisungen einer dort verbliebenen Lokomotive der ehemaligen Riesengebirgsbahn. In der Tabelle 6.12. sind die D-n2- und D-h2-Lokomotiven dieser Bahnen zusammengestellt, ausgenommen die ELNA-, die T13- und die Berg-Lokomotiven.

Die Ruppiner Eisenbahn besaß keine D1-Lokomotiven, hatte aber vier 1'D-h2-Lokomotiven eingesetzt. Obwohl für den Güterzugdienst vorgesehen, waren sie in der Lage, an den Wochenenden die schwereren Ausflugszüge mit angemessener Geschwindigkeit zu befördern. Für die Werkstatt boten sie den Vorteil, daß ihre Kessel mit denen der vorhandenen 1'C1'-Lokomotiven getauscht werden konnten. So erhielt 1946 in der Werkstatt der Ruppiner Eisenbahn die 1'C1'-Lokomotive Nr. RE 29 den Kessel O&K 1929/Fabriknummer 11787 aus der 1'D-Lokomotive Nr. RE 26. In Tabelle 6.13. sind die übernommenen Lokomotiven dieser Bauart aufgeführt.

Die 1'D1'-h2-Bauart fand auch bei Klein- und Privatbahnen Eingang, vor allem bei den Bahnen, die einen stärkeren Durchgangsverkehr zu bewältigen hatten. Den außergewöhnlichsten Lebenslauf unter diesen 1'D1'-h2-Lokomotiven hatte die ab 1. Januar 1950 als 93 6576 bezeichnete Lokomotive Nr. 1-203 der Brandenburgischen Städtebahn. Bei ihr handelte es sich um die ehemalige preußische T28 – Erfurt 9101, die man bei der Deutschen Reichsbahn-Gesellschaft als 97 401 eingeordnet hatte.

Diese pr. T28-Zahnradlokomotive wurde nach Einstellung des Zahnradbetriebes 1928 an die Eutin-Lübecker Eisenbahn verkauft und erhielt die Betriebsnummer 17. Dort baute man das Zahnradtriebwerk aus, so daß

6.28. Bis auf den Blechrahmen mit der Einheitslokomotive Baureihe 86 identisch: Lokomotive Nr. 15[II] der Eutin-Lübecker Eisenbahn, bei DR 86 1000.
Foto Dr. Söffing

6.29. Die 1'D-h2-Tenderlokomotive der Ruppiner Eisenbahn Nr. 26, später 98 6377.
Sammlung Fiebig †

86 1000

R.E.
26

6.30. Die D-h2-Tenderlokomotive 92 6588 war vorher Werklokomotive der Wehrmacht.
Sammlung Fiebig †
6.31. Die 94 6776 – eine E-h2-Tenderlok, ex. pr. T 16^1, später 94 689, dann HBE Nr. 16.
Foto Umlauft
6.32. Eine 1'D 1'-h 2-„Berglokomotive" der ehemaligen Halberstadt-Blankenburger Eisenbahn: Nr. 10, jetzt 93 6776.
Sammlung Fiebig †

ihre Erwähnung hier gerechtfertigt ist, war sie doch nunmehr eine „gewöhnliche" 1'D 1'-h 2-Lokomotive. 1938 wurde sie von der Brandenburgischen Städtebahn erworben, die ihr die Betriebsnummer 59, später 1-203 gab. Bei ihr schätzte man zwar die Leistungsfähigkeit, weniger aber ihre Laufeigenschaften und Unwirtschaftlichkeit als Kohlefresser. Nach 1945 stand die Lokomotive abgewirtschaftet herum, die Deutsche Reichsbahn führte sie als Schadlokomotive und musterte sie am 15. August 1955 aus.

Die übrigen, 1942 und 1940/50 übernommenen 1'D 1'-h 2-Lokomotiven lassen sich besser mit den Einheitslokomotiven der Baureihe 86 vergleichen als mit den Maschinen der Baureihen 93^{0-4} und 93^{5-12}, den ehemaligen pr. T 14 und T 14^1.

Zuerst wäre wohl die bei der Deutschen Reichsbahn 1945 verbliebene 86 1000 zu nennen, die ursprünglich von der Eutin-Lübecker Eisenbahn als deren Nr. 15^{II} in Dienst gestellt worden war. Diese Lokomotive entsprach völlig der Einheitslokomotive Baureihe 86, hatte lediglich anstelle eines Barrenrahmens einen Blechrahmen und wurde mit Verstaatlichung der Bahn 1942 an die höchste bestellte Betriebsnummer 86 999 angereiht. Über die anderen 1'-D 1'-h 2-Lokomotiven gibt die Tabelle 6.13. Aufschluß. Die Deutsche Reichsbahn setzte die 93 1601 und 93 1602 in den fünfziger und sechziger Jahren im Zugdienst auf Neigungsstrecken der Rbd Erfurt ein. So waren sie vorübergehend auch auf der Strecke Wutha–Ruhla zu sehen. Die Lokomotiven 93 1611 und

6.33. Eine der 1'E1'-h2-Tenderlokomotiven der Tierklasse der Halberstadt-Blankenburger Eisenbahn verläßt die Borsigsche Lokomotivfabrik.
Sammlung Verkehrsmuseum Dresden

93 1612, ehemals Prignitzer Eisenbahn, wurden 1945 an die Weimar-Berka-Blankenhainer Eisenbahn verkauft und ab 1. Januar 1950 als 93 6676 und 93 6677 bezeichnet. Beide Lokomotiven schieden 1970 durch Ausmusterung aus. Die 1'-D 1'-h 2-Berglokomotiven der Halberstadt-Blankenburger Eisenbahn sind im folgenden Abschnitt enthalten.

E-, 1'E1'- und die Berglokomotiven der Halberstadt-Blankenburger Eisenbahn

Bereits 1904/05, noch vor der Ablieferung der ersten T 16 der preußischen Staatseisenbahnen, hatte die Westfälische Landeseisenbahn drei E-n 2-Tenderlokomotiven mit seitenbeweglichen Radsätzen (nach Gölsdorf) bei der Hanomag bestellt und in Dienst gestellt. Von der DRG

6.34. 95045, eine pr. T 20, im Reisezugdienst auf der ehemaligen Halberstadt-Blankenburger Eisenbahn vor Aufnahme des elektrischen Zugbetriebes.
Foto Fiebig †

wurde 1931 die 94 423 an die Mecklenburgische Friedrich-Wilhelm-Eisenbahn verkauft; die 94 689 ging 1935 an die Halberstadt-Blankenburger Eisenbahn.

Dafür waren es die 1'E 1'-h 2-Tenderlokomotiven der Halberstadt-Blankenburger Eisenbahn, die Lokomotivgeschichte schrieben ...

Diese bedeutende, mit einem umfangreichen Verkehr auf Steilstrekken belastete Bahn griff während des ersten Weltkrieges den Gedanken auf, den schwerfälligen Zahnradbetrieb durch den reinen Reibungsbetrieb zu ersetzen und dafür entsprechende Lokomotiven entwickeln zu lassen.

Beabsichtigt wurden die Erhöhung der Reisegeschwindigkeit aller Züge und die Vergrößerung der Zugmassen. Auf der Harzbahn hatte sich der Güterverkehr von 375 000 t im Jahre 1906 auf 600 000 t im Jahre 1917 erhöht. Damit war für den Zahnradbetrieb die Leistungsgrenze erreicht. Ein anderer wesentlicher Faktor war der hohe maschinentechnische, personelle und kostenmäßige Aufwand, der den Betrieb stark belastete. Zu dieser Zeit hatten auch die älteren Zahnradlokomotiven einen nicht mehr reparablen Verschleiß erfahren.

Überlegungen, den Zahnradbetrieb durch Reibungsbetrieb zu ersetzen, oder aber stärkere Zahnradlokomotiven zu beschaffen, führten zum Entschluß, zwei 1'E 1'-h 2-Lokomotiven zu bestellen, die in der Lage sein sollten, die erhöhten Zugmassen mit einer entsprechenden Geschwindigkeit im reinen Reibungsbetrieb auf den Zahnradstrecken zu befördern. Wie wichtig dieses Projekt den genehmigenden Stellen war – es tobten ja 1917 die Materialschlachten des ersten Weltkrieges – bewies die schnelle Befürwortung durch das Reichseisenbahnamt und die Genehmigung des Fahrzeugausschusses im Technischen Stab des Kriegsministeriums. Denen erschien das Projekt schon deswegen als vordringlich, weil es im Bereich der preußischen und der anderen Staatseisenbahnen noch mehrere Zahnradstrecken gab, bei denen die Verhältnisse ähnlich lagen.

Borsig, dessen Chefkonstrukteur Meister mit dem Betriebsleiter Steinhoff der HBE eng zusammenarbeitete, entwarf eine 1'E 1'-h 2-Tenderlokomotive, für die es bis dahin kein Vorbild bei den deutschen Bahnen gab.

Während der Entwicklungsarbeiten liefen auf den Steilrampen der HBE Versuche mit 1'C-h 2- und -n 2-Lokomotiven (T 12 und T 9^3) sowie einer geliehenen E-h 2-Tenderlokomotive der Gattung T 16, um Erfahrungswerte für die Zugkraft sowie über den Reibungskoeffizienten und anderes zu gewinnen. Während nach den Versuchen mit der T 16 über die Leistung nicht mehr gestritten wurde, blieb offen, ob diese bei Gefällefahrten die Zugmassen sicher abbremsen könnte. Deswegen erhielten auch die ersten beiden 1'E 1'-h 2-Lokomotiven je ein Bremszahnradgestell, das ähnlich arbeitete wie die Zahnradtriebwerke der alten Lokomotiven.

Kennzeichen dieser epochalen schweren Lokomotiven für den Steilrampenbetrieb waren:

6.35. Die Stütztenderlokomotive ZIEGENKOPF der Halberstadt-Blankenburger Eisenbahn. Sammlung Fiebig †

- der erstmals an einer deutschen Tenderlokomotive verwendete 100 mm dicke und kräftig versteifte Barrenrahmen
- die Anordnung des Laufwerkes mit einem festen Radstand von 4050 mm zwischen erster und vierter Kuppelachse, mit seitenbeweglicher zweiter und fünfter Kuppelachse, spurkranzloser Treibachse und radial geführten Laufachsen
- der Langkessel, der zwar mit nur 3700 mm Länge zwischen den Rohrwänden relativ kurz war, aber einen Durchmesser von 2000 mm aufwies
- das Triebwerk mit den extrem großen Zylindern
- die Bremsen, nämlich selbsttätige Einkammer-Druckluftbremse Bauart Knorr mit Zusatzbremse, Riggenbachsche Gegendruckbremse, Wurfhebelbremse und Bremszahnradgestell (das aber nicht benötigt und später ausgebaut wurde)
- die neu konstruierte Druckluft-Sandstreueinrichtung, mit der alle Kuppelachsen in jeder Fahrtrichtung gesandet werden konnten und die somit entscheidend zur Reibwertsicherung beitrug.

Die Lokomotiven bewährten sich vorzüglich; aufgetretene Mängel wurden umgehend beseitigt. Der schwerfällige Zahnradbetrieb konnte, nachdem zwei weitere gleiche Lokomotiven beschafft waren, aufgegeben werden.

Wie sehr die Preußische Staatsbahn an diesen Lokomotiven interessiert gewesen sein muß, zeigte sich durch die vom Eisenbahn-Zentralamt vorgenommenen Versuchsfahrten mit Meßwagen auf der HBE und durch den Versuchseinsatz der ELCH auf anderen preußischen Zahnradstrecken. Die Deutsche Reichsbahn bestellte auf Grund der positiven Ergebnisse zehn leistungsfähigere Lokomotiven der gleichen Achsfolge, jedoch als preußische T20, der späteren DR-Baureihe 95^0. Zum anderen wurde auf verschiedenen Steilrampen der Zahnradbetrieb durch den reinen Reibungsbetrieb mit den Lokomotiven der Baureihe 94^{5-18}, der ehemaligen preußischen T16, abgelöst. So beeinflußte eine Privatbahn die technische Entwicklung, daß selbst eine so große Bahnverwaltung wie die DRG sie als willkommene Anregung aufnahm.

Die vier 1'E1'-h2-Lokomotiven der Tierklasse, MAMMUT, WISENT, BÜFFEL und ELCH, waren so ausgelegt, daß sie neben dem Steilrampenbetrieb auch den Zugdienst auf den Flachlandstrecken der HBE bedienen konnten. Dazu kam es auch in einigen Fällen, doch die Lokomotiven reichten nicht aus, um alle Zugaufgaben bei dem sich steigernden Verkehr zu lösen. Deshalb ließ die HBE 1927 drei 1'D1'-h2- und 1929 drei 1'C1'-h2-Lokomotiven bauen, die für den Reisezugdienst auf den Steilrampen und für den universellen Einsatz auf den übrigen HBE-Strecken bestimmt waren. Beide Aufgaben konnten zufriedenstellend gelöst werden. Auch diese Lokomotiven gehörten leistungsmäßig zu den stärksten ihrer Bauarten und ließen sich mit den bei der DRG vorhandenen Lokomotiven gleicher Achsfolgen kaum vergleichen. Gemeinsam war allen „Berglokomotiven" der HBE die sorgfältig durchkonstruierte Sandstreueinrichtung für alle Kuppelachsen und beide Fahrtrichtungen.

Mehr für den Rangierdienst waren zwei D-h2-Tenderlokomotiven bestimmt, die 1938 in Dienst gestellt wurden. Gelegentlich wurden sie für Überführungsfahrten auf der Strecke und zum Nachschieben schwerer Züge genutzt. Ausreichend leistungsfähig waren sie, jedoch ließen die schlechten Laufeigenschaften letztgenannte Dienste nur ausnahmsweise zu. 1943 konnte die HBE noch zwei 1'C1'-h2-Tenderlokomotiven in Dienst stellen, deren Bau und Beschaffung genehmigt werden mußte, weil der Lokomotivpark der HBE durch die Kriegswirtschaft sehr hart strapaziert wurde und einen hohen Reparaturstand aufwies. In den Tabellen 6.14. und 6.15. sind die „Berglokomotiven" der HBE und ihre wichtigsten technischen Daten aufgeführt.

Bereits 1943 und 1944 mußte die

6.36. Hagans-Gelenklokomotive der Achsfolge B′C, hier die BSE Nr. 5hg.
Sammlung Verkehrsmuseum Dresden
6.37. Die C1′/b-n4-Zahnradlokomotive BROCKEN, später VON OTTO, der Halberstadt-Blankenburger Eisenbahn.
Sammlung Fiebig †

HBE aus den oben genannten Gründen zwei Lokomotiven der Baureihe 95⁰ (darunter die 95 043) und 1944 eine der Baureihe 96 (96 002, ehemals bay. Gt 2×4/4) anmieten. Im April 1948 wurde die 96 002 durch die 96 024 ersetzt, und von Oktober 1948 an kam es dann auf der HBE zum letzten großen Dampflokeinsatz mit den Lokomotiven der Baureihe 95⁰.

Abgesehen von der ELCH, die 1953 nach einer Kesselexplosion im Raw Meiningen ausschied, blieben neben der Baureihe 95⁰ die anderen, leistungsfähigen „Berglokomotiven" der HBE im Einsatz. Sie bildeten eben doch eine Ausnahmestellung im Lokomotivbestand, der 1949 von der Deutschen Reichsbahn übernommen wurde. Ersetzt wurden sie erst, als sich ihr Einsatz durch die Elektrifizierung auf den Bergstrecken erübrigte und Diesellokomotiven den Einsatz auf den Flachlandstrecken der ehemaligen HBE übernahmen.

Sonderbauarten

Es hat in der Lokomotivgeschichte stets Versuche gegeben, herkömmliche Bauarten abzuwandeln, um sie gegebenen Streckenverhältnissen besser anzupassen, die Leistungsfähigkeit zu erhöhen, anfällige und aufwendige Bauteile wie Kessel, Steuerung u. a. zu vereinfachen, um insgesamt einen wirtschaftlicheren Einsatz zu ermöglichen. Dies war auch bei den Lokomotiven für die Klein- und Privatbahnen der Fall. Wenngleich diese Versuche zahlenmäßig gegenüber denen der Staatsbahnen zurücktraten, waren die Aufwendungen, gemessen am Grundkapital dieser Bahnen, doch bedeutend. Und wenn sich eine Klein- oder Privatbahn bereitfand, eine von den Lokomotivfabriken angebotene Sonderkonstruktion zu übernehmen, enthielt der Liefervertrag in der Regel die Klausel, daß bei Nichteignung ein Umbau auf normale Bauteile zu Lasten des Lieferers erfolgen müsse.

Stütztenderlokomotiven

Die Halberstadt-Blankenburger Eisenbahn nahm den Betrieb auf ihrer Stammbahn Halberstadt–Blankenburg am 31. März 1873 mit zwei Stütztenderlokomotiven der Achsfolge B3T auf. Eine letzte Bauart der Stütztenderlokomotive war die nach Behne-Kool, die um 1870 bei den Braunschweigischen und Hannoverschen Staatsbahnen im Einsatz standen. Anlaß für diese späte Entwicklung dieser Stütztenderlokomotiven war die Verwendung ungewöhnlich langer Roste für die Verfeuerung von Kleinkohle. Das bedingte die zusätzliche Abstützung des Flachkessels auf die erste Tenderachse. Die Tender konnten von hinten eingefahren werden. Die zwei Stütztenderlokomotiven der Halberstadt-Blankenburger Eisenbahn, ZIEGEN-

KOPF und LANGENSTEIN, schieden 1912 aus dem Bestand.

Lokomotiven mit Hohlachse

Bei den Hohlachsen nach Klien-Lindner waren Radkörper und Achswelle getrennt. Die auch als Kernachse bezeichnete Achswelle lagerte unverschiebbar im Lokrahmen und wurde mittels Hallscher Kurbeln in Drehungen versetzt.

Die dabei die Achswelle umhüllende Hohlwelle bildete mit den beiden Radkörpern ein festes Bauteil und stützte sich auf eine kugelförmige Verdickung in Mitte der Achswelle ab, so daß sie sich drehbar einstellen konnte und ebenfalls seitlich verschiebbar war. Die Umdrehungen der Achswelle wurden durch Mitnehmerbolzen auf die Hohlachse und damit auf die Treibradsätze übertragen.

Damit erzielte man eine bessere Kurvenbeweglichkeit, wenn mehr als drei Radsätze verwendet werden mußten.

Hagans entwickelte die Hohlachse weiter zur gekuppelten Bisselachse. Dies war nunmehr eine lauftechnisch besser angetriebene Lenkachse. Die Kernachse teilte er dabei in zwei Mitnehmerachsen auf, die ein Kreuzgelenk verband und die gegeneinander eine Winkelstellung einnehmen konnten. Der Mittelpunkt der Hohlachse bewegte sich beim Ausschlag um einen Kreisbogen. Die Hohlwelle war seitlich verschiebbar. Eine Lokomotive mit einer solchen Achse war die D-n2-Maschine HENNEBERG der 750-mm-spurigen Trusetalbahn.

Gelenklokomotiven

Hier sind die bereits beschriebenen Drehgestellbauarten nach Meyer und Mallet ausgenommen.

Eine besondere Bauart stellten aber die Hagans-Gelenk-Lokomotiven dar, für die es mehrere Bezeichnungen gab:

- „Lokomotiven mit drehbarem Treibachsengestell" nach der Patentschrift
- „Drehschemel-Lokomotiven" als Hagansche Bezeichnung und
- „Schwinghebel-Lokomotiven", im Schrifttum gebräuchlich.

In der eigentlichen Hagans-Konstruktion waren zwei oder drei vordere Achsen im Hauptrahmen festgelagert und wurden von den vornliegenden Zylindern angetrieben. Die beiden hinteren Achsen befanden sich in einem Bisselgestell, das um den vorn angeordneten Drehzapfen ausschwenken konnte und rückwärts die Puffer und den Zughaken trug. Ein Schwinghebelmechanismus trieb die Radsätze des Bisselgestells an. Ausgeführt wurde dieser Antrieb bei vier Lokomotiven der Oberschlesischen Schmalspurbahnen, den späteren preußischen T36, von denen eine Lokomotive über die Kleinbahn Rosenberg–Landsberg und die Zuckerfabrik Stavenhagen 1948 zur Rügenschen Kleinbahn als deren Nummer 265 kam. Allerdings war das Triebwerk des Gestells bereits ausgebaut, so daß die Lokomotive nunmehr die Achsfolge C2' hatte. Als 99 4621 musterte die Deutsche Reichsbahn diese Lokomotive am 15. November 1965 aus.

Die Hagans-Drehschemel-Lokomotive bot lauftechnisch gegenüber den Mallet-Lokomotiven einige Vorteile, auch in der Unterhaltung der Dampfmaschine, da nur noch zwei Zylinder vorhanden waren; aufwendiger erwies sich die Unterhaltung des vierteiligen Triebwerkes.

Lenz gab zwei derartige regelspurige Lokomotiven bei Vulcan in Auftrag. Allerdings waren nach Vorschlag Leitzmanns die Lenkgestelle vorn angeordnet und damit die Zylinder zwischen beweglicher und fester Triebwerksgruppe gelagert. Dadurch konnten überhängende Massen fast ganz vermieden werden, und die Laufeigenschaften verbesserten sich etwas. Der sonstige Aufwand blieb. Die beiden Lokomotiven kamen an die Braunschweig-Schöninger und an die Halle-Hettstedter Eisenbahn. Beide Bahnen hatten nun ihren Ärger mit den verwickelten Antrieben. Die Braunschweig-Schöninger Eisenbahn gab ihre Lokomotive 1925 an die Halle-Hettstedter Eisenbahn ab. Diese trennte sich 1930 und 1933 von beiden.

Zahnradlokomotiven

Bei den im folgenden beschriebenen Bahnen waren nur zwei mit Zahnradbetrieb nach Abt vorhanden:

- die Halberstadt-Blankenburger Eisenbahn und
- die Görlitzer (ursprünglich Oberlausitzer) Kreisbahn.

Der Schweizer Roman Abt entwickelte die Lamellen-Zahnstange; er löste dabei den Übergang von der Reibungs- auf die Zahnradstrecke und schuf funktionsfähige Weichen für sein Zahnstangensystem. Die dazugehörigen Abtschen Lokomotiven waren in erster Linie Reibungslokomotiven, die auf der gesamten Strecke arbeiteten und deren zusätzliche Zahnradtriebwerke nur auf den zwischen den reinen Reibungsstrekken gelegenen Zahnstangenabschnitten zugeschaltet wurden. Die Lokomotiven hatten zwei getrennte Triebwerke, die es gestatteten, auch auf den Zahnradabschnitten das Reibungstriebwerk zu nutzen. Beide Triebwerke entwickelten je 6000 kN Zugkraft, von denen auf den Zahnstangenabschnitten mit 60 ‰ 3000 kN für die Eigenbewegung der Lokomotive und 9000 kN für die Beförderung eines Zuges genutzt werden konnten. Die C1'/b-n4-Lokomotiven der HBE (siehe Tabelle 6.17.) besaßen, bedingt durch das Zahnradgestell, Außenrahmen, ein außenliegendes Triebwerk für den Rei-

6.38. Die 1'C1'-h2-Tenderlokomotive 916676 mit Indiziereinrichtung bei der Überprüfung der Ventilsteuerung durch die VES-M Halle.
Sammlung H. Müller

bungsbetrieb mit Kurbeln nach Hall und Allan-Steuerung. Die nachlaufende Achse war eine Bisselachse. Der Lokomotivführer hatte also zwei Maschinen zu bedienen. Im Normalbetrieb arbeitete nur die Dampfmaschine des Reibungstriebwerkes. Vor einer Einfahrt in eine Zahnstange mußte die Geschwindigkeit auf 7,5 km/h verringert und das Zahnradtriebwerk durch Öffnen des zweiten Reglers in Bewegung gesetzt werden. Bis dahin hatte auch der Heizer die Schmierhähne der Zahnräder zu öffnen. Auf der Zahnradstrecke sollte das Zahnradtriebwerk stets mit voller Kraft arbeiten und die zulässige Geschwindigkeit durch das Reibungstriebwerk eingehalten werden. Das bedeutete, wenn man noch die Bedienung der Bremsen hinzunimmt, eine gegenüber normalen Reibungslokomotiven bedeutende Erschwerung im Dienst der HBE-Lokpersonale.

Die Lokomotiven erhielten nachstehende Bremssysteme:

- eine Spindelbremse, die über Klötze auf die Radsätze der Kuppelachsen wirkte; sie diente als Rangier- und Feststellbremse
- eine zweite Spindelbremse, die über Bremsklötze auf die gerillten Bremsscheiben des Zahnradgestells wirkte
- Reibungs- und Zahnradmaschinen erhielten je eine Riggenbachsche Gegendruckbremse und
- die Heberlein-Seilzugbremse mit Bremshebel auf dem Führerstand zum Abbremsen des Zuges.

Alles in allem: Die Abtsche kombinierte Adhäsions- und Zahnradlokomotive galt als ein kleines Wunderwerk der Technik des vorigen Jahrhunderts", so urteilte W. Steinke. Später, von 1904 an, baute die HBE die Luftsaugbremse Hardy bei den Lokomotiven und Wagen ein. Das ermöglichte die Erhöhung der zulässigen Geschwindigkeiten auf den Reibungs- und Zahnradstrecken um 10 km/h bzw. 5 km/h. Ab 1910 blieb die Lokomotive an den bergwärts fahrenden Zügen auch auf den Zahnstangenabschnitten an der Spitze des Zuges.

Zu den insgesamt elf C1'/b-n4-Lokomotiven kam 1914 eine modernere und leistungsfähigere D/b-h4-

Lokomotive hinzu; sie blieb ein Einzelstück.

Die Görlitzer Kreisbahn hatte einen Abschnitt mit einer Neigung von 50 ‰. Sie wandte ebenfalls das System Abt an, jedoch mit zweilamelliger Zahnstange. Dazu wurden drei C/b-n4-Lokomotiven beschafft.

Waren es bei der HBE die 1'E1'-h2-Lokomotiven, die den Zahnradbetrieb ablösten, so waren es bei der Görlitzer Kreisbahn normale D-h2-Lokomotiven des ELNA-Types 6, die als Besonderheit Gegendruckbremsen besaßen. (Tab. 6.17.)

Lokomotiven mit Lentz-Steuerung
Diese Steuerung ist eine Ventilsteuerung. Nachteilig bei den üblichen Schiebersteuerungen ist das nur allmähliche Öffnen der Dampfkanäle zu den Zylindern. Das bewirkt Drosselungen, eine kleinere Arbeitsfläche und eine geringere Arbeit je Kolbenhub. Die Ventilsteuerung sollte Abhilfe schaffen. Dampfventile öffnen schneller und geben damit sofort einen großen Querschnitt zum Ein- und Ausströmen frei.

Weit verbreitet war bei der Oldenburgischen Staatsbahn die Ventilsteuerung nach Lentz. Bei den preußischen Staatseisenbahnen gab es nur relativ wenige Versuchslokomotiven mit der Lentz-Ventilsteuerung, meist in Verbindung mit Gleichstromdampfmaschinen. Sie verschwanden nach kürzerer oder längerer Zeit von der Bildfläche, da sie sich nicht bewährten. Ein letzter Versuch wurde während des zweiten Weltkrieges an der Lokomotive 524915 mit der Lentz-Ventilsteuerung unternommen, da Lentz noch einmal die Werbetrommel rührte und Material-, Brennstoff- und Arbeitszeiteinsparungen größeren Umfanges propagierte. Auch hier bewährte sich die Lentz-Steuerung nicht, und sie schien nunmehr vergessen zu sein.

Um so mehr erstaunt es, daß bei den 1949 übernommenen Privatbahnlokomotiven eine 1'C-h2-Tenderlokomotive mit einer derartigen Steuerung auftauchte. Bei dieser Lokomotive wurde jede Kolbenseite von einem Paar Doppelsitzventile bedient. Diese Lokomotive wurde nach einer Schadgruppenuntersuchung im Raw Halle 1954 der damaligen Fahrzeug-Versuchsanstalt (FVA) in Halle zugeführt, um sie zu induzieren und zu regulieren. Dort stellte man einen nicht mehr zu behebenden Verschleiß einzelner Steuerungsteile fest. Andere Teile ließen sich wieder herrichten. Mit einigen Zusatzteilen konnte die Steuerung schließlich betriebsfähig aufgearbeitet und eingestellt werden.

Wie fragwürdig jedoch die ganze Angelegenheit gewesen sein muß, geht aus dem letzten Satz des Merkblattes hervor, das man dem Lokpersonal mitgab, als es die Lokomotive in der FVA Halle abholte: „Etwas Lust und Liebe zu dieser Sache mitbringen, und es klappt!" Die Lokomotivfabrik der AEG lieferte die Maschine 1925 mit der Fabriknummer 3141 an die Mecklenburgische Friedrich-Wilhelm-Eisenbahn als deren Betriebsnummer 31^{II}, ab 1936 wurde sie in Nummer 27 umgezeichnet. 1941 kam sie mit der Mecklenburgischen Friedrich-Wilhelm-Eisenbahn (MFWE) an die DRG, erhielt hier die Betriebsnummer 91231, wurde etwa 1945 an die Osterwieck-Wasserlebener Eisenbahn als deren Nummer 40 abgegeben und erhielt am 1. Januar 1950 die letzte Betriebsnummer: 916676. Die Schwesterlokomotive (AEG 1925/Fabrik-Nr. 3142, MFWE Nr. 32^{II}, später in Nr. 28 und 1941 in 91232 umgezeichnet) hat wahrscheinlich eine normale Schiebersteuerung besessen.

Die MFWE hat dann noch an einer ehemals preußischen T8, der ehemaligen 89039, bei der MFWE Nr. 3, mit der Ventilsteuerung herumexperimentiert. Sie, 1941 als 891003 bezeichnet, verblieb in der BRD und gehörte zuletzt der Westfälischen Landeseisenbahn. Auch die Niederbarnimer Eisenbahn besaß zwei Loks mit Ventilsteuerung.

Lokomotiven mit Stroomann-Kessel
Der alte Stephensonsche Heizröhrenkessel war in seiner Einfachheit kaum zu übertreffen. Trotzdem gab es Versuche, ihn durch andere Bauarten zu ersetzen. Einer dieser mehrfach auch bei der preußischen Staatseisenbahn unternommenen Versuch ist der Wasserröhrenkessel Bauart Stroomann gewesen. Dieser Kessel bestand aus einem hinteren Rundkessel, der einen Dom trug und in dem sich ein gewelltes Flammrohr befand, den Wasserrohren, dem Überhitzer und dem im oberen Teil des Rohrbündels eingebauten Abgasspeisewasservorwärmer. Diese Bauart bedeutete eine Umkehrung des Heizröhrenkessels in einen Wasserrohrkessel. Theoretisch hätte diese Bauart einen höheren Kesselwirkungsgrad aufweisen und Unterhaltungskosten einsparen müssen: wegen des Wegfalls des Stehkessels, der Feuerbüchse und der Stehbolzen! Die hinsichtlich einer besseren Dampfentwicklung auf den Stroomann-Kessel gesetzten Hoffnungen erfüllten sich nicht; das Gegenteil trat ein: Schon nach wenigen Betriebstagen waren die Wasserrohre von außen mit einer dicken Rußschicht bedeckt, eine Reinigung äußerlich war kaum möglich. Hinzu kamen andere Mängel wie ein zu kleiner Aschkasten, undichte Wasserrohre konnten nicht erkannt werden, zum Teil traten auch Abplattungen des Wellrohres auf ..., so daß man alle damit ausgerüsteten Lokomotiven wieder umbauen mußte.

1913 bezog die Ruppiner Kreisbahn die 1'B-h2-Lokomotive Nr. 15,

6.39. Der Versuchszug der Nordhausen-Wernigeroder Eisenbahn im Bf Drei Annen Hohne.
Sammlung Verkehrsmuseum Dresden
6.40. Eine Zugkraft-Meßvorrichtung zwischen einer NWE-Lokomotive und dem ersten Wagen des Versuchszuges.
Sammlung Verkehrsmuseum Dresden

später Ruppiner Eisenbahn Nr. RE 20, mit Stroomann-Kessel, der in Verbindung mit den ebenfalls angewandten Gleichstromzylindern der Lokomotive ein etwas plumpes Aussehen gab. Der Kessel wurde 1924 durch einen normalen Kessel ersetzt; später tauschte man auch die Gleichstromzylinder aus.

Die Brandenburgische Städtebahn bezog 1915 von Orenstein & Koppel unter der Fabrik-Nr. 7836 eine D-h2-Tenderlokomotive mit Stroomann-Kessel und normalen Zylindern. Diese Lokomotive, die ehemalige LANDRAT VON TSCHIERSCHKY, erhielt 1920/21 ebenfalls einen Kessel der Normalbauart. Gleichzeitig bekam sie einen zusätzlichen Rahmenwasserkasten.

Dampfmotor-Lokomotiven
Als Alternative zu dem 1929/30 einsetzenden Bau von Verbrennungsmotor-Triebwagen baute die Hanomag eine für Kleinbahnzwecke geeignet erscheinende Dampfmotor-Lokomotive mit einem im Ausland bei Dampftriebwagen verbreiteten Sentinel-Kessel. Im Aussehen ähnelte die Lokomotive einem Tender mit vergrößertem Aufsatz. Der stehende, zylindrische Kessel enthielt mehrere geneigte, gerade Wasser-

rohre, dabei blieb für die Kohlezufuhr in die unterhalb angeflanschte Feuerbüchse ein zylindrischer Schaft frei. Oben befand sich ein kleiner Überhitzer. Das Feuer wurde, wie beim Normalkessel, durch Blasrohr und Hilfsbläser angefacht. Der Kesselspeisung dienten eine tiefliegende Dampfstrahlpumpe und eine Fahrpumpe. Letztere führte dem Kessel über einen einfachen Vorwärmer das Speisewasser zu, dessen jeweilige Menge durch Überlauf- und Rücklaufventile bestimmt war. Die Antriebsmaschine war ein stehender, mit Ventilsteuerung ausgerüsteter Zweizylinder-Dampfmotor mit einer Leistung von 73 kW (100 PS). Die Kraftübertragung erfolgte über Kurbelwelle, Zahnradvorgelege, Blindwelle, Kettenräder und Antriebsketten auf die beiden Radsätze. Es waren zwei Vorgelege mit verschiedenen Übersetzungen (umschaltbar nur im Stand) vorhanden, um die Lokomotive sowohl im leichten, schnellen Zugdienst als auch im schweren, langsameren Zug- und Rangierdienst einsetzen zu können. Das Landes-Kleinbahnamt Hannover erwarb diese Lokomotive, erprobte sie auf mehreren Kleinbahnen und setzte sie dann auf der regelspurigen Kleinbahn Farge–Wuhlsdorf ein. Später kam die Einzelgängerin zur Kleinbahn Neuhaus–Brahlstorf, wo sie etwa um 1940 ausgemustert wurde.

Weitere Versuche mit Dampflokomotiven

Bei dieser oder jener Bahn wurden immer wieder Versuche unternommen, um Kosten zu sparen, denn Brennstoff- und Personalkosten machten einen großen Teil der Betriebsausgaben aus. Bei den Provinzial-Sächsischen Kleinbahnen waren es zwei der kleinsten Bahnen, deren einfache Betriebsverhältnisse Versuche folgender Art zuließen:

Bei einigen Provinzial-Sächsischen Kleinbahnen wie zum Beispiel der Kleinbahn Rennsteig–Frauenwald und der Kleinbahn Wolmirstedt–Colbitz wurde 1913 die Einmannbedienung der Dampflokomotive eingeführt. Dazu erhielten die B-n2-Tenderlokomotiven Türen in den Führerhausrückwänden, rechtsseitig breitere Umläufe mit Schutzgeländern, vorn und hinten klappbare Übergangsbrücken mit einfachen Geländern. Ebenso erhielt der kombinierte Post-Gepäck-Wagen nach Umbau des Postabteils die Übergangseinrichtung. Damit war es dem Zugbegleitpersonal möglich, während der Fahrt zur Lokomotive überzusteigen.

Wie lange der Einmannbetrieb bestand, ist nicht bekannt. Spätestens Mitte der dreißiger Jahre machte ein Verbot des Reichsverkehrsministeriums dieser Bedienung von Dampflokomotiven ein Ende. Nur der Verkehrsminister durfte danach die Einmannbesetzung genehmigen. Offensichtlich geschah dies nur bei den 600-mm-spurigen Lokomotiven der späteren Muskauer Waldeisenbahn.

Bei der Kleinbahn Bergwitz–Kemberg führte man im Winter 1922/23 einen Versuch mit Braunkohlebrikett-Feuerung durch. Steinkohle war teuer, und die Senkung dieser Ausgaben lag hier nahe, weil die Kleinbahn die Brikettfabrik Bergwitz zum Nachbarn hatte. Die für die Versuche verwendete Lokomotive erhielt einen Rost mit engeren Rostspalten. Der Versuch zeigte zufriedenstellende Ergebnisse, indem man etwa 30 Prozent der Brennstoffkosten einsparte. Nachteilig war der Funkenauswurf, obwohl der Schornstein eine Funkenhaube erhalten hatte. An den Schwefelgehalt der Braunkohle und dessen schädlichen Einfluß auf die kupferne Feuerbüchse dachte man wahrscheinlich nicht.

6.3. Normung und Vereinheitlichung

Die Lokomotivgeschichte kennt mehrere Versuche, für Lokomotiven gleicher Spurweite und gleicher Verwendungszwecke einheitliche Bauarten einzuführen und bewährte Bauteile vorhandener Gattungen auch auf neue Bauarten anzuwenden sowie die Zahl der Gattungen auf möglichst wenige zu beschränken. Frühere Privatbahnverwaltungen versuchten dies vielfach, indem sie Lokomotiven nur von einem Hersteller bezogen. Bekannt ist der Versuch von Dr. Strousberg, für die seinem Einfluß unterstehenden Bahnen mit nur drei Bauarten auszukommen. Für den Bau dieser Lokomotiven kaufte er sogar die Lokomotivfabrik von Georg Egestorff bei Hannover. Dort wurden für deutsche und ausländische Bahnen gebaut:

43 1B-n2-Lokomotiven
für Reisezüge,
129 B1-n2-Lokomotiven
für gemischte Züge und
32 C-n2-Lokomotiven
für Güterzüge.

Diese Lokomotiven glichen sich in folgendem:

- überhöhte, rechteckige Hinterkesseldecke nach Belpaire
- flacher, rechteckiger Rauchkammerboden
- gleiche Sicherheitsventile und deren Anordnung
- Allan-Steuerung mit Händel und
- gleiche, zweiachsige Tender.

Solche Versuche endeten oft rascher als begonnen, da sich die Herstellungstechnologien in den Lokfabriken und die Betriebsverhältnisse der Bahnen stetig entwickelten. Die wachsenden Beförderungsaufgaben verlangten leistungsfähigere und

6.41. Eine B1-n2-Lokomotive für die Strousberg-Bahnen.
Werkfoto. Sammlung Fiebig †
6.42. Eine ehemalige preußische T7-Normalienlokomotive, die über die Bahn Arnstadt–Ichtershausen als 89 6401 zur DR kam. Hier im Einsatz auf der ehemaligen Kyffhäuser Kleinbahn mit einem BC PwPost4i dieser Kleinbahn.
Sammlung Wiegner

schnellere Lokomotiven. Die Beschaffung einer größeren Anzahl von Lokomotiven dauert stets eine gewisse Zeit, in der sich vieles ändert. Ein Wettlauf, dem die Lokomotiventwicklung bis heute unterworfen ist. Zwar kann man die technische Entwicklung ignorieren und über viele Jahre hinweg die gleichen Lokomotiven bauen, aber mit dem Ergebnis, daß die letzten Lieferungen einer Gattung dann bei ihrer Indienststellung veraltet sind.

Trotzdem: Der Hersteller wollte möglichst rationell produzieren, um den Konkurrenten unterbieten zu können, die Bahnverwaltung, gleich ob groß oder klein, gleiche Lokomotiven im Bestand haben, um die Unterhaltungskosten niedrig zu halten. Eine stete Optimierungsaufgabe, die man mit der Normung zu lösen suchte.

Die preußischen Normalien

Die hier beschriebenen Klein- und Privatbahnen lagen im Einzugsbereich der preußischen Staatseisenbahn. Die Beschaffungspolitik dieser Bahnverwaltung beeinflußte daher mehr oder weniger auch die der Klein- und Privatbahnen.

Nach den schlechten Erfahrungen des Krieges 1870/71 setzten bei der preußischen Staatseisenbahn Bestrebungen ein, neue einheitliche Betriebsmittel, Oberbauteile u. a. m. einzuführen. Es entstanden die „Preußischen Normalien". Diese waren in der Folgezeit ständig Erweiterungen und Änderungen unterworfen. Tabelle 6.18. gibt eine stark vereinfachte Übersicht, wie die Entwicklung chronologisch verlief.

Die Normalien enthielten nicht nur die Zusammenstellungszeichnungen der einzelnen Fahrzeuggattungen, sondern auch die Einzelteilzeichnungen der in den Normalien erfaßten Fahrzeuge. Tabelle 6.19. enthält die Gruppeneinteilung, sie entspricht der letzten Ordnung von 1913. Da die Gruppenbezeichnung (fälschlich als Gattung benannt) wie G3, T2, T3 u. a. schon 1905/06 eingeführt wurde, war vorher ein preußisches Fahrzeug nur eindeutig bezeichnet, wenn auf die betreffende Normalie Bezug genommen wurde.

Neben den nach Normalien (später auch als Musterblätter bezeichnet) konstruierten Fahrzeugen gab es Fahrzeuge, für die nie ein solches Musterblatt aufgestellt worden ist. Das betraf sowohl Versuchsfahrzeuge als auch in kleineren oder größeren Stückzahlen hergestellte Fahrzeuge. Allerdings reihte man manches Fahrzeug bzw. deren Zeichnun-

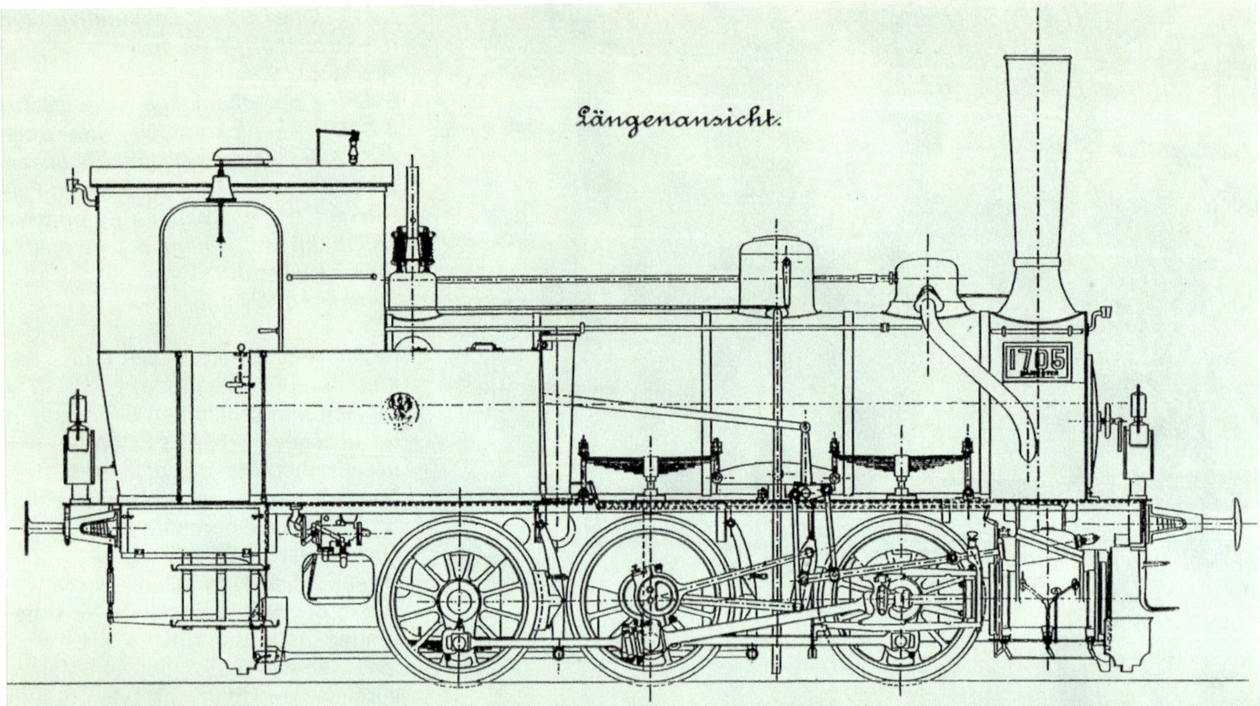

Druck auf die Federn, betrbsf.	3,237 t	7,710 t	8,208 t	Heizfläche der Feuerbuchse	4,8 qm
Gewicht der Achsen pp.	1,503 t	2,010 t	1,532 t	„ „ Siederohre	55,5 qm
Druck auf die Schienen, betrbsf.	4,870 t	4,860 t	4,870 t	Gesammtheizfläche	60,3 qm
Gesammtgewicht, betrbsf.	9,740 t	9,720 t	9,740 t	Querschnitt der Feuerbuchse	
Gesammtgewicht, leer	7,837 t	7,218 t	6,845 t	in der Rostfläche	1,3 qm

6.43. Skizze einer preußischen Normalienlokomotive T3. Glasers Annalen

gen dann später in die Normalien ein, so daß die Reihenfolge einer Musterblattfolge unlogisch erscheint. Daneben wurden Musterblätter bei Bedarf überarbeitet und durch Neuauflagen ergänzt, ohne die älteren Musterblätter als ungültig zu erklären. (Tabellen 6.22. und 6.23.)

Am Beispiel der bekannten T3 soll dies erläutert werden: Das Musterblatt III-4e, das selbst aus der Nebenbahn-Normalie 12 von 1882/83 abgeleitet war, erfuhr drei Auflagen bzw. Nachträge. Die Nachträge 1 und 2 brachten die Verstärkung der Bremse und des Rahmens mit sich. Durch Nachtrag 3 wurde der Rahmen verlängert, ein Dom auf den mittleren Kesselschuß gesetzt und die Führerhausrückwand gerade ausgeführt. Das Musterblatt III-4p war dann ein Neuentwurf; die dementsprechenden Lokomotiven bezeichnete man als T3-verstärkte Bauart.

Die Lenz-Normalien

Nachdem Lenz die Eisenbahnbau- und Betriebsgesellschaft Lenz & Co. im damaligen Stettin (heute Szczecin) gegründet hatte, lag es nahe, für die zu bauenden und zu betreibenden Kleinbahnen einheitliche Betriebsmittel zu beschaffen. Das schien nicht unmöglich, denn bei vielen Kleinbahnen lagen mehr oder weniger gleichartige Streckenverhältnisse vor. Zum anderen wollte Lenz auch preiswerte Lokomotiven kaufen.

In den ersten Grundsätzen der Firma Lenz & Co., die aus den Jahren 1893/94 stammen könnten (sie sind nicht datiert), war folgendes festgelegt:

Spurweite mm	Größte Radmasse t
1435	5
1000	3
750	2
600	1,5

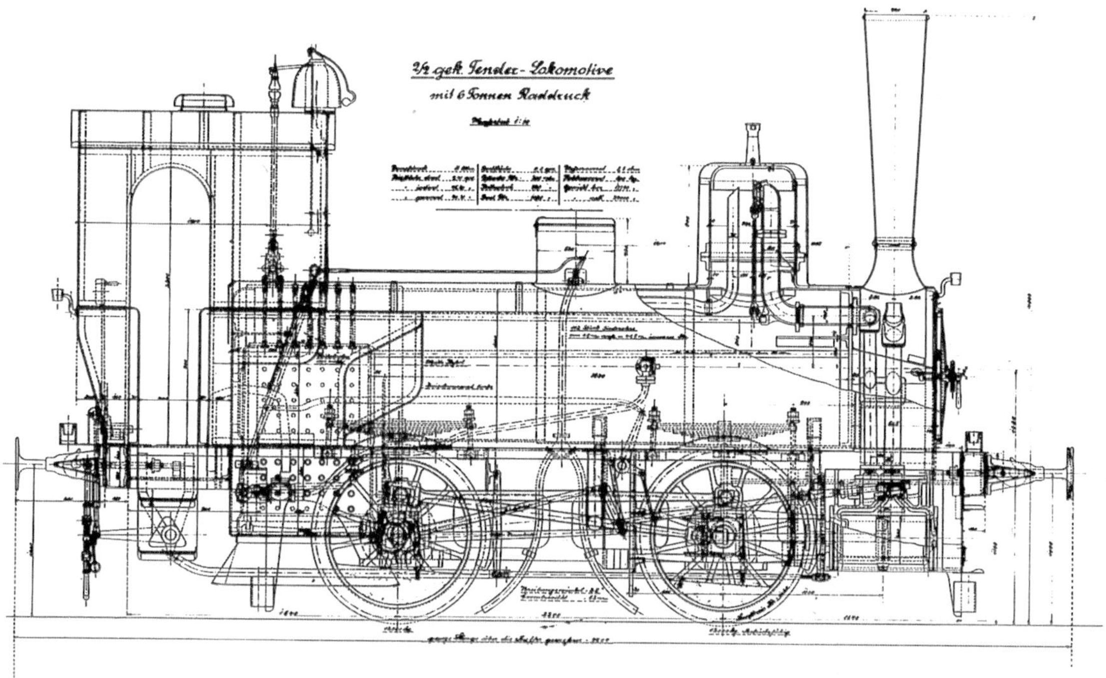

Vorgesehen war nur die Beschaffung zweiachsiger Tenderlokomotiven, die federnde Stoß- und Zugvorrichtung erhalten sollten. Dampfheizung, Druckluft- oder Saugluftbremsen hatte man zunächst nicht vorgesehen. Schmalspurlokomotiven erhielten federnde Mittelpufferkupplungen und darunterliegende Zugvorrichtungen. Vorgeschrieben waren für alle Lokomotiven die Einrichtungen für den Pulsometerbetrieb. Auf die Beschaffung dreiachsiger Lokomotiven wollte man verzichten. Reichten zweiachsige Lokomotiven nicht aus, sah Lenz „… sowohl bei den vollspurigen als auch bei den schmalspurigen Kleinbahnen vierachsige Duplex-Compound-Lokomotiven mit Drehgestellen zur Verwendung" vor. Davon versprach man sich „… die volle Ausnutzung des Adhäsionsgewichtes … und die geringste Abnutzung an den Lokomotiv-Radreifen und dem Oberbau".

Wie bereits erwähnt, war das ein Trugschluß. Die in Dienst gestellten Gattungen unterschied man durch einen Index zur Betriebsnummer, beispielsweise 1^b, 1^c, 1^d usw. Die Bedeutung der Indizes änderte sich jedoch in einigen Fällen, so daß ein Index nur in Verbindung mit dem Baujahr eine bestimmte Lokomotivgattung kennzeichnet. Tabelle 6.24. gibt eine Übersicht über die wichtigsten Lenz-Gattungen, deren Baujahre und technische Daten.

6.44. Ab 1887 wurde die B-n2 mit 6 t Achsfahrmasse wieder an Lenz geliefert. Die Maschinen entsprachen der 1882 an die Altdamm-Colberger Eisenbahn gelieferten Ausführung. Ab 1887 wurden sie als Lenz-Type c bezeichnet.
Sammlung Verkehrsmuseum Dresden

Lenz bezog Lokomotiven anfangs ausschließlich von Vulcan; andere Lieferanten traten erst später in Erscheinung. Vorteilhaft war es für Lenz, daß er bei Voranschlägen und Entwürfen für neue Kleinbahnen mit den vorhandenen Typenzeichnungen sofort entsprechende Betriebsmittel, also Lokomotiven und Wa-

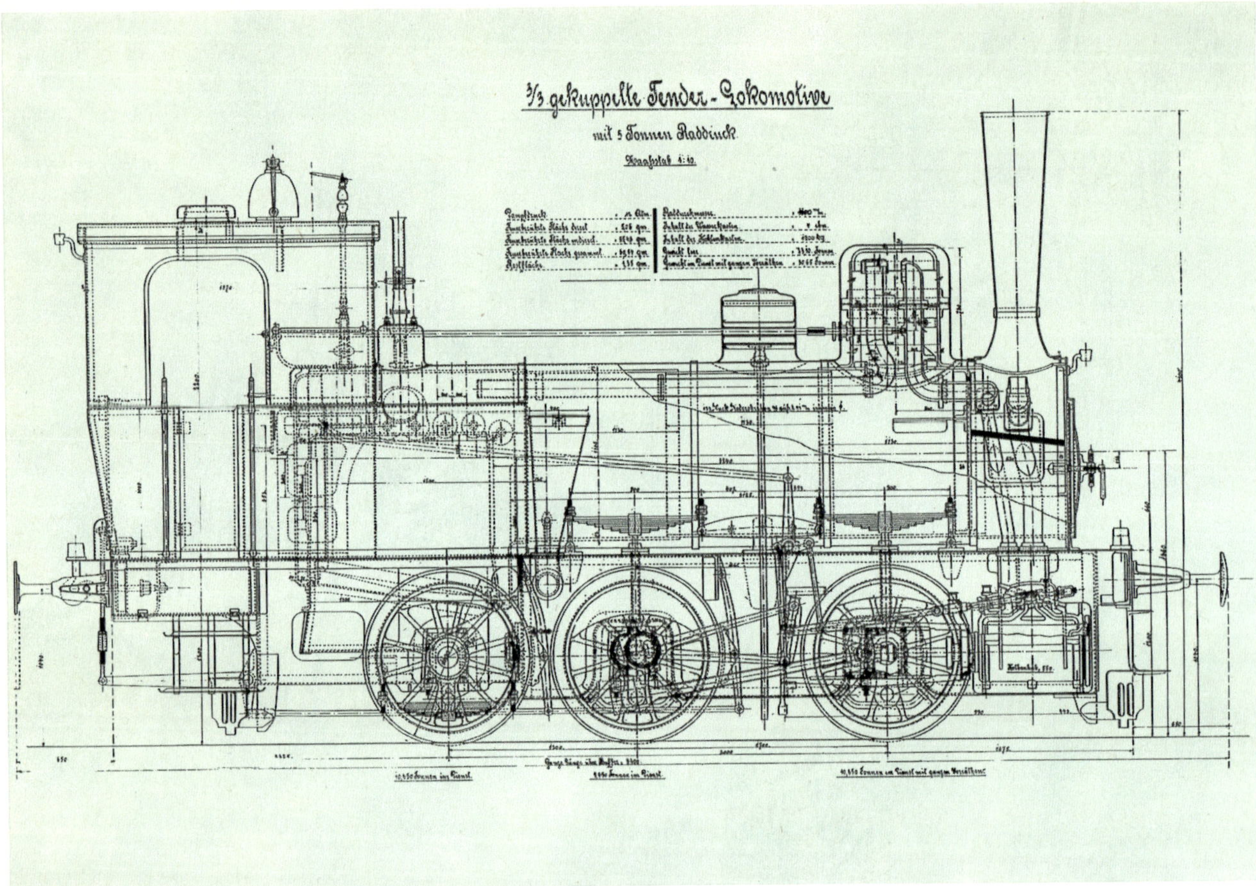

6.45. Die Lenz-Type b wurde erstmals 1894 von Vulcan gebaut. In der Folgezeit war sie, entgegen der Festlegung in den Lenz-Normalien, die am meisten verbreitete Type. Sammlung Verkehrsmuseum Dresden

gen, empfehlen konnte. So liegt die Vulcan-Lichtpause einer B-n2-Tenderlokomotive der Lenz-Gattung c vor, die den handschriftlichen Vermerk trägt: „Halberstädter Kreisbahn Nr. 3", sowie den Sichtvermerk: „Br. 10. 4. 95". Auch die Pause einer Wumag-Zeichnung eines BCi für die gleiche Bahn ist noch vorhanden. In solchen Fällen bestellte Lenz seine Typenlokomotiven auch auf Vorrat.

Die Indizes änderten bei Lenz ihre Bedeutung. Aus der ursprünglichen Gattung a wurde bereits 1894 die Gattung d. Die Gattung a wurde 1900 wieder besetzt mit den C-n2-Tenderlokomotiven der Eulengebirgsbahn, die dem Aussehen nach den preußischen T7 (nach Musterblatt III-4c) entsprachen. Die Gattung b, anfangs eine C-n2-Tenderlokomotive, die speziell für Lenz aus den preußischen Normalien von 1883 abgeleitet worden war, enthielt später auch die neu oder gebraucht gekauften preußischen T3 nach Musterblatt III-4e. Mit dem Index c waren die bis 1905 gelieferten B-n2-Tenderlokomotiven mit einer Achsfahrmasse von 12 t gekennzeichnet. Ab 1907 jedoch erhielten C-n2-Tenderlokomotiven, die den preußischen T3 nach Musterblatt III-4p entsprachen, den Index c; allerdings wiesen einige Lokomotiven davon auch abweichende Maße auf. Mit e bezeichnete Lenz die B1-n2-Lokomotiven der Braunschweig-Schöninger Eisenbahn; f, k und l blieben unbesetzt. Die neun Lokomotiven der meterspurigen Alsener Kreisbahn erhielten den Index g, und die acht Lokomotiven der Euskirchener Kreisbahn, ebenfalls meterspurig, h. Die Mallet-Lokomotiven erhielten ein Gattungszeichen, das sich aus zwei Buchstaben zusammensetzte, wobei der Einzelbuchstabe der Achsanordnung eines Gestells entsprach. Zahnradlokomoti-

6.46. Drei Generationen Lenz-Normalien: rechts Type d bei der Franzburger Südbahn, Mitte ELNA-Type 2 bei der Greifswald-Grimmener Eisenbahn und links Type b für die gleiche Bahn.
Sammlung Fiebig †

ven bekamen den Zusatzbuchstaben z. Die B'C-Lokomotiven der Bauart Hagans-Leitzmann bezeichnete Lenz mit hg. Mit M hat man noch die 750-m-Schmalspur-Lokomotiven versehen, die aber erst 1913 geliefert wurden, nachdem die Bahnen, für die diese Lokomotiven bestellt waren, bereits dem Provinzialverband Pommern unterstanden. Das Gattungszeichen Mh der Lok 53^{Mh} der Rügenschen Kleinbahn, spätere 99 4633, hatte dann schon nichts mehr mit Lenz zu tun.

Die technische Ausführung der Lokomotiven nach den Lenz-Normalien konnte als vorbildlich für Kleinbahn-Lokomotiven gelten. Sie waren genausogut für gleichartige Dienste geeignet wie die Preußischen-Normalien-Lokomotiven. Die zweifach gekuppelten Lokomotiven erwiesen sich zwar bald als zu wenig leistungsfähig und bei Erhöhung der zulässigen Geschwindigkeiten in den Laufeigenschaften als nicht befriedigend, aber das traf genauso für ähnliche preußische Lokomotiven zu.

Die Instandhaltung der ersten Lenz-Lokomotiven bot keine erheblichen Schwierigkeiten. Die anfallenden Arbeiten konnten in den bescheiden ausgerüsteten Werkstätten der Kleinbahnen durchgeführt werden. Das ist beachtenswert, da Lenz diese Arbeiten dem Kleinbahnpersonal übertragen hatte und höchstens die Lokomotiven benachbarter Kleinbahnen in einer gemeinsamen Werkstatt behandeln ließ.

Es kann festgehalten werden, daß die Kleinbahn-Lokomotiven des Lenz-Konzerns ein mitbestimmendes Element in der Entwicklung derartiger Lokomotiven darstellten.

Die ELNA-Lokomotiven

Die ersten Kleinbahnlokomotiven einer 1918 beginnenden Entwicklungs-, Normungs- und Typisierungsarbeit wurden 1922 und 1924 gebaut und in Dienst gestellt. Damit hatte der Arbeitsausschuß für die Typisierung von Kleinbahn-Lokomotiven im „Engeren Lokomotiv-Normen-Ausschuß" (ELNA) eine beispielhafte Arbeit geleistet, denn die ersten Einheitslokomotiven der Reichsbahn folgten erst 1925.

Vorangegangen waren umfangreiche Normungsarbeiten, wie
- die einheitliche Benennung aller Lokomotivteile
- die Übernahme allgemeiner DIN-Normen für die Eisenbahnen, soweit erforderlich
- die Normung von Einzelteilen für Eisenbahnfahrzeuge
- die Tolerierung der Lokomotivteile und
- die Schaffung neuer, vereinheitlichter oder typisierter Lokomotiven.

Zum letzten Punkt bestanden drei Arbeitsausschüsse, die jeweils die Entwürfe vorzulegen hatten für:

***6.47.** Henschel-Firmenwerbung für ELNA-Lokomotiven.*
Sammlung Rammelt
***6.48.** Die Anordnung der Gegendruckbremse an der ELNA-Lokomotive 92 2902, ehemals Görlitzer Kreisbahn.*
Foto Friedrich
***6.49.** Skizzen der ELNA-Typen 1 bis 6; gleiche Bauteile sind gleich gerastert.*
Zeichnung transpress

- Einheitslokomotiven der Deutschen Reichsbahn
- Schmalspurlokomotiven und
- regelspurige Kleinbahnlokomotiven.

Bei den ersten Vorstellungen über die regelspurigen Kleinbahnlokomotiven traf man genau auf die Wünsche der Kleinbahnen, die durch den „Verein Deutscher Straßenbahnen, Kleinbahnen und Privateisenbahnen" (VDSKP) an die Lokomotivindustrie herangetragen wurden. Es ist bemerkenswert, daß die Initiative zu den „Einheits - Kleinbahn - Lokomotiven", wie man die ELNA-Lokomotiven treffender bezeichnen müßte, wiederum von Lenz & Co. ausging. Dessen technischer Direktor Semke bekleidete eine führende Rolle im VDSKP. Durch eine von ihm veranlaßte Fragebogenaktion und seine Mitarbeit im Normenausschuß hatte er maßgeblichen Anteil an den ELNA-Lokomotiven.

Grundlage für die Entwicklung der Typenreihe für Kleinbahnlokomotiven waren die Betriebsverhältnisse und der vorhandene Oberbau. Der Betrieb auf den Klein- und Privatbahnen wurde im wesentlichen mit folgenden Zugarten geführt:

- mittelschwere Personen-, Güter- und gemischte Züge
- leichte, schneller fahrende Personenzüge und
- schwere, langsam fahrende Güterzüge.

Auf den Strecken der Kleinbahnen und privaten Nebenbahnen waren etwa 55 Prozent für Achsfahrmassen von 12 t und etwa 18 Prozent für 14 t zugelassen. Die anderen Privatbahnen ließen 15 t, 16 t, 18 t und 20 t Achsfahrmasse zu.

Nach den ersten Vorstellungen und den ersten Zeichnungsentwürfen einigte man sich im ELNA-Ausschuß auf eine Typenreihe von Bauarten nach Tabelle 6.25. Die Lokomotiven konnten als Naß- oder als Heißdampflokomotiven, die C-Lokomotiven wahlweise mit 1 100 mm oder 1 200 mm Raddurchmesser bestellt werden. Das ergab 16 Varianten, zwischen denen die Klein- und Privatbahnen wählen konnten. Auf

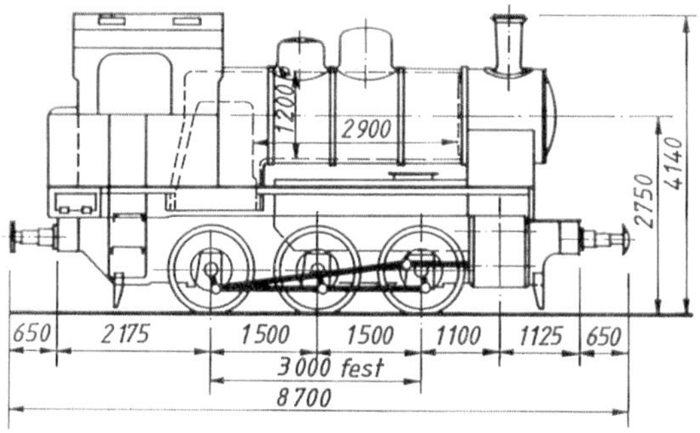
1200 ø
2900
4140
2750
650 2175 1500 1500 1100 1125 650
3000 fest
8700

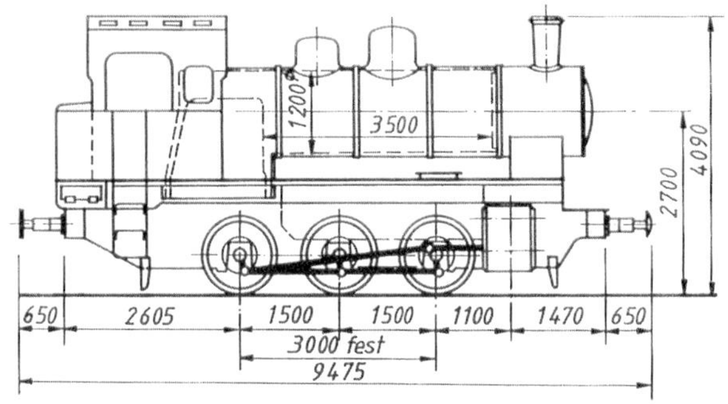
1200 ø
3500
4090
2700
650 2605 1500 1500 1100 1470 650
3000 fest
9475

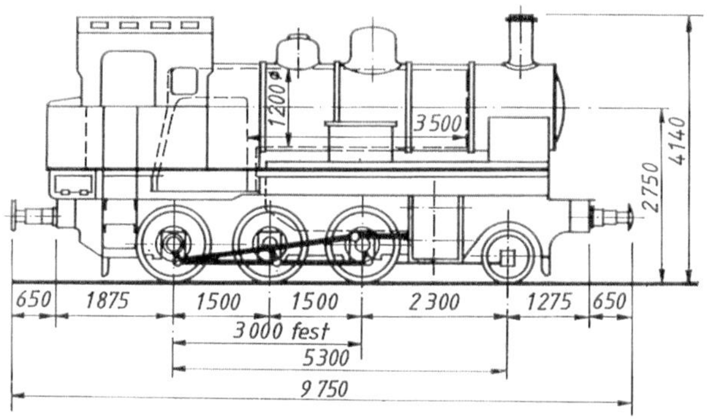
1200 ø
3500
4140
2750
650 1875 1500 1500 2300 1275 650
3000 fest
5300
9750

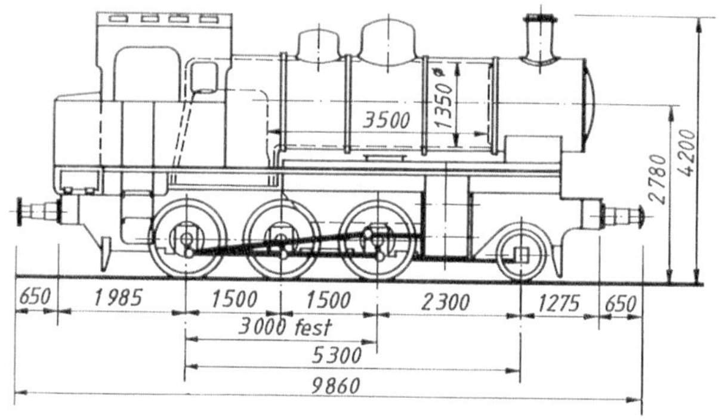
3500
1350 ø
4200
2780
650 1985 1500 1500 2300 1275 650
3000 fest
5300
9860

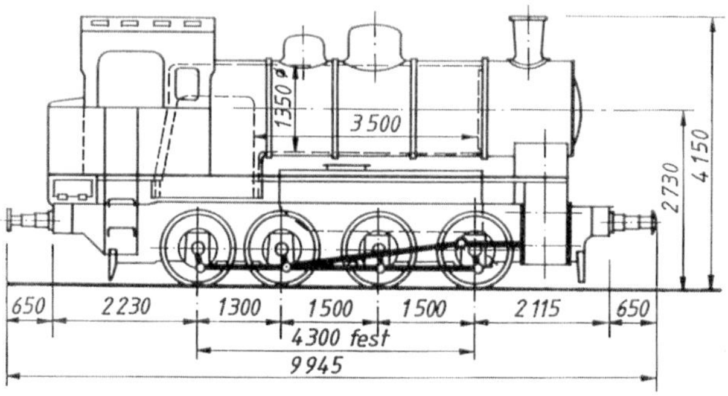
1350 ø
3500
4150
2730
650 2230 1300 1500 1500 2115 650
4300 fest
9945

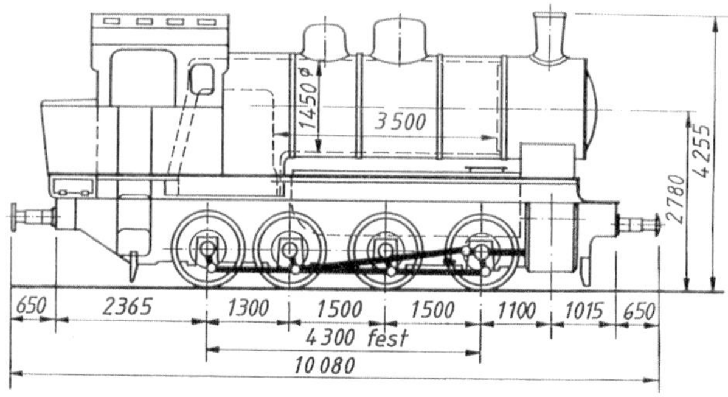
1450 ø
3500
4255
2780
650 2365 1300 1500 1500 1100 1015 650
4300 fest
10080

6.50. ELNA-Lokomotive 916780 nach einer Ausbesserung im Raw „Ernst Thälmann" Halle zum Verwiegen bei der VES-M in Halle. Sammlung Rammelt

die Entwicklung von B-gekuppelten Lokomotiven wurde verzichtet, ebenso auf die von Schmalspurlokomotiven. Die Bahnen, die schwerere Lokomotiven brauchten als es die Typenreihe vorsah, sollten auf Typenlokomotiven der Hersteller zurückgreifen.

Die Zukunft zeigte dann, daß von den C-Lokomotiven zwei und von den Naßdampflokomotiven nur drei Stück geliefert wurden. Auch die leichtere D-h2-Lokomotive, ELNA-Typ 3, ging in der Stückzahl gegenüber den Reihen 2, 5 und 6 zurück.

Der allgemeine Aufbau aller ELNA-Lokomotiven war gleich. Frei über dem Rahmen lag ein gedrungen gebauter Kessel. Dadurch wurden eine kurze Länge über Puffer, hohe Schwerpunktlage, bequeme Zugänglichkeit zum Kessel und gute Streckensicht erreicht, unterstützt durch die Anordnung des Wasserbehälters in T-Form zwischen dem Rahmen und des Kohlenkastens an der Führerhausrückwand. Die ELNA-Lokomotiven erhielten damit ihr typisches Aussehen.

Auf dem Langkessel befanden sich normalerweise Reglerdom, Sandkasten und Speisedom. Der Stehkessel war aus Kupfer. Kipproste wurden nur auf Wunsch eingebaut. Der Überhitzer entsprach der üblichen Bauart. Der Rahmen bestand aus zwei 20 mm dicken Blechplatten, verbunden und versteift durch die Pufferbohlen, die Zylinderstrebe, den Wasserkasten und die Stehkesselträger. Sowohl für die Heißdampf- als auch für die Naßdampflokomotiven sahen die Richtlinien Kolbenschieber, Ventilregler und außenliegende Heusinger-Steuerung vor. Die Schieberkästen trugen selbsttätige Druckausgleichventile, bei den D-Lokomotiven meist ein Universalventil Bauart Vulcan, das Druckausgleichs-, Luftsauge- und Sicherheitsventil vereinigte. Die Radstände waren möglichst groß gehalten, um die überhängenden Massen zu beschränken. Bei den vierfach gekuppelten Lokomotiven, also bei den Typen 3 und 6, verzichteten die Konstrukteure auf die Seitenverschiebbarkeit eines Radsatzes. Die 1'C-Lokomotiven erhielten anfangs Adams-, später Bisselachsen. In den ersten Jahren gehörten zur Ausrüstung: Dampfläutewerk, Dampf- und Wurfhebelhandbremsen, zwei Dampfstrahlpumpen Bauart Strube, Rauchkammer- und Aschkastennäßvorrichtungen, Petroleumbeleuchtung und z. T. Pulsometereinrichtungen.

Nachstehend eine Aufstellung über die einheitlichen und austauschbaren Baugruppen und Einzelteile bei den möglichen 16 Varianten der ELNA-Typen-Lokomotiven:

- 4 Kessel (für ELNA 1, ELNA 2 und ELNA 4, ELNA 3 und ELNA 5 sowie ELNA 6). Dabei waren bei den Kesseln gleich: die Gesenkstücke, Feuertüren, Dampfentnahmestutzen, Wasserstandsanzeiger, Probierhähne u. a.
- 2 Ventilregler
- 2 Dampfsammelkästen
- 6 Zylinder
- 1 Kolbenschieber
- 2 Kolbenstopfbuchsen
- 1 Schwinge
- 2 Kreuzköpfe
- 2 Treibradsätze 1100 mm
- 2 Treibradsätze 1200 mm
- 1 Kuppelradsatz 1100 mm
- 1 Kuppelradsatz 1200 mm
- 4 Stangenlager
- 2 Tragfedern für gekuppelte Radsätze
- 1 Schmierpumpe u. a.

Damit war eine weitgehende Einheitlichkeit erreicht. Daneben wurden von den Lokomotivfabriken Wünsche der Bahnverwaltungen wie zusätzliche seitliche Wasserkästen, leistungsfähigere Kessel oder Sondereinrichtungen berücksichtigt. Zu den letzteren kann man die Gegendruckbremse bei den drei ELNA-Lokomotiven Typ 6 der Görlitzer Kreisbahn zählen.

Es ist bei manchen dieser Lokomotiven mit abwechselnden Maßen oder Einrichtungen schwer festzustellen, ob es sich noch um eine ELNA-Typen-Lokomotive handelte.

Allgemein bewährten sich die ELNA-Lokomotiven. Erforderliche Änderungen betrafen nur Einzelteile. Dies waren hauptsächlich: zusätzliche Waschluken, andere Anordnung des Dampfentnahmestutzens, Verstärkung der Achsschenkel der Laufradsätze, Einbau von Druckausgleichern Bauart Winterthur, elektrische Beleuchtung, Heizleitungsanschlüsse, Speisewasserreiniger im Dom, Abdampfvorwärmer, Druckluftbremsen und -läutewerke sowie Geschwindigkeitsmesser. Lokomotiven früherer Lieferungen wurden bei Untersuchungen damit aus- bzw. umgerüstet (vgl. Tabelle 6.26.).

Bei der Liegnitz-Rawitscher Kleinbahn unterzogen Lenz & Co. eine 1'C-h2-ELNA-Lokomotive einem Vergleich mit einer älteren, aufgearbeiteten C-n2-Lokomotive. Semke gab dazu die dabei ermittelten Vergleichszahlen (vgl. Tabelle 6.20). Über die Richtigkeit dieser Zahlen kann man streiten, zumal kaum anzunehmen ist, daß jemals eine ELNA-Lokomotive auf wissenschaftliche Art vor einem Meßwagen erprobt wurde. Hier sei eines richtiggestellt: Es sind Fotos von ELNA-Lokomotiven bekannt, die derartige Lokomotiven bei der damaligen Fahrzeugversuchsanstalt Halle (FVA) zeigen. In den Bildlegenden heißt es dazu, daß die abgebildeten Lokomotiven als Versuchslokomotiven der FVA gehören. Das stimmt nicht! Die FVA hatte damals vielmehr den Auftrag, die Dienstvorschrift DV 939Tr „Merkbuch für die Triebfahrzeuge der DR" zu erarbeiten. Während für die vorhandenen Länderbahn- und Einheitslokomotiven auf bekannte Unterlagen zurückgegriffen werden konnte, war das bei den 1949 übernommenen ehemaligen Klein- und Privatbahnlokomotiven kaum der Fall. Deswegen wurden die noch vorhandenen Lokomotiven nach ihrer Aufarbeitung im Raw Halle zur FVA dirigiert, um dort vermessen, gewogen und fotografiert zu werden. Danach konnten dann die technischen Daten ermittelt und die Skizzen angefertigt werden, so daß ein Teil dieser Lokomotiven in einem Nachtrag zum Merkbuch erschien. Der Verfasser dieser Zeilen gedenkt dabei seines damaligen Chefs, Dipl.-Ing. Max Baumberg, des langjährigen Leiters der FVA und späteren VES-M, der sich bereits in den sechziger Jahren mit dem Gedanken trug, in einem Heft der „Mitteilungen der VES-M" über die ehemaligen Klein- und Privatbahnlokomotiven der DR ausführlicher zu berichten und dazu ein kleines Autorenkollektiv berief. Die Tagesaufgaben verhinderten dies. Wie die Einheitslokomotiven der Deutschen Reichsbahn die älteren Länderbahn-Lokomotiven nicht verdrängten, vermochten es die ELNA-Lokomotiven bei den älteren zwei-, drei- und vierfachgekuppelten Lokomotiven der Kleinbahnen ebenfalls nicht. Der Anteil der ELNA-Lokomotiven am Gesamtbestand der Kleinbahnen betrug etwa 10 Prozent. Und wenn man bedenkt, daß etwa 40 Prozent der rund 150 für deutsche Bahnen gebauten ELNA-Lokomotiven bei Lenz-Bahnen im Dienst standen, ist erklärlich, daß manche andere Bahn nie derartige Lokomotiven im Bestand hatte. Unter den Lenz-Bahnen ist die Halle-Hettstedter Eisenbahn die bekannteste, die ihren Betrieb schließlich nur mit ELNA-Lokomotiven führte.

6.4. Die Lokomotiventwicklung nach 1945

Der Wiederaufbau nach 1945 betraf notwendigerweise zuerst die Deutsche Reichsbahn und dann die wichtigsten Strecken der Klein- und Privatbahnen. Die meisten der letzteren mußten sich vorerst mit den vorhandenen Betriebsmitteln bescheiden; ein Ersatz war nicht möglich. In einigen wenigen Fällen mußten Lokomotiven und Wagen von der Deutschen Reichsbahn gemietet werden. So erhielt die Neukölln-Mittenwalder Eisenbahn die 52 5014, die den ersten Kohlenzug aus der Lausitz über die Neukölln-Mittenwalder Eisenbahn nach Berlin brachte.

Die Osterwieck-Wasserlebener Eisenbahn verlor in dieser Zeit immerhin nahezu ihren gesamten Fahrzeugpark, da er bei der Festlegung der die Strecke trennenden Demarkationslinie in den Westzonen verblieb. Das gleiche traf für die Oschersleben-Schöninger Eisenbahn zu, deren Fahrzeuge dann auf der Braunschweig-Schöninger Eisenbahn rollten. Hier halfen einige ältere Länderbahn-Lokomotiven der Deutschen Reichsbahn aus.

Bei vielen anderen Bahnen hatte der Krieg Betriebsmittel hinterlassen, die wegen zu großer Schäden ausgemustert werden mußten. Es bedurfte überall großer Anstrengungen, auch die Klein- und Privatbahnen wieder in Gang zu setzen. Die Eisenbahner dieser Bahnen standen dabei denen der Deutschen Reichsbahn nicht nach. Die wenigen verkehrenden Züge, in der Regel als GmP gefahren, waren überfüllt und den Bedürfnissen nicht gewachsen.

Die Situation 1949

1949 übernahm die Deutsche Reichsbahn mit den Klein- und Privatbahnen auch deren Betriebsmittel. Es wurden übernommen:

Personenzug-Tenderlokomotiven der Bauartreihen
64^{65}, 69^{61}, $70^{61, 63, 64}$, $74^{66, 67}$, $75^{62, 64, 66, 67}$;

Güterzug-Tenderlokomotiven der Bauartreihen
89^{59-66}, 90^{64}, 91^{61-67}, 92^{60-68}, 93^{64-67}, 94^{67}, 95^{66};

Lokalbahn-Tenderlokomotiven der Bauartreihe 98^{59-64};

Schmalspurlokomotiven für 600 mm, 750 mm und 1000 mm Spurweiten.

Die Lokomotiven in den Bauartreihen 89^{59-66} und 92^{60-68} überwogen mit 38 Prozent bzw. 13 Prozent. Im einzelnen ergaben sich die in Tabelle 6.21. zusammengestellten Anteile nach Kupplungsgraden.

Ein exakter Vergleich der übernommenen Lokomotiven entsprechend den zugeteilten Baureihen mit denen der vorhandenen Lokomotiven der Deutschen Reichsbahn ist nur bedingt möglich. Die Klein- und Privatbahnlokomotiven weisen selbst innerhalb der neuen Baureihen zu große Unterschiede auf. Hinsichtlich der technischen Ausstattung der 1949 übernommenen Lokomotiven ergab sich folgender Stand:

Kessel und -ausrüstungen

Normalkessel (Sonderausführungen waren nicht mehr vorhanden), rund 30 Prozent mit Speisedom und fast 80 Prozent mit Sicherheitsventilen Bauart Ramsbottom (bzw. Popp-Coale und Ackermann); bei fast allen Kesseln nur ein Wasserstandsglas und zwei bis drei Probierhähne; etwa 50 Prozent mit Abschlammventilen; vorwiegend Funkenfänger Bauart Holzapfel; Ventilregler Bauart Schmidt nur bei Lokomotiven der Bauartreihen 64, 75, 91, 92, 93, 94 und 95; vorherrschend Flachschieberregler; Speisewasserreiniger und Abschlammventile ebenfalls nur bei den gleichen Baureihen; Kipproste nur in Lokomotiven der Bauartreihen 64, 75, 91 bis 95 (und das auch nicht immer); als Kesselspeiseeinrichtungen überwiegend Dampfstrahlpumpen Bauart Strube, Friedmann-Abdampf- und Knorr-Tolkien-Pumpen in ganz wenigen Fällen, bei wenigen Schmalspurlokomotiven noch Fahrpumpen; Vorwärmanlagen nur bei wenigen Lokomotiven.

Bremsen

Durchweg Wurfhebelbremsen, Druckluftbremsen vorwiegend Knorr, nur zum Teil mit Zusatzbremse, etwa 30 Prozent mit G-P-Umstellhahn; Gegendruckbremsen Bauart Riggenbach bei den Berglokomotiven der HBE; bei den Schmalspurlokomotiven nur Wurfhebel-, Dampf- und Hardy- oder Körting-Luftsaugebremsen.

Sonstiges

Je etwa 50 Prozent mit Hand- oder Druckluftsandstreuern, Geschwindigkeitsmesser nur bei wenigen Lokomotiven; Schmiervorrichtungen der Bauarten Michalk, Bosch und De Limon zu etwa gleichen Teilen; Heizleitungsanschlüsse bei allen Lokomotiven; ebenfalls Läutewerke Bauart Latowski; Elektro- und Petroleumbeleuchtung zu etwa gleichen Teilen, etwa 30 Prozent der Schmalspurlokomotiven noch mit Karbidbeleuchtung.

Das ergab einen stark abweichenden Stand gegenüber den Reichsbahnlokomotiven. Die Klein- und Privatbahnlokomotiven waren auch nicht auf LONORM-Teile umgerüstet worden, wie das bei den älteren Länderbahn-Lokomotiven der DRG geschah. So wurden diese Lokomotiven bei den fälligen Untersuchungen den Reichsbahnlokomotiven angepaßt, überwiegend durch die Son-

6.51. Die Lokomotive 92 2902 im Ausbesserungswerk „Ernst Thälmann" Halle bei der Bekohlung zur Probefahrt. Lange Jahre besserte dieses Raw die ehemaligen Klein- und Privatbahn-Lokomotiven aus. Foto Fiebig †

derarbeiten (Saab). Hier hatten die Reichsbahnausbesserungswerke ein umfangreiches Arbeitsgebiet zu bewältigen. Das meiste wurde bereits bei den Generalreparaturen nach Schadgruppe 5 ausgeführt, der fast alle Lokomotiven nach ihrer Übernahme durch die Deutsche Reichsbahn unterzogen wurden. So waren später elektrische Beleuchtung und einheitliche Armaturen Selbstverständlichkeiten, ebenfalls – wenigstens bei den neueren Lokomotiven – der Kipprost.

In den folgenden Jahren musterte die Deutsche Reichsbahn einen Teil der ehemaligen Klein- und Privatbahnlokomotiven aus, verkaufte sie als Werk- oder Heizlokomotiven. Bis dahin war ein Teil der Lokomotiven unbeheimatet worden. Nur wenige erhielten 1970 die EDV-Betriebsnummern. Auf den noch betriebenen, nunmehr als Nebenbahnen klassifizierten Strecken hatten Länder- und Reichsbahnlokomotiven der Bauartreihen 74^{0-3}, 91^{3-18}, 64 und 86 die Dienste übernommen. [186]

Vorschlag:
Dampfmotor-Lokomotiven

Nach 1945 gab es nur in Westdeutschland firmeneigene Typenreihen von Klein- und Privatbahnlokomotiven. Dabei handelte es sich um leistungsfähige 1'C1'-, 1'D1'- und 1'E1'-h2-Lokomotiven, die jedoch mit der Stillegung der Bahn oder mit dem Traktionswechsel ebenso verschwanden wie die noch vorhandenen älteren Dampflokomotiven. Eine andere Entwurfsreihe wurde gar nicht erst verwirklicht. 1949 hatte F. W. Eckardt, Oberingenieur bei der BMAG, vorm. Schwartzkopff, eine neue Typenreihe von Dampfmotorlokomotiven für Klein- und Privatbahnen vorgeschlagen. Er ließ sich von folgenden Grundsätzen leiten:

- Verbesserung der Laufeigenschaften durch vordere und hintere Laufachsen
- gute Ausnutzung des Materials
- Vereinheitlichung möglichst vieler Teile zwecks Austauschbarkeit und
- volle Ausnutzung der zulässigen Reibungsmasse.

6.52. Die B-n2-Tenderlokomotive 98 6002, ex. Franzburger Südbahn Nr. 3^d, ist als Heizlokomotive abgegeben worden.
Foto G. Meyer
6.53. Die 89 6407 der Dessau-Wörlitzer Eisenbahn wurde nicht wieder aufgearbeitet.
Sammlung Fiebig †
6.54. Nebenbahn-Tenderlokomotive der DR 83 1001 im Bw Haldensleben, 1964.
Foto Fiebig †
6.55. Für die Strecken der ehemaligen Oderbruchbahn mit einem Schlepptender ausgerüstet: 89 6034, eine ehemalige Werklokomotive.
Foto Töpelmann. Sammlung Hochschule für Verkehrswesen Dresden

Besonders der letzte Punkt verdient Aufmerksamkeit. Die Ausnutzung der zulässigen Reibungsmasse ist nämlich bei der Lokomotive mit Kolbentriebwerk mit Stangen nicht gegeben, da der Reibungsmasse durch die unausgeglichenen Massen eine zusätzliche Masse überlagert wird. Die Größenordnung dieser zusätzlichen Masse beträgt etwa 15 Prozent der statischen Reibungsmasse. Wenn eine bestimmte Strecke eine Masse von 14 t zuläßt, dann darf die Kuppelachsfahrmasse nur 12 t betragen.

F. W. Eckardt schlug damals vor, das herkömmliche Kolbentriebwerk zu verlassen und den Antrieb durch Dampfmotoren zu bewerkstelligen. Das mag im ersten Augenblick verwundern, denn die bekannten Ausführungen von Dampfmotorlokomotiven und -triebwagen aus der Zeit vor 1945 wiesen Mängel auf; und die weitere Entwicklung auf diesem Gebiet hatte während des Krieges geruht. Aber der Dampfmotor hatte sich bei den Dampfkränen der Firma DEMAG, bei Stokereinrichtungen und in einigen anderen Fällen bewährt.

Hierauf baute F. W. Eckardt; er sah folgende Typen von Dampfmotorlokomotiven vor: eine 1'B1'-, 1'C1'- und 1'D1'-Lokomotive jeweils mit 13,5 t und 15,5 t Reibungsmasse. Die Kessel herkömmlicher Bauart sollten einen größeren Anteil der Feuerbüchsheizfläche zur Gesamtheizfläche erhalten und der Kesseldruck bei den leichteren Lokomotiven 14 bar sowie bei den schwereren Lokomotiven 16 bar betragen. Überhitzer und Vorwärmer gehörten zur Grundausstattung. Für die Dampfmotoren waren Drehzahlen von 600 U/min bis 750 U/min konzipiert. Dies hätte Geschwindigkeiten von etwa 55 km/h bis 70 km/h zugelassen. Vom 2-, 3- oder 2 × 2-zylindrigen Dampfmotor, je nach Achsfolge, wäre das Drehmoment über ein Zahnradgetriebe und eine Blindwelle auf die Radsätze übertragen worden. Es blieb nur beim Vorschlag, denn Diesellokomotiven hatten die Ablösung bereits übernommen.

Baureihe 83^{10}

Die letzte Neuentwicklung einer Dampflokomotive für die Strecken der ehemaligen Klein- und Privatbahnen war die 1'D2'-h2-Tenderlokomotive der Baureihe 83^{10}. Diese Baureihe sollte vor allem die übernommenen Lokomotiven ersetzen, denn die Unterhaltung der vielen Bauarten und Splittergruppen bereitete den Dienststellen der Deutschen Reichsbahn große Schwierigkeiten. Ende 1952 legte das Zentrale Konstruktionsbüro der LOWA die Entwurfszeichnungen vor, und am 19. April 1955 traf die Baumusterlok 83 1001 bei der damaligen Fahrzeug-Versuchsanstalt Halle ein. Dort unterzog man sie eingehenden Versuchen auf der Strecke und vor dem Meßwagen. Danach sind weitere 26 Lokomotiven gebaut worden. (Tabelle 6.27.)

Mit einer Achsfahrmasse von 15 t war sie auf vielen Nebenbahnen einsetzbar. Der Kuppelraddurchmesser von 1 250 mm erlaubte eine Höchst-

83 1001

896034

6.56. V 15 2222 mit VB 147 544 a/b bei Köpernitz auf der ehemaligen Genthiner Kleinbahn. Mai 1967. Foto Fiebig †

6.57. Durchgangsgüterzug Wittenberge–Neustrelitz–Stralsund auf der ehemaligen Mecklenburgischen Friedrich-Wilhelm-Eisenbahn mit ölgefeuerter 50 0021, Herbst 1977. Foto Fiebig †

6.58. Mit Lokomotiven der Baureihe 102 wurde 1982 der Saisonreiseverkehr auf der Strecke Dessau–Wörlitz aufgenommen. Hier die 102 082, im Mai 1982. Foto Fiebig †

geschwindigkeit von 60 km/h. Diese Lokomotiven konnten größere Wasser- und Kohlenvorräte mitführen als die älteren Kleinbahnlokomotiven. Sie wurden ausschließlich in Schweißtechnologie gefertigt und der Blechrahmen durch Längsstege und Querverbindungen versteift. Längsausgleichshebel verbanden die Federn der vorderen Laufachsen und die der gekuppelten Achsen, desgleichen die Federn der hinteren Laufachsen. Stehkessel und Rost hatte man so bemessen, daß auch minderwertige Kohle verfeuert werden konnte. Die ursprünglich eingebauten Heißdampfregler ersetzte das Raw Halle durch Naßdampfventilregler herkömmlicher Bauart. Beibehalten wurde der klobige Mischvorwärmer. Später erhielten die Lokomotiven anstelle der über dem Umlauf angeordneten Sandbehälter einen Zentralsandbehälter auf dem Kesselscheitel.

Ausklang der Dampftraktion

Die Deutsche Reichsbahn hatte mit den Betriebsmitteln der ehemaligen Klein- und Privatbahnen auch deren Instandhaltung übernommen. Diese Arbeiten wurden von Reichsbahnausbesserungswerken – hinzu kamen das Raw Blankenburg (Harz) und das Sachsenwerk in Stendal – übernommen. Fast alle Werke, soweit sie Dampflokomotiven unterhielten, waren daran beteiligt.

Noch vorhandene Betriebsbücher geben Aufschluß über den großen Arbeitsumfang bei der Instandhaltung vieler Lokomotiven. Außerdem hatte eine gründliche Sichtung des Lokomotivbestandes ergeben, daß sich einige Lokomotiven infolge von Kriegs- und Unfallschäden überhaupt nicht mehr aufarbeiten ließen. Das betraf folgende Lokomotiven: 60 002, 69 6101, 70 6401, 74 6621, 75 611, 75 621, 75 623, 89 6015, 89 6106, 89 6407, 93 6576, 99 4615 und wahrscheinlich einige andere.

Damals mußten schwerwiegende Gründe vorliegen, um Maschinen ausmustern zu können. Solche Entscheidungen wurden bei besonders eingesetzten Kommissionen oder Gutachtergruppen beantragt. Gleichzeitig entschieden diese Kommissionen über die auf diesem Wege zu gewinnenden Ersatzteile. So besaß

6.59. Leichttriebwagen Bauart Bautzen auf der ehemaligen Niederlausitzer Eisenbahn, Mai 1966. Foto Fiebig †

die ehemalige Dessau-Wörlitzer Eisenbahn zwei Lokomotiven, die sie schwer beschädigt aus den Trümmern der zerstörten Junkers-Werke in Dessau geborgen hatte. Aus dem Rahmen der einen und dem Kessel der anderen Lokomotive wurde die nunmehr als 89 6408 bezeichnete Lokomotive aufgebaut. Die übriggebliebenen Teile führte man als 89 6407 der Verschrottung zu.

An Hand mehrerer (nicht vollständiger) Unterlagen ist ersichtlich, daß die Deutsche Reichsbahn bis etwa Mitte der sechziger Jahre eine größere Anzahl ehemaliger Klein- und Privatbahnlokomotiven als Werk- und Heizlokomotiven abgab, zum Teil an eigene Ausbesserungswerke. Das begann bereits 1950 mit der Abgabe von B-n2-Tenderlokomotiven der Bauartreihe $98^{60, 61, 62 \text{ und } 63}$, denen bis 1965 die C-n2-Tenderlokomotiven der Baureihe 89^{60-65} in größeren Stückzahlen folgten.

Soweit diese Lokomotiven ausschließlich als Heizlokomotiven verwendet wurden, oblag die Überwachung nunmehr der Technischen Überwachung und nicht mehr der Bahnaufsicht bei den Reichsbahndirektionen. Dadurch gingen die bis dahin geführten Unterlagen wie Betriebsbücher und technische Pässe verloren.

Um 1965 schieden dann praktisch alle noch vorhandenen B- und C-gekuppelten Lokomotiven aus und wurden verschrottet. Nur einige ELNA- und wenige der moderneren und leistungsfähigeren Lokomotiven dieser Bahnen erhielten 1970 EDV-Nummern.

Ein großer Teil der ehemaligen Klein- und Privatbahnlokomotiven verließ bis zur Ausmusterung auch bei der Deutschen Reichsbahn nicht die ursprüngliche Heimatstrecke. Nur wenige Maschinen wurden mehrmals umgesetzt. Einige C-n2-Tenderlokomotiven erhielten Tender ausgemusterter preußischer Lokomotiven, um sie auf längeren Strekken der Altmark und des Oderbruchs freizügig einsetzen zu können. Es waren dies: 89 6009 (heute Traditionslokomotive), 89 6034, 89 6222 bis 89 6225 und 89 6406. Eine Umzeichnung dieser umgebauten Lokomotiven in die Baureihe 53 unterblieb.

Inzwischen hatten sich die Verhältnisse auf den ehemaligen Klein- und Privatbahnstrecken geändert: Einige waren völlig stillgelegt, und auf anderen der Reiseverkehr eingestellt worden. Auf den verbliebenen Strekken mit Reiseverkehr setzte die Deutsche Reichsbahn neben den noch vorhandenen Diesellokomotiven neuentwickelte Leichttriebwagen der Bauart „Bautzen" und Diesellokomotiven der heutigen Baureihen 101, 102, 103 und 106 vor Beiwagen (ex VT, VB und VS) im Reiseverkehr ein. Die wichtigeren ehemaligen Privatbahnen wie die Wittenberge-Perleberger, die Prignitzer, die Mecklenburgische Friedrich-Wilhelm-Eisenbahn, die Brandenburgische Städtebahn und die Neuhaldenslebener Eisenbahn sind im Netz der Deutschen Reichsbahn aufgegangen. Hier verkehren noch heute alle möglichen Lokomotiven. Die Halberstadt-Blankenburger Eisenbahn bzw. auf deren Strecke Blankenburg (Harz)–Königshütte sind schon seit Jahren Lokomotiven für Einphasen-Wechselstrom 25 kV/50 Hz eingesetzt.

Nur auf den noch heute betriebenen Schmalspurstrecken ehemaliger Klein- und Privatbahnen verkehren ausschließlich Dampflokomotiven. Für die meterspurigen Strecken hat die Deutsche Reichsbahn eine 1'E 1'-h2-Dampflokomotive entwikkeln lassen, die noch immer auf der nunmehrigen Harzquer- und Brokkenbahn zuverlässig ihren Dienst versieht.

6.5. Triebwagen

Dampftriebwagen

Die für Kleinbahnen geeignet erscheinenden Triebwagen waren doch recht selten anzutreffen. Ist die Geschichte der Dampftriebwagen der Staatseisenbahnen noch immer mit einigen Fragezeichen versehen, so gilt dies insbesondere für die der Klein- und Privatbahnen. In verschiedenen Beschreibungen wurden des öfteren Dampftriebwagen als zum Bestand gehörend angegeben; jedoch fehlen stets genauere Angaben.

Nach 1880 erschienen die ersten Dampftriebwagen auf deutschen Eisenbahnen. Das Entstehen von Nebenbahnen mag dazu Anlaß gewesen sein.

Dampftriebwagen der Bauart Rowan waren nur bei mehreren westdeutschen Kleinbahnen vorhanden. Als „Tramway-Maschinen neuester Construktion" wurden sie häufig in Vorprojekten als mögliche Betriebsmittel erwähnt, beispielsweise beim Vorschlag für eine Dampfstraßenbahn von Dessau nach Wörlitz. Damit ist der Einsatzbereich dieser Fahrzeuge umrissen: Straßen- und Vorortbahnen mit nicht zu langen, auch schmalspurigen Strecken.

Ein anderer, von der Hannoverschen Waggonfabrik in Lizenz gebauter Dampftriebwagentyp war die Bauart de Dion-Bouton. Sie wurden u. a. auch an Lenz & Co. für die Neuruppin-Herzberger Eisenbahn und an die Allgemeine Deutsche Kleinbahn-Gesellschaft Berlin geliefert.

Einen Dampftriebwagen Bauart Stoltz besaß die Kleinbahn Altlandsberg–Hoppegarten vorübergehend. Inwieweit dieser (wie übrigens auch die o. g.) Dampftriebwagen versuchsweise auf anderen Kleinbahnen eingesetzt wurde, wird wohl nie mehr zu ergründen sein. So kann auch ein bei der Brandenburgischen Städtebahn genannter Dampftriebwagen Bauart Komarek, da er ansonsten nirgendwo erwähnt wird, einer dieser ausgeliehenen Wagen gewesen sein.

Am häufigsten waren bei den deutschen Eisenbahnen die Dampftriebwagen mit Kesseln der Bauart Kittel vertreten. Der Kittel-Kessel, ein stehender Röhrenkessel mit Wellrohrfeuerbüchse im unteren Teil, dem erweiterten Oberkessel und dem in der obenliegenden Rauchkammer befindlichen Überhitzer, hatte einen größeren Dampfraum zur Verfügung. Angetrieben wurde der Triebwagen durch eine Lokomotiv-Zwillingsdampfmaschine auf die vorn angeordnete Treibachse. Kittel-Dampftriebwagen hatten eine Leistung von etwa 60 kW, eine Höchstgeschwindigkeit von 50 km/h bis 70 km/h und konnten in der Ebene bis zwei Personenwagen mitführen.

Für die Bedienung des Kessels und der Steuerung genügte eine Person; eine zweite wirkte als Zugführer und Schaffner und besetzte bei Rückwärtsfahrt den Endeinstieg. Die 1906 bis 1915 in Dienst gestellten Kittel-Dampftriebwagen waren unter den damaligen Bedingungen die besten Dampftriebwagen.

Wahrscheinlich ist ein von 1908 bis 1909 bei der Mühlhausen-Ebelebener Eisenbahn im Versuchsbetrieb gelaufener Dampftriebwagen von dieser Bauart gewesen.

Unter den 1949 von den Klein- und Privatbahnen übernommenen Betriebsmitteln befand sich ein Kittel-Dampftriebwagen von der Oderbruchbahn mit der Betriebsnummer 3-2001. Nach unbestätigten Angaben soll es sich um den ehemaligen DRG-Wagen „Karlsruhe", Gattung CidT6 (eh. Baden 1005, Maschinen-Fabrik Esslingen 1915, Fabriknummer 3751) gehandelt haben. Wie dieser Wagen zur Oderbruchbahn gelangte, ist nicht bekannt. Bei der Deutschen Reichsbahn erhielt er am 1. Januar 1950 die Betriebsnummer DT 151. Er wurde nicht mehr eingesetzt und im November 1957 zerlegt.

Verbrennungsmotor-Triebwagen und -Lokomotiven

Als Verbrennungsmotor-Triebwagen und -Lokomotiven bezeichnen wir die Triebfahrzeuge, die mit einem Benzol-, Benzin- oder Dieselmotor als Antriebsaggregat ausgestattet sind. Heute hat sich der Dieselmotor durchgesetzt. Die Art der Kraftübertragung ist unterschiedlich: elektrisch, mechanisch oder hydraulisch.

Zu Beginn dieser Entwicklung war nur der benzin- und benzolelektrische Antrieb technisch möglich; mechanische Getriebe wiesen empfindliche Mängel auf, und die hydraulische Kraftübertragung erlangte erst in den dreißiger Jahren die Betriebsreife.

Verbrennungsmotor - Triebwagen boten die Vorteile der Dampftriebwagen sowie eine schnellere Betriebsbereitschaft und einen größeren Aktionsradius. Außerdem sparte man Personalkosten. Denn die bei den Dampflokomotiven und Dampftriebwagen erforderlichen Aufrüstzeiten konnten entfallen. Den zweiten Mann für die Bedienung des Verbrennungsmotor - Triebwagens einzusparen, das war zumindest zu Beginn der Entwicklung umstritten. In der Beschreibung eines Triebwagens der Ostdeutschen Kleinbahn-Gesellschaft stand 1908 zu lesen, daß neben dem Triebwagenführer ein zweiter Mann erforderlich sei, der den Benzinmotor während der Fahrt zu beobachten hätte. Bei mancher Verwaltung erhielten die Triebwagenführer das gleiche Entgelt wie ein geprüfter Lokomotivheizer und

6.60. Kittel-Dampftriebwagen DT 6 der DRG. Sammlung Fiebig †

nicht das eines Lokomotivführers. Das bedeutete eine weitere Einsparung von Personalkosten.

Die technischen Unzulänglichkeiten der ersten Verbrennungsmotor-Triebwagen führten nur zu einer vereinzelten Beschaffung durch die Klein- und Privatbahnen. Beispielsweise der oben erwähnte Wagen der Insterburger Kleinbahn mit einer Spurweite von 1000 mm eröffnete die technische Entwicklung von Triebwagen für die Kleinbahnen. Anlaß für die Beschaffung des genannten Triebwagens waren nicht die erwähnten Vorteile, sondern die Forderung nach einem dampflokfreien Betrieb auf dieser, von einem Getreidemarkt beginnenden Kleinbahnstrecke.

Die Entwicklung des Verbrennungsmotor-Triebwagens durchlief mehrere Etappen:

- benzin- oder benzolelektrische Triebwagen
- benzin- oder benzolmechanische Triebwagen
- dieselmechanische Triebwagen vorwiegend kleinerer Leistung
- dieselelektrische Triebwagen vorwiegend größerer Leistung
- dieselhydraulische Triebwagen.

Die Etappen überschnitten sich, wie auch Einzelausführungen mit abweichenden Antriebsaggregaten in einer bestimmten Etappe auftauchten. Die Entwicklung war nicht nur abhängig vom jeweiligen technischen Stand der Verbrennungsmotoren, sondern in gleicher Art von dem der Kraftübertragung.

Gegenüber der Dampfmaschine hat der Verbrennungsmotor Nachteile: vor allem die Unmöglichkeit, unter Last anzulaufen und eine gleichbleibend große Zugkraft über den gesamten Drehzahlbereich abzugeben.

Die elektrische Kraftübertragung bot die eleganteste Lösung. Der Verbrennungsmotor trieb einen starr gekuppelten Generator an, der seinerseits den oder die Fahrmotoren speiste. Die erforderliche Leistung war hierbei allerdings dreifach unterzubringen: im Verbrennungsmotor, im Generator und in den Fahrmotoren. Das führte zu einer großen Fahrzeugmasse und verteuerte die Wagen. Vielfältig waren die Steuerungsarten, um die elektrischen Größen einzustellen.

Die mechanische Kraftübertragung mittels Rädergetriebe war zwar bekannt, aber durch die beim Triebwagen erforderliche größere Leistung anfangs nicht anwendbar. Deswegen bestimmte die Entwicklung eines geeigneten Getriebes die Geschichte des Triebwagens und der Lokomotiven mit Verbrennungsmotoren in besonderem Maße.

Die hydraulische Kraftübertragung war Mitte der dreißiger Jahre betriebsreif. Zu dieser Zeit hatte sich bereits der schnellaufende, kompressorlose Dieselmotor durchge-

setzt, der letztlich die grundlegende Wandlung im Triebwagenbau brachte.

Nachteilig wirkte sich bis etwa 1930 auch die Forderung nach einem kräftigen Fahrzeugteil aus, so daß bis dahin der Triebwagen ein mit einem eigenen Antriebsaggregat ausgerüsteter Personenwagen war. Erst die Abkehr von diesem Grundsatz ermöglichte es, in Verbindung mit Dieselmotor und Getriebe leistungsfähige und wirtschaftliche Triebwagen herzustellen. Die Eisenbahntechnische Ausstellung in Seddin 1924 bedeutete in der Geschichte des Triebwagens eine Zäsur. 7 Firmen stellten 8 verschiedene Triebwagen aus. Von diesen waren 7 mit Benzin- oder Benzolmotor ausgerüstet, und einer hatte einen Dieselmotor. Von der elektrischen Kraftübertragung war man vorerst abgegangen.

Auf Wunsch der Leitung der Provinzial-Sächsischen Kleinbahnen führten die Deutschen Werke Kiel den Seddiner Ausstellungswagen auf verschiedenen Kleinbahnen vor und erprobten die betriebliche Eignung.

Aber weshalb wollte man eigentlich den Triebwagenbetrieb einführen? 1923 ging der Personenverkehr auf den Kleinbahnen um etwa 30 Prozent zurück. Zu dieser Zeit wiesen die Fahrpläne nur noch 50 Prozent der Zugfahrten gegenüber dem letzten Vorkriegsjahr auf. Dabei wurde der Reiseverkehr fast ausschließlich mit „gemischten" Zügen, also mit GmP abgewickelt. Das bedingte lange Reisezeiten. Mit der Einführung der neuen Triebwagen bot es sich an, Personen- und Güterverkehr vollkommen oder nur teilweise zu trennen und damit die Reisezeiten erheblich zu verkürzen. Durch mehrere Triebwagenfahrten wollte man so mehr Reisemöglichkeiten schaffen und die Anschlüsse zu allen Zügen der Staatseisenbahnen gewährleisten und eine größere Wirtschaftlichkeit – durch die Einsparung von Personal- und Betriebs-

6.61. Dieselelektrischer Triebwagen T1 der Niederbarnimer Eisenbahn, später VT 137559, bei Anlieferung.
Sammlung Fiebig †

kosten sowie mehr Reisende – erreichen.

Der verbesserte Fahrkomfort, den die neuen Triebwagen gegenüber den veralteten Personenwagen boten, hob die Attraktivität des Reiseverkehrs auf der Schiene. Denn der Autobusverkehr auf den damaligen Chausseen und Landstraßen mit den stark gewölbten und kopfsteingepflasterten Fahrbahnen bedeutete für den Fahrgast eine erhebliche Strapaze.

Der Einführung des Triebwagenbetriebes stand jedoch der Kapitalbedarf entgegen, denn keine der Kleinbahnen verfügte über einen entsprechenden Beschaffungsfonds. Deshalb wurden vor der Beschaffung eingehende Rentabilitätsberechnungen angestellt. Als Beispiel

6.62. T1 der Stendal-Tangermünder Eisenbahn, später VT 137552, bei einer Vorführfahrt. Sammlung Fiebig †

folgt die Gegenüberstellung der Kosten für einen Triebwagen und einen Dampflokzug für den gleichen Betriebszweck, wie sie bei der Kyffhäuser Kleinbahn erarbeitet wurde:

Beschaffungskosten	*Triebwagenzug*	*Dampflokzug*
	VT 47 000 Mark	C-TL 33 000 Mark
	VB 16 500 Mark	Ci 16 500 Mark
		PwPosti 14 375 Mark
	63 500 Mark	63 875 Mark
Ausgaben pro Jahr		
Verzinsung 10 %	6 350 Mark	6 390 Mark
Personalkosten	8 600 Mark	14 100 Mark
Tilgung und Abschreibung	9 200 Mark	1 300 Mark
Unterhaltung	4 200 Mark	5 500 Mark
Betriebsstoffe	18 300 Mark	35 660 Mark
	46 650 Mark	62 950 Mark
Daraus errechneten sich folgende Kosten für einen Zug-Kilometer	0,47 Mark	0,64 Mark

Diese Zahlen – ähnliche ließen sich für andere Bahnen aufführen – sprachen eindeutig für den Triebwagenbetrieb. Hinzu kam, daß mit Einführung des Triebwagenbetriebes, den damit häufigeren Zugfahrten und dem gestiegenen Fahrkomfort die Zahl der Reisenden wieder stieg, so daß mit größeren Einnahmen im Reiseverkehr zu rechnen war. So verhinderten lediglich die hohen Beschaffungskosten der Triebwagen eine großzügigere Einführung.

Ein Nachteil, und hier läßt sich eine Parallele zur Entwicklung bei der DRG ziehen, war, daß es kaum zwei gleiche Triebwagen gab. Dipl.-Ing. Kahmann, einer der Konstrukteure des Leichttriebwagens Bauart Hannover in der Waggonfabrik Wismar, erzählte vor Jahren, daß allein für die Stendal-Tangermünder Eisenbahn 32 Entwürfe für einen Triebwagen erarbeitet werden mußten, ehe der letzte Entwurf die Zustimmung der verantwortlichen Herren fand. Und schließlich ist 1932 nur ein Wagen gebaut worden.

Selbst ein Vergleich der an die Klein- und Privatbahnen gelieferten Leichttriebwagen der Bauart Hannover zeigt, daß es kaum zwei gleiche Fahrzeuge dieser Art gegeben hat. Das stand natürlich einer rationellen Fertigung in den Waggonfabriken entgegen. Trotzdem: Für die Zeit vor dem zweiten Weltkrieg läßt sich somit feststellen, daß der Motorisierungsgrad bei vielen Klein- und Privatbahnen höher lag als bei der DRG. So waren 1940 allein bei 20 der 22 Provinzial-Sächsischen Kleinbahnen 32 Triebwagen mit einer installierten Leistung von rund 2250 kW vorhanden. Die umgebauten BVG-Doppelstockbusse sind darin nicht einmal enthalten.

Die Angaben über einige ältere Triebwagen sind lückenhaft; oft beschränken sich diese auf eine statistische Erfassung des Bestandes. Auch bei den 1949 von der Deutschen Reichsbahn übernommenen Trieb-, Steuer- und Beiwagen ließen sich eindeutige Angaben über die Herkunft und die technischen Daten nicht immer feststellen. Mit neuen Betriebsbüchern und Technischen Pässen haben die zuständigen Ausbesserungswerke einen „totalen Schnitt" gemacht und die alten Unterlagen weitgehend entfernt.

Die Deutsche Reichsbahn erarbeitete auch für die Trieb-, Steuer- und Beiwagen der ehemaligen Klein- und Privatbahnen einen Umzeichnungsplan (s. Tabelle 6.3.).

Dieser Umzeichnungsplan war fehlerhaft und lückenhaft. Eine Reihe von Fahrzeugen wurde erst nach der Aufstellung erfaßt. Wobei festzustellen ist, daß die Erfassungslisten beispielsweise keine Spalten für Steuer- und Beiwagen aufwiesen. Alle Bahnen hatten die Steuer- und Beiwagen als Personen- oder Gepäckwagen geführt. Einige wurden dann auch entsprechend umnumeriert. Infolge von Umbauten, Ergänzungen sowie Umnumerierungen ergaben sich folgende Änderungen:

VT 133501 und VT 133502 mußten umgebaut werden und erhielten in 2. Besetzung die Betriebsnummer VT 135501 und VT 135502. Die Gruppe wurde ergänzt durch VT 133512 bis VT 133516. Diese Wagen hatten keine Regel-Stoß- und Zugvorrichtungen; 133508 besaß aber diese und wurde deswegen VT 135549. Die Nummer VT 135500 erhielt der später umgezeichnete T 1031 der Görlitzer Kreisbahn. VT 135501 und VT 135502 (1. Besetzung) wurden zu VT 133513 und VT 133514. Der T41 der ehemaligen Dessau-Wörlitzer Eisenbahn erhielt die neue Nummer VT 135503.

Der T4 der ehemaligen Kleinbahn Osterburg–Pretzier, der 1949 im Sachsenwerk Stendal zur Reparatur war und vermutlich als vierachsiger Wagen erfaßt und für den deswegen die Nummer 137522 vorgesehen wurde, erhielt letztlich die Nummer 135544. Der als 135545 vorgesehene VT, dessen Herkunft nicht bekannt ist, erhielt die neue Nummer VT 133516.

VT 135 546 bis VT 135550 waren später aufgefundene oder zurückgegebene Triebwagen, 135553 der erst 1950 übernommene T2 der Niederbarnimer Eisenbahn.

Zu den vierachsigen dieselmechanischen Triebwagen kamen hinzu: VT 137527 (eh. Oderbruchbahn T105) und VT 137528 (eh. Niederbarnimer Eisenbahn T4). Die Gruppe der dieselelektrischen vierachsigen Triebwagen erweiterte die Deutsche Reichsbahn mit VT 137559 und VT 137560 (eh. Niederbarnimer Eisenbahn T1 und T5).

Zu den umgezeichneten zweiachsigen Beiwagen sind die VB 140251 und VB 140253, zweite Besetzung, zu rechnen. Es waren die VB 251 und VB 253 der erst 1950 übernommenen Niederbarnimer Eisenbahn. VB 140512 war vorher der BCi 39561, bei dem es sich um den ehemaligen VB 42 der Dessau-Wörlitzer Eisenbahn handelte. Er wurde nunmehr wieder Beiwagen für den VT 135503 (ehemals Dessau-Wörlitzer Eisenbahn T41). Dieser einstige Beiwagen ist noch immer als Bahndienstwagen beim Bahnstromwerk Halle eingesetzt. Unklar ist hingegen die Herkunft des VB 140513: 1936 in Gotha gebaut, soll er auf der Berliner Ringbahn gelaufen sein. VB 140514 ist anscheinend aus dem Civ 99365 (ehemals Niederlausitzer Eisenbahn) entstanden. VB 140515 war der umgebaute VS 144502 (ehemals Halberstadt-Blankenburger Eisenbahn, Nr. 1220). Allein von diesem Beiwagen konnten aus Fragebögen, Betriebsbuch, Technischem Paß und aus den Wagenanschriften 7 Varianten technischer Daten festgestellt werden. Die VB 140516 bis VB 140519 waren vorher die Wagen 254 bis 257 der Niederbarnimer Eisenbahn. VB 140520 soll Beiwagen zum VT 135546 gewesen sein. VB 140521, vorher Ci 98773, war der bereits bei der Prignitzer Kreisbahn umgebaute ehemalige T601, während der VB 140522 der Stendaler Kleinbahn gehörte. VB 140523 und VB 140524 wurden aus den VT 135527 und VT 135529 (ehemals T602 und T604 der Prignitzer Kreisbahn) umgebaut. VB 140525 war ehemals VT 135526, und der VB 140526 entstand aus dem VS 144501 und VB 140527 aus dem VS 144500. Unter den Nummern VB 140601 bis VB 140605 verbirgt sich als VB 140603 der ehemalige Kleinbahn-VT 135548. Als VB 141001 wurde ein Beiwagen bezeichnet, der möglicherweise von der Niederlausitzer Eisenbahn

6.63. Dieselelektrischer Schmalspur-VT für die Ostdeutsche Kleinbahn-Gesellschaft, 1913. Sammlung Fiebig †

stammt. Die Herkunft des VB 141002 ist unbekannt.

Aus der Gruppe VS 145375 bis VS 145379, umgebaute ehemalige Dampftriebwagen der DRG, interessiert hier nur der VS 145375 (eh. DT 52), der als Steuerwagen zusammen mit dem VT 137552, dem dieselelektrischen VT 1 der Stendal-Tangermünder Eisenbahn, lief. Die VT 137511, VT 137515 und VT 137517 wurden zu den VB 147081 bis VB 147083. VB 147084 wiederum war der soeben erwähnte VS 154375, nachdem der VT 137552 nach einem schweren Unfall abgestellt und ausgemustert war. VB 147502 ist ein ehemaliger DWK-VT der Ruppiner Eisenbahnen gewesen, und VB 147503 sowie VB 147504 gehörten der Niederbarnimer Eisenbahn. Die Herkunft des VB 147510 ist nicht bekannt, während die VB 147511 und VB 147512 vorher VS 145501 und VS 145502 waren. Als VB 147530 bis VB 147532, VB 147551 bis VB 147554 sowie VB 147601 und VB 147602 waren umgebaute VT und VS bezeichnet worden, während VT 137564 und VT 137531 zu VB 147561 und VB 147562 wurden.

Benzin- und benzolmechanische Triebwagen

Zu Beginn der Entwicklung steht der oben erwähnte Triebwagen der Insterburger Kleinbahn. Die wagenbaulichen Arbeiten übernahm hierfür die Waggonfabrik L. Steinfurth G.m.b.H., und die französische Firma Societé technique Westinghouse lieferte die elektrische Ausrüstung sowie den Vierzylinder-Viertakt-Benzinmotor. Benzinmotor und Generator waren quer im Wagenkasten über dem Drehgestell gelagert. Zwei elektrische Fahrmotoren trieben die Einzelachse und die äußere Achse des Drehgestells an. Die Motorbelüftung erfolgte über einen Dachaufsatz. Ebenso waren die Rippenkühlrohre und der Auspufftopf auf dem Dach montiert. Der verbleibende Raum des Wagenkastens enthielt ursprünglich 8 Sitzplätze 1. und 17 Sitzplätze 2. Klasse, nach einem späteren Umbau dann 6 Sitzplätze 2. Klasse und 21 Sitzplätze 3. Klasse. Der Einstieg trennte die beiden Großabteile.

Diesen Triebwagen setzte die Kleinbahn auf der 50 km langen meterspurigen Strecke Pogegen–Schmalleningken ein, da die ursprünglich vorgesehene Kleinbahn Tilsit–Mikieten erst 1912 eröffnet wurde. Nach nicht bestätigten Angaben soll das Fahrzeug 1944 zur Jüterbog-Luckenwalder Kleinbahn umgesetzt worden sein, nachdem er noch bei der Ostdeutschen Kleinbahn-Gesellschaft auf 750 mm umgerüstet worden war.

Die Ostdeutsche Kleinbahn-Gesellschaft bekam am 1. Oktober 1911 einen zweiten vierachsigen Triebwagen für die Königsberger Kleinbahn. Den Wagen lieferte die AEG. Die Leistung des NAG-Benzolmotors betrug 41,3 kW mit Kraftübertragung über einen Generator und zwei Fahrmotoren.

Vor der vorgesehenen Beschaffung weiterer Triebwagen für diese Bahn mit einer Spurweite von 750 mm wurde der AEG-Wagen umgebaut. Der bisher quer liegende Maschinensatz erhielt eine neue Lage in Wagenlängsachse in einem vom Wagenkasten getrennten Vorbau. Nach dem Vorbild dieses Umbauwagens lieferten AEG/NAG weitere sechs Triebwagen an die Gesell-

6.64. Benzolmechanischer Triebwagen für die Straßenbahn Spandau–Hennigsdorf, später von der Osthavelländischen Kreisbahn übernommen und umgebaut.
Sammlung Fiebig †

6.65. Ein VT aus den Anfängen des Triebwagenbaues der Deutschen Werke Kiel: TII der MFWE, später VT 749.
Sammlung Fiebig †

schaft. Diese Triebwagen sind von besonderem Interesse: Einmal, weil der Antrieb die Entwicklung der nächsten Jahre weitgehend beeinflußte, zum anderen wegen ihrer Formgestaltung durch den später weltberühmten Architekten Walter Gropius. Mit diesen Triebwagen begannen die AEG und deren Tochtergesellschaft NAG (ursprünglich Neue – später Nationale Automobil-Gesellschaft), die Triebwagenfertigung in größerem Umfang zu erweitern. Doch der erste Weltkrieg unterbrach diese Entwicklung.

1921 stellte die AEG der Kleinbahn Beeskow–Fürstenwalde einen zweiachsigen benzinmechanischen Triebwagen zur Verfügung, der wahrscheinlich als Vorführwagen Eigentum der AEG blieb. Ihm folgten die 2 Triebwagen der Benzol-Straßenbahn in Berlin-Spandau Nr. 6001 und 6002. Diese beiden Wagen waren den Straßenbahnwagen angepaßt. Weitere Lieferungen gingen an west- und norddeutsche Kleinbahnen. Die Fahrzeugteile dieser Triebwagen lieferte die Firma Linke-Hofmann Lauchhammer, mit der die AEG eine fünfjährige „Finanzehe" eingegangen war. Weitere Lieferungen mit AEG/NAG-Anlagen: jeweils ein Triebwagen an die Dessau-Wörlitzer Eisenbahn, an die Benzol-Straßenbahn Berlin-Spandau und an die Spremberger Stadtbahn. Die Wagenteile dieser Triebwagen wurden inzwischen von anderen Waggonfabriken geliefert: die ersten beiden von der Waggonfabrik Dessau

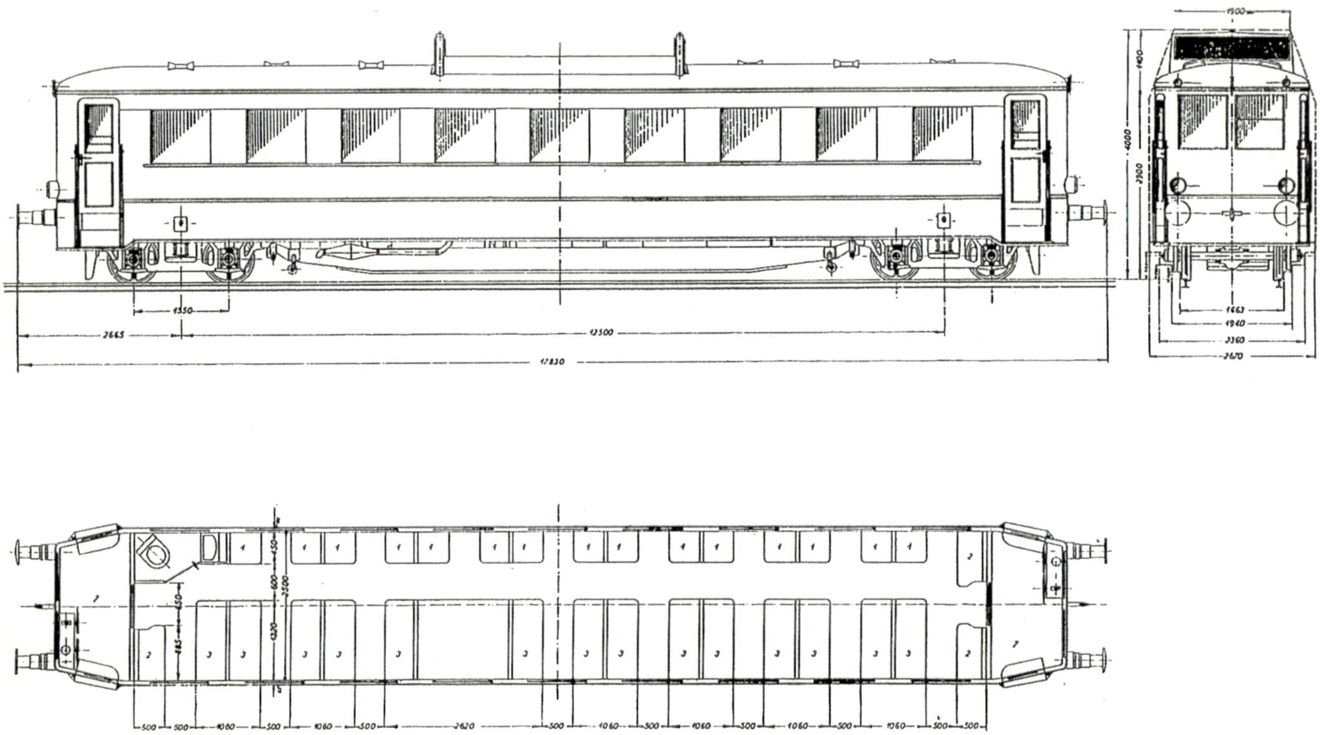

6.66. Typisierte Triebwagen Modell IA der DW Kiel. Druckschrift DW Kiel

und der dritte von der Firma Christoph & Unmack, Niesky. Zumindest bei den Wagen für die Dessau-Wörlitzer Eisenbahn und für die Spremberger Stadtbahn waren nicht die AEG/NAG Hauptauftragnehmer, sondern die Waggonfabriken, die auf Antriebsanlagen der AEG/NAG zurückgriffen (Tabelle 6.28.).

Einen modern anmutenden Reiseverkehr wickelte die Köln-Bonner Eisenbahn auf ihrer meterspurigen Strecke zwischen Köln, Pingsdorf und Waldorf ab. Neben zwei DWK-Triebwagen setzte die Köln-Bonner Eisenbahn fünf AEG-Vierachser mit dazu hergerichteten Steuer- und Beiwagen ein. Bachstein erwarb später drei Triebwagen und setzte sie auf der Nebenbahn Weimar–Großrudestedt ein. Nach dem Krieg wurden zwei der Wagen zu regelspurigen Personenwagen umgebaut und auf der Weimar-Berka-Blankenhainer Eisenbahn eingesetzt. Als solche wurden sie 1949 von der Deutschen Reichsbahn in den Reisezugwagenpark übernommen. Der dritte ehemalige Triebwagen der Köln-Bonner Eisenbahn Nr. 305 (DW Kiel/AEG) kam zur Südharz-Eisenbahn als T07; von dort wurde er 1939 nach Weimar–Großrudestedt und 1946 wieder zurück zur Südharz-Eisenbahn überstellt.

Charakteristisch für diese Triebwagen war der Einbau des NAG-Motors, eines wassergekühlten Sechszylinder-Viertakt-Motors. Bei den Vierachsern wurden zwei solche Motoren eingebaut. Seine Leistung betrug bei Leichtbenzin oder Benzol 56 kW. Das Anlassen geschah elektrisch, im Notfall durch eine Handkurbel. Das elektrische Bordnetz umfaßte die Lichtmaschine, die Batterie, den Anlasser, die Magnetzündung und die Beleuchtung. Zur Kühlung des Wassers dienten an den Stirnseiten befindliche, von jeweils einem Ventilator angeblasene Kühler. Sie gaben den Wagen das charakteristische Aussehen. Die Hersteller führten die Wagenkästen „wunschgemäß" unterschiedlich aus. Deswegen kamen auch die zwei von der

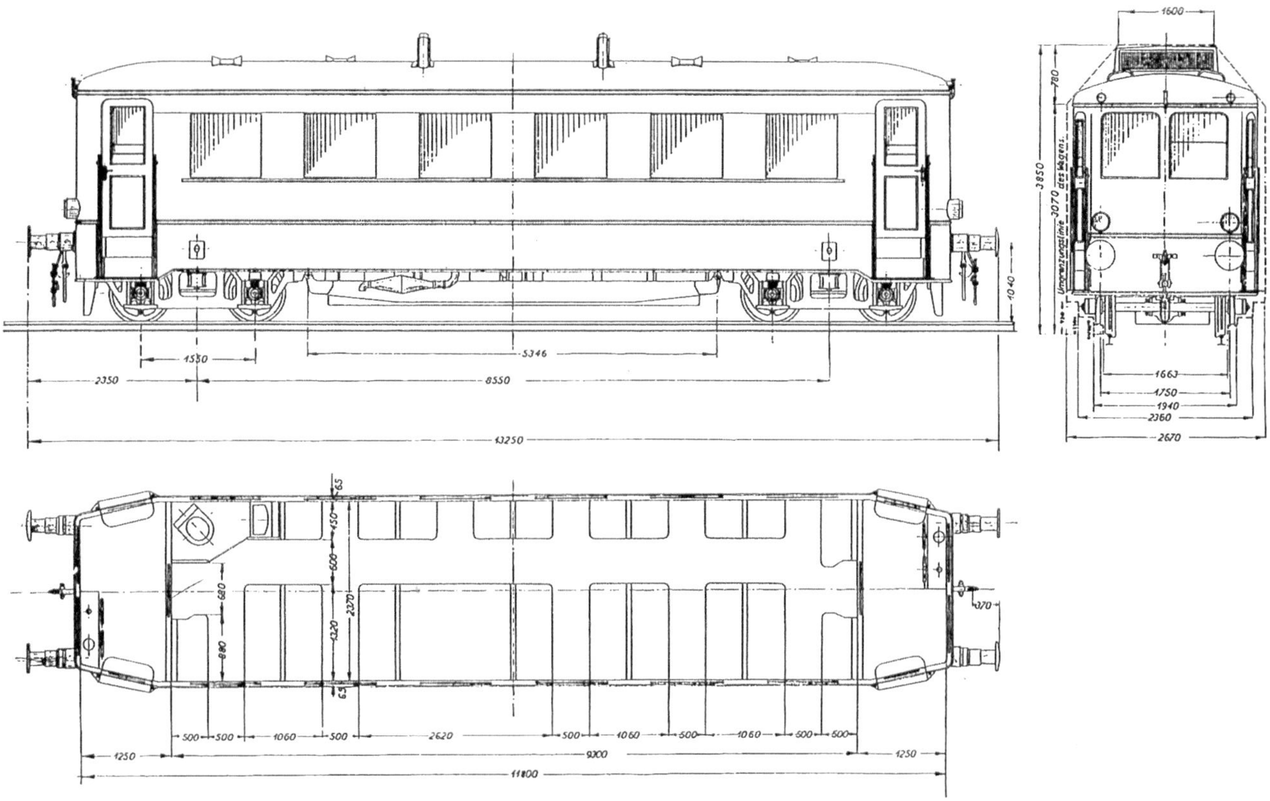

6.67. Typisierte Triebwagen Modell IVA der DW Kiel. Triebwagen dieser Type finden wir später bei der Ruppiner Eisenbahn und bei den Provinzial-Sächsischen Kleinbahnen.
Druckschrift DW Kiel

AEG entwickelten Typenreihen nicht zur Ausführung.

Auch die Deutschen Werke Kiel (DWK) begannen sich nach dem ersten Weltkrieg für den Triebwagenbau zu interessieren. Nicht genutzte Produktionskapazitäten und noch auf Vorrat liegendes Material, wie die Mercedes-Flugzeugmotoren, waren dazu Anlaß.

Nach dem Bau einiger Versuchswagen, die vorwiegend Werbe- und Vorführzwecken dienten, stellten die Deutschen Werke Kiel einen Plan zur Klassifikation für vier Triebwagentypen auf:

Typ I lange Vierachser,
Typ II lange Zweiachser,
Typ III kurze Zweiachser und
Typ IV kurze Vierachser.

Die ersten DWK-Triebwagen konnten im Aussehen die Herkunft nicht leugnen: Die mit Windschneiden ausgeführten Stirnseiten erinnerten an Unterseeboote. Die Bezeichnung „Silberfischchen" stellte eine geschmeichelte Umschreibung dar. Bestimmendes Merkmal der DWK-Triebwagen war die Anordnung der kompletten Maschinenanlage auf besonderen Tragegestellen, die wiederum auf den inneren Achsen gelagert wurden. Das ermöglichte schnelle Reparaturen bzw. das Auswechseln der Antriebsanlagen nach Anheben des Wagenkastens. Die Mercedes-Vergasermotoren hatten eine Leistung von 75 kW und 120 kW. Die Kraft wurde vom Motor über eine Lamellenkupplung auf das Vierganggetriebe und von dort über Gelenkwellen und Kegelzahnräder auf die Achsen übertragen.

Die Anordnung der Maschinenanlage wurde zwar anfangs von den Werkstätten begrüßt. Es stellte sich jedoch bald heraus, daß die über die Radsätze übertragenen Stöße zu Schäden an den Maschinenanlagen führten.

Die ersten DWK-„Silberfischchen" wurden an ausländische Bah-

6.68. Leichtbau-Triebwagen VT 133505, eh. T1 der HBE, im Bf Langenstein; August 1964. Foto Fiebig †

nen geliefert. Allerdings befindet sich in einer DWK-Schrift das Bild eines Fahrzeugs des Typs IV mit Windschneiden, der laut Bildlegende an die Ruppiner Eisenbahn geliefert worden sein soll. Eine später aufgestellte Fabrikliste enthält diesen Wagen jedoch nicht. Wahrscheinlich war es ein Vorführwagen.

1941 übernahm die DRG mit der Mecklenburgischen Friedrich-Wilhelm-Eisenbahn einen frühen DWK-VT. Dort als T II bezeichnet, erhielt er bei der DRG die Betriebsnummer 749. Die Herkunft des Triebwagens mit der Fabriknummer 19 der DWK ist nicht bekannt. Unterlagen war lediglich zu entnehmen, daß der Triebwagen 1938 bei der Mecklenburgischen Friedrich-Wilhelm-Eisenbahn ausgebessert werden mußte. Außerdem erhielt er noch bei dieser Bahn einen Büssing-Motor und war bis zur Übernahme durch die Deutsche Reichsbahn mehrfach wegen Lager- und Getriebeschäden abgestellt. Mit solchen Schäden übernahm ihn dann auch die Reichsbahn und führte ihn dem RAW Wittenberge zu. (Tabelle 6.29.)

Die Aufarbeitungsmeldungen jener Jahre bestätigten, was schon lange Zeit vorher festgestellt wurde. Schwachpunkte der DWK-Triebwagen waren der anfangs verwendete Mercedes-Flugzeugmotor, die zu schwach dimensionierten Lager und das empfindliche Getriebe. Als sehr langlebig stellten sich in den späteren Jahren die DWK-Wagenkästen heraus. Bis zur Seddiner Eisenbahn-Ausstellung im Jahr 1924 hatten die DWK die ursprüngliche Form der Wagenkästen verlassen und beschränkten sich auf die jeweils längeren vierachsigen und kürzeren Typen I und IV. Die Wagen des Typs IV entsprachen in vielfacher Hinsicht den Erfordernissen der Kleinbahnen. Von diesem Typ erwarben die Neuruppiner Eisenbahn 5 und die Provinzial-Sächsischen Kleinbahnen 7 Fahrzeuge, die, inzwischen mit Dieselmotoren ausgerüstet, 1949 zur Deutschen Reichsbahn kamen und ab 1. Januar 1950 als VT 137511 bis VT 137521 bezeichnet wurden. Die Provinzial-Sächsischen Kleinbahnen tauschten die DWK-VT des öfteren aus, so daß ein lückenloser Nachweis, wann und wo welcher Triebwagen lief, nicht möglich ist.

1927 stellte die Halberstadt-Blankenburger Eisenbahn ein bemerkenswertes Fahrzeug als T1 in Dienst. Der von der Waggonfabrik Uerdingen gelieferte Triebwagen setzte neue Maßstäbe: Konsequenter Leichtbau – Wagenkasten aus Leichtmetall und Verzicht auf den bis dahin üblichen Fahrzeugrahmen durch Anwendung einer selbsttragenden Kastenkonstruktion sowie fehlende Stoßvorrichtungen. Der ursprüngliche Büssing-Benzinmotor wurde nach einem Brand durch einen MAN-Dieselmotor ersetzt, und die Lokomotiv- und Maschinenfabrik Winterthur lieferte das neuentwickelte Getriebe. Die Deutsche Reichsbahn reihte diesen Triebwagen später als 133504 ein.

Eine eigene Gruppe der benzinmechanischen Triebwagen bildeten die Schienenomnibusse der Waggonfabrik Wismar, korrekterweise als Leichttriebwagen Bauart Hannover bezeichnet. Die Lage der finanziell stark bedrängten Kleinbahnen der Provinz Hannover veranlaßten das dortige Kleinbahnamt, die Entwicklung eines für nur geringen Reiseverkehr geeigneten Leichttriebwagens zu fordern. Die Grundsätze, bereits 1928 vom Landeskleinbahnamt formuliert, verlangten:
– Anschaffungspreis von weniger als 30000 Reichsmark
– einfache und billige Unterhaltung
– niedrige Betriebskosten und

6.69. Mit Prospekten dieser Art warb die Waggonfabrik Wismar für den von ihr entwickelten Schienenomnibus Bauart Hannover. Druckschrift Waggonfabrik Wismar

– Fahrmöglichkeiten in beiden Richtungen (ohne zu wenden).

Erst im Sommer 1931, nach einem für die Kleinbahnen äußerst verlustreichen Jahr, wurde für die Kleinbahn Lüneburg–Soltau bei der Waggonfabrik Wismar ein leichter Triebwagen bestellt. Wismar legte bereits im Oktober die Konstruktionszeichnungen für ein den o. g. Forderungen entsprechendes Schienenfahrzeug vor. Bedenken wurden nur gegenüber der Anwendung eines Ford-Motors und -Getriebes geäußert, weil dies keine deutschen Erzeugnisse wären. Nach dem Hinweis, daß man 85 Prozent dieser Teile in einem Kölner Werk fertigt, wurde der Bau freigegeben. Und bereits am 6. Mai 1932 verließ der erste Leichttriebwagen Bauart Hannover die Werkhalle in Wismar (Tabellen 6.30. und 6.31.).

Der Wagen fand allgemein Zustimmung. Die genannten Forderungen waren erfüllt, wobei der niedrige Beschaffungspreis von 23000 Reichsmark weit unter den Vorstellungen lag. Allerdings sei hier der Zweifel erlaubt, ob dieser Preis „echt" war, d. h. tatsächlich ohne Stützung erzielt werden konnte.

Hauptsächlichste Merkmale waren die angewandte Leichtbauweise und die beiden Motorvorbauten, von denen jeweils der in Fahrtrichtung vornliegende Motor allein arbeitete. Anfangs wurden Motoren des Typs A mit einer Leistung von 34 kW, später Motoren des Typs B mit 37,5 kW eingebaut.

Die Waggonfabrik Wismar lieferte zwischen 1932 und 1941 57 Schienenbusse und zwei Beiwagen an deutsche Bahnen. Die 1940 von der Waggonfabrik Wismar veröffentlichte Typenreihe hat nur theoretische Bedeutung, denn nur wenige Wagen entsprachen vollkommen den Parametern der fünf Typen; ansonsten glich kaum ein Wagen dem anderen.

Nur elf Leichttriebwagen der Bauart Hannover wurden 1949 von der Deutschen Reichsbahn übernommen. Die letzten beiden Triebwagen dieser Art waren die schmalspurigen VT 133524 und VT 133525 (eh. Ost- und Westprignitzer Kreiskleinbahnen Nr. 701 und 702). Sie wurden 1969 ausgemustert.

Die Klein- und Privatbahnen versuchten auch, Straßenomnibusse für den Eisenbahnbetrieb umzubauen. Schon während des ersten Weltkrieges hatten Feldeisenbahner Omnibusse und Lastkraftwagen umgebaut. Nach dem Krieg veranlaßten sogar mehrere Staatseisenbahnen derartige Maßnahmen. Bekannt ist das Beispiel eines Schienenomnibusses der Sächsischen Staatseisenbahnen. Allerdings taugten diese Fahrzeuge nicht viel; das Problem der Achsen und der Radsätze blieb ungelöst. Ein solcher umgebauter Straßenomnibus kam über die Gera-Meuselwitz-Wuitzer Eisenbahn noch als VT 133521 zur Deutschen Reichsbahn. Die Mängel und der Zustand dieses Busses hatten trotz Umsetzung zu einer anderen Strecke zur Folge, daß der Wagen mehr abgestellt als eingesetzt war und etwa 1960 im Bw Barth ausgemustert wurde.

Obwohl die Nachteile bekannt waren, die der Umbau eines Straßenomnibusses für den Eisenbahnbetrieb mit sich brachte, erwarb die Kleinbahn Gardelegen–Neuhaldensleben–Weferlingen 1932 insgesamt neun Doppelstockbusse. Diese Fahrzeuge stammten von der Berliner Verkehrs-Gesellschaft; sie wurden in den Jahren 1933 bis 1937 in acht Schienenomnibusse und einen Anhänger umgebaut.

Vom ersten dieser Umbauwagen ist die erste polizeiliche Zulassungsnummer als BVG-Bus bekannt: Sie lautete IA 60340. Beim Umbau, besonders des ersten Wagens, gab es viel Ärger. Im Antrag der Kleinbahn vom 27. September 1932 an die preußische Kleinbahnaufsicht bei der Rbd Hannover wurde unter Hinweis auf die schlechte wirtschaftliche Lage die Notwendigkeit des Umbaues begründet. Dabei wies die Kleinbahn darauf hin, daß das Umbaufahrzeug in verschiedenen Punkten von der „Bau- und Betriebsvorschrift für nebenbahnähnliche Kleinbahnen mit Maschinenbetrieb" abweiche:

6.70. T2 und A101 der Gardelegen-Haldensleben-Weferlinger Kleinbahn, umgebaut aus NAG-Bussen der BVG.
Sammlung Fiebig †

zu § 19 (1):
Federnde Zug- und Stoßvorrichtungen fehlen; beidseitig feste Stoßstangen und Anhängehaken für Abschleppen;
zu § 22 (8):
für Rückwärtsfahrt nur 1 Gang bis 15 km/h; Fahrzeug wird auf Endbahnhöfen gedreht;
zu § 42 (1):
Räder sind nicht auf der Achswelle aufgepreßt, sondern wie im Kfz-Bau mittels Kugellagern an den äußeren Enden der sich nicht drehenden Achsen gelagert. [187]

Bei der Einsicht in die Umbauzeichnungen stellten sich weitere Abweichungen von normalen Schienenfahrzeugen heraus. So waren die Räder aus Ringteilen zusammengebaut und die Radreifen durch Senkkopfschrauben befestigt, wobei sich zwischen Radreifen und Felge eine Hohlgummieinlage befand. Hier fühlte sich die Kleinbahnaufsicht überfordert und wandte sich ratsuchend an das Reichsbahn-Zentralamt für Maschinenbau, Berlin. Der Schriftwechsel zwischen Kleinbahn, Kleinbahnaufsicht, Reichsbahn-Zentralamt und preußischem Minister für Wirtschaft und Arbeit zog sich über 13 Monate hin. Bis dahin waren Forderungen nach Änderung vieler Bauteile erfüllt, z. B. die Umbauräder durch eisenbahntypische Räder ersetzt worden. Andere Änderungen betrafen die Verstärkung der vorderen Achse, den Umbau der Bremse, den Einbau einer Totmann-Einrichtung und einer Notstopanlage und zuletzt die Anbringung von eisenbahntypischen akustischen Signalgebern. Bis zum Juli 1933 hatte der Schienenbus 500 km Probefahrten zurückgelegt. Am 16. August 1933 absolvierte er die amtliche Abnahmefahrt, nach der mündlich vorerst eine Inbetriebnahme gestattet wurde. Am 29. Oktober 1933 erteilte die Kleinbahnaufsicht die schriftliche Genehmigung zur Inbetriebnahme.

Danach wurden die nächsten drei Omnibusse (T3 bis T5) umgebaut. Erst bei der Genehmigung zum Umbau des fünften Omnibusses (T6) gab es wieder Beanstandungen, weil hier das Oberdeck als Fahrgastraum beibehalten wurde. Man verlangte eine statische Nachrechnung wegen der erhöhten Fahrzeugmasse, den Nachweis, daß der Doppelstockbus innerhalb der Begrenzungslinien nach § 16 der BO für Kleinbahnen blieb, und eine neue Bremsberechnung. Der sechste Wagen (T7) besaß einen Rohölmotor, und hierzu mußten die Motorbauzeichnungen nachgereicht werden. Der T8 war wieder problemlos. Der achte Wagen (T9) erhielt einen Holzkohlegenerator. Das warf wieder Probleme auf, zumal hier der beidseitige Einstieg am Fahrzeugheck, an dem auch der Generator aufgestellt wurde, nur durch Umbau der Plattform zu erreichen war. Am 13. Oktober 1936 meldete die Kleinbahn die Fertigstellung des T9 und bat um Abnahme. Der Schriftwechsel zog sich hin, bis am 21. Juli 1937 die Indienststellung gestattet wurde. Zusätzlich erteilte die Kleinbahnaufsicht Auflagen über durchzuführende Änderun-

6.71. T9 mit Holzgasgenerator der Gardelegen-Neuhaldensleben-Weferlinger Kleinbahn. Sammlung Fiebig †

gen. Zwischendurch war, ebenfalls mit großem Aufwand, der neunte Omnibus in einen Anhänger (A 101) für den ersten Schienenbus, den T 1, umgebaut worden (Tabelle 6.32.).

Der Umbau und der Einsatz der Doppelstockbusse fanden eine große Resonanz. In vielen Zeitungen und Zeitschriften wurde in Wort und Bild darüber berichtet. Andere Kleinbahnen interessierten sich dafür. Der Reichsbevollmächtigte für Bahnaufsicht in Altona, Nachfolger der preußischen Kleinbahnaufsicht, erkundigte sich über die Bewährung der Umbauwagen. Dem Maschinenamt Magdeburg oblag die Beantwortung. Darin hieß es, daß die 8 Schienenbusse der Kleinbahn nach Änderungen an Lauf- und Triebwerken nach zum Teil dreijährigem Betrieb sich im Betrieb bewährt hatten, von den Reisenden gern benutzt wurden und daß damit eine Verkehrssteigerung bis zu 50 Prozent zu verzeichnen war. Abschließend stellte das Amt fest, daß derartige Fahrzeuge unbedenklich für den Kleinbahnbetrieb zugelassen werden könnten.

Über den Verbleib von Umbauwagen ist nichts bekannt. Der 1949 übernommene VT 133 511 war gewiß der T9 der Kleinbahn Gardelegen–Neuhaldensleben–Weferlingen, die ihn 1942 an die Kleinbahn Wegenstedt–Calvörde abgab. Augenzeugen berichteten, daß dieser Wagen einen Holzkohlegenerator besaß, der am Heck installiert war. Bei den damaligen Reiseverhältnissen und der damit verbundenen Überlastung des Wagens, vor allem durch die Plattform am Heck, sei manche Fahrt mehr als ein Wagnis gewesen. Einmal sei der Schienenbus sogar umgestürzt; danach wurde das Oberdeck entfernt. 1948 forderte die Kleinbahn Gardelegen–Neuhaldensleben–Weferlingen das Fahrzeug zurück, die Betriebsnummer 1 der Kleinbahn Wegenstedt–Calvörde muß beibehalten worden sein. Die Deutsche Reichsbahn setzte den VT 133 511 zum Bw Prenzlau um. Nach nicht bestätigten Meldungen wurde der VT im Jahre 1957 ausgemustert.

Einen der letzten benzinmechanischen Triebwagen, einen Drehgestellwagen, erhielt 1930 die Kleinbahn Freienwalde–Zehden. Es ist nur bekannt, daß dieses Fahrzeug noch bei der Kleinbahn einen Dieselmotor erhielt. Mit dem T 502 dieser Bahn, der von der Deutschen Reichsbahn als VT 137 526 übernommen wurde, hatte dieser Triebwagen nichts gemein.

Dieseltriebwagen

Was über die benzinelektrischen Triebwagen gesagt wurde, gilt auch für die dieselelektrischen Triebwagen: Hauptnachteil ist die erforderliche dreifache Unterbringung der Leistung. Deswegen wurden sie bei den Triebwagen für Klein- und Privatbahnen nur angewandt, wenn Dieselmotoren größerer Leistung installiert wurden, für die Rädergetriebe zu anfällig erschienen. Das war in der Regel bei den Wagen für die größeren Privatbahnen der Fall, wobei man häufig von der möglichen Zugsteuerung Gebrauch machte.

Das frühe, vereinzelte Beispiel eines schweren dieselelektrischen Triebwagens war der Wagen 217 der Reinickendorf-Liebenwalder Eisenbahn, der späteren Niederbarnimer Eisenbahn. Die AEG sorgte für die maschinelle Ausrüstung und die Waggonfabrik L. Steinfurth für den Fahrzeugteil. Der Triebwagen hatte eine Leistung von 67,5 kW und eine Dienstmasse von 45 t. Er konnte eine maximale Zugmasse von 80 t befördern und erreichte damit die Geschwindigkeit von 40 km/h. Die Höchstgeschwindigkeit des allein fahrenden Triebwagens betrug 50 km/h.

Dieser 1913 gebaute Wagen kam später an die Neukölln-Mittenwalder Kleinbahn als dortiger T4 (II.). Nach

6.72. Zum T03 gehörte der Steuerwagen C311, ebenfalls in der Werkstatt der Neuhaldenslebener Eisenbahn aufgebaut; hier bereits als VB 197833 im Bw Jerichow.
Foto Herfen

Verschleiß der Maschinenanlage baute man ihn bei dieser Kleinbahn in einen Personenwagen der Gattung C4 um. Dem Vernehmen nach war dieser C4-Wagen bei den Lokpersonalen sehr unbeliebt, da er im Vergleich zu den anderen Personenwagen zu schwer und zu lang und damit beim Rangieren „unhandlich" gewesen sei.

Eine interessante Gruppe in der Reihe der dieselelektrischen Triebwagen stellen die „selbstgestrickten", also die in Bahnwerkstätten durch Um- oder Eigenbau entstandenen Triebwagen dar.

So baute die Neuhaldenslebener Eisenbahn einen (A1)A-dieselelektrischen Triebwagen der Gattung Pw3vT, Betriebsnummer T03. Der Wagen erhielt einen 225-kW-Motor der Firma Knauer, Mannheim, und eine elektrische Ausrüstung der SSW. Im Regelverkehr lief das Fahrzeug im Verband mit zweiachsigen Steuerwagen modernerer Form, den C309 und C310. Die große installierte Leistung gestattete später das Mitführen eines vierachsigen Steuerwagens C311, den die Neuhaldenslebener Eisenbahn auf ein von der WUMAG erworbenes, dort nicht verwendetes Untergestell eines Triebwagens aufbaute. Der Triebwagen kam als VT 135522 und der C309 als VS 144501 zur Deutschen Reichsbahn. Der C310 ging nach dem zweiten Weltkrieg verloren; und der C311 wurde VS 145502, später VB 147512, um letztlich als ausgemusterter 197833 in den Besitz der Arbeitsgemeinschaft Salzwedel des Deutschen Modelleisenbahn-Verbandes der DDR überzugehen.

Die Söhrebahn bei Kassel erwarb von der DRG einen dreiteiligen Akkumulatoren-Triebzug mit Stahlbatterien und baute ihn in die Personenwagen Nr. 20 bis 22 um. Aus dem Wagen 21, dem ehemaligen Mittelwagen des AT-Zuges, entstand durch einen weiteren Umbau ein dieselelektrischer Bo-VT. Den 198-kW-Dieselmotor lieferte die MAN und die elektrische Ausrüstung die AEG. Unmittelbar nach Fertigstellung übernahm die Ruppiner Eisenbahn das Fahrzeug und gab ihm die Betriebsnummer 89. Als VT 135551 übernommen, wurde er nach längerer Abstellzeit Anfang der sechziger Jahre verschrottet (Tabelle 6.33.).

Einen weiteren Umbau-VT stellte die Zschipkau-Finsterwalder Eisenbahn 1934 in Dienst. Der eingebaute MAN-Dieselmotor besaß eine Leistung von 187,5 kW; der Wagen hatte drei Achsen, davon zwei in einem Drehgestell. Zum Triebwagenzug gehörten ein BCi, ein C4i und ein CPosti, die ebenfalls durch Umbau entstanden waren: der BCi und der CPosti vermutlich aus Einheitswagen, der C4i aus einem alten Schnellzugwagen. Auf die Zugsteuerung war verzichtet worden, so daß der Triebwagen auf den Endbahnhöfen umgesetzt werden mußte. Zusammen mit zwei Leichttriebwagen

6.73. Ihm ist die Herkunft kaum noch anzusehen: ehemaliger AT der DRG, umgebaut zu einem dieselelektrischen Triebwagen für die Ruppiner Eisenbahn; hier abgestellt als VT 135551 der DR.
Sammlung Fiebig †

wurde nahezu der gesamte Reiseverkehr auf den beiden Strecken der Zschipkau- (später Schipkau-)Finsterwalder Eisenbahn und der von ihr betriebenen Reichsbahnstrecke Senftenberg–Schipkau abgewickelt. Der dieselelektrische Triebwagen ist 1943 vermutlich als VT 137239 übernommen worden. Der weitere Verbleib ist, wie auch der der Leichttriebwagen, nicht bekannt.

1949 übernahm die Deutsche Reichsbahn von den Privatbahnen weitere dieselelektrische Triebwagen. Davon war ein weiterer Triebwagen zweiachsig: der VT 135553, ehemals T2 der Niederbarnimer Eisenbahn. Die anderen vier- und fünfachsigen Fahrzeuge sind durchweg moderner Bauart gewesen und verfügten über eine ausreichend große Leistung, um als Schlepp- oder Gütertriebwagen die anfallenden Zugförderungsarbeiten erfüllen zu können. Bemerkenswert ist jeder dieser Triebwagen, denn sie hielten einem Vergleich mit den DRG-Fahrzeugen durchaus stand. Die Deutsche Reichsbahn gab den übernommenen dieselelektrischen Triebwagen die Betriebsnummern VT 137551 bis VT 137556 und VT 137561 sowie VT 137562, die schmalspurig waren.

Wie bisher bekannt, gelangten zwei dieselelektrische Verbrennungs-Triebwagen nicht mehr zur Deutschen Reichsbahn. Das war der wegen Kriegsschäden verschrottete T302 der Brandenburgischen Städtebahn. Die Weimar-Berka-Blankenhainer Eisenbahn hatte einen zweiten sechsachsigen Doppeltriebwagen, der sich nach 1945 ohne Motoren im Bestand der Osterwieck-Wasserlebener Eisenbahn befand.

Anfang der dreißiger Jahre erlangte der Dieselmotor eine Betriebsreife, die es gestattete, ihn nunmehr im verstärkten Umfange für Triebwagen zu verwenden. Das traf ebenso für das Rädergetriebe zu. So sind Maybach- und Daimler-Benz-Dieselmotoren und Mylius-Getriebe heute noch bekannt. Die erste größere Gruppe von dieselmechanischen Triebwagen bildeten die 1932 bis 1934 gelieferten Leichttriebwagen, die man insbesondere für Kleinbahnen und vereinzelt für Privatbahnen entwickelt hatte. Äußerlich waren sie durch ihre geringen Abmessungen, noch mehr durch das Fehlen der Regel-, Zug- und Stoßvorrichtungen zu erkennen. Mehrere Waggonfabriken entwickelten eigene Typen. Und da die Bahnen glaubten, eigene Vorstellungen durchsetzen zu müssen, entstanden mehrere Bauarten, die sich durch abweichende Abmessungen und Motoren verschiedener Hersteller voneinander unterschieden. Zu diesen Leichttriebwagen gehörten:

Nr.	*Bahn*	*Verbleib*
31, 32	Zschipkau-Finsterwalder Eisenbahn	unbekannt
T 1	Gernrode-Harzgeroder Eisenbahn	VT 133522
T 06	Weimar-Großrudestedter Eisenbahn	Reparation
501	Spreewaldbahn	VT 133523
T 01	Kleinbahn Damme–Schönermark	VT 133512
T 1031	Niederlausitzer Eisenbahn	VT 135511
T 38	unbekannt	VT 133516

6.74. T301 der Brandenburgischen Städtebahn, ein schwerer dieselelektrischer Triebwagen; später VT 137553 der DR.
Sammlung Fiebig †

6.75. In der Werkstatt der Neuhaldenslebener Eisenbahn durch Umbau entstanden: der dieselelektrische Gütertriebwagen T03, später VT 135552; September 1962.
Foto Fiebig †

Die Motorenleistung betrug bei diesen Wagen 48,75 kW bis 52,5 kW.

Bei den Provinzial-Sächsischen Kleinbahnen war es die Kleinbahn Genthin, die sich den ähnlichen Entwurf eines Leichttriebwagens erarbeiten ließ. Wahrscheinlich setzte sich die Erkenntnis durch, daß trotz des angestrebten Leichtbaues ein Triebwagen mit Regel-, Stoß- und Zugvorrichtungen den Vorteil bot, bei Bedarf einen Personen- oder Güterwagen mitführen zu können. So lieferten Görlitz und Ammendorf insgesamt neun Triebwagen mit Regel-, Stoß- und Zugvorrichtungen an Provinzial-Sächsische Kleinbahnen.

Diese Leichttriebwagen mit dem Achsstand von 4500 mm gehörten zu den kleinsten regelspurigen VT. Sie hatten Daimler-Benz-Dieselmotoren der Typen OM65 und OM65/3 mit einer Leistung von 48,75 kW und 52,5 kW. Der letztgelieferte Triebwagen für die Kleinbahn Rennsteig–Frauenwald besaß einen Dieselmotor Typ OM67 mit einer Leistung von 71,25 kW.

Die DRG verfügte über keine vergleichbaren Triebwagen.

Wie die Lokomotiven der Provinzial-Sächsischen Kleinbahnen wurden um 1940 die Triebwagen umgezeichnet. Die Leichttriebwagen erhielten dabei die Betriebsnummern 1 bis 9.

Der größere Teil der dieselmechanischen Triebwagen der Klein- und Privatbahnen glich im Antrieb und zum Teil im Äußeren den Nebenbahntriebwagen der Deutschen Reichsbahn bzw. der DRG. Sie waren

6.76. Modern wirkte der Doppeltriebwagen T05 der Weimar-Berka-Blankenhainer Eisenbahn, später VT 137 555 a/b der DR.
Foto Haase

6.77. So sah es im Doppeltriebwagen der Weimar-Berka-Blankenhainer Eisenbahn aus.
Foto Haase

in den Jahren 1934 bis 1940 beschafft worden und stammten von verschiedenen Herstellern.

Bei der Deutschen Reichsbahn erhielten die 1949 übernommenen dieselmechanischen Triebwagen, soweit es sich um Zweiachser handelte, die Betriebsnummern VT 135 511 bis VT 135 550, und die Vierachser wurden zu VT 137 523 bis VT 137 528, VT 137 531 und VT 137 532. Unter den vierachsigen Triebwagen waren Typenwagen der Waggonfabrik Wismar, wie „Mosel" und „Niederbarnim". Wismar gab seinen Typenreihen Landschafts- oder Städtenamen, die der Erstlieferung entsprachen (Tabellen 6.34. und 6.35.).

Die Vorbereitungen zum zweiten Weltkrieg und der Krieg selbst unterbrachen die weitere Verdieselung der Klein- und Privatbahnen. Die Triebwagen mußten wegen Treibstoffmangels abgestellt werden. Ein Teil der Bahnen versuchte, durch Umstellung auf Anthrazit-, Holzkohle- oder sogar auf Leuchtgasantrieb die Triebwagen weiter zu verwenden. Das bedingte neben dem Einbau eines Generators zur Erzeugung von Schwelgas auch den Umbau der Dieselmotoren auf Vergaserbetrieb. Auf jeden Fall waren neben dem Verlust an Nutzfläche empfindliche Leistungseinbußen (etwa 15 Prozent) der Motoren zu verzeichnen. Ungeachtet verschiedener Sicherungsmaßnahmen bei Gasanlagen brannten einige derart umgebaute Triebwagen ab. Andere Triebwagen gingen wiederum durch die Kriegs- und Nachkriegsereignisse verloren.

Bei der DRG hatten ab Mitte der dreißiger Jahre Triebwagen mit hydraulischer Kraftübertragung Eingang gefunden. Unter den 1949 übernommenen Triebwagen der Privatbahnen befand sich der T3 der Halberstadt-Blankenburger Eisenbahn mit einem Voith-Strömungsgetriebe. Der MAN-Dieselmotor Typ W6V 22/30 besaß eine Leistung von 315 kW. Der als „Typ Harzbahn" bezeichnete Triebwagen war eine Sonderentwicklung für den Steilrampenbetrieb. Später erhielt er die Betriebsnummer VT 137 571. 1965 musterte ihn die Rbd Magdeburg aus.

In den ersten Jahren der Triebwagenentwicklung versäumten die Lieferer nicht darauf hinzuweisen, daß den Triebwagen ein bis zwei vorhandene Personenwagen zugestellt werden können. Das wurde vielfach praktiziert. Später setzte sich die Erkenntnis durch, daß es ökonomischer sei, hierfür besonders gebaute

6.78. Im Nebenbahndienst der DR: 24004 vor Nahgüterzug sowie VT 135539 mit VB 140509, beide ehemalige Gardelegen-Haldensleben-Weferlinger Kleinbahn. Bahnhof Jerichow, 17. Juni 1967.
Foto Fiebig †

6.79. Das Sachsenwerk Stendal baute für die Triebwagen einiger Provinzial-Sächsischer Kleinbahnen mehrere leichte Beiwagen; hier der 190836, ursprünglich Nr. 41 der Kleinbahn Genthin im September 1977 in Kalbe (Milde).
Foto Dietz

6.80. Auch die Triebwagen der Kleinbahnen mußten um 1939 auf Generatorbetrieb umgestellt werden, hier der Triebwagen 32 der Kyffhäuser Kleinbahn nach Umbau. Werkfoto. Waggonbau Lindner, Ammendorf

6.81. Vier Leichttriebwagen für Provinzial-Sächsische Kleinbahnen: T1 der Kleinbahn Annaburg-Prettin, T1 der Kleinbahn Wolmirstedt-Colbitz, T1 der Kleinbahn Burxdorf-Mühlberg und T1 der Kleinbahn Rennsteig–Frauenwald.
Werkfoto. Waggonbau Lindner

6.82. Hier der dieselhydraulische VT 137571, ehemaliger T3 der Halberstadt-Blankenburger Eisenbahn; September 1962.
Foto Fiebig †

6.83. Moderne Diesellokomotiven beherrschen heute die einstigen Klein- und Privatbahnstrecken … Foto Fiebig †

Bei- oder Steuerwagen beizustellen. Diese Wagen entsprachen im Äußeren allgemein den Triebwagen, für die sie bestimmt waren. Sie sind in den Abmessungen kleiner und bedeutend leichter als die älteren Personenwagen gewesen. Für die Provinzial-Sächsischen Kleinbahnen baute das Sachsenwerk Stendal mehrere Beiwagen, die für DWK- und den Leichttriebwagen verwendbar waren. Diese Beiwagen wurden im Gegensatz zu den ebenfalls vom Sachsenwerk gebauten Reisezugwagen mit Rollenlagern ausgerüstet. In der Regel enthielten sie ein Gepäckabteil für Stückgüter und vor allem für mitzuführende Fahrräder. Zuweilen war ein kleines Postabteil vorhanden. Im Umnumerierungsplan der Deutschen Reichsbahn erschienen jedoch drei Stendaler Beiwagen: 140502, 140511 und 140522. Die anderen Wagen wurden wahrscheinlich als Reisezugwagen umnumeriert.

Diesellokomotiven

Der Einsatz von Lokomotiven mit Benzinmotor ist nicht bekannt. Der vorhandene bescheidene Bestand beschränkte sich auf Fahrzeuge mit Dieselmotor und insbesondere auf die als Kleinbahnlokomotiven bezeichneten Bauarten. Hauptaufgabe der Motorkleinlokomotive war die Rangierarbeit auf kleineren Bahnhöfen, um Dampflokomotiven einzusparen und Güterzüge zu beschleunigen. Für die Klein- und Privatbahnen traf dies weniger zu. Wichtiger wäre hier gewesen, die Dampflokomotive überhaupt einzusparen, indem der Reiseverkehr durch Triebwagen und der meist geringe Güterverkehr mit Kleindiesellokomotiven abgewickelt werden konnte. Das war kaum der Fall.

Als die DRG in größerem Umfang Kleinlokomotiven einführte und deren Betriebstüchtigkeit sowie ihre Wirtschaftlichkeit bewies, zeichnete sich durch die Aufrüstung und den Krieg die Treibstoffknappheit ab, so daß die Dampflokomotive mit ihren einheimischen Brennstoffen wieder in den Vordergrund rückte. Immerhin hatte die DRG bis etwa 1940 rund 1300 Kleinlokomotiven in Dienst gestellt. Von 1939 an mußten sie vielfach auf Treibgas umgestellt werden.

Bei den Klein- und Privatbahnen waren bis 1940 nur wenige Diesellokomotiven geringerer Leistung vorhanden. Auffallend ist, daß diese Lokomotiven vorwiegend von Lieferfirmen stammen, die bis dahin noch nicht oder nur in beschränktem Umfange an Lieferungen für die DRG beteiligt waren. Das waren die Deutschen Werke Kiel und Ardelt, Eberswalde. Inwieweit Lokomotiven zu besonders günstigen Bedingungen überlassen wurden, sei dahingestellt. Die Werbung mit den wenigen Diesellokomotiven lief auf hohen Touren, wie Anzeigen der DWK aus der damaligen Zeit beweisen. Über eine der Ardelt-Lokomotiven ist Nachstehendes überliefert [182]:

Niederbarnimer Eisenbahn – Nr. Kö 03
Mietvertrag vom 4. 9. 1937
Mietpreis: 37000,– Reichsmark; monatliche Miete: 1750,– Reichsmark
von Ardelt geliefert am 29. 10. 1937.
Fabrik-Nr. 9.
Probefahrt am 10. 11. 1937 im Bf Basdorf.

Motor:	Humboldt-Deutz Typ AGM 220
Getriebe:	Ardelt
Radsätze:	2, Kuppelstangen
Länge über Puffer:	7600 mm
Größte Höhe:	3000 mm
Größte Breite:	3060 mm
Achsstand:	2600 mm
Bremse:	Wbr.

Diese Maschine hatte bei der Deutschen Reichsbahn später die Bezeichnung Kö 5732 bzw. V 15002.

Soweit vorhanden, gingen alle Diesellokomotiven mit den einzelnen Bahnen 1949 an die Deutsche Reichsbahn ohne Umnumerierungsplan über. Als die Deutsche Reichsbahn nach 1950 daran ging, den abgestellten, durchweg nicht mehr betriebsfähigen Diesellokomotivpark zu sichten und aufzuarbeiten, fragte niemand nach der Herkunft der Fahrzeuge. Gemeinsam mit den Diesellokomotiven, die einst der faschistischen Wehrmacht gehörten und die teilweise auch über die Klein- und Privatbahnen zur Deutschen Reichsbahn gelangten, wurden die Lokomotiven aufgearbeitet, an Werkbahnen verkauft und, wenn nicht mehr aufarbeitungsfähig, verschrottet (Tabelle 6.36.).

So erschienen bei der Deutschen Reichsbahn die Kö 0292 bis Kö 0303, Kö 0401 bis Kö 0409, Kö 5710 bis Kö 5760 und Kö 6001 bis Kö 6004 sowie die Diesellokomotiven der Baureihen V 16, V 20, V 22 und V 36. Ein Mitte der fünfziger Jahre aufgestellter Nummernplan für die V-Lokomotiven unterschied diese Fahrzeuge nur noch nach Leistung, Achsfolge und Motorbauart.

Bei der Deutschen Reichsbahn wurde auf vielen Strecken der ehemaligen Klein- und Privatbahnen – soweit sie nicht gänzlich stillgelegt waren – nach und nach die Dieselzugförderung eingeführt, sowohl mit vorhandenen älteren DRG-Triebwagen, mit der neuentwickelten Bauart Bautzen (Baureihen 171 und 172), mit Kleinlokomotiven und Diesellokomotiven älterer und neuerer Bauarten geringerer und mittlerer Leistungen.

6.6. Elektrische Zugförderung

Zu behandeln sind hier die elektrischen Triebfahrzeuge jener Bahnen, die nach der Trennung Kleinbahn–Straßenbahn weiterhin als Kleinbahnen konzessioniert wurden:

- die Elektrische Kleinbahn im Mansfelder Bergrevier
- die Strausberger Klein-, später Eisenbahn
- die Oberweißbacher Bergbahn
- die Buckower Kleinbahn
- die Schleizer Kleinbahn.

Die Elektrische Kleinbahn im Mansfelder Bergrevier hatte 1921 folgenden Fahrzeugbestand:
20 vierachsige Triebwagen,
3 zweiachsige Triebwagen,
22 vierachsige Beiwagen,
11 zweiachsige Beiwagen,
2 Gepäckwagen,
ferner mehrere Fahrzeuge für innerbetriebliche Dienste. Es waren Straßenbahnfahrzeuge herkömmlicher Bauart. Die Fahrleitungsspannung betrug 600 V. Die Stromabnahme erfolgte über Stangenstromabnehmer mit Rolle. Nach der Betriebseinstellung Ende 1922 wurden die Fahrzeuge verkauft oder ausgemustert.

Auch die Strausberger Eisenbahn, entstanden aus einer dampflokbetriebenen Bahn, ist ein Straßenbahnbetrieb gewesen. Sie existiert heute noch, allerdings trug man 1949 bei der Übernahme der Kleinbahnen dem Straßenbahncharakter Rechnung und überließ die Bahn der Stadt Strausberg als kommunalen Betrieb.

Die Oberweißbacher Bergbahn verdankt ihren elektrischen Betrieb auf der Reibungsstrecke der Notwendigkeit, für den Betrieb der Standseilbahn eine Kraftzentrale vorhalten zu müssen, die die Stromversorgung der Reibungsbahn mit zu übernehmen hatte.

Die Buckower Kleinbahn, entstanden durch Umwandlung und Umbau einer schmalspurigen Kleinbahn, wählte den elektrischen Betrieb wegen des zu erwartenden starken Berufs- und Ausflugsverkehrs. Der geringe Güterverkehr war zu vernachlässigen.

Die Schleizer Kleinbahn mußte auf Forderung verschiedener Stellen elektrifiziert werden, obwohl ein Kleinbahnfachmann hiervon abriet. Wahrscheinlich versprach man sich durch die Kraftwerksnähe billigere Energiekosten. Außerdem waren mehrere erhebliche Steigungen vorhanden, die dem Dampfbetrieb Grenzen gesetzt hätten. Der (wie auf allen anderen elektrischen Kleinbahnen) Inselbetrieb rechtfertigte kaum den erhöhten Aufwand. Die Deutsche Reichsbahn löste den elektrischen Zugbetrieb aus Rationalisierungsgründen am 1. September 1969 durch den Dieselbetrieb ab.

Alle elektrischen Bahnen wiesen in früheren Jahren einen ungewöhnlich umfangreichen Reiseverkehr auf, der im Regelfall durch Triebwagen abgewickelt wurde. Die Strausberger Eisenbahn hielt anfangs für den Güterverkehr eine Dampflokomotive und für Sonderzüge einige ältere Reisezugwagen vor. Die Dampflokomotive wurde bald durch eine kleine elektrische Lokomotive ersetzt. Als infolge des zweiten Weltkrieges der Güterverkehr zunahm, erwarb die Kleinbahn noch eine zweite Ellok (Tabelle 6.37.).

Die Trieb- und Beiwagen der Strausberger Eisenbahn waren Straßenbahnwagen. Sie sind sehr komfortabel ausgestattet worden. Deswegen lag ihr Niveau über dem anderer Straßenbahnwagen. Merkmale der Strausberger Wagen waren: Maximum-Drehgestelle, Ober-

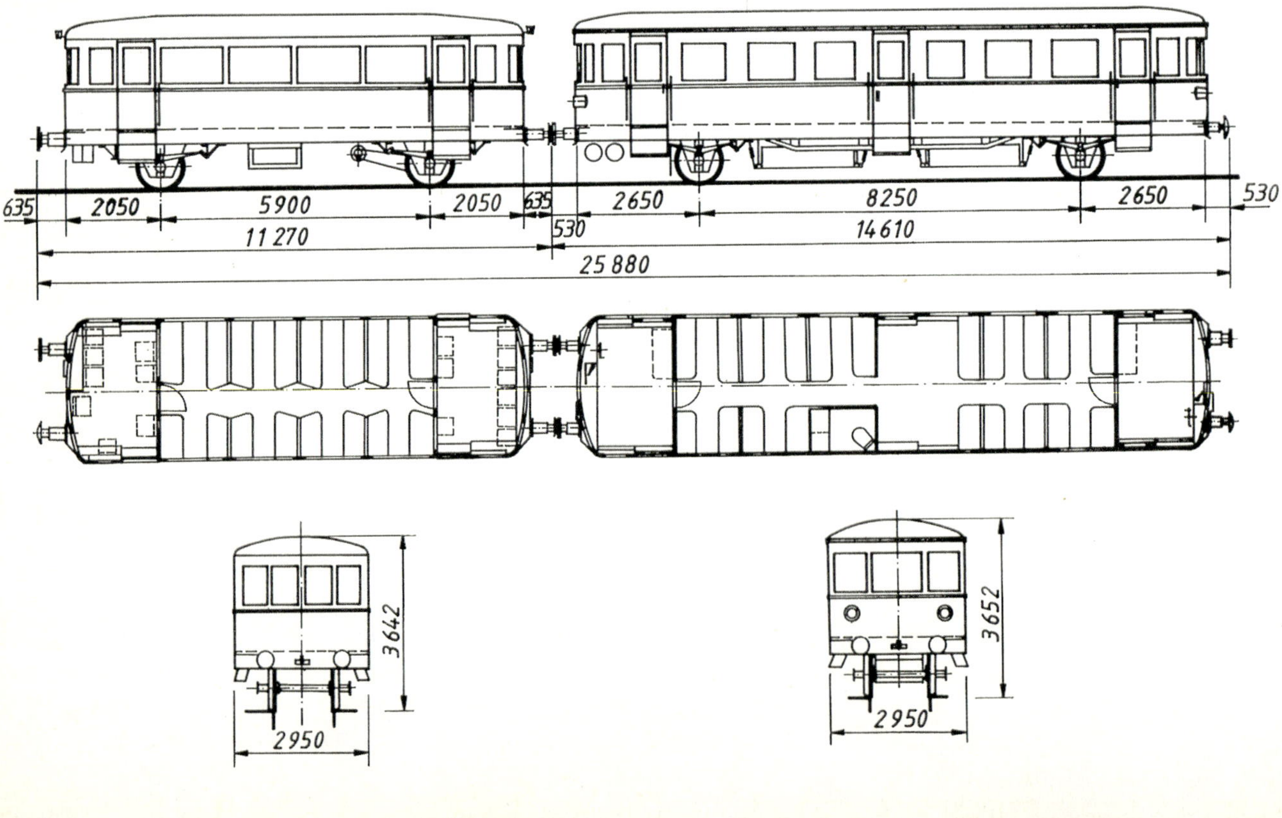
635
2050
5900
2050
635
2650
8250
2650
530
11 270
530
14 610
25 880
3642
2950
3652
2950

6.84. Ehemalige Strausberger Eisenbahn: T3, Beiwagen 4 und 6 sowie T16 in Strausberg; Juli 1968. Foto Fiebig †
6.85. Maßskizze des AT und des dazugehörigen Beiwagens der Zschornewitzer Kleinbahn. Zeichnung Makowsky
6.86. Im Bestand des Verkehrsmuseums Dresden: ET 188521, ehemaliger Gütertriebwagen der Schleizer Kleinbahn; September 1979. Foto Fiebig †

lichtaufbau, große Fenster und Mahagoniholzauskleidung im Innern, Stromabnahme mittels Stangenstromabnehmer mit Rolle. Die Beiwagen entsprachen weitgehend den Triebwagen; auch sie liefen auf Drehgestellen. Ein zweiachsiger Beiwagen hatte ein Traglasten- und ein Postabteil. Der Triebwagen 1 bleibt als historischer Wagen erhalten, die anderen Fahrzeuge sind inzwischen ausgemustert und durch Straßenbahnwagen anderer Betriebe ersetzt worden.

Die Triebwagen der anderen elektrifizierten Kleinbahnen entsprachen in der elektrischen Ausrüstung zwar denen der Straßenbahnwagen, im Fahrzeugteil jedoch näherten sie sich den Grundsätzen des Personenwagenbaues. Hier waren die Forderungen des Kleinbahnbetriebes zu berücksichtigen. Lediglich die Personentrieb- und -beiwagen der Schleizer Kleinbahn hatten keine Regel-, Stoß- und Zugvorrichtungen. Für den anfallenden Güterverkehr, im Umfang doch recht gering, dienten besondere Gütertriebwagen. Diese hatten die gleiche elektrische Ausrüstung wie die Personentriebwagen, jedoch im Antrieb eine geänderte Übersetzung und Regel-, Stoß- und Zugvorrichtungen. Ein später gebraucht erworbener Reisezugwagen der Gattung CiPr91 konnte den Gütertriebwagen als Beiwagen mitgegeben werden. Einer der Gütertriebwagen erhielt außerdem ein Sitzplatzabteil. Als technisches Denkmal dieser doch recht seltenen Zugförderungsart blieb der ehemalige GT1 der Schleizer Kleinbahn, bei der Deutschen Reichsbahn ET 188521, erhalten.

Die Strecken der ehemaligen Bukkower Kleinbahn und der Oberweißbacher Bergbahn werden noch heute, allerdings mit inzwischen rekonstruierten Fahrzeugen betrieben.

Die Tabelle 6.38. enthält die ursprünglichen technischen Daten der Fahrzeuge der elektrischen Kleinbahnen.

Elektrische Zugförderung kann auch ohne Fahrleitung durchgeführt werden, wenn die Fahrzeuge die elektrische Energie in mitgeführten Akkumulatoren gespeichert haben. Für Klein- und Privatbahnen ergeben sich die gleichen Vorteile wie im VT-Betrieb: Ersatz kleiner und unrentabler Dampfzüge, Fahrplanverdichtung und Trennung des Personen- und Güterverkehrs. Nachteile, wie der begrenzte Fahrbereich und die Notwendigkeit der Batterieerneuerung bzw. des Aufladens trafen den hier praktizierten Nebenbahnbetrieb kaum. Hauptsächlichster Nachteil blieb aber der hohe Beschaffungspreis (bei den letztgebauten Akkumulator-Triebwagen 601 bis 616 der DRG kostete der Doppelwagen 138500 Mark) und die Kosten für die erforderliche Ladestation. So war es lediglich die Zschornewitzer Kleinbahn, die 1934 einen Akkumulator-Triebwagen beschaffte. Letzten Endes waren die alten, mit Petroleum beleuchteten Personenwagen keine Reklame für den Besitzer der Kleinbahn, die Reichselektrowerke-AG, einen der AEG angeschlossenen Betrieb. Der Akkumulator-Triebwagen machte einen modernen Eindruck. Die Akkumulatoren waren in Wechselbehältern unter dem Wagenfußboden untergebracht. Für den durchgehenden Einsatz von Golpa über Burgkemnitz nach Bitterfeld, also auch über die Reichsbahnstrecke, mußte nicht nur die Kleinbahnaufsicht, sondern auch das Reichsbahn-Zentralamt die Betriebsgenehmigung erteilen. 1938 kam noch ein Beiwagen hinzu; bis dahin wurden Personenwagen der Kleinbahn mitgeführt. Da während des zweiten Weltkrieges die verschlissenen Akkus nicht ersetzt werden konnten, nutzte die Kleinbahn beide Fahrzeuge als Personenwagen.

6.7. Wagen

Reisezugwagen

Was für die Lokomotiven galt, traf auch für die Wagen zu: Das Anfangskapital jeder Klein- und Privatbahn sah in der Regel auch die Beschaffung fabrikneuer Wagen vor. Erst mit der meist unerwarteten Zunahme des Verkehrs mußte auf gebraucht erworbene Wagen zurückgegriffen werden, da die begrenzten Einnahmen einen Neukauf ausschlossen.

Die Entwicklung solcher Reisezugwagen kann man nach folgenden Parametern festlegen:
- der Achsanordnung
- der Ausführung als Abteil- und Durchgangswagen
- dem Fahrkomfort und
- der technischen Entwicklung.

Zur Achsanordnung läßt sich feststellen, daß der größte Teil der Klein- und Privatbahnwagen zweiachsig war. Achsstände von 4000 mm sind bei den älteren Reisezugwagen häufig anzutreffen gewesen – bei zulässigen 4500 mm, wenn die Wagen keine Lenkachsen besaßen und die Krümmungshalbmesser der Strecke mindestens 180 m betrugen. Bei größeren Achsständen und kleineren Krümmungshalbmessern mußten Lenkachsen verwendet werden. Aber auch hier waren Achsstände über 5500 mm selten. Erst in späteren Jahren wurden Wagen mit Achsständen bis zu 8500 mm in Dienst gestellt.

Nur wenige Klein- und Privatbahnen beschafften dreiachsige Reisezugwagen. Denn diese hatten in der Regel einen ausgedehnten Ausflugsverkehr oder längere Strecken zu bedienen. Beispiele dafür sind die BC3i der Dessau-Wörlitzer Eisenbahn (1910), der Ruppiner Eisenbahn (1908 bis 1913) und die BC3i und C3i der Mecklenburgischen Friedrich-Wilhelm-Eisenbahn sowie der Prignitzer Eisenbahn. Alle anderen dreiachsigen Personenwagen dürften Gelegenheitskäufe gewesen sein. Drehgestellwagen wurden von der Halberstadt-Blankenburger Eisenbahn beschafft. Diese BC4i und C4i entsprachen in der Länge etwa den Wagen der Bauart Langenschwalbach, fielen aber erheblich schwerer aus.

Eigenständige Entwicklungen waren die BCPwPost4i, die Ammendorf für einige Provinzial-Sächsische Kleinbahnen lieferte und mit denen sich das ganze Verkehrsaufkommen der damit ausgerüsteten Kleinbahnen bewältigen ließ. Einige größere Kleinbahnen erhielten BC4i-Wagen gleicher Abmessungen; später ergänzt durch C4i-Wagen, die das Sachsenwerk Stendal baute. Andere beschafften in den dreißiger Jahren Drehgestellwagen von der DRG und der MITROPA, die für die Zwecke der Bahnen umgebaut wurden. Beispiele dafür sind die Wagen der Brandenburgischen Städtebahn. Moderne C4i-Wagen hatte die Ruppiner Eisenbahn zuletzt im Bestand. Den technischen Daten nach entsprachen sie den Eilzugwagen der DRG. Bei den Schmalspurbahnen war der Anteil der Drehgestellwagen größer.

Ob Abteil- oder Durchgangswagen ist bei der Eröffnung der hier beschriebenen Klein- und Privatbahnen bereits zugunsten des Durchgangswagens entschieden worden. Abteilwagen gehörten noch zur Erstausstattung der Halberstadt-Blankenburger Eisenbahn bei der Eröffnung der Stammstrecke im Jahre 1873:
1 BC mit Sitzplätzen 8/40 der 2./3. Klasse,
2 C mit Sitzplätzen 96 der 3. Klasse,
4 ABC mit Sitzplätzen 16/64/72 der 1./2./3. Klasse.

Diese Abteilwagen waren ohne Laternendach und ohne Abort; die Achsstände betrugen 5200 mm und die Längen über Puffer 9690 mm und 9510 mm. 1874 folgten zwei C-Wagen; 1890, 1904 und 1907 erwarb die gleiche Bahn von der preußischen Staatseisenbahn noch einige Uralt-Abteilwagen, deren Aussehen an die Postkutsche erinnerte. Die wenigen bei den anderen Bahnen vorhandenen Abteilwagen waren Gelegenheitskäufe oder Leihwagen.

Der Durchgangswagen mit den stirnseitigen Einstiegen über Plattformen wurde schlechthin der Nebenbahnwagen bei den Klein- und Privatbahnen. In einem Bericht sämtlicher Bahnen des V.D.E.V. hieß es bereits 1892: „Für die Züge der Nebenbahnen werden allgemein Durchgangswagen als zweckmäßig angesehen, weil bei diesen Zügen auf Personalersparnis besonders Bedacht genommen werden muß, das reisende Publikum sich freier bewegen kann und die Wagen gleichmäßiger ausgenutzt werden können." [154]

Die Halberstadt-Blankenburger Eisenbahn erhielt 1885 für den Betrieb auf der Harzbahn erstmalig Durchgangswagen der Gattungen ABi und Ci, die den Preußischen Normalien, Blätter 1 und 2, von 1878 entsprachen. Von 1905 bis 1907 stellte die gleiche Bahn weitere Reisezugwagen der Gattungen ABi, Bi, BCi und Ci in Dienst, die einen verhältnismäßig großen Achsstand von 7000 mm hatten und den preußischen Nebenbahnwagen jener Zeit ähnelten. Hauptsächlichste Unterschiede gegenüber den ebenso alten Nebenbahnwagen waren die fehlende Mittelachse und fehlende Aborte. Ab 1906 bezog die Halberstadt-Blankenburger Eisenbahn dann Durchgangswagen, die, außen holzverkleidet, württembergischen Wagen ähnelten. Es waren Wagen der

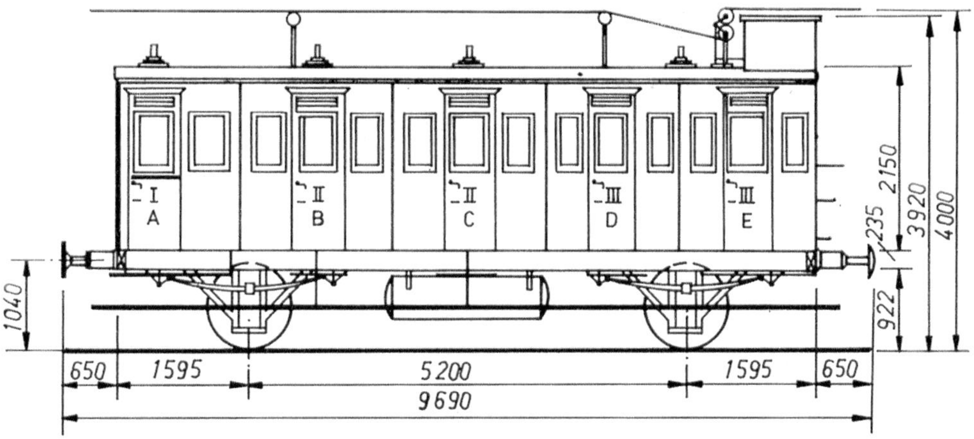

6.87. Maßskizze eines Abteilwagens der Halberstadt-Blankenburger Eisenbahn aus dem Jahre 1873. Sammlung Röper

Gattungen BCPwi, BCi und Ci. Das Pw der erstgenannten Gattung steht für ein geräumiges Zugführerabteil, das zusätzlich zu den stirnseitigen Übergängen noch doppelflügelige Türen in den Seitenwänden aufwies.

Die Halberstadt-Blankenburger Eisenbahn besaß auf Grund ihres starken Ausflugsverkehrs relativ viele Personenwagen. Durch die Einschränkung des Verkehrs während des zweiten Weltkrieges mußten einige Wagen an andere Bahnen abgegeben werden. So verblieben 1945 mehrere Wagen bei den Celler Kleinbahnen in der BRD. Andere Wagen waren bei der Osterwieck-Wasserlebener und der Oschersleben-Schöninger Eisenbahn.

Die Durchgangswagen der Halberstadt-Blankenburger, der Wittenberge-Perleberger, der Prignitzer- und der Mecklenburgischen Friedrich-Wilhelm-Eisenbahn konnten durchweg als Hauptbahnwagen eingestuft werden, denn entsprechend ihren Beschaffungsjahren entsprachen sie Wagen ähnlicher Bauarten für die Staatseisenbahnen. Auch die Einheitswagen der DRG, Gattungen Bi, BCi, Ci und Di der Jahre 1921 bis 1930, waren in erster Linie für den Einsatz der Hauptbahnen bestimmt. Sie wurden für die genannten Privatbahnen nachgebaut. Anders verhielt es sich mit den Wagen der Kleinbahnen. Diese konnten nur auf deren Strecken eingesetzt werden. Kurze Achsstände, z. T. fehlende Druckluftbremsen, Aborte und Dampfheizungen charakterisieren diese Wagen. Hinzu kam der teilweise schlechte Unterhaltungszustand. Gegenüber der Aufsichtsbehörde brauchte hier nur jeweils der Tag der letzten Untersuchung nachgewiesen zu werden. Deswegen fehlen bei den Wagen der Kleinbahnen komplette Listen und Aufzeichnungen. 1949/50 mußte ein Teil der übernommenen Kleinbahnwagen besonders gekennzeichnet werden. Dabei wurden die neuen Wagennummern rot umrahmt. Die damit versehenen Wagen waren nicht „freizügig" auf den Strecken einzusetzen. Erst nach Aufarbeitung durch ein Raw, nach Einbau der Druckluftbremse, der Beleuchtung u. a., durfte der rote Rahmen gelöscht werden.

Eine Einteilung der Reisezugwagen nach dem Reisekomfort oder der inneren Ausstattung ist gleichbedeutend mit der Einteilung nach Sitzklassen. 1928 wurde die 4. Klasse abgeschafft und diese Abteile in 3. Klasse mit Traglastenabteil umgebaut. Zumindest im Anfang mußte das einfache Brettergestühl der 4. Klasse beibehalten werden. Im übrigen hatten nur wenige Privat- und Kleinbahnen die 4. Klasse geführt. Eine 4. Klasse hätte bedeutende Mindereinnahmen zur Folge gehabt und die Rentabilität dieser Bahnen weiter verschlechtert. Die beste und komfortabelste Einrichtung bei Reisezugwagen wiesen die Sonderreisezugwagen auf; häufig als Salonwagen bezeichnet. Derartige Wagen gab es nur bei einigen Privatbahnen. Dem vorgesehenen Zweck für „höchste Herrschaften" dienten sie kaum. Fast immer wurden diese Wagen für Bereisungsfahrten, die der Revision oder der Besichtigung von Strecken dienten, eingesetzt. Das war bei der Halberstadt-Blankenburger Eisenbahn und bei der Brandenburgischen Städtebahn der

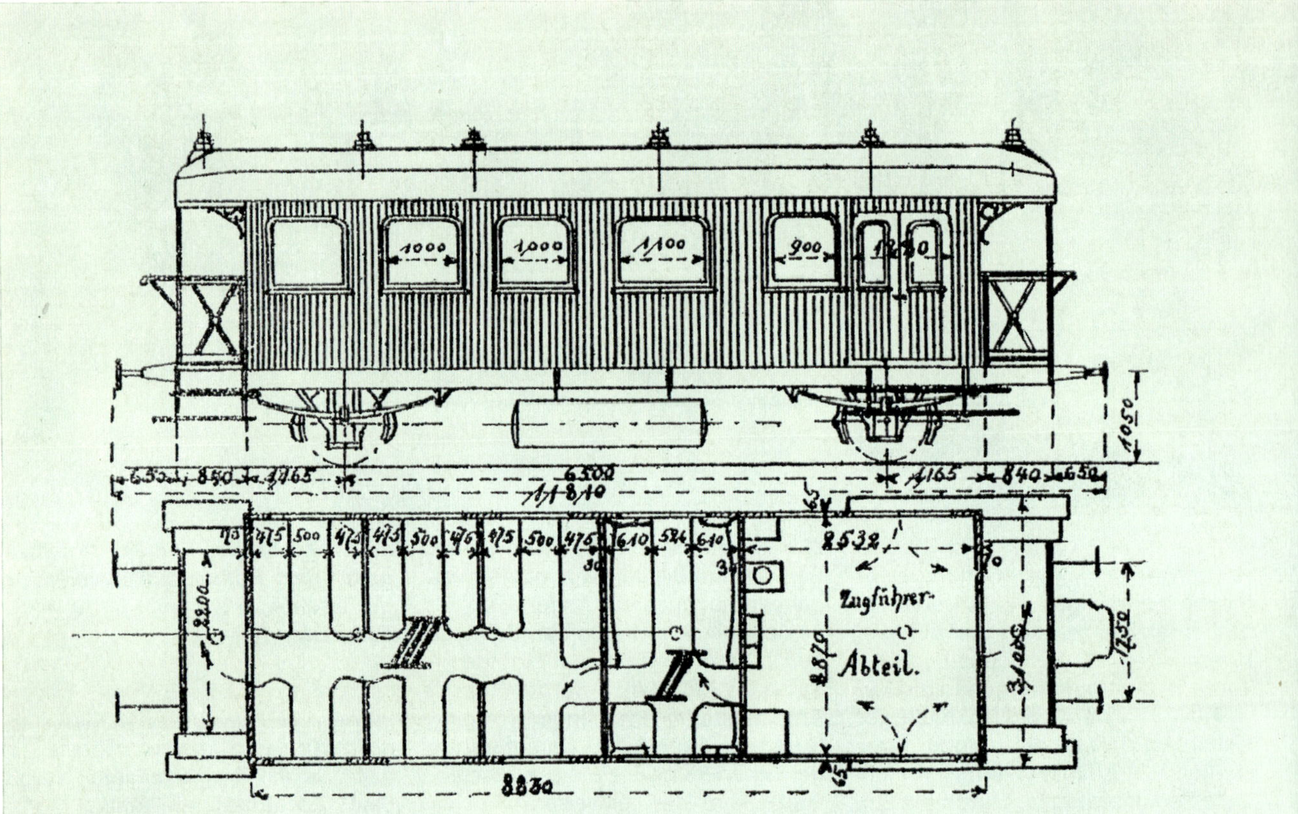

6.88. Maßskizze eines 1905 gebauten BCPwi der Halberstadt-Blankenburger Eisenbahn. Sammlung Röper

Fall. Auch für den ABi-Wagen der Dessau-Wörlitzer Eisenbahn, dessen A-Hälfte als Salon für Fahrten des Anhaltinischen Fürstenhauses von Dessau zur Sommerresidenz Wörlitz dienen sollte, sind keine Hinweise über einen derartigen Einsatz bekannt. Lediglich ein Sonderzugfahrplan, aufgestellt anläßlich einer Revisionsfahrt durch den Vorstand, bei der der ABi-Wagen eingesetzt wurde, blieb erhalten. Im Inneren waren die Wagen teuer ausgestattet: gepolsterte Sitzbänke und Sessel, Tisch, Garderobe, Spiegel, mit Edelhölzern verkleidete Wände und Teppiche. Auf äußeren Zierrat wurde verzichtet!

Die 1. Klasse war nur bei der Halberstadt-Blankenburger Eisenbahn in gemischtklassigen Wagen (3 ABC-Wagen der Erstausstattung, AB und ABi späterer Ausführungen) vorhanden. Die Sitzplatzteilung betrug bei den Abteilwagen 3+0 und 2+1, bei den Durchgangswagen in der Regel 2+2. Reine 2.-Klasse-Wagen existierten nur in einigen Exemplaren bei der Brandenburgischen Städtebahn, der Halle-Hettstedter und der Paulinenaue-Neuruppiner Eisenbahn. Die BCi-Wagen besaßen ein oder zwei Abteile 2. Klasse mit der Sitzplatzteilung 2+2, während sie bei der 3. Klasse 3+2 betrug. Die mögliche Sitzplatzteilung 3+1 und 4+1, in mehreren Wagenzeichnungen als Variante angedeutet, ist anscheinend nie ausgeführt worden. Stets waren die Abteile offen, zuweilen jedoch die 2. und die 3. Klasse durch eine Zwischenwand getrennt.

In Tabelle 6.40 sind Angaben über die Reisezugwagen (1921/22) zusammengestellt. Die Zahlen mögen überraschen: In den Statistiken erscheinen stets größere Bestandszahlen an B(i)- und BC(i)-Wagen (die wenigen 1.-Klasse-Wagen können vernachlässigt werden), dagegen ist die Zahl der vorhandenen Sitzplätze der 2. Klasse aussagekräftiger, denn obwohl 45 Prozent der Wagen zu den Bauarten B(i) und BC(i) zählten, betrug der Anteil der Sitzplätze 2. Klasse nur 17 Prozent.

Bei den 3.-Klasse-Wagen ist zu berücksichtigen, daß diese in vielen

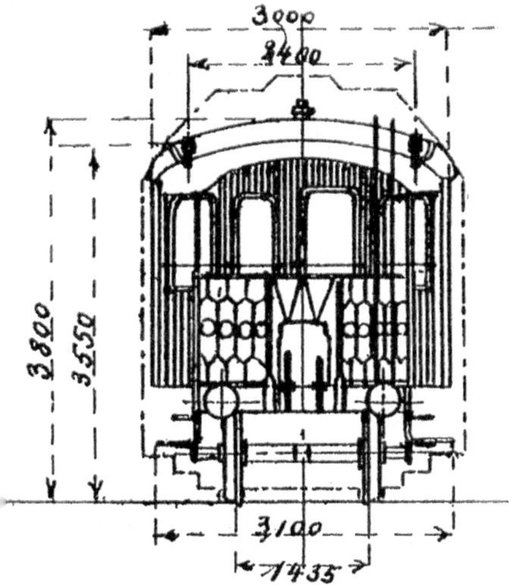

***6.89.* Für einige Provinzial-Sächsischen Kleinbahnen wurden Wagen dieser Gattung BCPwPost 4i geliefert.**
Werkfoto. Waggonbau Lindner, Ammendorf

***6.90.* Hauptbahncharakter hatte Wagen Nr. 6 der Mecklenburgischen Friedrich-Wilhelm-Eisenbahn: ein BC3i.**
Werkfoto. Waggonbau Görlitz

Fällen in ihrer Ausstattung der 4. Klasse entsprachen, also einfache Bretterbänke und Traglastenabteile ohne Bänke hatten. Bis 1928 – und vereinzelt danach – gab es einige Bahnen, die einen umfangreichen Berufsverkehr bewältigen mußten und die gemischt- oder reinklassige Wagen mit der 4. Klasse führten.

Zur allgemeinen Ausstattung der Reisezugwagen wäre festzuhalten, daß Aborte in den seltensten Fällen vorhanden waren. Selbst bei der Halberstadt-Blankenburger Eisenbahn besaßen nur ABi-, BCi- und BC4i-Wagen Aborte. Wahrscheinlich war es ein Problem, bei der Zugbildung jeweils einen dieser Wagen im Zugstamm zu berücksichtigen.

Die Wagen wurden damals entweder durch von außen beschickbare Brikettöfen oder durch einen im Wagen aufgestellten Füllofen, der sich besonders bei den Durchgangswagen anbot, beheizt. Unterschiedlich fiel auch die Anordnung der Fenster aus. Die Wagen der höheren Klassen hatten entweder Verbund- oder breitere Einzelfenster. Diese waren manchmal auch bei den 3.-Klasse-Wagen vorhanden.

Sehr lange hielt sich zumindest bei den Wagen der Kleinbahnen die Seilzugbremse, da der Reiseverkehr vorwiegend in gemischten Zügen (GmP) abgewickelt wurde. Die Halberstadt-Blankenburger Eisenbahn führte relativ früh die Druckluftbremse ein; später folgten im Zuge der Einführung dieser Bremse bei den Staatseisenbahnen auch die übrigen Privat- und Kleinbahnen.

Trotzdem besaß noch 1949 eine größere Anzahl ehemaliger Kleinbahn-Personenwagen keine Druckluftbremse. Die vorhandenen Bremsausrüstungen waren recht unterschiedlich. Die Schmalspurwagen sind nicht nur in den technischen Belangen, sondern auch in der Innenausstattung bis auf wenige Ausnahmen

6.91. Die Kleinbahn Annaburg–Prettin kaufte von der Preußischen Staatsbahn einen Di, Konstruktionsjahr 1886, und ließ ihn in Görlitz aufarbeiten.
Werkfoto. Waggonbau Görlitz
6.92. Lenz-Personenwagen, Gattung ACi, für die Franzburger Südbahn.
Werkfoto. Waggonbau Görlitz

(z. B. die der Nordhausen-Wernigeroder Eisenbahn) noch schlechter als die Regelspurwagen gewesen.

Recht armselig mutcten die vielfach vorhandenen Fakultativwagen an. Geschlossene Güterwagen, die im Bedarfsfall als Personenwagen hergerichtet werden konnten. Hier liegt ein Vergleich mit den primitiven „Kriegspersonenwagen“ der Gattung MCi nahe.

Etwas Besonderes bot die Halberstadt-Blankenburger Eisenbahn ihren Ausflugsreisenden: Sie hatte mehrere offene Güterwagen mit Sitzbänken und Sonnenschutzdächern ausgerüstet. Sogar auf die „Standesunterschiede“ hatte man dabei geachtet. Es gab Wagen 2. und 3. Klasse. Im ersten Weltkrieg gingen diese Wagen an die Militäreisenbahnen.

Die technische Entwicklung der Klein- und Privatbahnwagen wurde weitgehend von der Entwicklung bei den Staatseisenbahnen beeinflußt. Die preußischen Staatseisenbahnen hatten 1882 die Nebenbahn-Normalien aufstellen lassen. Da sie nicht befriedigten, folgten 1886/87 die revidierten Nebenbahn-Normalien. Ein Vergleich zeigt, daß einige Wagen in beiden Normalien vorhanden waren. Die Normalien oder Musterblätter sind nicht nur deswegen interessant, weil mehrere Klein- und Privatbahnen Wagen nach diesen Zeichnungen unmittelbar von den Waggonfabriken bezogen, sondern sie auch in gebrauchtem Zustand von den Staatseisenbahnen kauften. Die kleinsten Reisezugwagen waren die Ci- und Di-Wagen mit 4 m Achsstand. Diese Wagen wurden in mehreren Fällen fabrikneu gekauft. Ein Werkfoto der WUMAG zeigt einen Di dieser Gattung, der zwar noch die 4.-Klasse-Schilder der preußischen Staatseisenbahnen trägt, aber die Anschrift Prettin-Annaburger Kleinbahn und die neue Klassenbezeichnung 3 erhielt. Zehn derartige Wagen wurden noch 1949 übernommen (vgl. Tabelle 6.41.).

Zur Zeit des Baubeginns der Klein- und Privatbahnen hatte sich im Waggonbau das stählerne Untergestell durchgesetzt. Es bestand aus U- oder doppel-T-förmigen Langträgern, stählernen Kopfstücken, Hilfsträgern und Querstreben. Der Wagenkasten war noch aus Holz hergestellt. Die geraden Seitenwände, nicht durch Türen unterbrochen, ließen eine einfache Konstruktion des hölzernen Kastengerippes zu. Fußboden, Zwischenwände, Seitenwände und Dach bestanden aus Holz. Bei der inneren Wandverkleidung waren die Bretter

6.93. Ein Fakultativwagen als Pwi der Boizenburger Stadt- und Hafenbahn.
Werkfoto. Waggonbau Görlitz
6.94. Das Innere des Pwi.
Werkfoto. Waggonbau Görlitz

gespundet. Für die äußere Verkleidung wurde 1,5 mm bis 2 mm dickes Stahlblech verwendet; aber das war nicht immer der Fall. Ältere WUMAG-Zeichnungen von Kleinbahnwagen zeigten als äußere Verkleidung gespundete Bretter, und die Blechverkleidung wurde nur als mögliche Variante angeboten. Lenz bevorzugte die Holzverkleidung grundsätzlich.

Die Dachformen waren recht unterschiedlich. Flach und stark gewölbte Dächer, auch die von den preußischen Normalien bekannten Dachaufsätze, die Laternendächer, fanden Anwendung. Andererseits sind Beispiele bekannt, daß vorhandene Laternendächer entfernt wurden, bevor man die von einer Kleinbahn gekauften Wagen in Dienst stellte. Die Kleinbahn Bismark–Gardelegen–Wittingen verfuhr so, wie übrigens auch der überlieferte Genehmigungsantrag für einen gebraucht gekauften PwPosti beweist.

Die technische Entwicklung der Kleinbahnwagen, dabei eine möglichst billige Herstellung und Instandhaltung berücksichtigend, wurde für die Lenzschen Kleinbahnen durch deren Grundsätze bestimmt. Es heißt darin:

„d) Bau und Einrichtung der Wagen.

Für den Bau und die Einrichtung werden als maßgebend die §§ 77–83 der Grundsätze betrachtet. Für die Schmalspurbahnen mit 600 mm Spur soll der Radstand um 400 mm gegenüber dem der Vollspurbahn vergrößert werden können. Die Güterwagen erhalten Spindelbremsen, während die Gepäck- und Personenwagen Heberlein-Bremsen erhalten, welche vom Sitz des Zugführers aus im Gepäckwagen mittelst der Leine als auch mit der Hand bei jedem Wagen einzeln bedient werden können. Für sämtliche Personenwagen und kombinierten Wagen wird das Interkommunikations-System zur Anwendung gebracht. Die Wagen werden bei sämtlichen Spurweiten in der Regel zweiachsig gebaut mit Ausnahme der Spurweite von 60 cm, bei welcher Kreuzgestelle zur Anwendung gelangen. Sofern durch die besonderen Umstände größere Radstände als wie § 78 der Grundsätze als zulässig anerkannt, notwendig werden, werden Lenkachsen angewandt. Die Verwendung dreiachsiger Wagen ist mit Rücksicht auf die Schonung der Betriebsmittel und des Oberbaues prinzipiell ausgeschlossen. Die Wagen der vollspurigen Kleinbahnen werden im allgemeinen mit 10 Tonnen, die der 100 cm Spur und 15,5 kg bzw. 75 cm Spur und 12,5 kg schweren Schienen mit 6,25 Tonnen und mit 60 cm Spur 10 kg schweren

6.95. Ein Fakultativwagen als Ci für die Lehniner Kleinbahn.
Werkfoto. Waggonbau Görlitz
6.96. Die Innenansicht des Ci: Die Einrichtung entsprach der der 4. Klasse.
Werkfoto. Waggonbau Görlitz

Schienen bei Verwendung von Kreuzgestellen mit 7,5 Tonnen Tragfähigkeit hergestellt. – Hierdurch ist die Möglichkeit gewährt, daß im Allgemeinen die Ladung eines Hauptbahnwagens auf zwei Schmalspurwagen umgeladen werden kann." [109]

Die danach gebauten Wagen der Gattungen BCi, BCPwi, Ci, CPwi und auch Di und DPwi hatten Achsstände von 4000 mm, waren außen holzverkleidet und begnügten sich mit 4 einfachen Fenstern in jeder Seitenwand.

In späteren Jahren scheint die Waggonfabrik in Görlitz, die WUMAG, der Hauptlieferant der Lenz-Bahnen gewesen zu sein. Als Betriebsmittel für Kleinbahnen von 1435 mm Spurweite lieferte die WUMAG zweiachsige Personenwagen 2./3. Klasse, zweiachsige Personenwagen 3. Klasse und vereinigte Post- und Gepäckwagen.

Aus einer Angebotszeichnung für die vorgesehene Halberstädter Kreisbahn, die nie gebaut wurde, sei der Zeichnungstext des BCi zitiert [188]: „Räder, Achsen, Achsbuchsen, Trag-, Stoß- und Zugfedern, Buffer, Zugapparate, Achshalter, Federböcke, Kupplungen sowie Profile nach den Normalien der Betriebsmittel der Königlichen Preuß. Staatsbahnen. Die Wagen haben freie Lenkachsen."

In den 30er Jahren kamen auch einige in Ganzstahlbauweise nach DRG-Vorbildern hergestellte Reisezugwagen zu den Privatbahnen. Ihre Stückzahl blieb infolge der einsetzenden Kriegsvorbereitungen begrenzt. Aber auch hier gab es gegenüber den Reichsbahnwagen Abweichungen, bei denen die Verwaltungen ihre Auffassungen durchsetzten. So hatten die Prignitzer und die Mecklenburgische Friedrich-Wilhelm-Eisenbahn BCi-Wagen in Dienst gestellt, bei denen der Einstieg zur 2. Klasse ein geschlossener Vorbau war. Die gleichartigen DRG-Wagen hingegen hatten beidseitig offene Plattformen.

Da es die Waggonbauindustrie nicht schaffte, die Bestellungen der Klein- und Privatbahnen in der Zeit vor und während des zweiten Weltkrieges auszuführen, erwarben diese Bahnen in verstärktem Maße überal-

6.97. Die Güterwagen für die Kleinbahnen wurden nach den jeweils gültigen Normen der Staatsbahnen gebaut; hier zwei Grhs, Gattung Oppeln, für die Kleinbahn Erfurt–Nottleben und Genthiner Kleinbahn.
Werkfoto. Waggonbau Lindner, Ammendorf

terte DRG-Wagen. Diese Wagen wurden bei der Instandsetzung den Belangen der neuen Eigentümer entsprechend umgebaut. Bekannt ist dies vor allem von der Brandenburgischen Städtebahn, die auch von der MITROPA erworbene Wagen umbaute. Da die technischen Möglichkeiten der Werkstätten begrenzt waren, hatten diese Fahrzeuge verschiedene Mängel. Neben der allgemein zu schweren Bauart stimmten nach dem Umbau auch Fenster- und Sitzplatzteilungen nicht mehr überein. Die bekannte Firma Erich am Ende in Berlin-Weißensee fungierte oftmals als Zwischenhändler und baute auch Wagen um. So bot sie 1936 der Stendal-Tangermünder Eisenbahn einen CPwPost4 an, den sie aus einem ehemaligen Speisewagen umbauen wollte. Aber der Entwurf wurde nicht ausgeführt.

Bei der Übernahme der Klein- und Privatbahnwagen hatte man 1949 vorerst die Wagen entsprechend dem Nummernplan von 1930 eingenummert. Das ist angesichts der vielen Bauarten problemlos gewesen. Neben den Kleinbahnwagen, denen oft genug „die Armut aus den Fenstern schaute“, waren auch moderne Vierachser im Nummernschema unterzubringen. Eine Seltenheit bei den 1949 übernommenen Klein- und Privatbahnwagen stellten auch die beiden Doppelwagen BC 6 der Weimar-Berka-Blankenhainer Eisenbahn dar, bei denen es sich den angegebenen Maßen nach um ehemalige Wechselstrom-Doppeltriebwagen der Hamburger S-Bahn handelt (siehe auch Tabelle 6.42.).

Diese Aufstellung ist sicher nicht vollständig, gibt aber eine Übersicht über den Gesamtbestand sowie über den hohen Anteil an Schadwagen. Im 1958 aufgestellten neuen Nummernplan der Wagen sah man besondere Bereiche für die ehemaligen Klein- und Privatbahnen vor. Dies war überhaupt der übersichtlichste Nummernplan für Wagen. Die ehemaligen Klein- und Privatbahnwagen erhielten als zweite Ziffer in der sechsstelligen Wagennummer die Bauartennummer 1: 210-..., 211-..., 310-..., 311-..., 410-..., 710-... und 711-.... Allerdings gab es Ausnahmen. Die Ausnahmen betrafen einige uralte preußische Nebenbahn- und bayerische Lokalbahnwagen, die in den anderen Gruppen des Planes wegen abweichender Merkmale nicht eingeordnet werden konnten. Neben den auf Reichsbahnstrecken verbliebenen bayerischen Lokalbahnwagen wurde auch bei der Buttstädt-Rastenberger Eisenbahn der Reiseverkehr mit leihweise überlas-

6.98. Güterwagen Gattung V der Wittenberge-Perleberger Eisenbahn, eingestellt in den Wagenpark der Preußischen Staatsbahn als Altona 18200.
Sammlung Fiebig †

senen bayerischen Lokalbahnwagen abgewickelt.

Gepäck- und Güterwagen

Wie bei den Personenwagen blieb auch der Einsatz der Gepäckwagen auf die Strecken der jeweiligen Klein- oder Privatbahn beschränkt. Für den vorgesehenen Zweck genügten kombinierte Gepäck- und Postwagen. Neben nach preußischen Normalien gebauten und übernommenen PwPosti gab es auch Wagen, die von den Waggonfabriken nach eigenen Entwürfen für diese Bahnen gebaut wurden. Oft waren es recht bescheidene Fahrzeuge. Sie enthielten im Packabteil einen Platz für den Zugführer und Notsitze für mitfahrende Eisenbahner. Hier befanden sich auch der Erste-Hilfe-Kasten und Werkzeuge für den ersten Einsatz bei Rettungsarbeiten nach Unfällen. Das Postabteil wurde notwendig, weil die Post rechtlichen Anspruch auf die Beförderung der Postsendungen in abzuschließenden Abteilen auch durch die Klein- und Privatbahnen hatte. Nachdem die Post die Flächenverteilung der Sendungen durch eigene Kraftpostlinien durchführte, waren die Postabteile überflüssig. Man benutzte sie ebenfalls als Gepäckabteile. Häufiges Ladegut waren Milchkannen, die auf diesem Wege recht schnell in die Molkereien gelangten. Bei einigen Bahnen trugen die PwPosti die Ausrüstung für die elektrische Zugbeleuchtung: den von einer Achse angetriebenen Generator, die Pufferbatterie und die Schaltgeräte. Erstmalig wurde 1914 ein Wagen der Mecklenburgischen Friedrich-Wilhelm-Eisenbahn damit ausgerüstet.

Die Beschaffung von Güterwagen ist unterschiedlich gehandhabt worden. Die größeren Privatbahnen waren in der Regel den Wagen- und Tarifverbänden angeschlossen und beschafften Güterwagen, die den Technischen Vorschriften und den Normalien entsprachen. Diese Güterwagen konnten im durchgehenden Verkehr mit den Staatseisenbahnen eingesetzt werden. Eine Ausnahme bildete der Wagenpark der Halberstadt-Blankenburger Eisenbahn auf Grund des hier eingeführten Bremssystems, das den Forderungen des Steilrampenbetriebes genügen mußte. Dies änderte sich erst, als auch die Staatseisenbahnen ihre Güterwagen mit der Kunze-Knorr-Bremse ausgerüstet hatten. Jetzt konnten auch ihre Güterwagen auf die HBE-Strecken übergehen bzw. umgekehrt.

Die ersten Kleinbahnen blieben noch vom durchgehenden Güterverkehr ausgeschlossen. Hier genügten einige wenige Güterwagen für den Binnenverkehr. Es waren meist ältere, bei der Staatseisenbahn ausgemusterte geschlossene oder offene Wagen, deren Lademasse 10 t bis 12,5 t betrug. Später mußten die Kleinbahnen der Staatseisenbahn Güterwagen zur Verfügung stellen, wollten sie am durchgehenden Wagenladungsverkehr teilnehmen.

Die Anzahl und die Gattung der Wagen wechselten je nach Verkehrsaufkommen. Diese Wagen mußten dann den preußischen Normalien oder den Bedingungen des Deutschen Wagen-Verbandes entsprechen. Sie trugen das Gattungszeichen, den Gattungsnamen (ursprünglich den der einstellenden Direktion), eine von der Staatseisenbahn zugeteilte Wagennummer, die üblichen Anschriften und den Anstrich der Staatseisenbahn. Ein Eigentumszeichen der einstellenden Staatseisenbahn war nicht vorhanden, aber dafür der Name der Eigentumsbahn am Langträger angeschrieben. Über diese Wagen konnte die Staatseisenbahn bei Zahlung einer Verrechnungsgebühr frei verfügen; und manche Kleinbahn hat ihren Wagen nie wiedergesehen. Die Staatseisenbahn stellte andererseits den Kleinbahnen die benötigten Güterwagen.

Die WUMAG hatte in ihrem Zeich-

6.99. Ein Schienen-Lkw der Westhavelländischen Kreisbahn.
Sammlung Schulze

6.100. Ein Pkw Typ Chevrolet wurde 1940 bei der Kleinbahn Aschersleben–Schneidlingen–Nienhagen zu einem Schienen-Pkw umgebaut.
Sammlung Fiebig †

nungssatz „Betriebsmittel für Kleinbahnen von 1435 mm Spurweite" auch Zeichnungen von Güterwagen, die im allgemeinen den preußischen Normalien entsprachen. Güterwagen nach den Zeichnungen „EMG K 1 1435 033^{a}" und „EMG K 1 143 572^{a}" gehörten zur Standardausrüstung zumindest bei den Lenzbahnen. Der erste Wagen war ein O-Wagen mit halbhohen Wänden, die durch aufsetzbare Lattengestelle erhöht werden konnten, um beispielsweise beim Verladen von Stroh die zulässige Lademasse von 12,5 t auszunutzen. Der Wagen hatte einen Achsstand von 3600 mm. Der zweite, ein G-Wagen üblicher Bauart, hatte eine Tragfähigkeit von 10 t und einen Achsstand von 4000 mm.

Ab 1909 galten die Zeichnungen des Deutschen Staatsbahnwagenverbandes. Hauptsächlich waren es die Verbandsbauarten A1 (O), A2 (G), A5 (H) und A8 (V), die von den Klein- und Privatbahnen in Dienst gestellt wurden. Ab Ende der zwanziger Jahre stellten dann diese Bahnen ebenfalls Güterwagen der Austauschbauarten in ihren Park ein. Allerdings reichten die Neubeschaffungen nicht aus, die überalterten Wagen zu ersetzen.

Für den Binnenverkehr, der sich auf den eigenen Strecken der Klein- und Privatbahnen abwickelte, waren in der Regel die ältesten Wagen dieser Bahnen eingesetzt. Wenn trotz der Kriegswirtschaft auf den Strecken der Kleinbahnen neue Wagen zum Einsatz kamen, lag bestimmt eine strategische Notwendigkeit vor.

Der Bestand der Wagen der G- und O-Gattungen wurde bei einigen Bahnen durch spezielle Bauarten ergänzt. Bei der Halberstadt-Blankenburger Eisenbahn bildeten deren typische Erz- und Kalkwagen einen größeren Anteil. Aber auch andere Bahnen beschafften eigene Konstruktionen. So erhielt die Oschersleben-Schöninger Eisenbahn eigene Selbstentladewagen, vergleichbar der Gattung Ot. Diese Wagen baute die Hauptwerkstatt Liblar der WEG. Sie hatten einen Laderaum von 21 m^3 und eine Tragfähigkeit von bereits 15 t bei einem Achsstand von 4000 mm. Auch die Gardelegen-Neuhaldensleben-Weferlinger Kleinbahn beschaffte 1933 Selbstentladewagen, die das Sachsenwerk Stendal gebaut hatte. Diese vier Wagen wurden im internen Verkehr eingesetzt.

Die durchschnittliche Erneuerung des Güterwagenbestandes läßt sich indirekt aus den Statistiken errechnen. Betrug im Jahre 1921 die durchschnittliche Tragfähigkeit eines Güterwagens der Kleinbahnen 13,6 t, so lassen sich aus den Angaben für 1937 Werte von etwa 15 t je Wagen errechnen. Der Anteil der im Park der Staatseisenbahnen eingestellten Güterwagen am Gesamtbestand der

Klein- und Privatbahnen war recht unterschiedlich, je nachdem, wie groß der Binnenverkehr der Bahnen war. Einige Bahnen stellten ihre Güterwagen vollständig oder fast vollständig ein, andere Bahnen nur teilweise. Dabei hing das Verhältnis nicht von der Streckenlänge der Klein- oder Privatbahn ab, sondern von der Art der Industrie im Einzugsbereich.

Ein Beispiel ist die Zschipkau-Finsterwalder Eisenbahn, an deren Strecken sowohl Braunkohlegruben wie auch Brikettfabriken anschlossen. Die Rohkohletransporte verblieben also auf den Gleisen der Bahn; aber die Brikettabfuhr ging zum großen Teil über die Staatseisenbahn. Bei den Kleinbahnen war die Aschersleben-Schöningen-Nienhagener Kleinbahn eine Bahn, die einmal einen gleichen Verkehr zu bedienen hatte, ergänzt im Herbst durch die Zuckerrübentransporte zwischen den Verladestellen auf den Bahnhöfen und den Zuckerfabriken. Die Tabelle 6.39. gibt für einige ausgewählte Bahnen (1937) Richtwerte.

Die Güterwagen der Schmalspurbahnen waren in ihren Bauarten, Abmessungen und Konstruktionsdetails wie Drehgestelle und Bremsen fast so vielfältig wie die Bahnen selbst. Lediglich die Lenz-Bahnen beschafften einheitliche Schmalspurgüterwagen. Ansonsten waren die Wagen zwei- oder vierachsig. G, O-, R-Wagen: alles war vorhanden – je nach Bedarf. Diese Wagen verblieben stets auf ihren Heimatbahnen. Auf den Übergangsbahnhöfen mußten die Wagenladungen umgeladen werden, oft in Handarbeit. Nur wenige dieser Bahnhöfe erhielten später mechanische Umladeeinrichtungen verschiedener Ausführungen. Bekannte Beispiele waren Wernigerode und Burg (b. Magdeburg).

Bahndienstwagen

Fast alle Klein- und Privatbahnen hatten Bahndienstwagen im Bestand, die größeren Bahnen auf jeden Fall. Dazu gehörten Unkrautvertilgungs-, Wasser-, Fäkalienwagen, Schneepflüge und bei den größeren Privatbahnen Geräte- und Mannschaftswagen für Hilfszüge. Die Bauarten dieser Wagen sind recht vielfältig gewesen, zumal sie meistens aus Uraltbeständen stammten und für die jeweiligen Zwecke oft in den eigenen Werkstätten umgebaut wurden. Es gab dabei Wagen, deren verschlungene Wege kaum erahnt, geschweige denn nachgewiesen werden können. So besaß die Brandenburgische Städtebahn einen uralten Gerätewagen, der ursprünglich einmal als württembergischer Gepäckwagen seinen Dienst versah. Zu den Bahndienstwagen gehörten auch die älteren, von Muskelkraft bewegten, und die neueren, motorisch angetriebenen Draisinen sowie die Bahnmeisterwagen, die für die Streckenbereisungen und die Streckenunterhaltungsarbeiten eingesetzt waren.

Eine besondere Gruppe stellten die Schienenautos dar, die ab etwa 1930 in verstärktem Umfang von einigen Klein- und Privatbahnen in Dienst gestellt wurden. Dabei handelte es sich um normale Straßenkraftfahrzeuge, die man in den eigenen Werkstätten umbaute. Diese Fahrzeuge besaßen eine spezielle Vorrichtung, mit deren Hilfe sie ausgesetzt oder gedreht werden konnten. So stellte die Kleinbahn Gardelegen–Neuhaldensleben–Weferlingen am 27. August 1931 den Antrag, einen Personenkraftwagen vom Typ Brennabor P 8/32, der durch die eigene Werkstatt bereits umgebaut war, in Betrieb nehmen zu dürfen. Die Kleinbahnaufsicht Magdeburg genehmigte dies mit der Auflage, für den Einsatz dieses Schienenfahrzeuges eine besondere Dienstvorschrift zu erarbeiten. Bei diesem Fahrzeug waren auf die vorhandenen Holzfelgen stählerne Radreifen mit einem Laufkreisdurchmesser von 730 mm mit 5 verzinkten Senkkopfschrauben 1/2" x 85 mm befestigt. Der sechssitzige Wagen diente der Betriebsleitung, dem Kontrolleur und dem Bahnmeister als Bereisungswagen. Er besaß die für Züge übliche Signalausrüstung (Laternen, Signalhörner, Knallkapseln, Signalflagge), Rettungskasten, Fahrplanbuch u. a. Fahrdienstlich wurde der Schienen-Pkw einerseits als „Kleinwagen auf Strecke" behandelt, andererseits mußte der Bahnhof Neuhaldensleben das Einfahrsignal bedienen. Krieg und Nachkriegszeit haben diese Fahrzeuge kaum überlebt ...

Tabelle 6.1. Nummernplan für die Kennzeichnung der Betriebsmittel der Lenz & Co. GmbH vom Mai 1924

Dampflokomotiven

Achsfolge	*Achsfahrmasse* t	*Betriebsnummern für:* *Naßdampf-Lokomotiven*	*Heißdampf-Lokomotiven*
B	10	1– 10	101–110
B	12	11– 20	111–120
C	10	21– 30	121–130
C	12	31– 40	131–140
1C	12	41– 50	141–150
1C	14	51– 60	151–160
1C1	12	61– 70	161–170
D	12	71– 80	171–180
D	14	81– 90	181–190
D	16	91–100	191–200

Bei benachbarten Bahnen eine um 1000 höhere Betriebsnummer, z. B. 1141, 1171, 1181

Triebwagen

Achsanzahl	*Antrieb*	*Betriebsnummern*
2	benzinmechanisch	1021–1030
2	dieselmechanisch	1031–1050
4	dieselmechanisch	1051–

Wagen

Gattung (zweiachsig)[1]	*Betriebsnummern*
BC, BCD	1–20
C, CD	21–40
D	41–50
Pw Post u. Wagen mit Post- u. Gepäckabteil	51–60
GCi	61–100
G mit/ohne Bremse	101–150/151–200
O mit/ohne Bremse	201–250/251–300
Spezialwagen mit/ohne Bremse	501–550/551–600
Selbstentladewagen mit/ohne Bremse	601–650/651–700

[1] *vierachsige Wagen erhalten eine um 2000 höhere Nr., z. B. C4i–2021*

Tabelle 6.2. Verteilung der am 1. Januar 1950 übernommenen Regelspur-Dampflokomotiven nach Bauarten und Achsfahrmasse

Bauart		*Achsfahrmasse in t* 9	*10*	*11*	*12*	*13*	*14*	*15*	*16*	*17*	*18*
B-n2	von	98 5901	98 6001	98 6101	98 6201	98 6301	–	–	–	–	–
	bis	–	98 6010	98 6102	98 6218	–	–	–	–	–	–
B1-n2	–	–	–	69 6101	–	–	–	–	–	–	–
1'B-h2	von	–	–	70 6176	–	70 6376	–	–	–	–	–
	bis	–	–	70 6179	–	–	89 6401	–	–	–	–
C-n2	von	89 5901	89 6001	89 6101	89 6201	89 6301		89 6501	89 6601	–	–
	bis	89 5903	86 6034	89 6168	89 6240	89 6310	89 6413 98 6401[3]	–	–	–	–
C-h2	von	–	–	–	89 6276	89 6376	89 6476	89 6576	89 6676	–	–
	bis	–	–	–	89 6282	–	89 6481	–	–	–	–
C1'-n2	von	–	–	–	–	–	90 6401	–	–	–	–
	bis	–	–	–	–	–	90 6402	–	–	–	–
C1'-h2	von	–	–	–	–	–	–	91 6590[1]	–	–	–
	bis	–	–	–	–	–	–	91 6591[1]	–	–	–
1'C-n2	von	–	–	–	–	91 6301	91 6401	91 6501	74 6621	–	–
	bis	–	–	–	–	–	91 6404	–	74 6623	–	–
1'C-h2	von	–	–	91 6176	91 6276	91 6376	91 6476	91 6576	74 6611[1]; 91 6676	74 6796[2]	–
	bis	–	–	91 6177	91 6285	–	91 6497	91 6582	74 6612[1] –	74 6779[2] 91 6780	–
1'C1-h2	von	–	–	–	75 6276	–	75 6476	64 6576	75 6676	75 6776	–
	bis	–	–	–	75 6279	–	–	–	75 6687	75 6777	–
B'B-n4v	von	–	98 6051	98 6151	–	–	–	–	–	–	–
	bis	–	–	98 6153	–	–	–	–	–	–	–
D-n2	von	–	92 6001	92 6101	92 6201	–	92 6401	92 6501	–	–	–
	bis	–	–	92 6106	–	–	–	92 6504	–	–	–
D-h2	von	–	–	92 6176	92 6276	92 6376	92 6476	92 6576	92 6676	92 6776	92 6876
	bis	–	–	–	92 6277	92 6383	92 6494	92 6588	–	92 6777	92 6880
1'D-h2	von	–	–	–	–	98 6376	98 6476	–	–	–	–
	bis	–	–	–	–	98 6378	–	–	–	–	–
1'D1'-h2	von	–	–	–	–	–	93 6476	93 6576	93 6676	93 6776	–
	bis	–	–	–	–	–	93 6481	–	93 6683	93 6778	–
E-h2	–	–	–	–	–	–	–	–	–	94 6776	–
1'E1'-h2	von	–	–	–	–	–	–	–	95 6676	–	–
	bis	–	–	–	–	–	–	–	95 6679	–	–

[1] *falsch eingenummert*
[2] *wurden 1950 als 91 6776–6779 übernommen und 1952 umgenummert*
[3] *falsch eingenummert, erst im Dezember 1953 zur Deutschen Reichsbahn*

Tabelle 6.3. ***Nummernplan der DR für die 1949 von den Klein- und Privatbahnen übernommenen Trieb-, Steuer- und Beiwagen***

Fahrzeugart	*Anzahl der Achsen*	*Antrieb*	*Spurweite* mm	*Betriebsnummern nach Umzeichnungsplan*	*endgültig umgezeichnet bis*
Schienenbus[1]	2	Benzin/Diesel – mechanisch	1435	VT 133501–VT 133502	133516
Schienenbus[1]	2	Benzin/Diesel – mechanisch	1000/750	VT 133521–VT 133525	–
Triebwagen	2	Benzin – mechanisch	1435	VT 135501–VT 135503	135502
Triebwagen	2	Diesel – mechanisch	1435	VT 135511–VT 135543	135500, 135503 135544, 135546 bis 135550
Triebwagen	2	Diesel – elektrisch	1435	VT 135551–VT 135552	135553
Triebwagen	4	Benzin – mechanisch	1435		
Triebwagen	4	Diesel – mechanisch	1435	VT 137511–VT 137525	137528
Triebwagen	4	Diesel – elektrisch	1435	VT 137526, VT 137551–VT 137558	137560
Triebwagen	4	Diesel – hydraulisch	1435	VT 137571	137571
Triebwagen	4	Diesel – mechanisch	1000	VT 137531–VT 137532	137532
Triebwagen	4	Diesel – elektrisch	1000	VT 137561–VT 137566	137566
Beiwagen	2	–	1435	VB 140501–VB 140511	140522
Steuerwagen	2	–	1435	VS 144501–VS 144502	144500
Steuerwagen	4	–	1435	VS 145501–VS 145502	145504
Beiwagen	4	–	1435	VB 147501	147504
Oberleitungstriebwagen	2	elektrisch	1435	ET 188501–ET 188503	–
Oberleitungstriebwagen	2	elektrisch	1435	ET 188511–ET 188512	–
Oberleitungstriebwagen	2	elektrisch	1435	ET 188521–ET 188522	–
Oberleitungstriebwagen	2	elektrisch	1435	ET 188531	–
Beiwagen[2]	2	–	1435	EB 188501–EB 188503	–
Beiwagen[2]	2	–	1435	EB 188511–EB 188514	–
Dampftriebwagen	2	Dampfmaschine	1435	DT 151	

[1] *ohne Zug- und Stoßvorrichtung*
[2] *zu Oberleitungstriebwagen*

Tabelle 6.4. ***Nummernplan der DR für die 1949 von den Klein- und Privatbahnen übernommenen Regelspurwagen***

Wagengattung	*Neue DR-Nummern*
Bi, B3i	29501– 29503
BC4i, BC4	35501– 35507
BCi, BC	39501– 39564
BC3i, BC3	39581– 39586
C4i, C4	79501– 79525
Ci, C	98501– 98797
C3i	98851– 98871
C3	98891– 98899
BCPwi, BCPwPost 4i	99151– 99155
CPwi, CPw	99351– 99362
BPost, BCPost	99451
CPost	99951– 99955
PwPosti, PwPost	103501–103541
Pw, Pwi, Pw3i, Pw3	117701–117796

***Tabelle 6.5.** Vergleich B-gekuppelter Typenlokomotiven (Henschel) mit ausgeführten Bauarten*

		Katalog	*Ausgeführt*	*Katalog*	*Ausgeführt*
		Bonifacius	98 5901	Riebeck	98 6206/07
Baujahr		–	1914	–	1902
Höchstgeschwindigkeit	km/h	30	20	35	30
Länge über Puffer	mm	6 700	6 345	7 600	7 488
Achsstand	mm	1 800	1 800	2 200	2 200
Raddurchmesser	mm	850	850	950	950
Zylinderdurchmesser	mm	290	280	320	300
Kolbenhub	mm	430	420	500	500
Kesselüberdruck	bar	12	12	13	12
Rostfläche	m^2	0,7	0,64	0,93	0,97
Heizfläche	m^2	39,0	39,0	53,0	47,6
Wasservorrat	m^3	2,2	3,0	3,2	3,4
Kohlevorrat	t	0,6	0,8	1,0	1,0
Leermasse	t	14,2	13,5	18,0	19,0
Reibungsmasse	t	18,7	18,0	24,0	24,0
Zugkraft	kN	3,8		5,2	

***Tabelle 6.6.** 1′C-n2-Tenderlokomotiven für die Provinzial-Sächsischen Kleinbahnen*

Bahn	*Betriebsnummer*	*Baujahr*	*Hersteller*	*Fabriknummer*	*Verbleib*
Kleinbahn	351	1919	Henschel	16 431	91 6401
Gardelegen–Neuhaldensleben–Weferlingen	352	1919	Henschel	16 432	91 6402
Stendaler	353	1919	Henschel	16 433	91 6403
Kleinbahn	354	1920	Henschel	16 434	91 6404
Kleinbahn		1920	Henschel	16 435	AKN 10^{II} [1]
Genthin		1920	Henschel	16 436	AKN 12[1]

[1] *Altona-Kaltenkirchen-Neumünster*

***Tabelle 6.7.** 1′C1′-h2-Tenderlokomotiven für Klein- und Privatbahnen*

Bahn	*Betriebsnummer*	*Hersteller*	*Baujahr*	*Fabriknummer*	*Verbleib*
Prignitzer	8^{II}	Henschel	1936	23 072	75 611
Eisenbahn	9^{II}	Henschel	1936	23 073	75 612
Wittenberge-Perleberger-Eisenbahn		Henschel	1937	23 635	75 613
Meckl. Friedrich-	29^{II}	Henschel	1936	22 911	75 621
Wilhelm-	30^{II}	Henschel	1936	22 912	75 622
Eisenbahn	31^{II}	Schwartzkopff	1936	10 495	75 623
	32^{II}	Schwartzkopff	1936	10 496	75 624
Eutin-Lübecker Eisenbahn	13^{II}	Henschel	1928	21 012	75 633
Kleinbahn	401	Henschel	1940	24 751	75 6682
Genthin	402	Henschel	1941	25 991	75 6685
Salzwedeler Kleinbahn	403	Henschel	1941	25 928	75 6684
Kleinbahn Heudeber–Mattierzoll	404	Henschel	1940	24 752	75 6683
Kleinbahn Gardelegen–Neuhaldensleben–Weferlingen	405	Henschel	1942	26 459	75 6686
Altmärkische Kleinbahn	406	Henschel	1942	26 499	75 6687

***Tabelle 6.8.** Die 1′D-h2-Lokomotiven der Ruppiner Eisenbahn*

Betriebsnummer	*Hersteller*	*Fabriknummer*	*Indienststellung*	*DR-Betriebsnummer*
23	O & K	12 731	1936	98 6476
24	O & K	12 519	1934	98 6378
25	O & K	11 786	1929	98 6376
26	O & K	11 787	1929	98 6377

Tabelle 6.9. Technische Daten C-gekuppelter Lokomotiven

Bahn		*Angebot Katalog*	*Angebot Katalog*	*Nieder-lausitzer Eisenbahn*	*Salzwedeler Kleinbahn*	*Eberswalde-Finowfurther Eisenbahn*	*Niederbarnimer Eisenbahn*
Betriebsnummer		Thüringen	Bismarck	89 6201–89 6203 89 6213, 89 6214	89 6403	90 6401	91 6590 und 91 6591
Hersteller		Henschel	Henschel	Hanomag	Hanomag	Borsig	Borsig
Lieferjahr		1906		1901–1907	1908	1903	1916
Bauart		C-n2	C-n2	C-n2	C-n2v	C1'-n2	C1'-h2
Höchstgeschwindigkeit	km/h	45	45	40	50	50	50
Länge über Puffer	mm	8 935	9 200				
Radstand	mm	3 000	3 000		3 600	5 900	5 500
Treibraddurchmesser	mm	1 100	1 100	1 350	1 350	1 250	1 350
Zylinderdurchmesser	mm	400	430	400	420/630	430	480
Kolbenhub	mm	550	550	600	600	630	660
Kesselüberdruck	bar	13	13	12	13	12	12
Rostfläche	m^2	1,47	1,6	1,59	1,6	1,5	1,7
Heizfläche	m^2	85,0	100,0	74,9	75,5	120,0	77,0
Überhitzerheizfläche	m^2						28
Wasservorrat	m^3	4,0	4,0	6,4	4,7	7,0	6,0
Kohlevorrat	t	1,12	1,3	1,5	1,5	1,75	2,0
Leermasse	t	28,0	32,7	27,8	34,5	42,5	42,3
Reibungsmasse	t	36,6	43,0	37,6	43,5	42,0	43,5

Tabelle 6.10. Technische Daten von 1'C1'-h2-Tenderlokomotiven für Klein- und Privatbahnen

Bahn		*Ruppiner Eisen-bahn*	*Ruppiner Eisen-bahn*	*Eutin-Lübecker Eisenbahn*	*Branden-burgische Städte-bahn*	*Prignitzer Eisenbahn*	*Mecklenb. Friedrich-Wilhelm-Eisenbahn*	*Kleinbahn Genthin*
Betriebsnummer		27	32	13II	1–101	9II	30II	401
DR-Betriebsnummer		75 6276	75 6476	75 633	75 6679	75 612	75 622	75 6682
Höchstgeschwindigkeit	km/h	70	70	90	80	80	80	70
Länge über Puffer	mm	12 000	11 984	11 230	10 700	12 250	12 580	11 000
Radstand	mm	8 500	8 500	9 000	6 800	8 800	9 050	7 600
Treibraddurchmesser	mm	1 600	1 600	1 500	1 300	1 500	1 500	1 200
Laufraddurchmesser	mm	1 000	1 000	1 000	800	850	850	800
Zylinderdurchmesser	mm	500	500	520	450	500	520	480
Kolbenhub	mm	600	600	630	550	660	630	550
Kesselüberdruck	bar	12	13	13	16	14	14	14
Rostfläche	m^2	1,8	1,8	2,0	2,0	2,17	1,9	2,1
Heizfläche	m^2	86,1	82,0	97,8	97,5	102,2	103,4	98,4
Überhitzerheizfläche	m^2	23,0	34,6	40,0	36,0	39,7	42,7	42,6
Wasservorrat	m^3	6,0	8,0	9,3	7,3	8,0	9,0	7,0
Kohlevorrat	t	1,8	1,8	3,5	2,5	3,0	4,0	2,5
Leermasse	t	46,5	50,7	62,2	60,6	59,0	56,5	56,0
Dienstmasse	t	60,3	64,4	80,1	75,0	69,8	70,9	66,3
Reibungsmasse	t	36,8	42,0	52,3	49,0	48,0	47,0	48,0

Tabelle 6.11. ***Regelspurige Drehgestellokomotiven für Klein- und Privatbahnen (Auswahl)***

Bahn	*Betriebsnummer*	*Bauart*	*Hersteller*	*Jahr*	*Fabriknummer*	*Gesellschaft Gattung*	*Verbleib*
Halle-Hettstedter Eisenbahn	5	B'C-n2	Vulcan	1901	1886	Lenz hg	+
	10	B'C-n2	Vulcan	1901	1887	Lenz hg	+
	21	B'B-n4v	Vulcan	1903	2046	Lenz cc	SEG 354[1]
	22	B'B-n4v	Vulcan	1903	2047	Lenz cc	+
	23	B'B-n4v	Vulcan	1906	2242	Lenz cc	SEG 355[1]
	24	B'B-n4v	Vulcan	1906	2243	Lenz cc	SEG 356[1]
Greußen-Ebeleben-Keulaer Eisenbahn	82	B'B-n4v	Jung	1901	472	Bachstein	98 6051
	84	B'B-n4v	Jung	1901	474	Bachstein	98 6151
Weimar-Berka-Blankenhainer Eisenbahn	85	B'B-n4v	Jung	1904	765	Bachstein	98 6152
Arnstadt-Ichtershausener Eisenbahn	352	B'B-n4v	Jung	1908	1239	SEG[1]	98 6153

[1] *Süddeutsche Eisenbahn-Gesellschaft*

Tabelle 6.12. ***Technische Daten von D-Tenderlokomotiven***

Bahn	*Stendal-Tangermünder Eisenbahn*				*Brandenburgische Städtebahn*	*Gardelegen-Neuhaldensleben-Weferlinger Eisenbahn*	*Süddeutsche Eisenbahn-Gesellschaft*	*Werkbahn Sperenberg*	*Weimar-Berka-Blankenhainer Eisenbahn*	
Betriebsnummer	4	5	6	7	1-140–1-142	541	385–387	T 001	92 0096–92 0098	94, 92 0095
DR-Betriebsnummer	92 6001	92 6102	92 6106	92 6201	92 6576–92 6578	92 6581	92 6584–92 6586	92 6588	92 6876–92 6878	92 6582 + 92 6583
Bauart	D-n2	D-n2	D-n2	D-n2	D-h2	D-h2	D-h2	D-h2	D-h2	D-h2
Baujahr	1905	1913	1924	1927	1916/1919	1925	1927	1941	1930	1927
Höchstgeschwindigkeit km/h	40	40	40	40	40	45	40	40	50	50
Länge über Puffer mm	9 980	9 980	9 980	9 980	10 880	10 010	10 900	10 800	11 000	10 629
Achsstand mm	4 000	4 000	4 000	4 000	4 190	4 000	4 200	4 200	4 650	4 200
Raddurchmesser mm	1 100	1 100	1 100	1 100	1 100	1 100	1 100	1 100	1 350	1 200
Zylinderdurchmesser mm	450	450	450	450	540	450	540	520	600	500
Kolbenhub mm	550	550	550	550	550	550	550	560	660	600
Kesselüberdruck bar	12	12	12	12	13	13	13	13	14	12
Rostfläche m²	1,60	1,60	1,60	1,60	1,92	1,5	2,09	1,92	1,84	1,8
Heizfläche m²	89,83	89,83	89,83	89,83	84,1	61,76	98,16	92,0	105,3	65,72
Überhitzerheizfläche m²	–	–	–	–	34,7	25,0	51,7		37,0	25,7
Wasservorrat m³	6,0	6,0	6,0	6,0	7,0	6,2	7,0	3,6	7,2	7,0
Kohlevorrat t	1,35	1,35	1,35	1,35	1,5	1,8	2,5	3,3	3,5	2,5
Leermasse t	31,0	34,0	36,1	38,8	46,5	41,3	50,2		53,8	
Reibungsmasse t	42,0	45,0	46,2	49,7	56,5	50,0	60,5		65,2	

Tabelle 6.13. Technische Daten einiger 1′D1′- und 1′D-h2-Tenderlokomotiven

DR-Betriebsnummern		93 1601, 93 1602	93 1611, 93 1612[1]	93 6476, 93 6477, 93 6479	93 6478, 93 6480, 93 6481	93 6679– 93 6683	98 6376– 98 6378[2]	98 6476[2]
Bahn		MFWE	PE	BStb	RuE	NbE	RuE	RuE
Betriebsnummern		33, 34	7, 22	1-200 bis 1-202	40 bis 42	010 bis 014	24 bis 27	23
Baujahre		1927	1936/1938	1937, 1939	1939–1943	1940 bis 1942	1929 bis 1934/36	1936
Höchstgeschwindigkeit	km/h	65	70	80	65	80	60	
Länge über Puffer	mm	13 450	–	13 350	12 940	–	–	
Achsstand	mm	9 300	10 300	9 950	9 190	–	–	
Laufraddurchmesser	mm	900	850	850	1 000	850	1 000	
Kuppelraddurchmesser	mm	1 350	1 400	1 300	1 200	1 130	1 200	
Zylinderdurchmesser	mm	575	570	530	500	–	500	
Kolbenhub	mm	630	660	550	600	–	600	
Kesselüberdruck	bar	14	14	16	13	16	13	
Rostfläche	m^2	2,52	2,34	2,55	2,19	–	1,8	
Heizfläche	m^2	129,4	117,3	126,3	100,1	–	83,5	
Überhitzerheizfläche	m^2	48,5	47,0	49,0	47,1	–	34,1	
Wasservorrat	m^3	9,0	9,0	10,0	10,0	10,0	6,0	8,0
Kohlevorrat	t	3,0	3,5	3,0	2,8 3,0	3,0	1,8	
Leermasse	t	68,0	68,0	64,0	58,4	65,6	–	50,1
Dienstmasse	t	82,5	86,0	78,7	75,7	84,9	60,3	63,8
Reibungsmasse	t	62,6	64,0	61,1	56,8	64,0	52,0	56,0

[1] *ab 1. 1. 1945 Weimar–Berka–Blankenhainer Eisenbahn Nr. 20 und 21, ab 1947 93 0020–93 0021; ab 1. 1. 1950: 93 6676–93 6677*
[2] *Bauart 1′D-h 2*

Tabelle 6.14. Die Berglokomotiven für den Reibungsbetrieb der Halberstadt-Blankenburger Eisenbahn

Name oder Betriebsnummer	*Achsfolge*	*Hersteller*	*Baujahr*	*Fabriknummer*	*DR-Betriebsnummer*
MAMMUT	1′E 1′-h 2	Borsig	1919	10 353	95 6676[1]
WISENT	1′E 1′-h 2	Borsig	1919	10 354	95 6677
BÜFFEL	1′E 1′-h 2	Borsig	1921	10 909	95 6678
ELCH	1′E 1′-h 2	Borsig	1921	10 910	95 6679
10	1′D 1′-h 2	Hanomag	1927	10 566	93 6776
11	1′D 1′-h 2	Hanomag	1927	10 567	93 6777
12	1′D 1′-h 2	Hanomag	1927	10 568	93 6778
1	1′C 1′-h 2	Hanomag	1929	10 640	75 6676
2	1′C 1′-h 2	Hanomag	1929	10 641	75 6677
3	1′C 1′-h 2	Hanomag	1929	10 642	75 6678
6	1′C 1′-h 2	Borsig	1943	14 980	75 6776
7	1′C 1′-h 2	Borsig	1943	14 981	75 6777
18	D-h 2	Borsig	1938	14 680	92 6879[2]
19	D-h 2	Borsig	1938	14 681	92 6880[3]

[1] *nichtbetriebsfähige Museumslokomotive des Verkehrsmuseums Dresden*
[2] *zuerst umgezeichnet in 92 6776, später erneut umgezeichnet*
[3] *zuerst umgezeichnet in 92 6777, später erneut umgezeichnet*

Tabelle 6.15. Technische Daten der Reibungs-Berglokomotiven der Halberstadt-Blankenburger Eisenbahn

Name oder Betriebsnummer		*Tierklasse*	*10–12*	*1–3*	*6–7*	*18–19*
DR-Betriebsnummer		95 6676–95 6679	93 6776–93 6778	75 6676–75 6678	75 6776–75 6777	92 6879–92 6880
Baujahr		1919/1921	1927	1929	1943	1938
Höchstgeschwindigkeit	km/h	50	60	75	65	50
Länge über Puffer	mm	12 450	14 100	12 700	12 400	12 400
Radstand	mm	9 550	10 800	9 000	9 000	8 100
Kuppelraddurchmesser	mm	1 100	1 250	1 400	1 250	1 180
Laufraddurchmesser	mm	850	850	850	850	–
Zylinderdurchmesser	mm	700	640	530	540	600
Kolbenhub	mm	550	600	660	600	550
Kesselüberdruck	bar	14	16	16	16	16
Rostfläche	m^2	3,96	3,12	2,55	2,15	2,58
Heizfläche	m^2	180,96	144,0	118,5	108,28	139,87
Überhitzerheizfläche	m^2	54,14	55,0	46,0	41,6	45,1
Wasservorrat	m^3	8,8	9,0	8,0	7,0	8,0
Kohlevorrat	t	3,0	3,0	3,0	2,5	2,5
Leermasse	t	90,0	83,3	62,8	60,0	–
Dienstmasse	t	98,8	100,2	72,6	70,3	70,0
Reibungsmasse	t	81,7	72,0	51,0	51,0	70,0
Zugkraft	kN	25 725	23 600	15 900		

Tabelle 6.16. Zahnradlokomotiven

Erste Betriebs-nummer	*Erster Name*	*Zweiter Name*	*Zweite Betriebs-nummer*	*Bauart*	*Hersteller*	*Bau-jahr*	*Fabrik-nummer*	*Ver-bleib*
Halberstadt-Blankenburger Eisenbahn								
VI	RÜBELAND	PRINZ ALBRECHT	62	C 1'/b-n 4	Esslingen	1885	2084	+
VII	ELBINGERODE	ALBERT SCHNEIDER	63	C 1'/b-n 4	Esslingen	1885	2085	+
VIII	ROTHEHÜTTE	ROMAN ABT	–	C 1'/b-n 4	Esslingen	1885	2086	+
IX	TANNE	KYBITZ	–	C 1'/b-n 4	Esslingen	1885	2087	+
XI	BROCKEN	VON CRAMM-BURGDORF	65	C 1'/b-n 4	Esslingen	1887	2204	[1]
XIV	BROCKEN	VON OTTO	–	C 1'/b-n 4	Esslingen	1894	2267	+
XV	TANNE	CARL MÄRTENS	67	C 1'/b-n 4	Esslingen	1898	2987	+
–	TANNE	A. BENSEN	–	C 1'/b-n 4	Esslingen	1904	3321	+
–	ROTHEHÜTTE	HERZOG JOHANN ALBRECHT	68	C 1'/b-n 4	Esslingen	1906	3352	[1]
–	–	VON BUDDE	69	C 1'/b-n 4	Esslingen	1907	3418	+
–	–	VON GOLTZ	70	C 1'/b-n 4	Esslingen	1907	3419	[2]
–	–	–	71	D/b-h 4	Esslingen	1914	3732	+
Görlitzer Kreisbahn								
1^{bz}	–	–	–	C/b-n 4	Esslingen	1904	3297	+
2^{bz}	–	–	–	C/b-n 4	Esslingen	1904	3298	+
3^{bz}	–	–	–	C/b-n 4	Esslingen	1904	3298	+

[1] *Umbau in C 1'-n 2 und Verkauf an Hafenbahn Hamm*
[2] *Umbau in C 1'-n 2, + bei HBE*

Tabelle 6.17. Technische Daten von Zahnradlokomotiven

Bahn		*Halberstadt-Blankenburger Eisenbahn*		*Görlitzer Kreisbahn*
Baujahr		1885–1907	1914	1904
Bauart		C1'/b-n4	D/b-h4	C/b-n4
Höchstgeschwindigkeit bei				
Reibungsbetrieb	km/h	15[1]	50	45
Zahnradbetrieb	km/h	12[2]	25	15
Länge über Puffer	mm	10000	10600	8450
Radstand	mm	5450	5050	3400
Kuppelraddurchmesser	mm	1250	1100	1080
Laufraddurchmesser	mm	750	–	–
Zylinderdurchmesser der Reibungsmaschine	mm	450	540	390
Kolbenhub der Reibungsmaschine	mm	600	500	550
Zahnradteilkreisdurchmesser	mm	573	688	–
Zylinderdurchmesser der Zahnradmaschine	mm	300	380	320
Kolbenhub				450
der Zahnradmaschine	mm	600	450	
Kesselüberdruck	bar	10	12	12
Rostfläche	m^2	1,87	2,10	1,41
Heizfläche	m^2	136,44	101,65	66,62
Überhitzerheizfläche	m^2	–	31,20	–
Wasservorrat	m^3	6,0	–	–
Kohlevorrat	t	2,0		
Leermasse	t	45,74	50,2	28,4
Dienstmasse	t	57,44	62,9	34,8
Reibungsmasse	t	45,14	62,9	34,8
Zugkraft	kN	13000	15000	

[1] *später 40*
[2] *später 25*

Tabelle 6.18. Chronologie der Entwicklung der preußischen Normalien

Jahr	*Kennzeichnung*
1872	Erste Normalien für die wichtigsten Teile von Güterwagen
1877	Normalien für zwei Lokomotiven in je zwei Varianten, einen Tender, sechs Personen- und zwei Güterwagen
1882/83	Normalien für Nebenbahn-Betriebsmittel: zwei Lokomotiven, sechs Personen- und zwei kombinierte Gepäck- und Postwagen
1883/84	Überarbeitung vorhandener Normalien; Neuaufstellung von Normalien für fünf Lokomotiven, zehn Personenwagen (erstmals mit Abteilanordnung), zwei Gepäck- und einen Güterzuggepäckwagen, zwölf Güterwagen
1886/87	Revidierte Nebenbahn-Normalien
1895	Normalien für Verbundlokomotiven und neue Wagengattungen (statt für 12,5 t nunmehr für 15 t Lademasse)
1905	Normalien für Heißdampflokomotiven, systematische Ordnung der Reisezugwagen, Normalien für vier- und sechsachsige Wagen
1913	Neuordnung der Normalien bzw. Musterblätter

Tabelle 6.19. ***Gruppeneinteilung der preußischen Normalien nach dem Verzeichnis der Musterzeichnungen für Fahrzeuge einschließlich der reichseigenen Bahnpostwagen, Berlin 1913***

Gruppe	*Musterblätter*
	Gesamtzeichnungen für
I	Personenwagen
II	Gepäck- und Güterwagen
III	Naßdampflokomotiven und Tender
	Einzelzeichnungen für
IV	Wagen aller Art
V	Personenwagen
VI	Gepäck- und Güterwagen
B und C	Verbandsgüterwagen
VII	Naßdampflokomotiven und Tender aller Gattungen
VIII	Naßdampf-Personenzuglokomotiven
IX	Naßdampf-Schnellzuglokomotiven
X	Naßdampf-Güterzuglokomotiven
XI	Naßdampf-Tenderlokomotiven
XII	Tender
XIII	alle Fahrzeuge, ausschl. Verbandsgüterwagen
	Gesamtzeichnungen für
XIV	Heißdampflokomotiven
	Einzelzeichnungen für
XV	Heißdampflokomotiven aller Gattungen
XVI	Heißdampf-Personenzuglokomotiven
XVII	Heißdampf-Schnellzuglokomotiven
XVIII	Heißdampf-Güterzuglokomotiven
XIX	Heißdampf-Tenderlokomotiven
P. I	Gesamtzeichnungen für Bahnpostwagen
P. II	Einzelzeichnungen für Bahnpostwagen

Tabelle 6.20. ***Vergleich einer C-n2- und einer 1'C-h2-Lokomotive nach Semke***

Bauart	*C-n2*	*1'C-h2*
Rostfläche m²	1,4	1,4
Heizfläche m²	66,2	58,4
Überhitzerheizfläche m²	–	21,6
Dienstmasse t	37	47
Reibungsmasse t	37	37
Zugmasse t	350	453
Geschwindigkeit bei 10 ‰ Steigung km/h	10–12	16–18
Füllung bei 10 ‰ Steigung %	55	50
Überhitzung °C	–	350–370
Kohleverbrauch t	2,1	1,9
Wasserverbrauch m³	14,0	13,0
Spezlf. Kohleverbrauch kg/tkm	0,0494	0,0345
Spezif. Wasserverbrauch l/tkm	0,329	0,236
Kohleersparnis %	–	30
Wasserersparnis %	–	28

Tabelle 6.21. ***Anteile der 1949 von der DR übernommenen Lokomotiven ehemaliger Klein- und Privatbahnen nach Kupplungsgraden in %***

Achsfolge (ohne Laufachsen)	*B*	*C*	*D*	*E*	*Gesamt*
Regelspurlokomotiven	9	54	17	1	81
Schmalspurlokomotiven	5	6	8	–	19
Gesamt	14	60	25	1	100

Tabelle 6.22. Stückzahlen nach preußischen Normalien gebauter Staatsbahnlokomotiven, die an Klein- und Privatbahnen übergegangen sind

Normalie	Preußische Gattung	Spätere DR-Baureihe	Bauart	Mit preußischer Betriebsnummer	Mit DRG-Betriebsnummer	Vor 1945 an DR zurückgegangen	Nach 1945 an DR zurückgegangen
III-4	T 2	–	B-n2	1	–	–	–
III-4g	T 3	–	B1-n2	1	–	–	–
III-4e	T 3	$89^{60, 61}$	C-n2	23	5	–	12
III-4p	T 3	89^{62}	C-n2	1	1	–	2
III-4h	$T\,4^{2}$	69^{64}	1B-n2	1	–	–	1
III-4c	T 7	89^{64}	C-n2	6	1	–	1
III-4f	$T\,9^{1}$	–	C1'-n2	4	–	–	–
III-4k	$T\,9^{2}$	74^{66}	1'C-n2	4	1	–	3
III-4l	$T\,9^{3}$	91^{65}	1'C-n2	–	12	–	4
III-4o	T 11	–	1'C-n2	–	1	–	–
III-4q	T 13	$92^{64, 65}$	D-n2	–	2	–	2
XIV-4	T 8	$89^{10, 64, 65}$	C-h2	–	4	2	2
XIV-4e	T 14	$93^{0, 4}$	1'C1'-h2	–	5	5	–
XIV-4c	T 16	–	E-h2	–	1	–	–
XIV-4f	$T\,16^{1}$	94^{67}	E-h2	–	1	–	1

Tabelle 6.23. Technische Daten nach preußischen Normalien gebauter Tenderlokomotiven (Auswahl)

pr. Gattung		T 3	T 3	T 3	T 13	$T\,9^{3}$	T 8	T 12
Musterblatt		III-4g	III-4e	III-4p	III-4q	III-4e	XIV-4	XIV-4a
Bauart		B1-n2	C-n2	C-n2	D-n2	1'C-n2	C-h2	1'C-h2
Höchstgeschwindigkeit	km/h	60	40	40	45	60	60	80
Länge über Puffer	mm	8670	8320	8591	11100	10700	9500	13800
Achsstand	mm	3700	3000	3000	5275	6000	3300	6350
Kuppelraddurchmesser	mm	1220	1100	1100	1250	1350	1350	1500
Laufraddurchmesser	mm	930	–	–	–	1000	–	1000
Zylinderdurchmesser	mm	360	350	350	500	450	510	540
Kolbenhub	mm	550	550	550	600	630	600	630
Kesselüberdruck	bar	12	12	12	12	12	12	12
Rostfläche	m^2	1,46	1,35	1,3	1,73	1,53	1,23	1,73
Heizfläche	m^2	75,94	59,93	60,94	116,40	107,20	68,50	106,0
Überhitzerheizfläche	m^2	–	–	–	–	–	17,90	33,4
Wasservorrat	m^3	5,0	4,0	4,0	7,0	7,0	5,0	7,0
Kohlevorrat	t	1,8	1,2	1,5	2,50	2,00	1,10	2,5
Leermasse	t	26,86	23,2	27,3	46,64	46,85	34,9	53,2
Reibungsmasse	t	25,69 [159]	31,4	35,9	59,9	45,58	44,10	50,1
zuletzt bei		Gardelegen-Neuhaldensleben-Weferlinger Kleinbahn	Altmärkische Eisenbahn	Dessau-Wörlitzer Eisenbahn	Kleinbahn Gardelegen-Neuhaldensleben-Weferlingen	Halberstadt-Blankenburger Eisenbahn	Mecklenburgische Friedrich-Wilhelm-Eisenbahn	Halberstadt-Blankenburger Eisenbahn

Tabelle 6.24. Technische Daten nach Lenz-Normalien gebauter Tenderlokomotiven (Auswahl)

Gattung		*a/d*	*b*	*c*	*c*	*hg*	*cc*	*i*	*m*	*n*	*q*	*ii*	*nn*	*M*
Bauart		B-n2	C-n2	B-n2	C-n2	B'C-n2	B'B-n4v	B-n2	B-n2	B-n2	C-n2	B'B-n4v	B'B-n4v	D-n2
Baujahr		1892/ 1894	1894	1887[1]	1907	1901	1903	1893	1895	1895	1895	1902	1902	1913
Spurweite	mm	1435	1435	1435	1435	1435	1435	1000	750	750	600	1000	750	750
Höchstgeschwindigkeit	km/h	35	40	30	40–50	30		30	30	25	25	30	30	30
Länge über Puffer	mm	7000	8300	7200	8880	10900	10472	5794	5860		4400	7000	7062	7500
Achsstand	mm	2500	3000	2200	3100	5700	5400	1700	1700	1500	1330	3900	3750	3400
Kuppelraddurchmesser	mm	1080	1100	1030	1200	1100	1100							
Zylinderdurchmesser	mm	280	350	300	350	500	360/ 560	210	230	210	210	225/ 340	225/ 340	350
Kolbenhub	mm	450	550	520	550	550	550	400	360	300	280	360	360	400
Kesselüberdruck	bar	12	12	11	12	12	14	12	12	12	12	12	12	12
Rostfläche	m²	0,68	1,35	0,8	1,35	2,6	1,8	0,4	0,44	0,43	0,4	0,73	0,75	0,9
Heizfläche	m²	38,17	60,5	50,21	61,15	120,3	88,9	20,48	21,5	17,25	18,8	34,9	34,9	46,68
Wasservorrat	m³	2,5	4,0	3,5	5,0	8,0	6,0	1,9	1,3	1,2	1,2	2,0	2,0	2,2
Kohlevorrat	t	0,9	1,2	0,8	1,7	2,0	2,0	0,45	0,5	0,5	0,4	0,8	0,7	0,8
Leermasse	t	15,0	23,1	17,75	27,5		40,7	9,0				17,2	15,5	19,0
Reibungsmasse	t	18,5	30,65	24,0	36,0		56,5	12,0	12,5	10,6	10,7	20,6	20,0	24,0
Zugkraft	kN	2352	5250			7500–9000		1588	1910	1460	1500	3120	3120	4500
Nach Vulcan-Zeichnung[2]		A 1677/ A 1699	A 1701	A 1700	A 1694	A 1684	A 1689	A 2523					A 1686	A 5943
für Fabriknummer		1351/ 1352			2325–2327	1886–1887	2046, 2047, 2242, 2243						2009–2020	2894–2896

[1] *Gattung ist Weiterbau der bereits 1881/1882 von Vulcan an Lenz-eigene Altdamm-Colberger Eisenbahn gelieferten Lokomotiven 1–8 (Fabriknr. 807–814) und 9–10 (Fabriknr. 820–821)*

[2] *Die Zeichnungen wurden wahrscheinlich später numeriert.*

Tabelle 6.25. Technische Daten der ELNA-Lokomotiven

ELNA-Type		1	2	3	4	5	6
Bauart		C-h2	1'C-h2	D-h2	C-h2	1'C-h2	D-h2
Baujahr							
Achsfahrmasse	t	12	12	12	14	14	14
Höchstgeschwindigkeit	km/h	55/60	65	40	55/60	65	40
Achsstand	mm	3000	5300	4300	3000	5300	4300
Laufraddurchmesser	mm	–	800	–	–	800	–
Kuppelraddurchmesser	mm	1100/ 1200	1200	1100	1100/ 1200	1200	1100
Zylinderdurchmesser	mm	410	430	480	430	450	520
Kolbenhub	mm	550	550	550	550	550	550
Kesselüberdruck	bar	12	12	12	12	12	12
Rostfläche	m²	1,2	1,4	1,66	1,4	1,66	1,84
Heizfläche	m²	49,3	59,0	70,3	59,0	70,3	88,0
Überhitzerheizfläche	m²	17,1	21,0	25,7	21,0	25,7	31,0
Wasservorrat	m³	4,5	5,0	5,0	5,0	6,0	6,0
Kohlevorrat	t	1,0	1,2	1,2	1,2	1,6	1,6
Leermasse	t	28,0	36,0	38,0	32,0	42,0	44,0
Reibungsmasse	t	36,0	36,0	48,0	42,0	54,0	56,0

Tabelle 6.26. ***ELNA-Lokomotiven bei ehemaligen Klein- und Privatbahnen auf dem heutigen Gebiet der DDR***

Type	*Bahn*	*Betriebs-nummer*	*Hersteller*	*Bau-jahr*	*Fabrik-nummer*	*Zwischenzeitlich bei/ 1949 übernommen auf*	*Verbleib*
6	Halle-Hettstedter Eisenbahn	101	Krauss	1922	8058	später Nr. 181	92 6476
6	Halle-Hettstedter Eisenbahn	102	Krauss	1922	8059	später Nr. 182	92 6477
6	Halle-Hettstedter Eisenbahn	103	Krauss	1922	8060	später Nr. 183	92 6478
6	Halle-Hettstedter Eisenbahn	104	Krauss	1922	8061	später Nr. 184	92 6479
3	Prenzlauer Kreisbahn	11	Hanomag	1923	10 214		92 6376
3	Prenzlauer Kreisbahn	12	Hanomag	1923	10 215		92 6377
5	Halle-Hettstedter Eisenbahn	151	Krauss	1924	8317		91 6476
5	Halle-Hettstedter Eisenbahn	152	Krauss	1924	8318		91 6477
5	Halle-Hettstedter Eisenbahn	153	Krauss	1924	8319		91 6478
5	Halle-Hettstedter Eisenbahn	154	Krauss	1924	8320		91 6479
3	Süddeutsche Eisenbahn-Gesellschaft	380	Hanomag	1924	10 369	Hohenebra-Ebelebener Eisenbahn	92 6176
5	Liegnitz-Rawitscher Eisenbahn	143	Vulcan	1924	3855	Oschersleben-Schöninger Eisenbahn	91 6481
5	Liegnitz-Rawitscher Eisenbahn	144	Vulcan	1924	3856	Niederlausitzer sowie Halle-Hettstedter Eisenbahn	91 6480
3	Kleinbahn Strausberg–Herzfelde	9	Henschel	1924	20 378	Oderbruchbahn, Nr. 171	92 6378
5	Liegnitz-Rawitscher Eisenbahn	141	Vulcan	1925	3989	Niederlausitzer Eisenbahn	91 6497
5	Liegnitz-Rawitscher Eisenbahn	142	Vulcan	1925	3990	Oderbruchbahn	91 6578
3	Prenzlauer Kreisbahn	13	Hanomag	1925	10 419		92 6379
3	Prenzlauer Kreisbahn	14	Hanomag	1925	10 420		92 6380
2	Mühlhausen-Ebelebener Eisenbahn	141	Krauss	1925	8337		91 6277
2	Mühlhausen-Ebelebener Eisenbahn	142	Krauss	1925	8339		91 6278
2	Kleinbahn Strausberg–Herzfelde	141	Hohenzollern	1925	4533		91 6276
2	Stralsund-Tribseer Eisenbahn	141	Hohenzollern	1925	4534	Greifswald-Grimmener Eisenbahn	91 6279
6	Weimar-Berka-Blankenhainer Eisenbahn	91	O & K	1925	10 494	Greußen-Ebeleben-Keulaer Eisenbahn	92 6480
2	Greifswald-Grimmener Eisenbahn	1141	Hohenzollern	1927	4605		91 6280
6	Halle-Hettstedter Eisenbahn	187	Hohenzollern	1927	4609		92 6481
6	Halle-Hettstedter Eisenbahn	186	Hohenzollern	1927	4610		92 6482
6	Halle-Hettstedter Eisenbahn	185	Hohenzollern	1927	4611		92 6483
5	Niederlausitzer Eisenbahn	12	Henschel	1927	20 816	spätere Nr. 151	91 6482
5	Neubrandenburg-Friedländer Eisenbahn	41	Henschel	1927	20 919		BRD[1]
5	Salzwedeler Kleinbahn	9	Henschel	1927	20 973	später Nr. 301	91 6483
5	Braunschweigische Landesbahn	33	Henschel	1928	20 976	bis 1945 verliehen als Werklok	91 202
5	Neuhaldenslebener Eisenbahn	19	Henschel	1928	2144		BRD[1]
3	Bunzlauer Kleinbahn	171	Henschel	1928	21 209	Prenzlauer Kreisbahn	92 6276
2	Greifswald-Grimmener Eisenbahn	1142	Hohenzollern	1929	4679	Neubrandenburg-Friedländer Eisenbahn Nr. 1142	91 6282
2	Stralsund-Tribseer Eisenbahn	142	Hohenzollern	1929	4680	Neubrandenburg-Friedländer Eisenbahn Nr. 142	91 6283
2	Kleinbahn Strausberg–Herzfelde	142	Schwartzkopff	1929	9557	1937–1942: Halle-Hettstedter Eisenbahn, Nr. 142	91 6280
6	Ohlauer Kleinbahn	181	Schwartzkopff	1929	9582	Niederlausitzer Eisenbahn, Nr. 181	92 6484
5	Prignitzer Eisenbahn	4	LHW	1929	3125		91 211
5	Prignitzer Eisenbahn	6	LHW	1929	3156		91 212

Type	*Bahn*	*Betriebs-nummer*	*Hersteller*	*Bau-jahr*	*Fabrik-nummer*	*Zwischenzeitlich bei/ 1949 übernommen auf*	*Verbleib*
5	Salzwedeler Kleinbahn	10	Henschel	1929	21450	später Nr. 302	91 6486
6	Liegnitz-Rawitscher Eisenbahn	182	Krauss	1930	8490	Halle-Hettstedter Eisenbahn	92 6488
6	Nauendorf-Gerlebogker Eisenbahn	181	Krauss	1930	8491	Halle-Hettstedter Eisenbahn	92 6587
6	Liegnitz-Rawitscher Eisenbahn	183	Krauss	1930	8492	Aschersleben-Schneidlingen-Nienhagener Eisenbahn	92 6489
6	Greifenberger Kleinbahn	51[D]	Hanomag	1930	10724	Neubrandenburg-Friedländer Eisenbahn, Nr. 72	92 6485
6'	Pyritzer Kleinbahn	51[D]	Hanomag	1930	10725	Neubrandenburg-Friedländer Eisenbahn, Nr. 74	92 6486
6	Kleinbahn Casekow–Penkun–Oder	51[D]	Hanomag	1930	10726	Franzburger Südbahn, Nr. 73	92 6487
5	Greifenberger Kleinbahn	52[D]	Henschel	1930	21776	Franzburger Südbahn, später Nr. 39	91 6487
5	Pyritzer Kleinbahn	52	Henschel	1930	21777	Franzburger Südbahn, später Nr. 40	91 6488
5	Naugarder Kleinbahn	51	Henschel	1930	21778	Franzburger Südbahn, später Nr. 36	91 6489
5	Naugarder Kleinbahn	52	Henschel	1930	21779	Franzburger Südbahn, später Nr. 37	+ 1946/47
5	Randower Kleinbahn	51	Henschel	1930	21780	Franzburger Südbahn, später Nr. 38	91 6490
2	Greifswald-Grimmener Eisenbahn'	1143	Henschel	1930	21855		91 6284
6'	Görlitzer Kreisbahn	181[D]	Henschel	1931	22011		92 2901
5	Neubrandenburg-Friedländer Eisenbahn	42	Henschel	1934	22558		BRD[1]
3	Bunzlauer Kleinbahn	173	Henschel	1935	22696	Prenzlauer Kreisbahn	92 6491
5	Neuhaldenslebener Eisenbahn	43	Henschel	1935	22736		91 6491
6	Görlitzer Kreisbahn	182[D]	Henschel	1936	22990		92 2902
6	Nauendorf-Gerlebogker Eisenbahn	182	Henschel	1936	22991		92 6490
3	Eberswalde-Finowfurther Eisenbahn	171	Henschel	1936	23071		92 6381
5	Niederlausitzer Eisenbahn	152	Henschel	1936	23101		91 6492
3	Gardelegen-Neuhaldensleben-Weferlinger Kleinbahn	15	Henschel	1936	23271	später Nr. 501	92 6491
5	Kleinbahn Genthin	5	Henschel	1936	23421	später Nr. 303	91 6493
3	Eberswalde-Finowfurther Eisenbahn	172	Henschel	1938	23665		92 6382
2	Kleinbahn Jauer–Malsch	141	Henschel	1938	23695	Oschersleben-Schöninger Eisenbahn	91 6494
5	Wenigentaft-Oechsener Eisenbahn	1	Henschel	1938	23696		91 6579
5	Ohlauer Kleinbahn	141	Henschel	1938	23697	Niederlausitzer Eisenbahn	91 6780
2	Mecklenburgische Bäderbahn	141	Henschel	1938	23726		91 6176
5	Neuhaldenslebener Eisenbahn	44	Henschel	1940	24576		91 6496
6	Gardelegen-Neuhaldensleben-Weferlinger Kleinbahn	502	Henschel	1939	24753		92 6492
5	Mühlhausen-Ebelebener Eisenbahn	151	Henschel	1940	24916		91 6285
2	Mecklenburgische Bäderbahn	142	Henschel	1941	24934		91 6177

Type	*Bahn*	*Betriebs-nummer*	*Hersteller*	*Bau-jahr*	*Fabrik-nummer*	*Zwischenzeitlich bei/ 1949 übernommen auf*	*Verbleib*
2	Kleinbahn Horka–Rothenburg–Priebus	141	Henschel	1943	24 935		91 6376
6	Aschersleben-Schneidlingen-Nienhagener Kleinbahn	181	Henschel	1940	24 936		92 6493
6	Aschersleben-Schneidlingen-Nienhagener Eisenbahn	182	Henschel	1940	24 937	nicht geliefert	–
6	Görlitzer Kreisbahn	183[D]	Henschel	1940	24 940		92 2903
5	Kleinbahn Genthin	304	Henschel	1939	25 049		91 6495
5	Kleinbahn Casekow–Penkun–Oder	52	Schwartzkopff	1943	12 272		–
6	Bunzlauer Kleinbahn	182	Henschel	1944	26 147	Kreisbahn Beeskow-Fürstenwalde, Nr. 4-140	92 6383
6	Bunzlauer Kleinbahn	181	Henschel	1944	26 200	Niederlausitzer Eisenbahn, Nr. 181	92 6494

[1] 1945 bei Restbetrieb der Osterwieck-Wasserslebener Eisenbahn in BRD verblieben

Tabelle 6.27. Technische Daten der Baureihe 83^{10}

Bauart		1'D2'-h2
Baujahr		1955
Spurweite	mm	1 435
Höchstgeschwindigkeit	km/h	60
Länge über Puffer	mm	15 000
Achsstand	mm	11 100
Laufraddurchmesser	mm	850
Kuppelraddurchmesser	mm	1 250
Zylinderdurchmesser	mm	500
Kolbenhub	mm	660
Steuerung		Heusinger, außen
Kesselüberdruck	bar	14
Rostfläche	m²	2,5
Heizfläche	m²	106,16
Überhitzerheizfläche	m²	39,25
Wasservorrat	m³	14
Kohlevorrat	t	8
Leermasse	t	70,9
Reibungsmasse	t	59,5

Tabelle 6.28. Technische Daten von frühen benzolmechanischen VT – Auswahl

Bahn		Kreisbahn Beeskow-Fürstenwalde	Spandau-Hennigsdorf	Dessau-Wörlitzer Eisenbahn	Spandau-Hennigsdorf	Spremberger Stadtbahn	Halberstadt-Blankenburger Eisenbahn
Betriebsnummer		1	6001, 6002	41	6003	–	T 1
Gattung		CvT	CvT	BCvT	CvT	C4vT	CvT
Bauart		1A-bm	1A-bm	1A-bm	1A-bm	(1A)(A1)-bm	B-bm[2]
Höchstgeschwindigkeit	km/h	36	40	50	40		40
Länge über Puffer	mm	11760	10350	14350	10570	14000	12500
Achsstand	mm	4200	3000	7000	3500	9700[1]	6530
Raddurchmesser	mm	800	800	850	800		800
Sitzplätze		35	18	60	24	46	55
Dienstmasse	t	11,5	10,5	18,3	13,7	25,2	10,0
Motor-Hersteller		NAG	NAG	NAG	NAG	2 × NAG	Büssing
Motor-Leistung	kW	55	55	55	55	2 × 55	
Getriebe		mech.	mech.	mech.	mech.	mech.	mech.
später, Bemerkung		AEG-Vorführwagen	BVG 8001, 8002 Osthavell. Krsb. 1,2		BVG 8003 Osthavell. Krsb. 3		
letzte DR-Nr.		–	133501 u. 502[3]	135503	133503	–	133504

[1] *Drehzapfenabst. 8200 mm; Drehgestellachsst. 1500 mm* [2] *frühzeitiger Umbau in dm* [3] *nach Umbau neue Nummern 135501 und 135502*

Tabelle 6.29. Technische Daten von VT der Deutsche Werke Kiel AG

Bahn und Betriebsnummer		Prototyp	Ruppiner Eisenbahn 80, 82, 84	Salzwedeler Kleinbahn 91	Kleinbahn Erfurt–Nottleben 97	Altmärkische Kleinbahn 95 Osterburg-Pretzierer Kleinbahn 96	Salzwedeler Kleinbahn 92	Salzwedeler Kleinbahn 93 Stendaler Kleinbahn 94 Ruppiner Eisenbahn 85
DR-Betriebsnummer			137511–137513	137514	137515	137516–137517	137518	137519–137521
Fabriknummer			53, 54, 55	40	73	44, 39	97	94, 43, 204[1]
Gattung		C3vT	C4vT	C4ivT	C4vT	C4ivT, C4vt	C4ivT	C4ivT
Bauart		(1A)(A1)-bm	(1A)(A1)-dm	(1A)(A1)-dm	(1A)(A1)-dm	(1A)(A1)-dm	(1A)(A1)-dm	(1A)(A1)-dm
Höchstgeschwindigkeit	km/h	45	50	50		50	60	50
Länge über Puffer	mm	13250	13500	14900	13000	13500	13600	13630
Wagenbreite	mm	2500	2940	2500	2700	2950	2500	2500
Höhe über SO	mm	3850	3960	3800	4000	3550	3850	3800
Drehzapfenabstand	mm	8550	8550	8600	8500	8550	8550	8550
Drehgestellabstand	mm	1550	1550	1550	1650	1550	1550	1550
Raddurchmesser	mm	750	750	800	850	800	750	850
Sitzplätze		39	44	42	50	50	45	43
Dienstmasse (leer)	t	16,6	19,8	19,5	19,5	19,0/19,5	19,5	19,5
Motor		1 × Mercedes Vergasermotor	1 × DWK 6V18L	1 × DWK 6V18-2	1 × DWK 6V18L	1 × DWK 6V18L	1 × Vomag 6R3080	1 × 6V18L
Leistung	kW	73,5	92	92	92	92	110	92

[1] *ursprüngliche Fabriknummer: 69*

Tabelle 6.30. Technische Daten von LVT der Bauart Hannover (Regelspur)

Typ		B	A
Gattung		CvT	CvT
Bauart		A1-bm	A1-bm
Höchstgeschwindigkeit	km/h	45 oder 50	60
Länge über Puffer	mm	10 100	11 610
Achsstand	mm	3 500 oder 4 000	4 400
Raddurchmesser	mm	700	700
feste Sitzplätze		30	40
Klappsitze		16	16
Dienstmasse	t	6,2	6,6
Leistung	kW	2 × 29,4 oder 2 × 36,8	2 × 36,8

Tabelle 6.31. Stationierungen von LVT der Bauart Hannover

Baujahr	*Fabrik-nummer*	*geliefert an*	*Bahn-nummer*	*DR-Betriebs-nummer*
Zugehörigkeit Typ A				
1936	20 266	Königs Wusterhausen-	1	133 509
1938	21 105	Mittenwalde-Töpchiner Kleinbahn	2	133 510
Zugehörigkeit Typ B				
1933	20 211	Bleckeder Kleinbahn	SK 1[1]	133 505
1933	20 217	Oschersleben-Schöninger Eisenbahn	1[2]	133 519
1933	20 219	Eberswalde-Finowfurther Eisenbahn	121	133 513[3]
1934	20 229	Niederlausitzer Eisenbahn	1021	133 506
1934	20 231	Eberswalde-Finowfurther Eisenbahn	122	133 514[4]
1934	20 237	Niederlausitzer Eisenbahn	1022	133 507
1940	21 142	Prenzlauer Kreisbahn		verbrannt

[1] *später T 1 der Boizenburger Stadt- und Hafenbahn*
[2] *später 1023 der Niederlausitzer Eisenbahn*
[3] *zuerst 135 501*
[4] *zuerst 135 502*

Tabelle 6.32. Technische Daten der BVG-Doppelstock-Schienenomnibusse der Gardelegen-Neuhaldensleben-Weferlinger Kleinbahn

Hersteller		NAG	NAG	NAG	NAG	NAG	NAG	NAG	NAG	NAG
Baujahr		1926	1925	1925	1926	1926	1926	1926	1926	1926
Beschaffungspreis für die Kleinbahn	Mark	6 000,–	6 000,–	6 000,–	5 000,–	6 000,–	6 000,–	6 000,–	6 000,–	3 000,–
Indienststellung bei Kleinbahn		10/1933	12/1933	1/1934	5/1934	7/1934	5/1935	5/1936	7/1937	2/1935
Betriebsnummer		2	3	4	5	6	7	8[1]	9[2]	A 101
Anzahl der Achsen		2	2	2	2	2	2	2	2	2
Wagenkastenlänge	mm	8 135	8 135	8 135	8 130	8 250	8 250	8 130	8 130	8 450[3]
Wagenbreite	mm	2 270	2 270	2 270	2 270	2 270	2 270	2 270	2 270	2 270
Seitenwandhöhe	mm	1 800	1 800	1 800	1 800	1 600[4] / 1 800	1 600[4] / 1 800	1 700[4] / 1 830	1 700[4] / 1 800	1 700
Achsstand	mm	4 300	4 300	4 300	4 300	4 300	4 300	4 300	4 300	4 300
Raddurchmesser	mm	1 025	1 025	1 025	1 025	1 025	1 025	1 025	1 035	1 025
Sitzplätze/Stehplätze		21/12	21/12	21/12	21/12	28/–[5] / 23/8	28/–[5] / 23/8	51/8	54/4	32/18[6]
Untergestell und Kastenverkleidung		Stahl	Stahl	Stahl	Stahl	Stahl	Stahl	Stahl	Stahl	Stahl
Kastengerippe		Holz	Holz	Holz	Holz	Holz	Holz	Holz	Holz	Holz
Handbremse wirkt auf		Backen	Backen	Backen	Backen	Backen	Backen	Getriebe	Getriebe	
Betriebsbremse wirkt auf		Getriebe	Getriebe	Getriebe	Getriebe	Getriebe	Getriebe	Backen	Backen	
Heizung (Kühlwasser v. Motor)		Wasser	Wasser	Wasser	Wasser	Wasser	Wasser	Auspuff	Auspuff	Ofen

[1] mit NAG-Benzinmotor PROTUS
[2] Umbau auf Holzgasgenerator
[3] mit Hängerkupplung: 9650
[4] Oberdeck/Unterdeck
[5] Oberdeck ohne Stehplätze
[6] Polstersitze

Tabelle 6.33. Technische Daten umgebauter VT

Bahn		*Osthavelländische Kreisbahn*	*Ruppiner Eisenbahn*	*Osterwieck-Wasserlebener Eisenbahn*	*Neuhaldens-lebener Eisenbahn*	*Osterwieck-Wasserlebener Eisenbahn*
Betriebsnummer		T1 + T2	89	T01	T03	T04
Umbau aus		bm-VT	AT	Personenwagen	Güterwagen	Unfall-VT
Umbau durch		DR	Söhrebahn	ÖBB	eigene Werkstatt	eigene Werkstatt
Umbaujahr		1957	1934	1930	1932	1929/30
DR-Betriebsnummer		135501 135502	135551 –	– –	135552 –	137551 –
Gattung		CVT	BC Pw VT	BCI + VT	Pw3 VT	BC Pw4i VT
Achsfolge		A1-dm	Bo-de	Bo-de	Bo'1'-de	Bo'2'-de
Höchstgeschwindigkeit	km/h	60	60		60	80, sp. 70
Länge über Puffer	mm	10600	13910		12650	22300
Breite	mm	2845	3025		2600	2940
Höhe über SO	mm	3400	4360			3850
Drehzapfenabstand	mm	–	–		7100	14650
Drehgestellachsstand	mm	–	–		2300	2500
Achsstand	mm	4500	8000		8250	17150
Raddurchmesser	mm	900	1000		1000	1000
Sitzplätze		36	9 + 18		–	6 + 60
Ladefläche	m²	–	7,9			9,0
Dienstmasse	t	14,0	30,0		31,3	43,0
Motor		1 × 6KVD 14,5	1 × W8 V 17,5/22		1 × RS 125S	1 × W6 V 17,5/22
Leistung	kW	66	195	110	221	166
Kraftübertragung Mylius		BBC	SSW elektr.	SSW elektr.	BBC elektr.	BBC elektr.

Tabelle 6.34. Technische Daten zweiachsiger VT (Auswahl)

Bahn	*Kleinbahn Wallwitz–Wettin*	*Halberstadt-Blankenburger Eisenbahn*	*Prignitzer Kreisbahn*	*Halberstadt-Blankenburger Eisenbahn*	*Gardelegen-Neuhaldensleben-Weferlinger Kleinbahn*	*Gardelegen-Neuhaldensleben-Weferlinger Kleinbahn*	*Niederbarnimer Eisenbahn*
Betriebsnummer	1	T2	602–604	T4	51–53	61	T2
DR-Betriebsnummer	135 525	135 514	135 527–135 529	135 543	135 536–135 538	135 539	135 553
Baujahr	1935	1934	1936	1940	1939	1939	1934
Gattung	CVT	CVT	CVT	CiVT	CiVT	CiVT	BCiVT
Bauart	A1-dm	B-dm	A1-dm	A1-dm	A1-dm	B-dm	A1-de
Höchstgeschwindigkeit km/h	60	60	55	60	65	73	60
Länge über Puffer mm	9 760	11 600	11 170	11 940	13 470	13 470	13 900
Breite mm	2 470	2 940	2 860	2 900	3 000	3 000	3 150
Höhe über SO mm	3 850	3 650			3 650	3 650	4 050
Radstand mm	4 500	6 200	5 500	6 500	7 000	7 000	6 350
Raddurchmesser mm	900	900	950	900	900	900	900
Sitzplätze	37	42	38	50	56	56	4 + 58
Ladefläche m²	–	2,0	–	–	–	–	–
Dienstmasse t	9,0	15,9	12,0	15,0	18,0	20,0	22,0
Motor	1 × OM65	1 × A6M 517	1 × A6M 517	1 × A8H 517	1 × 7,5T	2 × OM 67/3	1 × W6V 15/18
Leistung kW	47,8	81,0	81,0	139,8	78,8	2 × 73,6	92,0
Getriebe	Mylius mech.	Mylius mech.	TAG mech.	Mylius mech.	Mylius mech.	Mylius mech.	SSW elektr.

Tabelle 6.35. Technische Daten von Drehgestell-VT (Auswahl)

Bahn	*Kreisbahn Beeskow–Fürstenwalde*	*Niederbarnimer Eisenbahn*	*Stendal-Tangermünder Eisenbahn*	*Brandenburgische Städtebahn*	*Weimar-Berka-Blankenhainer Eisenbahn*	*Brandenburgische Städtebahn*	*Halberstadt-Blankenburger Eisenbahn*
Betriebsnummer	1001	T4	T1	301–303[1]	T05	306	T3
DR-Betriebsnummer	137 526	137 528	137 552	137 553 137 554	137 555 a/b	137 558	137 571
Baujahr	1942	1937	1932	1933	1935	1938	1938
Gattung	BC4iVT	BCPw4iVT	BCPw4iVT	CPost4iVT	CPost6iVT	BCPw Post5iVT	BCPost4iVT
Bauart	Bo'2'-de	B'2'-dm	Bo'2'-de	Bo'2'-de	2'Bo'2'-de	(A1A)'Bo'-de	B'2'-dh
Höchstgeschwindigkeit km/h	70	65	50	70	75	70	60
Länge über Puffer mm	20 840	23 500	21 000	20 840	37 720	22 640	20 840
Breite mm	3 600	2 880	2 980	2 980		2 810	2 900
Höhe über SO mm	3 860	3 678	3 524	4 025		4 000	3 610
Drehzapfenabstand mm	13 600	15 740	13 055	13 600	14 670 + 15 170	15 500	12 450
Drehgestellachsstand mm	3 250/ 3 300	3 700	3 500/ 3 000	3 200/ 3 000	3 650/2 850/ 2 850	3 600/ 3 000	3 600/ 3 000
Raddurchmesser mm	900	900	900	900	900	900	900
Sitzplätze	8 + 54	8 + 86	16 + 56(?)	6 + 46	143	6 + 26	8 + 51
Ladefläche m²	–	6,0	10,0	2,2		20,0	6,0
Dienstmasse t	32,9	37,8	31,5	37,8	52,0	61,5	40,2
Motor	1 × W8V 17,5/22	2 × W6V 15/18	1 × W6V 17,5/22	1 × W6V 17,5/22	1 × W6V 22/30	2 × W8V 17,5/22	1 × W6V 22/30
Leistung kW	195	2 × 184,0	173,0	173,0	294,4	2 × 195	265,0
Getriebe	elektr.	Ardelt mech.	BBC elektr.	AEG elektr.	elektr.	elektr.	Voith hydr.

[1] *Das Fahrzeug mit der Betriebsnummer 302 wurde 1945 ausgemustert*

Tabelle 6.36. Motorkleinlokomotiven bei Klein- und Privatbahnen

	1934	1935	1936	1937	1938	1939	1940	1941	1942	1949[1]
Mecklenburg-Pommersche Schmalspurbahn	1	1	1	1	1	1	1	1	1	1
Kleinbahn Freienwalde–Zehden	–	1	1	1	–	–	–	–	–	–
Neubrandenburg-Friedländer Eisenbahn[2]	–	1	1	1	1	1	1	1	1	2
Ruppiner Eisenbahn	–	1	1	2	2	2	2	2	2	6
Kreisbahn Jerichow I	–	–	–	1	1	1	1	1	1	1
Dahme-Uckroer Eisenbahn	–	–	–	1	1	1	1	1	1	–
Niederbarnimer Eisenbahn[3]	–	–	–	2	2	2	2	2	2	2
Eisenbahn-Zweckverband Buttstedt–Rastenberg[4]	–	–	–	–	1	1	1	1	1	1
Weimar-Buttelstedt-Großrudestedter Eisenbahn	–	–	–	–	–	–	–	1	1	1
Ostprignitzer Kreisbahn	–	–	–	–	1	1	1	–	–	1
Neuhaldenslebener Eisenbahn	–	–	–	–	2	2	2	1	1	–
Esperstedt-Oldislebener Eisenbahn	–	–	–	–	–	–	–	1	1	1
Prenzlauer Kreisbahn	–	–	–	–	1	1	1	–	–	1
Brandenburgische Städtebahn	–	–	–	–	–	3	2	2	2	2
Mecklenburgische Friedrich-Wilhelm-Eisenbahn	–	–	–	–	–	1	1	–	–	–
Oderbruchbahn	–	–	–	–	–	–	–	–	–	1
Weimar-Berka-Blankenhainer Eisenbahn	–	–	–	–	–	–	–	–	–	2
Greußen-Ebeleben-Keulaer Eisenbahn	–	–	–	–	–	–	–	–	–	1
Dessau-Wörlitzer Eisenbahn	–	–	–	–	–	–	–	–	–	2
Osthavelländische Kreisbahn	–	–	–	–	–	–	–	–	–	2[5]
Kleinbahn Erfurt–Nottleben	–	–	–	–	–	–	–	–	–	2
Osterwieck-Wasserslebener Eisenbahn	–	–	–	–	–	–	–	–	–	1
Kreisbahn Beeskow–Fürstenwalde	–	–	–	–	–	–	–	–	–	1
	1	4	4	9	13	17	16	13	13	29

[1] *1934 bis 1942 nach amtlichen Statistiken, 1949 nach persönlichen Aufzeichnungen*
[2] *obwohl in der Statistik von 1937 bis 1942 nicht aufgeführt, war 1 Kö im Bestand*
[3] *erst 1950 von DR übernommen*
[4] *obwohl in Statistik 1941 und 1942 nicht aufgeführt, gehörte 1 Kö zum Bestand*
[5] *in Berlin (West) verblieben*

Tabelle 6.37. Technische Daten der Fahrzeuge der Strausberger Eisenbahn (800 V Gleichspannung)

Wagengattung		ET	EB	EB	ET	EB	Lok
Betriebsnummer		1–3	4–7	8	9	10–11	12
Lieferjahr		1921	1921	1921	1928	1928	1923
Hersteller Fahrzeugteil		Wismar	Wismar	Wismar	Werdau	Werdau	Trelenberg
Elektrische Ausrüstung		BEW	BEW	BEW	BEW	BEW	BEW
Bauart		(A 1)(1 A)	2′2′	2	(A 1)(1 A)	2′2′	Bo
Höchstgeschwindigkeit	km/h	30	30	30	30	30	30
Länge über Puffer	mm	12 490	12 490	9 000	12 490	12 490	6 400
Achsstand	mm	8 600	8 600	2 400	8 600	8 600	2 200
Sitzplätze		32	32	32	32	32	–
Leistung	kW	2 × 37	–	–	2 × 37	–	2 × 37

Tabelle 6.38. ***Technische Daten der Fahrzeuge anderer von der DR übernommener elektrischer Kleinbahnen (Gleichspannung)***

Bahn		*Oberweißbacher Bergbahn*		*Buckower Kleinbahn*				*Schleizer Kleinbahn*			
Gleichspannung	V	500	800	800	–	1 200	1 200	1 200	1 200	–	–
Wagengattung		ET	ET	ET	EB	ET	ET	ET	ET	EB	EB
Betriebsnummer		–	1	2 + 3	11–13	PT 1	PT 2	GT 1	GT 2	P 1–P 4	P 5
DR-Betriebsnummer		ET 188 531	ET 188 501	ET 188 502–188 503	EB 188 501–188 502	ET 188 511	ET 188 512	ET 188 521	ET 188 522	EB 188 511–188 514	
Lieferjahr		1923	1930	1930	1930	1930	1930	1930	1930	1930	1901[1]
Bauart		Bo	Bo	Bo	2	Bo	Bo	Bo	Bo	2	2
Höchstgeschwindigkeit	km/h	30	50	50	50	45	45	40	40	45	
Länge über Puffer	mm	10 500	14 030	14 030	14 030	11 100	11 100	9 550	9 300	11 100	10 900
Achsstand	mm	4 000	8 500	8 500	8 500	5 500	5 500	4 500	4 500	5 500	5 500
Sitzplätze		45	40	50	50	32	32	16	–	32	48
Ladefläche	m^2								10		
Dienstmasse (leer)	t	8,3	22,0	22,0	14,9	18,6	18,0	25,0[2]	25,0[2]		12,0
Leistung	kW	2 × 26,5	2 × 65	2 × 65	–	2 × 45	2 × 45	2 × 45	2 × 45	–	–

[1] *eh. CiPr91*
[2] *einschließlich Ballast*

Tabelle 6.39. ***Güterwagenpark einiger Klein- und Privatbahnen, 1937 (Auswahl); Anteile der in den DRG-Park überstellten Güterwagen von Klein- und Privatbahnen, 1937***

Bahn	*Streckenlänge* km	*Gesamtbestand*	*davon in DRG-Park überstellt*	*Anteil der überstellten Wagen* Prozent
Zschipkau-Finsterwalder Eisenbahn	32,90	293	287	98,0
Osthavelländische Kreisbahn	60,04	263	35	13,3
Altmärkische Kleinbahn	126,80	70	68	97,1
Aschersleben-Schneidlingen-Nienhagener Kleinbahn	46,21	166	75	45,2
Görlitzer Kreisbahn	27,32	21	21	100,0
Gardelegen-Neuhaldensleben-Weferlingener Kleinbahn	75,67	106	73	68,9
Stendaler Kleinbahn	83,0	29	29	100,0
Kleinbahn Strausberg – Herzfelde	16,38	43	29	67,4
Kleinbahn Goldbeck – Werben	21,50	83	6	7,2

Tabelle 6.40. Bestand an Reisezugwagen bei Privatbahnen, 1921 (Auswahl)

Bahn	Wagen gesamt	nach Achsen			nach Gattungen									Abteilwagen	Durchgangswagen	Plätze in Klasse				zusammen
		2	3	4	AB	ABCD	B	BC	BCD	C	CD	D	Sdr			1.	2.	3.	4.	
Brandenburgische Städtebahn	44	40	4	–	–	–	2	10	–	31	–	–	1	10	34	–	245	1 219	–	1 464
Dahme-Uckroer E.	3	3	–	–	–	–	–	3	–	–	–	–	–	–	3	–	32	87	–	119
Dessau-Wörlitzer E.	17	13	4	–	1	–	–	8	–	8	–	–	–	–	17	12	116	452	–	580
Esperstedt-Oldislebener Eisenbahn	2	2	–	–	–	–	–	1	–	1	–	–	–	–	2	–	20	68	–	88
Greifswald-Grimmener Eisenbahn	8	8	–	–	–	–	–	3	–	5	–	–	–	–	8	–	60	260	–	320
Greußen-Ebeleben-Keulaer Eisenbahn	3	3	–	–	–	–	–	2	–	1	–	–	–	–	3	–	32	108	–	140
HBE	60	55	2	3	7	1	2	17	–	32	–	–	1	6	54	74	551	2 430	–	3 055
Mecklenburgische F.-Wilhelm-E.	10	4	6	–	–	–	–	9	–	1	–	–	–	–	10	–	138	370	–	508
Mühlhausen-Ebelebener Eisenbahn	5	5	–	–	–	–	–	2	–	1	2	–	–	–	5	–	32	80	110	222
Nauendorf-Gerlebogker Eisenbahn	4	4	–	–	–	–	–	2	–	2	–	–	–	–	4	–	30	114	–	144
Neubrandenburgisch-Friedländer E.	5	5	–	–	–	–	–	4	–	1	–	–	–	–	5	–	48	91	–	139
Neuhaldenslebener E.	7	7	–	–	–	–	–	4	–	–	–	3	–	–	7	–	60	100	180	340
Niederlausitzer E.	16	16	–	–	–	–	–	7	–	9	–	–	–	–	16	–	108	645	–	753
Oschersleben-Schöninger Eisenbahn	6	6	–	–	–	–	–	3	–	3	–	–	–	–	6	–	60	240	–	300
Osterwieck-Wasserlebener Eisenbahn	5	5	–	–	–	–	–	4	–	1	–	–	–	–	5	–	50	150	–	200
Paulinenaue-Neuruppiner E.	8	6	2	–	–	–	2	3	–	3	–	–	–	–	8	–	116	264	–	380
Prignitzer E.	12	4	8	–	–	–	–	7	–	–	–	5	–	–	12	–	110	262	265	637
Reinickendorf-Liebenwalde-Groß Schönebecker E.	36	35	1	–	–	–	–	10	–	26	–	–	–	1	35	–	174	1 537	–	1 731
Ruppiner Eisenbahn	33	24	9	–	–	–	–	13	–	11	4	5	–	–	33	–	213	803	691	1 707
Stendal-Tangermünder Eisenbahn	4	2	2	–	–	–	–	4	–	–	–	–	–	–	4	–	35	138	–	193
Stralsund-Tribseer E.	8	8	–	–	–	–	–	4	–	4	–	–	–	–	8	–	80	292	–	372
Hohenebra-Ebelebener Eisenbahn	3	3	–	–	–	–	–	2	–	1	–	–	–	–	3	–	16	79	–	95
Weimar-Berka-Blankenhainer Eisenbahn	17	17	–	–	–	–	–	11	–	6	–	–	–	–	17	–	126	504	–	630
Wittenberge-Perleberger E.	6	1	4	1	–	–	–	4	–	–	–	2	–	1	5	–	58	146	130	334
Wutha-Ruhlaer E.	9	9	–	–	–	–	–	5	–	2	1	1	–	–	9	–	48	245	100	393
Zschipkau-Finsterwalder E.	11	11	–	–	–	–	–	5	1	–	–	5	–	–	11	–	56	158	244	458
Summe	342	296	42	4	8	1	6	147	1	149	7	21	2	18	324	86	2 634	10 863	1 720	15 303

Tabelle 6.41. ***Abmessungen von Reisezugwagen nach pr. Normalien***

Preußische Norm	Gattung (urspr.)	LüP (m)	Achsstand (m)	Plätze in Klasse				Bemerkungen
				1.	2.	3.	4.	
1 von 1878	ABi	10,8	5,0	6	24	–	–	[1]
2 von 1878	Ci	10,8	5,0	–	–	48	–	[1]
I3 von 1886/87	BCi	9,6	4,0	–	16	20	–	
I5 von 1886/87	BCi	10,6	5,0	–	16	19	–	
8 von 1886/87	Ci	9,2	4,0	–	–	40	–	
I 11 von 1886/87	Di	9,4	4,0	–	–	–	60	
I 20 von 1886/87	Cgi	10,0	4,5/5,5[2]	–	–	39	–	
I c8a von 1891	Di	12,2	7,0	–	–	–	60	
I c4 von 1904	BCi	11,2	6,5	–	16	19	–	
I c5 von 1904	Ci	11,0	6,5	–	–	42	–	
I c7 von 1904	CDi	11,0	6,5	–	–	16	32	
8 von 1882	Pw Posti	8,97	4,0	–	–	–	–	
II 1 von 1886/87	Pw Posti	10,2	5,0	–	–	–	–	
II a 5 von 1891	Pw Posti	10,25	6,0	–	–	–	–	

[1] Halberstadt-Blankenburger Eisenbahn [2] ohne/mit Lenkachsen

Tabelle 6.42. ***Bestand an Reisezugwagen der ehemaligen Privatbahnen, 1949***

Bahn	Gesamtbestand	Achsen 2	3	4	6	Klassen B(i)	BC(i)	C(i)	BC Pw	C Pw(i)
Brandenburgische Städtebahn	27	11	9	7	–	–	8	19	–	–
Dahme-Uckroer Eisenbahn	3	3	–	–	–	–	–	3	–	–
Dessau-Wörlitzer Eisenbahn	14	8	4	2	–	–	4	9	–	1
Esperstedt-Oldislebener Eisenbahn	2	2	–	–	–	–	–	1	–	1
Greifswald-Grimmener Eisenbahn	4	4	–	–	–	–	–	4	–	–
Greußen-Ebeleben-Keulaer Eisenbahn	3	3	–	–	–	–	2	1	–	–
Halberstadt-Blankenburger Eisenbahn	42	35	–	7	–	2	12	25	3	–
Mühlhausen-Ebelebener Eisenbahn	7	7	–	–	–	–	2	5	–	–
Nauendorf-Gerlebogker Eisenbahn	1	1	–	–	–	–	–	1	–	–
Neubrandenburg-Friedländer Eisenbahn	–	–	–	–	–	–	–	–	–	–
Neuhaldenslebener Eisenbahn	–	–	–	–	–	–	–	–	–	–
Niederlausitzer Eisenbahn	7	7	–	–	–	–	2	5	–	–
Oschersleben-Schöninger Eisenbahn	8	8	–	–	–	–	–	8	–	–
Osterwieck-Wasserlebener Eisenbahn	2	2	–	–	–	–	–	2	–	–
Ruppiner Eisenbahn	31	17	8	6	–	–	10	20	–	1
Stendal-Tangermünder Eisenbahn	6	4	–	2	–	–	–	6	–	–
Stralsund-Tribseer Eisenbahn	1	1	–	–	–	–	–	1	–	–
Hohenebra-Ebelebener Eisenbahn	2	2	–	–	–	–	1	1	–	–
Weimar-Berka-Blankenhainer Eisenbahn	13	8	–	3	2	–	6	4	–	3
Wutha-Ruhlaer Eisenbahn	7	7	–	–	–	–	2	5	–	–
Ilmenau-Großbreitenbacher Eisenbahn	12	12	–	–	–	–	2	10	–	–
Eberswalde-Finowfurther Eisenbahn	4	4	–	–	–	–	1	3	–	–
Arnstadt-Ichtershausener Eisenbahn	6	6	–	–	–	–	–	5	1	–
Wenigentaft-Oechsener Eisenbahn	1	1	–	–	–	–	–	–	–	1
Summe	203	153	21	27	2	2	52	138	4	7

Quellen- und Literaturverzeichnis 7.

[1] Zeitschrift des Vereins Mitteleuropäischer Eisenbahnverwaltungen. 1935, S. 571
[2] ebenda
[3] Statistisches Handbuch für den preußischen Staat. 1859, Bd. 1, S. 268
[4] Ulbricht: Geschichte der Königlich-Sächsischen Staatseisenbahn. Dresden, S. 16
[5] Miniaturen zur Geschichte, Kultur u. Denkmalpflege. Berlin 1981, Nr. 5
[6] Ottmann; Ritzau: Eisenbahngeschichte in Mitteldeutschland. Landsberg 1975, S. 131
[7] ebenda, S. 131
[8] Preußische Jahrbücher. Bd. 68/1891, H. 3
[9] Zentrales Staatsarchiv Potsdam. 62 DAF 3 Nr. 13625, Bl. 2
[10] Archiv Rbd Halle. Reg II 28a/Nr. 84/Bl. 362
[11] Großdeutscher Verkehr. Nr. 14/1942, S. 348
[12] Zeitschrift für Kleinbahnen. Januar 1894, S. 4
[13] ebenda
[14] Das deutsche Eisenbahnwesen der Gegenwart. 1881, Bd. II, S. 102
[15] Der Eisenbahnfachmann. Berlin 1935, S. 329
[16] Lokmagazin. Nr. 106, S. 30
[17] Erfurter Blätter. 6/1980, S. 25
[18] Weimarer Verfassung. Artikel 89 bis 96
[19] Verkehrstechnik. 1938, S. 393
[20] ebenda
[21] Verkehrstechnik. 1938, H. 17
[22] Zeitschrift des Vereins Mitteleuropäischer Eisenbahnverwaltungen. 1935, Nr. 27/28, S. 29
[23] Die Reichsbahn. 20. April 1936
[24] Zeitung des Vereins Mitteleuropäischer Eisenbahnverwaltungen. 1939, Nr. 32
[25] Die Deutsche Wirtschaft. Nr. 29, 1937
[26] Reichsgesetzblatt I, 1926. Gesetz vom 29. Juni 1926, S. 357
[27] Zentrales Staatsarchiv Potsdam. Reichsverkehrsministerium, neu 272, Blatt 7
[28] ebenda, Blatt 12
[29] Wirtschaftspolitischer Dienst, 4, Folge 259 vom 11. November 1937
[30] Berliner Börsen Zeitung. Nr. 531 vom 12. November 1937
[31] Gottwaldt, A. B.: Die Lübeck-Büchner Eisenbahn. Düsseldorf 1975, S. 24
[32] Der Eisenbahnfachmann. Berlin 1935, S. 94
[33] Reichsgesetzblatt I, 1935. Nr. 103 vom 25. September 1935
[34] Zentrales Staatsarchiv Potsdam. Reichsverkehrsministerium 43.01, Blatt 47
[35] ebenda, Blatt 118
[36] Zentrales Verwaltungsarchiv. CMfV Nr. 688, Blatt 19
[37] Großdeutscher Verkehr. Nr. 14, 1942, S. 348
[38] Frankfurter Zeitung. 30. April 1941
[39] Reichsgesetzblatt II, 1942. Nr. 24 vom 24. Juli 1942
[40] Deutsche Allgemeine Zeitung. 18. August 1942
[41] Reichsgesetzblatt II, 1940. Nr. 13 vom 5. April 1940
[42] Reichsgesetzblatt I, 1940. Nr. 20 vom 14. Juni 1940
[43] 75 Jahre Harzquer- und Brockenbahn. Clausthal-Zellerfeld 1975, S. 114
[44] Modelleisenbahner. Berlin 1979, Nr. 3, S. 74
[45] Zentrales Verwaltungsarchiv. MfV, Nr. 694
[46] VOBl der Provinz Sachsen. 30. Juli 1946, S. 351
[47] Zentrales Verwaltungsarchiv. MfV, Nr. 242
[48] ebenda, Nr. 688, Blatt 11
[49] ebenda, Nr. 688, Blatt 72
[50] ZVOBl. Nr. 23, 1949
[51] Zentrales Verwaltungsarchiv. MfV, Nr. 242
[52] Verfügungen und Mitteilungen des MfE. 50/53
[53] Zentrales Verwaltungsarchiv. MfV, Nr. 3879
[54] Haarmann: Die Kleinbahnen. Berlin 1896
[55] Dr. Waechter, M.: Die Kleinbahnen in Preußen. Berlin 1902
[56] Archiv für Eisenbahnwesen. Zur Finanzierung der Kleinbahnen, Berlin 1924
[57] Statistik der nebenbahnähnlichen Kleinbahnen. Berlin 1920
[58] ebenda
[59] Archiv für Eisenbahnwesen. Zur Finanzierung der Kleinbahnen, Berlin 1924
[60] Zentrales Staatsarchiv Merseburg. Ministerium für Auswärtige Angelegenheiten, 2.4.1.II, Akte 7084, S. 53–54
[61] ebenda, S. 55–62
[62] ebenda, S. 63–68
[63] ebenda, S. 54
[64] Staatsarchiv Magdeburg. Oberpräsidium der Provinz Sachsen, C 20 I b, Akte 3056
[65] Preußische Gesetzessammlung 1933, S. 119
[66] Statistik der nebenbahnähnlichen Kleinbahnen. Berlin 1920
[67] Hein; Krüger: Das Gesetz über Kleinbahnen und Privatanschlußbahnen vom 28. Juli 1892, Bd. I, S. 168. Berlin 1929
[68] Archiv für Eisenbahnwesen. 1921, H. 3, S. 654
[69] Verkehrstechnik. 1926, S. 302

[70] Zentrales Staatsarchiv Potsdam. Reichsverkehrsministerium 43.01, Akte 269, S. 17
[71] Verkehrstechnik. 1926, S. 302
[72] Zentrales Staatsarchiv Potsdam. Reichsverkehrsministerium 43.01 Akte 269, S. 51–55
[73] ebenda
[74] Gesetzesammlung Preußen. Berlin 1823.
[75] Otto, K.: Das Verkehrswesen der preußischen Provinzen. Berlin 1939
[76] Dr. Waechter, M.: Die Kleinbahnen in Preußen. Berlin 1902
[77] Otto, K.: Das Verkehrswesen der preußischen Provinz. Berlin 1939
[78] Staatsarchiv Magdeburg. Provinziallandtag der Provinz Sachsen, Rep. C 90 Nr. 837 I, Bd. I, S. 333
[79] List, W.: Kleinbahnen der Altmark. Berlin 1979
[80] Handbuch der deutschen Straßenbahnen, Kleinbahnen und Privateisenbahnen sowie der angeschlossenen Kraftfahrbetriebe. Berlin 1928
[81] Kieper; Preuß; Rehbein: Schmalspurbahn-Archiv. Berlin 1980
[82] Moll; Wenzel: Die Baureihe 89^{70}. Freiburg 1981
[83] Vertrag zwischen dem königlichen Eisenbahnbetriebsamte zu Halle und der Lokalbahn AG München über Anschluß der Forster Stadteisenbahn an den Bahnhof der Eisenbahn von Cottbus nach Sorau. Berlin 1892
[84] Dost: Die Privat- und Kleinbahnen Schlesiens. Dortmund 1969
[85] Verkehrstechnik. 1926, S. 799
[86] Zentrales Staatsarchiv Merseburg. Zivilkabinett, Abt. II, 2.2.1., Akte 29726
[87] Machel, W.-D.: Bau- und Betriebsunternehmen Lenz & Co. GmbH um die Jahrhundertwende. Unveröffentlichte Tabelle
[88] Archiv Rbd Halle. Kleinbahnaufsicht Akte 100, Blatt 82–84
[89] Zeitschrift für Kleinbahnen. 1907
[90] Kieper, K.: Die Franzburger Kreisbahnen. Berlin 1982
[91] Verkehrstechnik, Zeitschrift für Kleinbahnen: verschiedene Jahrgänge. Aufzeichnungen aus dem Zentralen Staatsarchiv Merseburg
[92] Deutsche Straßen- und Kleinbahnzeitung. Nr. 41, Oktober 1907, S. 969
[93] Handbuch der deutschen Straßenbahnen, Kleinbahnen und Privateisenbahnen sowie der angeschlossenen Kraftfahrbetriebe. Berlin 1928
[94] Koenner: ELNA-Lokomotiven. Essen 1977
[95] Archiv für Eisenbahnwesen. Finanzierung von Klein- und Privatbahnen. Berlin 1924
[96] Haarmann: Die Kleinbahnen. Berlin 1896
[97] ebenda
[98] Dost: Die Privat- und Kleinbahnen Ostpreußens. Folge 1 und 2, 1968
[99] Staatsarchiv Magdeburg. Provinzial-Landtag der Provinz Sachsen Rep. C. 90, Nr. 837 II Bd. 1, S. 77
[100] Staatsarchiv Weimar. Thüringisches Wirtschaftsministerium. Akte 4778
[101] Röll, Freiherr von: Enzyklopädie des Eisenbahnwesens. Berlin 1892
[102] Zur Frage der Spurweiten. Berlin 1901
[103] Statistik der nebenbahnähnlichen Kleinbahnen. Berlin 1920
[104] Allgemeine Bedingungen für die Einführung von Kleinbahnen in Staatsbahnhöfe vom 1. April 1920
[105] ebenda
[106] ebenda
[107] Archiv Rbd Magdeburg. Bestand Kleinbahnen
[108] Staatsarchiv Weimar. Thüringisches Wirtschaftsministerium in Weimar, Akte 4778
[109] Lenz & Co.: Der Bau und die Betriebseinrichtungen der Kleinbahnen. Stettin 1894
[110] Haarmann: Die Kleinbahnen. Berlin 1896
[111] Semke: Erst der Weg, dann das Fahrzeug! In: Verkehrstechnik. 1926, S. 233–236 und 251–253
[112] Statistik der nebenbahnähnlichen Kleinbahnen. Berlin 1920
[113] Semke: Erst der Weg, dann das Fahrzeug! In: Verkehrstechnik 1926, S. 233–236 und 251–253
[114] Archiv Rbd Magdeburg. Bestand Kleinbahnen
[115] Festschrift „Eröffnung der Halle-Hettstedter Eisenbahn". Halle 1895
[116] Meyer: Oderbruchbahn. Unveröffentlichtes Manuskript
[117] Machel, W.-D.: Die Mecklenburg-Pommersche Schmalspurbahn. Berlin 1984
[118] Mueller: Organisation der Verwaltung und des Betriebes einer selbständigen Kleinbahngesellschaft. Cöln a. Rh. 1913
[119] Archiv Rbd Magdeburg. Bestand Kleinbahnen, Akte 3523
[120] Zentrales Staatsarchiv Merseburg. Ministerium für öffentliche Arbeiten, Abteilung E, Eisenbahnangelegenheiten, Rep 93 C Abt. E, Akte 302/1, Allgemeine Bestimmungen über Kleinbahnen, S. 64
[121] Staatsarchiv Weimar. Thüringisches Wirtschaftsministerium, Akte 4782, Bd. 1, S. 84/11
[122] Amtliches Kursbuch. 1925
[123] Staatsarchiv Weimar. Thüringisches Wirtschaftsministerium, Akte 4782, Bd. 1, S. 84/13
[124] Amtliches Kursbuch. 1927/1928
[125] Staatsarchiv Magdeburg. Regierung Merseburg – Bauregistratur C 48 Ic, Akte 1970
[126] Zentrales Staatsarchiv Potsdam. Reichsverkehrsministerium 43.01. Tarife, S. 68–69
[127] Archiv Rbd Magdeburg. Bestand, Kleinbahn-Akte 3199, S. 00105
[128] ebenda, S. 00144
[129] ebenda, S. 00158
[130] Zentrales Staatsarchiv Potsdam. Reichsverkehrsministerium 43.01, Akte 248
[131] Zentrales Verwaltungsarchiv. MfV, Nr. 4561
[132] Archiv Rbd Erfurt. Alte Tarife 1949/50
[133] VII. Parteitag der SED. Dokumente
[134] Staatsarchiv Greifswald. Regierung Stralsund Rep 65c, Akte 1340
[135] Verkehrstechnik. 1927 vom 25. November 1927
[136] Otto, K.: Das Verkehrswesen der preußischen Provinzen. Berlin 1939
[137] Staatsarchiv Greifswald. Rep 60, Akte 1864
[138] Zentrales Verwaltungsarchiv. MfV, Nr. 4561
[139] Zeitschrift des Verbandes der deutschen Privatbahnbeamten. Nr. 1, Berlin 1. Juli 1901
[140] Staatsarchiv Weimar. Thüringisches Wirtschaftsministerium, Akte 4777
[141] 40 Jahre Süddeutsche Eisenbahn-Gesellschaft. Essen 1935
[142] Staatsarchiv Weimar. Thüringisches Wirtschaftsministerium, Akte 4777

[143] ebenda
[144] ebenda
[145] Staatsarchiv Greifswald. Regierung zu Stralsund, Rep 65 c, Akte 1470/63, S. 174
[146] ebenda, S. 175
[147] Staatsarchiv Weimar. Land Thüringen, Akte 3574
[148] Unterlagen Sammlung Dobbert
[149] Archiv Rbd Magdeburg. Lohnverfügungen 1945–1952, Akte 846
[150] Zentrales Verwaltungsarchiv. MfV, Nr. 4561
[151] ebenda
[152] Helmholtz; Staby; Metzeltin: Die Entwicklung der Lokomotive im Gebiete des Vereins Deutscher (Mitteleuropäischer) Eisenbahnverwaltungen. Bd. I und II. München und Berlin, 1930 und 1937
[153] Das deutsche Eisenbahnwesen der Gegenwart. Bd. I und II. Berlin 1911
[154] Barkhausen; Blum; v. Borries: Das Eisenbahnmaschinenwesen der Gegenwart. Bd. I. Wiesbaden, 1898
[155] Jahn, J.: Die Dampflokomotive in entwicklungsgeschichtlicher Darstellung ihres Gesamtaufbaues. Berlin 1924
[156] Gleim, W.: Das Gesetz über Kleinbahnen und Privatanschlußbahnen mit Erläuterungen. Berlin 1907
[157] Henschel & Sohn A.G.: Bau-, Feldbahn-, Kleinbahn- und Industrie-Lokomotiven – Sonderkatalog. Kassel 1936
[158] Born, E.: Lokomotiven und Wagen der deutschen Eisenbahnen. Mainz 1958
[159] Maedel, K.-E.: Die deutschen Dampflokomotiven gestern und heute. 2. Aufl. Berlin 1963
[160] Arbeitsgruppe Schienenverkehr: Verzeichnis der Dampflokomotiven der DR 1925–1950. Wien 1950
[161] Griebl/Schadow: Verzeichnis der deutschen Lokomotiven 1923–1963. Berlin 1965
[162] Deutsche Reichsbahn: Merkbuch für Triebfahrzeuge 939 Tr. Dresden 1962, 1964
[163] Brandt, W.: Vom feurigen Elias und der sanften Elise. Düsseldorf 1968
[164] Moll/Wenzel: Die Baureihe 91 (preußische T 9). Freiburg 1984
[165] Steinke, W.: Die Rübelandbahn. Berlin 1982
[166] Menzel, W.: Die Brandenburgische Städtebahn. Berlin 1984
[167] Wolff, G.: Deutsche Klein- und Privatbahnen. Teil 1 bis 6. Gifhorn 1972 bis 1978
[168] Schrader, K.-J.: Dampflokschuppen. Gifhorn 1969
[169] Koenner, H.-M.: ELNA-Dampflokomotiven. Essen 1977
[170] Ostendorf, R.: Dampftriebwagen. Stuttgart 1977
[171] Lüder, D.: Materialien zum Rowanschen Dampfwagen. Hannover 1979
[172] Kunicki, H.: Deutsche Dieseltriebfahrzeuge gestern und heute. Berlin 1966
[173] Bohlmann, D.-Th.: Die Wismarer Schienenomnibusse der Bauart Hannover. Gifhorn 1976
[174] Löttgers, Dr. R.: Schienenbusse in Deutschland. Stuttgart 1982
[175] Schrader, K.-J.: Triebwagen auf Kleinbahngleisen. Gifhorn 1971
[176] Schrader, K.-J.: Diesellok auf Kleinbahngleisen. Gifhorn 1971
[177] Bauer, G. u. a.: Straßenbahn-Archiv. Band 3 bis Band 5. Berlin 1982 ff.
[178] Quill; Ebel: Privatbahnen in der DDR seit 1949 im Reichsbahn-Eigentum. Stuttgart u. a., 1982
[179] Diener, W.: Die Reisezugwagen und Triebwagen der Deutschen Reichsbahn 1930. Krefeld 1983
[180] Druckschriften der Arbeitsgemeinschaften des DMV der DDR über verschiedene Bahnen
[181] Jubiläumsschriften von Klein- und Privatbahnen
[182] Betriebsbücher, Aufzeichnungen, Akten – Vorzugsweise der Betriebsmittel der Klein- und Privatbahnen, besonders in den Archiven der Rbd Halle und Magdeburg
[183] Deutsche Reichsbahn: Umzeichnungspläne, Verfügungen, Innerbetriebliche Weisungen, Aktenvermerke u. a.
[184] Archiv Rbd Magdeburg. Bestand Kleinbahnen, Akte 3495
[185] Archiv Rbd Magdeburg. Bestand Kleinbahnen, Akte 1215
[186] Andrees, H.: Der Lokomotivpark der im Jahre 1949 übernommenen nicht reichsbahneigenen öffentlichen Eisenbahnen. Deutsche Eisenbahntechnik, 1955, Heft 4, S. 144 ff.
[187] Archiv der Rbd Magdeburg. Bestand Kleinbahnen
[188] Archiv der Rbd Magdeburg. Bestand Kleinbahnen, Akte 67
[189] Archiv der Rbd Magdeburg. Bestand Kleinbahnen, Akte 249